A maman de Brigitte et Matou
24 Decembre 2003

LA VÉRITABLE INGRID BERGMAN

DANS LA MÊME COLLECTION

La Véritable Romy Schneider
par Emmanuel Bonini

La Véritable Joséphine Baker
par Emmanuel Bonini

La Véritable Melina Mercouri
par Bertrand Meyer-Stabley

La Véritable Audrey Hepburn
par Bertrand Meyer-Stabley

La Véritable Jackie Kennedy
par Bertrand Meyer-Stabley

La Véritable Grace de Monaco
par Bertrand Meyer-Stabley

La Véritable Margaret d'Angleterre
par Bertrand Meyer-Stabley

La Véritable duchesse de Windsor
par Bertrand Meyer-Stabley

La Véritable Elisabeth II
par Vincent Meylan

La Véritable Farah, impératrice d'Iran
par Vincent Meylan

La Véritable Marlene Dietrich
par Gilles Plazy

BERTRAND MEYER-STABLEY

LA VÉRITABLE INGRID BERGMAN

Pygmalion
Gérard Watelet
Paris

DU MÊME AUTEUR

Albums

Nadar, Editions Encre, 1979.
Les Chirac : Un album de famille, Editions de l'Archipel, 2000.

Biographies

Grace, Librairie Académique Perrin, 1984.
Buckingham Story, Librairie Académique Perrin, 1986.
Les Dames de l'Elysée, Librairie Académique Perrin, 1987, 1995 et 1999.
Les Monaco, Plon, 1988.
La Vie quotidienne à Buckingham Palace, Hachette, 1991 et 2002.
Charles, portrait d'un prince, Hachette, 1991.
Juan Carlos, roi d'Espagne, Hachette, 1992. (Prix des Trois-Couronnes.)
La Princesse Margaret, Librairie Académique Perrin, 1993.
Caroline de Monaco, Librairie Académique Perrin, 1994.
Lady Mountbatten, Bartillat, 1997.
La Véritable Jackie, Editions Pygmalion, 1999.
Bernadette Chirac, Librairie Académique Perrin, 1999.
La Véritable Grace de Monaco, Editions Pygmalion, 1999.
La Véritable Audrey Hepburn, Editions Pygmalion, 2000.
La Véritable Margaret, Editions Pygmalion, 2000.
La Véritable Melina Mercouri, Editions Pygmalion, 2001.
La Duchesse de Windsor, Editions Pygmalion, 2002.

ISBN 2-85704-758.4

INTRODUCTION

La vie d'Ingrid Bergman, c'est l'histoire tumultueuse et passionnée d'une petite orpheline suédoise qui, fascinée par le cinéma, devint une star. Reine d'Hollywood pendant la guerre, elle connut aussi l'opprobre pour avoir abandonné son mari et suivi Roberto Rossellini, marié aussi de son côté. Car, malgré cinquante films, dont certains légendaires, la belle Ingrid ne permit jamais au cinéma d'empiéter sur sa liberté.

Née en 1915 à Stockholm, elle devient une jeune fille qui se trouve trop grande et accuse la gaucherie d'une provinciale. Son exutoire sera le théâtre. Allemande par sa mère, Suédoise par son père, elle grandit à mi-chemin de ces deux cultures : romantique comme la première, exubérante comme le second.

Elle est encore très jeune quand elle rencontre Petter Lindstrom, un dentiste qui lui donne un point d'attache et la conseille utilement. Certes, il a neuf ans de plus qu'elle, mais il danse bien, il a une voiture et appartient à une famille bourgeoise. Ils se marient en 1937 alors qu'Ingrid a déjà tourné six films dont *Intermezzo* qui la propulse sur les chemins de la gloire. Elle se repose alors sur ses lauriers et met au monde sa première fille, Pia.

A Hollywood, le producteur David O'Selznick voit le film et veut en faire un « remake » américain. Peu convaincu par sa prestation, il convoque tout de même Mme Lindstrom. *Intermezzo* devient *La Rançon du Bonheur* et Ingrid Bergman bénéficie, cette fois, du célèbre Leslie Howard comme partenaire. Le public fait un triomphe au film et c'est une star qui revient en Suède pour chercher sa petite famille.

Les Lindstrom s'installent à Hollywood et Ingrid enchaîne trois films par an. Elle gagne ses vrais galons de comédienne avec *La Proie du Mort, Dr Jekyll et Mr. Hyde*, et surtout *Casablanca*. Mais c'est dans le rôle de Maria de *Pour qui sonne le glas*, aux côtés de Gary Cooper, qu'elle obtient une première nomination aux Oscars. Sa première statuette, elle ne la décroche que grâce à son interprétation dans *Hantise (Gaslight)* de George Cukor.

Dès lors, les réalisateurs les plus prestigieux, à commencer par Alfred Hitchcock, se bousculent à sa porte. Sa *Jeanne d'Arc* devient mythique. Mais le destin croise à nouveau sa route. En 1948, après avoir vu deux films de Roberto Rossellini, pratiquement inconnu aux Etats-Unis à cette époque, elle est tellement emballée qu'elle lui écrit pour lui proposer de jouer sous sa direction. Il met six mois à lui répondre avant de lui soumettre *Stromboli*. Leur première rencontre a lieu à Londres, au bar d'un grand hôtel. Elle est frappée par sa personnalité, il est séduit par sa beauté. Ils ne sont libres ni l'un ni l'autre. Et pourtant...

L'incroyable se produit. Ingrid, sous l'emprise d'un élan irrépressible, brave le scandale, sacrifie son mariage, abandonne mari et enfant, bafoue sa réputation pour suivre dans une aventure pleine d'incertitude un homme volage. Mais Rossellini a su lui parler, comme personne ne l'avait fait auparavant, de la passion tant chantée par les poètes et à laquelle rien ne résiste. Même le Sénat américain s'en mêle. Le scandale est si grand, l'opinion tellement bouleversée que l'on assiste à une véritable croisade contre Rossellini, l'Italie et les Catholiques romains ! D'autant plus qu'Ingrid, toujours mariée à Petter Lindstrom, attend un enfant du metteur en scène.

Heureusement, tout rentre dans l'ordre quand la Bergman épouse Rossellini. Commencent alors les années les plus riches de sa vie. Elle donne naissance à trois enfants et devient l'égérie de son époux. Pourtant, *Stromboli* et *Europa 51* ne sont que des demi-succès. Très vite, le grand amour s'englue dans des problèmes d'argent. Rossellini est possessif et exigeant. Après sept années, déçue par l'Italie, trahie par l'homme pour lequel elle a tout sacrifié, Ingrid n'attend même pas l'annulation de son mariage et se tourne vers la France. Jean Renoir l'engage, puis avec *Anastasia* elle trouve un rôle qui lui vaut son deuxième Oscar et une réconciliation avec le public américain, moins rancunier que ses producteurs...

Elle tourne encore une quinzaine de films, joue un bon nombre de pièces à succès à travers le monde et refait son itinéraire en sens inverse. Elle se remarie avec un producteur suédois, Lars Schmidt, et tourne *Sonate d'Automne* avec le grand Ingmar Bergman. Un vrai retour aux sources.

Hélas, ce troisième mariage ne tarde pas à s'effilocher encore. Ingrid Bergman choisit de mettre de l'ordre dans sa vie. Le moment est d'autant mieux choisi qu'elle souffre d'un cancer du sein. Rien n'entame pour autant sa volonté et elle fait montre une fois de plus d'une grande force de caractère. Elle écrit ses mémoires et tourne encore un film : la vie de l'intraitable Golda Meir.

LA VÉRITABLE INGRID BERGMAN

Au crépuscule de sa vie, mère et grand-mère comblée, elle quitte doucement la scène au milieu des siens, à l'été 1982, presque sur la pointe des pieds, après avoir défrayé la chronique tout au long de sa carrière.

Chaque épisode de la vie de cette star montre à quel point elle eut le désir d'accéder à la liberté par le travail et la volonté. Ce fut une succession de luttes sans cesse renouvelées, d'angoisses, de haines, de sentiments déchirés pour des enfants victimes des ruptures, de réconciliations, de cris. Une suite de défis permanents.

Car pour Ingrid Bergman, volontaire et modeste, superbe et humble à la fois, le bonheur et la gloire allaient parfois au-delà des limites de la vie.

I

LA SUÈDE

INGRID BERGMAN naît le 29 août 1915 au sixième et dernier étage d'un vieil immeuble de Stockholm. Son père, Justus Bergman, dont elle est l'unique enfant, tient une boutique de photographe au rez-de-chaussée. L'appartement bourgeois au n° 3 du Strandvägen ne manque pas d'allure avec ses balcons donnant sur le Nybroviken, bras de la mer Baltique. La journée est radieuse et lorsque Friedel, aidée d'une sage-femme, met au monde à 11 h 15 une petite fille, ses parents décident de la baptiser Ingrid, comme la princesse royale de Suède qui deviendra plus tard reine du Danemark.

Pour les parents, cette naissance est providentielle. Ils ont déjà perdu deux enfants en bas âge, mais leur ménage bien assorti a surmonté ces épreuves. Des années plus tard, lisant la correspondance de ses parents, Ingrid découvrit l'âpre combat qui précéda leur mariage. Son père, peintre, ne réussissant qu'à moitié, était jugé ni assez solide ni assez fiable par sa future belle-famille. Il lui fallut attendre sept ans de fiançailles officieuses – et s'établir photographe – pour avoir raison de cette méfiance, et épouser enfin Friedel, la jeune Allemande de ses pensées.

Dans une longue interview, en juin 1963, Ingrid Bergman racontera : « Dans un garde-meubles où dormait sous la poussière le mobilier familial, je trouvai un jour une cassette remplie de papiers et de lettres, toutes les lettres d'amour que ma mère avait écrites à mon père. C'était merveilleux, tellement poétique, émouvant. J'ai lu et relu dix fois, cent fois peut-être, les mots d'amour répétés, soulignés, tremblants. Dans ce hangar froid, au milieu de ces meubles poussiéreux, le fantôme de ma mère me ravissait. Spontanément, ce jour-là, j'ai partagé avec elle tout l'amour que j'avais jusqu'alors voué à mon père. »

Pour son premier anniversaire, Ingrid, blottie sur les genoux de sa mère, est filmée par Justus avec une caméra 35 millimètres. Le bébé en robe blanche embrasse *Mutti* agenouillée. Peut-être montra-t-on le film à la famille, mais Ingrid n'en a gardé aucun souvenir. Plus tard, consacrée grande vedette suédoise, elle faillit souvent demander qu'on le lui projette, mais elle recula toujours, parce qu'elle tenait à être seule pour assister à cette évocation de son enfance et de sa mère, morte lorsqu'elle avait deux ans. L'actrice dira : « J'ai longtemps imaginé ma mère. Je lui inventais les qualités les plus miraculeuses. Je ne pouvais pas poser de questions à mon père, je craignais de l'attrister. »

Une dizaine d'années plus tard, quand elle se fut fixée à Hollywood, son mari, Petter Lindstrom, se procura une copie du film et la lui envoya. Assise toute seule dans une salle de projection de David O'Selznick, Ingrid le regarda. « C'était une sensation étrange, inquiétante, dit-elle, de voir ma mère vivante, alors que je ne m'en souvenais même pas. Une expérience impossible à décrire... »

Avec les années, les souvenirs très vagues qu'elle pouvait avoir de sa mère se fondirent avec ceux qui lui restaient de sa vieille tante Ellen, sœur aînée de Justus Bergman (tante Ellen était venue s'installer chez eux pour s'occuper d'Ingrid après la mort de Friedel). « Ma mère était allemande, racontera Ingrid, et elle avait dix-huit ans de moins que son mari. Mon père était à peine plus jeune que tante Ellen. Bien qu'ils fussent tous deux très bons pour moi, ce n'était pas facile de vivre exclusivement entre deux vieilles personnes. »

Pourtant, Justus semble bien avoir été le genre de père dont rêve toute petite fille. Il est artiste dans l'âme[1], toujours joyeux, souvent fantasque. Ainsi, la petite Ingrid adore se déguiser. Son père se met alors à sa disposition pour l'aider, lui fournit chapeaux, lunettes, gants, tout ce qui lui passe par la tête. En bon photographe, il adore immortaliser sa fille dans ses accoutrements. Il la pousse à apprendre le piano, à prendre des leçons de chant. L'artiste contrarié qu'il a été aime tellement la peinture et le chant qu'il est sûr

1. Au journaliste Louis Valentin, Ingrid racontera : « Mon père était un artiste. Il était d'ailleurs habillé comme "un artiste". En fait, il était peintre : "Il y a longtemps, disait-il, il avait été à Paris… à Montmartre." Il me parlait de Paris, de son travail, de ses amis, de la place du Tertre… Je ne savais pas ce qu'était la place du Tertre ! Ce devait être fantastique, puisque ses yeux à cet instant prenaient une autre couleur. A Stockholm, dans la rue, il se promenait toujours très élégamment vêtu : veste et pantalon très stricts. Il portait une cravate lavallière et un chapeau noir à large bord. Il avait adopté un style plus bourgeois pour ne pas déplaire à ma mère. Il me gâtait, ne savait rien me refuser. Jamais il ne m'a grondée, ni battue. Il était peintre, mais comme on ne peut gagner sa vie dans ce métier si l'on n'est pas Picasso, il avait ouvert un magasin. On y trouvait des cadres, des appareils de photo, des pellicules. J'ai été, je crois, l'enfant la plus photographiée du monde. Sans doute est-ce ma mère qui l'avait incité à avoir un métier sérieux dans les mains. Et il le faisait sérieusement. »

que sa fille ne peut qu'être douée et deviendra une grande cantatrice.

Rien n'est assez beau pour elle et ses préceptes éducatifs déconcertent parfois la petite Ingrid. « Quand je lui demandais : “Papa, est-ce que je peux avoir de l'argent de poche ?”, il sortait son porte-monnaie, il le vidait sur la table et disait : “Vas-y, prends ce que tu veux, prends tout !” » L'enfant, qui est de tempérament frugal, en est presque choquée.

Il la gâte en tout jusqu'à l'envoyer dans la plus prestigieuse école de Stockholm, « Palmgrenska Samskolan ». « A l'école, ma taille anormalement grande et ma gaucherie m'empêchèrent de me faire des amis, confiera plus tard Ingrid à Joseph Steele. Je me contentai de passer d'une classe à l'autre. Ce qu'on apprend habituellement à l'école m'ennuyait, et surtout l'incapacité où je me trouvais de me lever devant toute la classe m'empêchait de répondre au professeur. La timidité m'étouffait. »

« C'était une enfant triste et timide », se souvient Disa Lauhen, une de ses anciennes amies. Sur ses mauvais souvenirs d'école, Ingrid dira à *Marie-Claire* : « Je détestais l'école, je n'étais pas une très bonne élève d'ailleurs. Trop timide, je rougissais pour un rien et perdais la tête dès que la maîtresse m'interrogeait. “Voyons, Ingrid, quel est le fleuve qui traverse Paris ?” Je savais, bien sûr que je savais ! Mais je m'affolais. “L'Escaut, le Pô.” Pourtant, j'aimais la France, pour moi ça n'était pas exactement un pays, mais une toute jeune fille que j'admirais : Jeanne d'Arc. Son histoire m'avait frappée. Elle parlait de la “doulce” France avec un tel amour que ce jour-là, à Stockholm, dans la classe des petits, je décidais de venir en France et d'y vivre comme on peut vivre au paradis.

« A l'école, j'étais toujours au dernier rang. J'étais beaucoup trop grande et je dépassais toutes mes camarades d'une tête. Au milieu d'elles, je me sentais comme un éléphant. Plus je prenais conscience de ce gigantisme et plus ma timidité augmentait. Je rentrais très souvent à la maison avec des notes lamentables. Mon père ne me grondait jamais. Il me regardait avec un drôle d'air, comme s'il essayait de découvrir ce qui n'allait pas, de quel bois j'étais faite. »

Heureusement, ce père est son grand amour et, de toute évidence, la dévotion absolue qu'elle lui porte va déterminer ses relations futures avec les hommes de sa vie. « Il était tout pour moi : ma maison, mon refuge, la gentillesse, la bonté, la beauté », plaidera Ingrid dans une interview. « Mon père était très beau. Il était grand, immense. Il me fascinait. Dans la rue, lorsque je me promenais avec lui, main dans la main, j'étais si fière de lui... de nous. Souvent, je me recroquevillais tellement sur moi-même que j'en avais mal aux épaules. Il me semblait que les gens, dans la rue, se retournaient sur notre passage et disaient : "Tiens, tiens... voilà Ingrid et... son papa." Lorsque je suis née, mon père avait quarante-quatre ans. L'affection dont il m'a entourée n'était pas celle d'un père jeune, mais celle d'un homme mûr, content, ravi d'avoir à ses côtés une petite fille qui portait son nom. »

Malgré ses côtés bohèmes, Justus veille sur la bonne éducation de sa fille : « Ingrid, ne mets pas les coudes sur la table ! Ingrid, je t'en prie, ne touche pas à ton nez ! Ingrid, va te coucher ! Ingrid, as-tu fait ta prière ? Ingrid, as-tu fait tes devoirs ? » Chaque année, il veille à l'emmener chez ses grands-parents allemands, sévères et ordonnés. L'enfant devient ainsi une maniaque de la propreté et de l'ordre, mais apprécie le retour à une certaine « bohème » quand elle rentre à Stockholm.

Un événement romanesque l'incite d'ailleurs à retrouver la Suède. Son père engage en 1922 une jeune gouvernante nommée Greta Danielsson. Avec sa capacité d'adoration, l'enfant s'attache à elle, tout comme son père qui s'en éprend. Mais la famille Bergman est atterrée de le voir préférer à un veuvage de bon aloi le concubinage avec une « paysanne » trois fois plus jeune que lui. Même si Ingrid apprécie la gaieté et la douceur de Greta, Justus se voit contraint de renoncer à son flirt-scandale. Tante Ellen et la famille réussissent, morale luthérienne oblige, à chasser l'intruse. L'appartement familial retrouve son calme et Ingrid sa solitude d'enfant unique. « A la maison, je n'avais ni sœur ni frère. Je m'ennuyais, racontera-t-elle. Alors j'inventais des amis, je jouais la comédie pour moi toute seule, je jouais tout ce qui me passait par la tête. Je fabriquais des pièces invraisemblables. Dans ma chambre, le lit devenait un trône, le canari le public. »

Bientôt un événement considérable bouleverse sa sage existence. « J'avais onze ans, déclarera la star, lorsqu'on m'emmena au théâtre pour la première fois. Je me souviens encore de mon ahurissement en voyant de grandes personnes jouer un personnage, comme je le faisais, moi aussi, à la maison. Je crois que c'est à ce moment-là que je décidai d'être actrice. » Après ce jour mémorable, lorsqu'à la maison, à l'heure du thé, les amis de son père lui posent cette question, cette question stupide que les adultes posent toujours aux enfants :

– Ingrid, que veux-tu faire plus tard ?

– Moi, mais je veux être acteur.

– Mais non, voyons, pas acteur, actrice ?

Elle répond inlassablement :

– Non, non, acteur.

« Je préférais les rôles d'hommes, expliquera Ingrid. Ils sont plus violents, plus puissants. Les femmes sont toujours passionnées, plus faibles. Les hommes ne se soumettent jamais. Je ne voulais pas me soumettre. » Cette réflexion en dit long sur le caractère volontariste de la fillette.

Un autre événement marque un an plus tard sa personnalité. Le 29 juillet 1929, son père meurt d'un cancer de l'estomac. Ingrid n'a que treize ans et, sept mois après Justus, tante Ellen s'éteint à son tour d'une insuffisance cardiaque liée à des problèmes respiratoires chroniques. N'ayant pas encore atteint quinze ans, Ingrid aura vécu une série de drames familiaux qui la laisseront dans un brouillard de chagrin et de confusion. Il n'y a qu'à lire l'une de ses interviews pour comprendre les sentiments de l'adolescente qu'elle fut alors : « Lorsqu'on a treize ans, connaître la mort c'est déjà atroce, mais voir mourir dans ses bras le seul être que l'on ait aimé, cela devient insurmontable. J'ai suivi mon père jusqu'au cimetière. Il pleuvait, non il ne pleuvait pas, je crois même qu'il faisait beau, je ne sais plus, comment voulez-vous que je me souvienne ? Il pleuvait, il ne pleuvait pas, il faisait beau. Qu'importe, n'est-ce pas ? Qu'importe ! Ce que je sais, c'est que tout devenait impossible. Je pensais que je ne pouvais plus vivre, plus continuer. Ne plus parler, ne plus sourire ni chanter. Je n'allais plus pouvoir chanter… jamais. Et puis la vie continue, les jours passent, on supporte sa peine, on la tolère. Mon père mort, je fus confiée à sa sœur, elle avait vécu depuis toujours avec nous. Elle avait pris nos habitudes, à mon père, à moi, elle jouait le jeu avec nous. Nous l'adorions. Sept mois après la mort de mon père, elle devait disparaître à son tour. Je me souviendrai toujours de cette nuit où elle mourut, terrassée par une crise cardiaque. Toute une nuit je restai seule près de son corps, recroquevillée dans ma peur. »

Ingrid est alors recueillie par son vieil oncle Otto et ses cinq enfants – dont quatre sont plus âgés. Ingrid parle d'elle à cette époque comme d'une gosse dégingandée, et si maladroite qu'elle renverse tout. « Mon père m'avait laissé un peu d'argent ; aussi m'envoya-t-on dans une école privée pour jeunes filles. A cette époque-là, je vivais dans une telle terreur des enfants de mon âge que je n'avais pas une minute de répit. Je pris la résolution de surmonter ma faiblesse. Un jour, l'occasion se présenta. On nous avait supprimé un cours de gymnastique sans nous avertir. Nous étions donc rassemblées dans le grand hall, désœuvrées et sans surveillance. J'escaladai la scène, d'où j'apostrophai mes camarades : "Je m'en vais vous distraire." Elles se moquèrent de moi, mais j'ajoutai : "Je vais jouer une pièce dont je serai tous les personnages." Alors les rires se turent et je commençai. Mais je venais juste de terminer le deuxième acte quand un professeur arriva et nous jeta dehors. Nous nous rendîmes dans un jardin public. Je jouai le troisième acte, entourée de mon public assis sur la pelouse. Ce fut certainement un des plus beaux moments de ma vie. »

Propulsée dans l'univers de la tante Hilda, de l'oncle Otto et de leurs cinq enfants (une famille apparemment heureuse, mais moins aisée et strictement menée), Ingrid est mal dans sa peau. Cette nouvelle atmosphère familiale contribue sans aucun doute à accentuer sa réserve, sa timidité maladive. Elle continue de plus belle à rougir à la moindre pique, gênée par sa taille et ses grands pieds. Alors, elle se réfugie dans un monde imaginaire.

Chaque soir, après ses cours, à quatre heures, elle court à la bibliothèque municipale. Les bibliothécaires, par-dessus leurs lunettes cerclées, la regardent, étonnées. Elle remplit cinq, six, sept bulletins de son écriture encore enfantine. « Elles m'aimaient bien, les bibliothécaires ! » dira Ingrid. « Elles me remettaient les ouvrages commandés, encore et toujours des pièces de théâtre. Chargée comme un mulet, je rentrais à la maison à la nuit tombante. » Assise en tailleur sur son lit, elle veut tout lire, tout apprendre, par cœur… par cœur…

La bibliothèque devient son paradis. Cette salle sévère, austère, sinistre, la réconforte. « Ce que j'aimais surtout et par-dessus tout, c'étaient les pièces violentes, dira-t-elle. Je crois d'ailleurs que tous les enfants élevés seuls, par nostalgie, par sensiblerie peut-être, sont attirés par les situations dramatiques. Pour être comique, il faut un public. Je n'en avais pas ! »

La découverte des grands textes et du théâtre est un formidable révélateur pour elle : elle extériorise ses rêveries, elle s'arrache à sa gaucherie et peuple sa vie de personnages, d'amis imaginaires. Dès lors, elle n'a plus qu'une seule passion : économiser sou par sou l'argent nécessaire pour payer sa place au théâtre. Au balcon, la tête dans les mains, dans le noir, elle n'ose même plus respirer. Comme un chat devant une souris, elle guette la moindre réplique, essayant de la retenir, de la graver pour toujours dans sa mémoire. La pièce terminée, elle reste encore dans la salle jusqu'au départ du dernier spectateur. De retour à la maison, seule, elle tente de se rappeler ce qu'elle a entendu. Drapée dans une couverture ou dans un couvre-lit, elle incarne tous les personnages, elle y est le vieux monsieur, le marin, l'héroïne. Elle réinvente leurs gestes et leurs voix qui l'ont fascinée l'après-midi au théâtre, dans le noir, au troisième balcon.

Dans son lit, enfouie sous l'édredon de plume, elle rêve théâtre encore, et toujours théâtre. Lorsque Ingrid s'ouvre de ses ambitions à ses cousins, ils s'esclaffent : « Comment vas-tu y arriver ? Tu es si maladroite ! » Mais elle possède déjà cet entêtement, cette détermination si particuliers. D'autant qu'oncle Otto a le chic pour freiner son orpheline de nièce dans ses élans. « Attendons, dit-il, avec le temps… Ce qu'il faut à Ingrid, c'est un bon métier. » « Il m'aimait bien, mon oncle, et je l'aimais bien aussi. Il aurait tellement voulu, en souvenir de son frère, m'offrir une situation respectable », expliquera Ingrid. Le théâtre ! Allons donc ! Il n'est pas question de théâtre.

L'adolescente insiste pourtant.

– Mais, c'est un métier !

Elle parle à son oncle des comédiens qu'elle a vus sur scène. Il ne veut rien entendre. Elle s'enferme dans sa chambre et pleure : « Je pleurais sur moi-même. J'étais tellement triste que mon père ne fût pas là. Je refusais de manger. N'allais-je jamais plus pouvoir faire ce que je voulais ? Dans ma nouvelle chambre, j'avais emporté mes meubles de fillette, les peintures de mon père, ses livres, mon gramophone (je le faisais hurler pour prouver à mon oncle que je n'avais pas changé d'avis). J'avais emporté aussi le piano, le canari. Ce décor familier me rendait plus triste encore », racontera-t-elle.

Il semble toutefois que l'image de solitude et de tristesse que la jeune orpheline entretient à l'époque relève en partie d'un précoce don d'actrice pour la dramatisation. Beaucoup de ceux qui l'ont connue jeune réfutent cette attitude. Pourtant, dans une interview à *Elle* (1er mai 1964), Ingrid insiste encore sur sa prédilection d'alors pour une certaine mélancolie : « J'aimais surtout les choses tristes au théâtre ; et quand j'inventais, c'était dramatique, shakespearien ! J'avais très peu d'amis ; je ne sortais pas ; quand par hasard j'étais invitée chez d'autres enfants, vers quinze ou seize ans, aucun garçon n'osait danser avec moi à cause de ma taille. Alors je faisais semblant de ne pas aimer les garçons et je préférais jouer au théâtre avec un groupe de filles, toujours les mêmes : ma cousine et une demi-douzaine de camarades de classe. »

En fait, se forme chez la jeune fille un contraste saisissant entre ses exhibitions et son comportement normal. Elle est timide, rougit facilement, mais n'est plus elle-même dès qu'elle joue. L'art dramatique va la guérir de toutes ses inhibitions.

A quinze ans, elle revoit Greta, l'ancienne gouvernante dont s'éprit son père. La jeune femme fait alors un peu de figuration pour la Svensk-Filmindustri, le géant du cinéma suédois. Elle convainc Ingrid de devenir « acteur de complément » le temps d'une journée. Et c'est en janvier 1932 que la jeune fille met le pied pour la première fois dans un studio pour incarner une silhouette dans le film *Landskamp*. « J'étais en plein rêve », expliquera-t-elle. Elle se présente tôt le matin, on la maquille, et à dix heures, on fait deux prises d'elle et d'une poignée d'autres filles. A dix heures et quart, on les informe qu'elles peuvent disposer. Plutôt que de quitter déjà le studio, Ingrid se dit que, si elle conserve son maquillage, personne ne s'interrogera sur les raisons de sa présence. Elle passe ainsi la journée au studio, allant d'un plateau à l'autre, observant tout ce qui se passe. Quand elle touche les dix couronnes de son salaire, elle a du mal à croire qu'on l'a payée pour ces quelques heures divines !

Désormais, devenir actrice est son seul but. Il lui faut cependant prendre son mal en patience, terminer ses études secondaires, avant de pouvoir tenter sa chance. Son oncle l'a exigé.

– Tu veux toujours faire du théâtre ? C'est bon ! Essaie ! Je te permets de te présenter au concours d'entrée à l'école dramatique de Stockholm. Si tu échoues, promets-moi de ne jamais plus m'en parler !

« Je gagnai ma première bataille », dira-t-elle.

Une fois par an, l'Ecole royale du Théâtre dramatique tient une session d'examens pour l'attribution de bourses ; les jeunes candidats affluent de tous les coins de la Suède. Ils sont 150 candidats pour six bourses. Très sérieusement, comme si sa vie en dépendait – et c'est effectivement ce qu'elle ressent – Ingrid se met à préparer les scènes imposées, bien décidée à faire briller ses diverses possibilités de future actrice.

Elle a déjà des idées arrêtées sur la question. A son sens, la plupart des candidats vont chercher à s'affirmer dans un registre dramatique, elle ferait donc bien de jouer l'originalité et même, si possible, de faire rire le jury. Un professeur lui suggère une scène tirée d'une pièce hongroise, où une petite paysanne hardie tente de séduire un garçon timide et arrive sur scène en bondissant, ce qui devrait retenir l'attention. Sa seconde scène, plus calme, devrait également mettre en valeur sa stature élancée et son allure un peu garçonne ; il s'agit d'un extrait de *L'Aiglon*. Elle choisit également un passage du *Songe* de Strindberg.

En août 1933, l'examen d'entrée devant les jurés a lieu au Théâtre royal de Stockholm. « Je me tenais, dit Ingrid, sous les feux d'un projecteur, et toute la salle était plongée dans l'obscurité. Je me mis à lire le discours du jeune fou, dans *L'Aiglon* de Rostand ; mon texte m'émut tellement que j'en oubliai juges et public. » La grande Ingrid devient le petit duc de Reichstadt :

> « *Je vais, je ne sais plus quel est mon nom ;*
> *Je hume avec enivrement la forte odeur d'écume,*
> *De poussière, de cuir, de gazon écrasé ;*
>
> *Enfin vainqueur du rêve, heureux, brisé, grisé,*
> *J'arrête mon cheval au bord d'un champ de seigle,*
> *Lève les yeux au ciel – et vois passer un aigle !* »

« Il y avait une vingtaine d'examinateurs, racontera Ingrid à son ami Joseph Steele. Après chaque audition, ils manifestaient généralement leur réaction par des applaudissements. Mais, quand j'eus terminé, on n'entendit pas un son. Quelques examinateurs échangeaient des murmures ; l'un d'eux agita la main, comme pour dire : "Vous pouvez quitter la scène." On ne me permit pas de tenter ma chance avec les deux autres rôles que j'avais étudiés. Je quittai le théâtre et rentrai lentement chez moi. »

Inutile de dire dans quel état la jeune fille se retrouve après une telle expérience ! Elle imagine déjà sa propre mort, qui ne peut être que théâtrale, romantique, grandiose. Elle voit l'huissier lui remettre une enveloppe qu'elle ouvre en tremblant. Là, sur la feuille dépliée, noir sur blanc, la sentence : refusée. Le vent soulève les pans de sa robe, elle court, court comme une folle, écartant la foule pétrifiée, impuissante. Les yeux brouillés de larmes, elle se jette dans le lac que surplombe le Théâtre royal, les eaux se referment sur son corps. C'est fini... à tout jamais. Mais les eaux des quais, où flottent débris et ordures, ne sont guère le cadre digne d'Ophélie qu'elle souhaite... Elle rentre donc chez elle, la tête basse dans l'attente des résultats.

« Pour connaître les résultats, expliquera Ingrid, il fallait retourner au théâtre le lendemain. On donnait son nom, et alors, ou bien on vous remettait une grande enveloppe contenant vos papiers d'inscription, et cela signifiait : recalée. Ou bien une petite enveloppe, avec la date et le sujet de la seconde épreuve. Je n'osais pas y aller. Le lendemain soir seulement, une camarade me téléphona : "Tu n'es pas encore allée retirer ton enveloppe ?" Je répondis : "Non, j'ai bien le temps." Elle insista : "Tout de même, ne serait-ce que pour connaître la date..." La "date" ! Je compris que ce n'était pas fini ; je courus comme une folle ; je retirai ma petite enveloppe ; il y avait tout : le jour et le sujet, un passage de *L'Aiglon*. Et cette fois-là, je jouai dans le silence absolu ; puis, une voix dit : "C'est bon, Mademoiselle, vous êtes reçue." » Des années plus tard, rencontrant le président du jury, je lui demandai ce qui s'était passé la première fois. Il me répondit : « Chère Madame, quand on voit 150 candidats dans une seule journée, on n'a pas de temps à perdre ; un coup d'œil suffit. Quand vous êtes entrée, rien qu'à votre allure et à la façon dont vous avez attaqué, nous nous sommes dit : "Bon, cette grande fille a sûrement quelque chose. Passons à une autre [1] !" »

Ingrid donnera un jour une autre version beaucoup plus flatteuse : « Un des examinateurs m'expliqua que les membres du jury avaient été si remués par mon jeu qu'ils étaient restés assis dans l'obscurité sans pouvoir bouger ni applaudir. Enfin, les lumières, en revenant, avaient rompu le charme, et les applaudissements avaient crépité. Mais j'étais déjà loin. »

L'important est qu'elle est admise ; intégrée dans une école prestigieuse sur laquelle planent les ombres de Greta Garbo, Signe Hasso ou Viveca Lindfors. Ingrid sent enfin qu'elle appartient à *quelque chose*. Du jour au lendemain, la jeune fille s'épanouit. La simple idée de « jouer » la ravit tellement qu'elle doit se pincer pour se convaincre qu'elle ne rêve pas. Etre sur scène est le remède parfait à ses inhibitions. Entre leçons de danse, d'escrime, de placement de la voix et d'expression corporelle, elle devient la personne la plus heureuse du monde. Presque chaque soir, elle assiste à une représentation et en savoure chaque minute : « C'était si passionnant d'être assis là-haut dans le noir, sous les lustres et sous les dorures, et de voir naître un spectacle sur cette scène brillamment éclairée ! »

Ingrid est une élève prometteuse, éclatante de fraîcheur, grande (1,75 m) et rayonnante. Outre ses succès de future comédienne, elle a bientôt une autre raison pour s'épanouir : un jeune homme d'un mètre quatre-vingt-cinq entre dans sa vie. « Deux mois environ après mon entrée à l'école, on me présenta mon futur mari, racontera-t-elle. C'était un rendez-vous arrangé par le

1. *Elle*, 1er mai 1964.

flirt d'une de mes camarades. Je venais d'avoir dix-huit ans ; Petter avait neuf ans de plus que moi, mais il était très populaire, il avait beaucoup d'amis parmi les écrivains, les peintres, les musiciens. A cette époque, je le considérais comme un vieillard. Il réussissait très bien comme dentiste et, de plus, il donnait des cours à l'école dentaire. »

Le docteur Lindstrom manifeste beaucoup d'intérêt pour le travail et les problèmes personnels d'Ingrid. Sa maturité, sa force de caractère attirent grandement la jeune fille, privée de père depuis si longtemps. L'amitié se transforme peu à peu en amour. L'oncle et la tante d'Ingrid font tout pour encourager l'idylle car Petter Lindstrom correspond au fiancé idéal : sportif, intelligent, équilibré et très mûr.

Qui est-il ? C'est un homme svelte, avec des cheveux châtains. Et beau. C'est un bon boxeur, un excellent skieur et un merveilleux danseur. Il aime rire et semble incarner l'équilibre même. Son enfance fut heureuse. Bien qu'il désirât devenir médecin, il a commencé par faire des études de dentiste. Alors qu'il n'a guère plus de vingt ans, il devient professeur assistant dans une école dentaire de Stockholm, et quand il fait la connaissance d'Ingrid, il a déjà derrière lui deux années d'études médicales.

Sur son idylle avec ce garçon posé, Ingrid fit ce commentaire : « Ce ne fut pas le coup de foudre, mais un sentiment qui grandit peu à peu, jusqu'à devenir pour nous deux très important, essentiel à notre vie. Je ne me souviens pas d'une demande en mariage en bonne et due forme, et Petter non plus, mais nous éprouvâmes un grand bonheur à nous fiancer. »

Il est l'un des meilleurs partis de Stockholm, et cela la flatte. De plus, elle ne pense qu'à sa carrière, et Petter l'écoute, lui donne des conseils. Mais surtout, il a conscience de la valeur profonde de la jeune femme.

Un ami se souvient de lui comme d'« un jeune homme intelligent, capricieux, de caractère difficile, merveilleux pour ceux qu'il aimait, assez désagréable pour les autres. Ce qui frappait le plus chez lui, c'était son ambition et son désir de réussir ».

Un des traits de caractère les plus intéressants d'Ingrid – que ce soit dans son métier ou dans sa vie privée – est qu'elle accepte difficilement d'être dirigée, tant qu'elle n'est pas convaincue que le metteur en scène de son film – ou l'homme de sa vie – est au moins aussi fort qu'elle. Placidité, détermination, goût de l'autorité masculine, toutes ces caractéristiques ont marqué la vie d'Ingrid.

Mais bientôt, l'autre amour d'Ingrid (celui que lui inspire l'Ecole royale d'art dramatique) se trouve soumis à des tensions considérables en raison d'un incident qui la laisse désorientée et malheureuse. Le metteur en scène Alf Sjöberg la croise dans les couloirs du théâtre. Il se rend alors à la répétition d'une nouvelle pièce. Cinq minutes plus tard, il est dans le bureau du directeur du Théâtre royal et annonce :

– J'ai trouvé une débutante pour l'un des rôles de la pièce. C'est *elle* que je veux. Elle est faite pour le personnage. Elle a le physique, l'innocence, tout.

Or, il s'agit d'un important second rôle. Ingrid est, bien sûr, excitée par la perspective de monter sur scène en tant que professionnelle avec des partenaires célèbres, comme Lars Hanson et Inga Tidblad. Mais elle n'imagine pas l'ampleur du ressentiment qu'en conçoivent ses camarades de cours – sans parler des anciens. Dès le deuxième jour des répétitions, elle est physiquement agressée, et le directeur de l'école insiste pour qu'elle soit retirée de la distribution. « J'ai reçu des coups de pied, et une fille commença même à me donner des coups sur la tête », devait-elle déclarer des années plus tard.

On le comprend, l'expérience lui laisse un goût amer. Mais Petter la réconforte. Et elle apprend à trouver une compensation dans ce malheureux incident : il n'y a pas de plaisir gratuit. Les cours d'art dramatique deviennent un jeu pour Ingrid, une occasion d'exprimer sa seconde nature. Il n'est donc pas surprenant qu'elle soit rapidement choisie pour les premiers rôles dans les représentations données par l'école. De là à ce que les compagnies cinématographiques locales commencent à la remarquer, il n'y a pas un pas, mais un vrai fossé. Ingrid décide de forcer le destin.

Alors, elle harcèle son oncle Gunnar, le fleuriste, pour qu'il fasse jouer ses relations dans le show-business, lui obtienne un petit rôle, n'importe quoi au cinéma... L'oncle en touche un mot à l'une de ses fidèles clientes, Karin Swanstrom, directrice artistique de la Svensk-Filmindustri. Laquelle rencontre Ingrid et se trouve suffisamment impressionnée pour lui faire tourner un bout d'essai sous la direction de Gustav Molander, le metteur en scène suédois le plus en vue (et le propre frère du directeur de l'Ecole royale d'art dramatique). Derrière l'inévitable gaucherie de l'actrice en herbe, Molander décèle des qualités évidentes et un talent original. Il est enthousiaste : « Vous étiez superbe. Vous avez de la personnalité. Vous passez très bien. Vous avez de grandes possibilités. »

D'emblée, il décide de lui confier le rôle d'une jeune femme de chambre (dont le petit ami entraîne la police de Stockholm dans une course-poursuite effrénée) dans *Munkbrogreven* que va réaliser, au cours de l'été, Edvin Adolphson. Le 12 juillet 1934, Ingrid commence son premier film, pour lequel elle touchera l'équivalent de près de 13 000 francs. Son planning prévoit douze journées de travail, mais la jeune femme sera là tous les jours pendant les six semaines du tournage, ne perdant pas une miette de ce qui se passe sur le plateau. Elle veut en savoir le plus possible sur l'art de faire un film, elle étudie les plans, sympathise avec la scripte.

Dans ce premier film, elle compose le portrait naturel et raffiné d'une fille amoureuse qui veut croire que son amant est honnête. Soigneusement photographiée, de façon à tirer avantage de sa peau et de ses cheveux clairs, elle sourit avec naturel, irradie un charme ingénu [1]. La critique ne s'y trompe pas. Le *Stockholms-Tidingen* écrira : « Pour ses débuts au cinéma, Ingrid Bergman montre un grand talent et une belle assurance », tandis que le quotidien *Social-Demokraten* loue « cette rafraîchissante jeune personne qui constitue un vrai atout pour le film ». Certes, d'autres critiques soulignent sa « rondeur » et « son allure costaude », mais d'entrée, Ingrid séduit le public suédois par son charme et sa vivacité. Comme le notera plus tard un journaliste : « On dirait qu'il y a toujours chez elle une vie intérieure, qui provoque les réactions de son personnage. Mais il y a aussi quelque chose d'hésitant dans son expression des émotions. » En d'autres termes, on sent qu'on a affaire à un être authentique, non à une truqueuse, spécialiste de sentiments feints.

Après le tournage de *Munkbrogreven*, le studio propose à Ingrid de la prendre sous contrat. Cela signifie quitter l'Ecole d'art dramatique (certes, Greta Garbo l'a fait elle aussi, dans les années 20). Le directeur de l'école, Olof Molander, fait pression sur la jeune femme. Il insiste bien sur le fait qu'en restant à l'école, elle apprendra la discipline et les techniques propres au théâtre, et aura toutes les chances de devenir une grande actrice.

---

1. Le musée du film suédois conserve la robe de soie grise que Greta Garbo porta pour son premier film. Et l'on peut voir, dans ce même musée, une autre robe, à rayures rouges et noires celle-là. Ingrid la revêtit pour tourner ce film.

Mais Ingrid se montre intraitable. De ce départ du « Conservatoire » de Stockholm, elle expliquera plus tard : « Les études devaient durer cinq ans, mais je n'ai pas eu la patience d'attendre et un an après mon entrée à l'Ecole d'art dramatique, je tournais mon premier film. Seulement, j'ai dû me perfectionner pendant des années en prenant des leçons particulières de danse, d'escrime, de chant, de diction. »

De ce manque de formation, Ingrid souffrira comme tant de jeunes actrices d'Hollywood, obligées avant tout de s'appuyer sur leur instinct et sur leur personnalité pour s'imposer à la scène et à l'écran.

D'autres changements rythment alors son existence. « Bientôt, Petter décida de terminer sa médecine, expliquera Ingrid. Ses soirées furent désormais consacrées à l'étude, ce qui, en plus de toutes ses occupations, lui laissait peu de loisirs. Malgré tout, nous nous arrangions toujours pour dîner ensemble le samedi et pour aller pique-niquer à la campagne le dimanche. »

Aussitôt après *Munkbrogreven*, elle commence à tourner son deuxième film, *Branningar*, une histoire mélodramatique où, fille de pêcheur, elle se laisse séduire par un pasteur marié et se retrouve enceinte. Un travail de comédienne ardu : il lui faut être belle, noble et animée de l'esprit de sacrifice. Le tournage, pittoresque, a lieu sur la petite île de Prästgrund, au large des côtes septentrionales de la Suède, où règne l'odeur pénétrante du poisson pourri. Mais cela importe peu. « Dans l'île, je me sentais comme une prima donna, écrit-elle dans son journal. Pour la première fois, des gens me demandaient un autographe. Avec tous les compliments qu'on m'a faits, il faut que je fasse attention à garder la tête froide. J'espère seulement avoir été bonne dans toutes les scènes. »

« Elle est magnifique ! » s'exclame un critique à la sortie du film, en février 1935. « Son jeu est bien équilibré et délicat. Elle-même est gracieuse et authentique. » Toute la presse est au diapason. On loue sa beauté, son naturel, sa sincérité, qualités qui lui permettent d'interpréter avec dignité et conviction un rôle très conventionnel. Plus important est le lien noué entre Ingrid et Gustav Molander, indiscutablement le meilleur et le plus célèbre metteur en scène suédois du moment. Depuis le tournage du bout d'essai, il a en tête de faire d'Ingrid *sa* grande actrice. A l'achèvement de *Branningar*, il est prêt à mettre son plan à exécution. Il va d'ailleurs réaliser six des dix films qu'elle tourne en Suède avant son départ pour l'Amérique.

« Je trouvais merveilleux de travailler avec Gustav, expliquera l'actrice à Alan Burgess. Dans la comédie, il avait une facilité extraordinaire, mais sa légèreté se fondait toujours sur une base solide, sur quelque chose qui lui conférait une réalité essentielle, de la même façon que chez Chaplin la comédie possède la réalité essentielle d'un fait documentaire. Gustav m'a surtout enseigné à jouer "en dessous", à être absolument sincère et naturelle. "Ne sois jamais coquette, disait-il. Sois toujours toi-même, et apprends ton texte !" Sur le plateau, il me donnait un grand sentiment de sécurité. Il ne s'occupait pas de mille choses à la fois comme tant de metteurs en scène que je connais : il concentrait toujours son attention sur *vous.* »

Dans son troisième film, *Swedenhielms* (*Les Swedenhielms*), Ingrid joue aux côtés de son idole, Gösta Ekman, l'un des plus grands acteurs du cinéma suédois. On peut juger de ses réactions de l'époque grâce au journal professionnel qu'elle tient. Son comportement face à Gösta Ekman est celui d'une collégienne éperdue d'amour : « L'homme qui était à mes yeux un dieu descendu sur terre... C'était comme si je l'avais toujours connu, comme s'il était mon père. Il me stimulait d'une façon très mystique... Je me demande s'il s'est aperçu que mes yeux le suivaient comme ceux d'un chien. Je l'adore plus que jamais... »

Mais Gösta Ekman, qui a l'air d'un bon père de famille, est en réalité homosexuel. « Il lui a affirmé que peu importe ce que l'on dit de vous, du moment que l'on parle de vous, racontera Petter. Son idole lui avait dit cela, et elle le répétait sans cesse. »

Ensuite, elle tourne *La Nuit de Walpurgis* sous la direction de Gustav Edgren. Elle y joue le rôle d'une secrétaire amoureuse de son patron qui passe par toute une série de paroxysmes émotionnels. Elle est, là encore, une jeune femme innocente qui se trouve impliquée dans une relation chaotique avec un homme marié. Elle abandonne le mélodrame pour son cinquième film, *Pa Solsidan*, une comédie plus boulevardière. Ingrid y incarne une orpheline de bonne famille qui épouse un homme très riche et plus âgé qu'elle, préféré à un jeune écrivain séduisant. Le charme et la légèreté de ce film font mouche et il est même bientôt distribué aux Etats-Unis. Pour *Variety*, Ingrid est « jolie, talentueuse, et mérite un strapontin à Hollywood ». Le *New York Times* s'enthousiasme pour son « charme naturel », qui à lui seul justifie qu'on voie le film.

En 1936, alors qu'elle n'est dans la profession que depuis dix-huit mois, la critique entière salue son talent : « Ingrid Bergman, une grande révélation... » « La beauté d'Ingrid Bergman est éblouissante, et son jeu puissamment inspiré... » « Elle donne chaque réplique à la perfection... » « Ingrid Bergman a mûri, et comme actrice et comme femme. Devant son talent et sa beauté, on ne peut que s'incliner... » Sur les plateaux de cinéma de Stockholm, on ne parle que de cette aimable ingénue qui apprend vite son texte, ne se plaint jamais du nombre des prises ni de la dureté des extérieurs, et qui trouve tout intéressant. « Comme Petter était toujours là, derrière moi, dit-elle, j'allais de l'avant, entièrement confiante. Même quand je ne le voyais pas pendant quelque temps, je savais qu'il était toujours là pour me fournir son aide et ses conseils. »

Le charme rayonnant de la jeune actrice frappe tout le monde. Son amie Birgit Tengroth se souvient : « Lorsque j'ai connu Ingrid, j'avais vingt ans et j'ai eu l'impression d'être déjà fanée. Elle était si jeune, si saine, si fraîche. Elle avait eu sa part de difficultés et de malheurs, mais elle savait s'en débarrasser, en se secouant comme un chien mouillé. »

Enchaînant rôle après rôle, devenant une personnalité qui compte au studio, appréciée des cinéphiles de Stockholm, Ingrid est déjà à un tournant de sa vie. Ses fiançailles avec Petter Lindstrom lui apportent la stabilité psychologique, tremplin d'une carrière professionnelle qui s'annonce éclatante. En 1936, elle n'a que vingt ans et lui s'approche de la trentaine. Il est fort, décidé, plutôt vieille école, et colle bien à l'image paternelle qu'elle semble rechercher. Peut-être trop bien, d'ailleurs, puisqu'au cours des années suivantes, Ingrid va immanquablement évoluer, tandis que Petter restera figé dans ses valeurs. Mais pour le moment, il paraît représenter « l'élément stabilisateur qui lui manque, prêt à l'assister dans ses choix professionnels, à la conseiller et à la soutenir dans tous les domaines », comme le soulignera John Russel Taylor.

En fait, Ingrid ne l'emmène jamais au studio, ni aux premières des films. Il est largement aussi occupé qu'elle, et tout aussi ambitieux, travaillant la médecine, tandis qu'il continue d'enseigner et d'exercer son métier de dentiste. Le soir, tous deux étudient, elle ses rôles, lui des ouvrages médicaux. Le week-end, cependant, ils partent faire de longues promenades. Ils prévoient de se marier au cours de l'été 1937.

Avant cela, Ingrid saute le pas décisif de sa carrière suédoise en partageant avec Gösta Ekman la vedette d'un film écrit et réalisé spécialement pour eux par Gustav Molander : *Intermezzo*. Ekman y incarne un violoniste de renommée mondiale, marié et père de trois enfants. Arrive Ingrid, jeune pianiste qui donne des leçons à sa fille. Frappé par son talent et sa beauté, le violoniste s'intéresse à elle, d'abord professionnellement, mais cette attirance se transforme malgré eux en folle passion. Après une tournée commune en Europe, la jeune fille comprend qu'elle doit renoncer à son amant pour son bien et le laisse retourner vers sa femme et ses deux enfants (après l'accident de sa fille). L'« intermezzo » s'achève.

Le film comporte d'innombrables clichés, mais Ingrid parvient à offrir une composition d'un tel naturel qu'elle donne peu à peu l'impression que cette femme est à la fois folle amoureuse et terrifiée à l'idée qu'on puisse l'abandonner. Ingrid résume en une seconde l'état d'esprit du personnage, déchiré entre son besoin d'amour et sa décision de laisser partir son amant. « Elle se déplaçait avec une maîtrise de soi et une grâce infinies, dira Gustav Molander. Elle disait son texte à la perfection. La première fois que je l'ai vue, j'ai été frappé par sa beauté radieuse. Elle savait apprécier les compliments, les accepter. Mais jamais ils n'ont altéré les trois caractéristiques sur lesquelles son art est fondé : la vérité, le naturel et l'imagination. J'ai créé *Intermezzo* pour elle, mais je ne suis pas responsable de son succès. C'est Ingrid qui, grâce à son talent, a fait de ce film une réussite. Personne ne l'a découverte, personne ne l'a lancée. Elle s'est découverte elle-même. »

En fait, dans *Intermezzo*, Ingrid semble n'avoir aucune véritable technique de jeu, et sa préparation ne s'appuie ni sur une approche intellectuelle ni sur une analyse critique de son personnage. Au contraire, elle envisage toujours ses rôles avec le plus grand naturel. Elle rentre tranquillement chez elle, apprend son texte, et revient travailler. Elle a compris tout simplement. Cela lui suffit !

Une clef de son tempérament dramatique se trouve peut-être dans une interview accordée en juin 1963 : « Moi, je n'aime pas lutter. Je ne sais pas faire des scènes, hurler, jeter des miroirs à la tête des gens. On m'a souvent reproché de ne pas avoir assez de tempérament. Ça m'est égal ! Mon tempérament, c'est au théâtre que je l'ai donné. C'est pour lui que j'ai voulu mourir, jamais pour un être vivant. Non, je n'aime pas lutter ! Je n'ai pas la force de haïr. »

Elle est donc placide et sereine sur un tournage, remarquablement naturelle, jamais torturée. « A cinq heures du matin, j'étais vraiment fatigué, se souvient Molander. Mais Ingrid était là, toujours prête, toujours impatiente de tourner le plan prévu. Si j'avais un problème avec le scénario, par exemple, je lui en faisais part. Elle réfléchissait un instant, puis elle jouait la scène d'une façon qui éludait totalement le problème. Son intuition et son imagination ne lui ont jamais fait défaut. » *Intermezzo* va être un grand succès, mais aussi le film qui va définir irréversiblement la personnalité cinématographique de l'actrice.

Au lendemain du tournage de ce film, le 10 juillet 1937, Ingrid et Petter se rendent à Strode, chez les Lindstrom, et se marient à l'église luthérienne. Ingrid a pourtant hésité à sauter le pas. Elle racontera par la suite : « Si j'épouse Petter, cela ne se passera pas sans heurts. Mais je préfère ne pas y penser. J'ai déjà connu dans ma vie trop de peines et trop de malheurs. » Au cours de la cérémonie, il n'y a qu'un petit incident. Petter est hostile à toute forme de publicité. Il veut une cérémonie tranquille, tout à fait privée. Quand il découvre qu'une journaliste s'est cachée dans les buissons du jardin, il se met en colère, et lui passe un savon bien senti. Ingrid est pourtant aux anges. Après la noce, elle écrit à Petter : « *Mon amant ! Mon chéri ! Tu es tout ce que je possède sur cette terre. Comme je t'adore ! J'ai l'impression d'exploser de bonheur. (...) J'écris cette petite carte dans mon lit, sur notre premier avis de mariage. Je t'appartiens, de toutes les façons. Je me languis de toi sans cesse, je ne suis heureuse qu'à tes côtés. Viens et reste avec moi. Je t'aime pour l'éternité. A toi, pour toujours, Ingrid.* »

Les jeunes mariés s'installent dans le petit appartement des Lindstrom. Petter se charge d'administrer les affaires d'Ingrid. Des mois plus tard, lorsque Ingrid est enceinte, on lui demande ce que cela va changer pour sa carrière et son avenir. « Rien de particulier, réplique-t-elle. Pourquoi une actrice n'aurait-elle pas un bébé ? C'est parfaitement naturel. »

D'ailleurs, l'actrice ne veut pas mettre sa carrière entre parenthèses, d'autant qu'elle vient de recevoir une proposition de l'étranger : l'UFA lui fait faire un essai à Berlin, puis lui propose un contrat pour trois films. Elle jouera en allemand (la langue de sa mère) et aura ainsi une chance de bâtir sa réputation hors des frontières. Avec l'accord de son mari, elle accepte et part tourner, malgré sa grossesse, le premier des trois films, *Die Vier Gesellen* (*Les Quatre Camarades*), une comédie de Carl Froelich.

Lorsqu'elle arrive à Berlin, enceinte, pour commencer à tourner, Hitler vient d'envahir l'Autriche. Mais Ingrid ne semble pas remarquer l'ambiance fiévreuse des rues de Berlin. Sans doute ses origines allemandes et le fait qu'elle s'exprime parfaitement dans la langue de Goethe l'empêchent de se rendre compte qu'elle cautionne, à sa manière, le régime nazi. « J'ai accepté l'offre des Allemands parce que je parlais leur langue, reconnaîtra-t-elle dans une interview. Je n'avais pas du tout l'intention de rester en Allemagne. J'avais les yeux fixés sur Hollywood, bien sûr, mais il fallait attendre que l'occasion se présente. Je ne m'étais jamais intéressée à la politique, et je ne savais pas ce que je faisais. Si j'avais eu la moindre notion de politique, j'aurais eu assez de présence d'esprit pour ne pas aller tourner un film en Allemagne en 1938. »

Dans son autobiographie, Ingrid tente pourtant de se justifier et parle de l'atmosphère irrespirable de Berlin en 1938 et de son malaise face à un grand rassemblement nazi dans un stade énorme en présence d'Hitler. Selon Petter Lindstrom « Ingrid n'était certainement pas nazie. Elle ne s'intéressait pas le moins du monde à la politique, et elle connaissait à peine les fondements du nazisme. Mais elle passait beaucoup de temps avec sa tante qui, elle, était une fanatique ». D'autres comédiens proches d'Ingrid partagent ce point de vue. « Pas une seule fois je n'ai entendu Ingrid émettre le moindre commentaire favorable au nazisme ou à Hitler. Mais aucun de nous ne parlait politique. Nous étions des artistes, et à ce titre nous nous sentions au-dessus de la politique », assure Irma Christensson.

En fait, Ingrid est en Allemagne pour travailler et se montre parfaitement indifférente à ce qui se passe autour d'elle. Ainsi, comme si de rien n'était, Petter vient la retrouver à Berlin. Pendant les week-ends, ils se promènent dans les rues de la ville, et Petter photographie discrètement les réalisations du IIIe Reich, prenant Ingrid devant des magasins juifs barbouillés de croix gammées, et fixant d'autres témoignages de la nouvelle Allemagne.

Mais, l'atmosphère de peur et de méfiance finit par la mettre mal à l'aise. Sa grossesse devenant par trop manifeste (cinq mois), on accélère le tournage du film et Ingrid peut rentrer en Suède pour mettre au monde sa fille, à l'automne 1938, sans honorer la suite de son contrat allemand.

C'est le 20 septembre qu'elle accouche de Friedel Pia. Le premier prénom est celui de la mère d'Ingrid. Le second est une combinaison des initiales de ses parents : Petter, Ingrid, Aron. L'enfant sera baptisée par le révérend Bergman, parent du cinéaste Ingmar. Sa vie va-t-elle désormais reprendre un cours serein ? Non, car il lui semble qu'il est temps pour elle de s'ouvrir à des horizons moins limités que la Suède. Et dans l'Europe fiévreuse de 1938, où les menaces belliqueuses sont évidentes, cet impératif professionnel peut fournir le meilleur billet de sortie. Et le meilleur passeport n'est-il pas *Intermezzo* ?

Lorsque la version suédoise du film est projetée aux Etats-Unis avec des sous-titres anglais, le *Daily News* annonce qu'il s'agit non seulement du meilleur film produit par la Suède, mais d'un film aussi bon, sinon meilleur, que tous ceux qu'on trouve alors sur le marché hollywoodien : « Non seulement Miss Bergman possède la beauté, qualité assez courante à Hollywood, mais elle est douée d'une intensité émotionnelle extrêmement rare. Cette combinaison fait d'elle une femme qui pourrait sans peine devenir une grande actrice et même une star. Les producteurs hollywoodiens devraient songer à la convaincre de venir dans notre pays, ne serait-ce que pour l'enlever au cinéma suédois qui commence à devenir un dangereux rival. »

Le miracle est en route. Ingrid a tourné son sixième film suédois. Elle ne sait pas qu'aux Etats-Unis, un personnage brouillon, irascible et incohérent, David O'Selznick, s'intéresse à *Intermezzo*. Il juge l'artiste intéressante, mais il déclare surtout le scénario génial. Il décide de faire à Hollywood un remake et expédie sa collaboratrice, Katherine Brown, à Stockholm pour qu'elle achète les droits du film. Katherine Brown, débarquée dans une tempête de neige, profite de son voyage pour aller voir Ingrid. « Qu'elle est gentille », pense-t-elle. C'est tout.

La petite histoire veut qu'un Suédois, liftier dans un immeuble de New York, aurait dit dans l'ascenseur au producteur O'Selznick : « Vous devriez aller voir ce film, *Intermezzo*. Il y a dedans une fille "comme ça" ! Et j'vous l'dis pas seulement parce qu'elle est suédoise... » Le cinéma a ses légendes. David O'Selznick en est une. Sans lui, *Autant en emporte le vent*, le film le plus fastueux de l'histoire du vieil Hollywood, n'aurait pas vu le jour. Il appartient à la race des producteurs-créateurs. On se plaît à imaginer les magnats d'Hollywood comme des tyrans incultes, briseurs de talents et financiers avisés. O'Selznick est le contraire de tout cela. Il est plutôt de la trempe des monarques éclairés qui ont le génie de s'entourer des contemporains les plus accomplis. Ces artistes, cinéastes, scénaristes, comédiens, il n'hésite pas à les malmener quand il trouve leur travail indigne de leur pouvoir créatif.

Grâce à ses mémos pieusement conservés (et édités), l'on sait que c'est au cours d'une projection privée qu'il découvrit *Intermezzo*. Son premier mémo sur Ingrid démontre qu'il n'est même pas sûr de l'identité exacte de l'actrice :

« *A Katherine Brown, le 16 août 1938,*

*Pour Bergman serais encore intéressé même si elle ne débute que l'année prochaine. En fait, ce serait peut-être un avantage, car elle pourrait prendre dans l'intervalle des leçons intensives d'anglais. Cependant, aimerais tout savoir sur ses engagements, au cas où nous voudrions la dégager de certains. Pour les conditions à lui proposer, pourrais lui faire observer qu'elle n'était même pas une vedette en Suède, sur l'affiche d'*Intermezzo*, les deux vedettes étant Gösta Ekman et Gustav Molander. Un frisson glacial m'a parcouru quand j'ai compris que nous nous trompions peut-être en traitant avec elle. Peut-être que la fille que nous cherchons est Gösta Ekman ? Vous feriez bien de vérifier...* »

En fait, c'est Jenia Reissar, la correspondante londonienne de O'Selznick, qui va mener les longues négociations pour le remake du film (12 500 dollars) et celles avec Ingrid étalées sur plusieurs mois. Ses souvenirs montrent bien l'état d'esprit d'Ingrid à cette époque : « Elle venait de rentrer chez elle avec le bébé, se rappelle-t-elle. Elle en était terriblement fière et voulut me le montrer. Elle déclara ne pas pouvoir venir aux Etats-Unis, ni envisager quoi que ce soit tant que l'enfant serait petit. Je lui confiai alors que Leslie Howard était pressenti pour le rôle principal. Cela lui fit forte impression, car elle le trouvait sublime et voulait travailler avec lui. Elle n'en était pas moins incapable, à ce moment, de parler affaires. "Le moment est très mal venu, psychologiquement, pour s'entretenir avec la jeune femme", écrivit-elle. Puis, plus tard : "Rien ne pourra la forcer à accepter un contrat avant 1940, à moins que ce soit en Suède. Elle est très flattée de l'intérêt que M. O'Selznick lui porte, j'en suis persuadée. Hollywood l'effraie un peu, mais elle rêve d'y aller, pour un nouveau rôle de préférence, pas *Intermezzo.*" »

De Londres, Jenia Reissar a toutes les peines du monde à traiter avec Ingrid par téléphone. Elle écrit : « A chaque fois que je lui pose une question, elle répond : "Je ne sais pas. Peut-être. Je vous écrirai." » Mais Jenia Reissar persévère et l'emporte. Finalement, Ingrid signe un contrat pour tourner *Intermezzo* – 2 500 dollars par semaine pendant huit semaines. Aux termes de l'accord, O'Selznick bénéficie d'une option pour tourner un ou deux films par an avec Ingrid pendant cinq années supplémentaires, mais avec une augmentation progressive de ses cachets (jusqu'à 40 000 dollars par film). Sa carrière internationale démarre vraiment.

Ingrid est à la fois électrisée à l'idée de travailler en Amérique, et nerveuse quant au résultat. « La Suède me semblait trop petite, et je sentais que je devais partir dans un pays plus grand. Mais j'étais morte de peur à l'idée qu'Hollywood puisse ne pas m'aimer. »

Finalement, Ingrid quitte Stockholm au printemps 1939, en laissant mari et bébé derrière elle, avec bien sûr l'approbation de Petter. Elle quitte l'Europe à bord du *Queen Mary*, pleine d'appréhension et d'espoir. L'Amérique l'attend.

II

DÉBUTS HOLLYWOODIENS

LE 20 AVRIL 1939, Ingrid Bergman arrive incognito aux Etats-Unis par le *Queen Mary*. Son bateau accoste à New York au quai 90 et l'histoire d'amour d'Ingrid avec les Etats-Unis commence. Elle se tient debout contre la balustrade, avec cette sensation d'émerveillement qui étreint tous ceux qui regardent pour la première fois les gratte-ciel de New York. Ingrid n'oubliera pas cette première impression : le grand paquebot, les appels des remorqueurs, les accents des porteurs, les taxis qui glissent le long de Central Park comme au rythme d'une musique de Gershwin.

Kay Brown, la représentante de David O'Selznick, l'accueille et la conduit à son hôtel, le « Chatham », dans la plus totale discrétion. Ingrid trouve curieux que personne ne soit venu l'interviewer, mais elle n'en dit rien. « Je pense que le mieux serait de l'introduire discrètement au studio et de la faire tourner sans tapage particulier. C'est seulement quand le film sera terminé que nous organiserons un lancement public à grande échelle » a été le leitmotiv de O'Selznick quant aux débuts américains d'Ingrid.

Une décision sage, d'autant que l'américain de l'actrice laisse à désirer. Kay Brown veut lui laisser quelques jours pour « rafraîchir » son anglais. Ingrid est accoutumée à l'anglais britannique, si bien que sa variante – ou ses variantes – d'outre-Atlantique lui semble terriblement difficile à suivre. Un stage intensif de théâtre contemporain, qui débute par une pièce « sudiste », *La Route au Tabac*, ne l'aide guère à régler le problème.

« Peu à peu, je me suis mise à comprendre, racontera Ingrid. Mais même Kay s'inquiétait beaucoup de mon accent et de la pauvreté de mon anglais. » En fait, Ingrid est paralysée par le rythme du langage parlé, par les accents et l'assistante du producteur télégraphie rapidement à Hollywood de prévoir un répétiteur pour l'actrice suédoise.

Pendant quelques jours, Ingrid découvre les charmes de New York. Elle se gave de hamburgers et de hot fudge sundae (glace aux fruits recouverte d'une crème au chocolat chaude). Les glaces resteront son péché mignon jusqu'à la fin de sa vie, même si elles l'obligeront à de stricts régimes avant chaque début de tournage.

Alors que depuis deux semaines Ingrid fréquente les théâtres et les cinémas de New York pour améliorer son américain, Kay Brown reçoit de David O'Selznick une note sur la jeune femme : « J'ai eu aujourd'hui une discussion touchant la nécessité de changer le nom de Miss Bergman. (...) Depuis cette conversation, il m'est venu d'autres idées sur le sujet. Je crois que tu devrais faire une petite enquête sur la valeur de son nom actuel à l'étranger. Bien sûr, elle pourrait garder ce nom-là pour l'étranger et en prendre un nouveau ici ; j'imagine que rien ne s'y oppose, mais tu ferais peut-être bien de vérifier cela aussi... Si nous changeons son nom pour une partie du monde seulement, je crois qu'il faut abandonner l'idée d'en modifier uniquement l'orthographe. De toute façon, je ne pense pas qu'Ingrid Bergman soit très bon. Ingrid Berriman serait beaucoup mieux... »

Car débuter à Hollywood pour un acteur, qu'il soit américain ou européen, implique invariablement un changement de nom. Ingrid ne fait pas exception. L'actrice confiera à Joseph Steele : « David O'Selznick voulait que je change de nom, sous prétexte que le mien avait une consonance trop germanique. Je lui répliquai : “Eh bien ! quoi, c'est tout de même mon nom, n'est-ce pas ?” En réalité, ma réticence venait de ce que mon contrat ne stipulait que la réalisation d'*Intermezzo*, puis mon retour en Suède. Je me refusais à changer de nom pour cet unique film. S'il était un échec, je ne voulais pas avoir à me dire, une fois rentrée chez moi, que c'était la seule chose que j'avais réussi à faire aux Etats-Unis. »

Lorsque Kay et Ingrid partent enfin pour Hollywood en train, la jeune Suédoise a le trac, sachant qu'elle va devoir résister aux pressions de David O'Selznick. Un sentiment d'autant plus naturel que le célèbre producteur reçoit d'ailleurs l'actrice chez lui – geste tout à fait exceptionnel de sa part – dans sa grande maison de Beverly Hills. Ses craintes sont justifiées. O'Selznick peut tout. Mais lorsqu'elle arrive à la gare de Pasadena, le célèbre producteur n'est même pas venu l'accueillir. L'actrice est un peu vexée. Autre vexation : une fois installée dans sa chambre de la villa de Summit Drive, Irène O'Selznick s'étonne qu'elle n'ait qu'une valise et croit bon de lui demander si ses malles vont arriver un peu plus tard. Ingrid est obligée d'admettre que cette valise est son seul bagage.

Le soir même, O'Selznick donne une somptueuse réception pour la présenter à Gary Cooper, Greer Garson, Katherine Hepburn, Tyrone Power, aux metteurs en scène George Cukor, Victor Fleming, King Vidor, Ernst Lubitsch, et autres célébrités cinématographiques. « Durant la plus grande partie de la soirée, dira Kay Brown, Ingrid resta assise toute seule dans son coin, éblouie par les invités qui l'entouraient. Je me rappelle qu'Ernst Lubitsch l'examina et dit : "Ce n'est qu'une grosse paysanne." » Le Tout-Hollywood l'accueille avec un certain mépris. « O'Selznick n'a pas fait une excellente affaire en faisant l'acquisition de cette vache nordique !... » Mais le producteur sait qu'il ne s'est pas trompé. Il est l'homme le plus puissant d'Hollywood. A trente-sept ans, il a derrière lui une longue carrière de producteur prospère à la RKO, à la Paramount et à la Metro-Goldwyn-Mayer, où son beau-père, Louis B. Mayer, lui avait confié un fauteuil de vice-président responsable de la production. Jusqu'en 1939, O'Selznick a produit des dizaines de gros succès, dont *What Price Hollywood ?*, *Héritage*, *King-Kong*, *Les Quatre Filles du Docteur March*, *Les Invités de huit heures*, *David Copperfield*, *Anna Karénine* et *Une Etoile est née*. La sortie de *Autant en emporte le vent* est imminente, et le tournage de *Rebecca* est pour bientôt. *La Rançon du Bonheur* (titre du remake d'*Intermezzo*) sera son cinquante-cinquième film.

A propos de cette fameuse soirée, le producteur confiera : « Quand elle est arrivée, ma femme et moi l'avons emmenée chez nous. Dès l'instant où je l'ai vue, j'ai su que je ne m'étais pas trompé. Elle avait une pureté et une noblesse extraordinaires, et une vraie personnalité de vedette, ce qui est très rare. Mais elle se comportait comme une gamine, médusée par le monde du cinéma. Je me rappelle que j'ai donné une réception chez nous, en son honneur. Il y avait Spencer Tracy, Charles Boyer et une douzaine d'autres vedettes. Ingrid s'était assise dans un coin, et se contentait de les regarder fixement, d'un air terrifié. Une de nos plus grandes vedettes vint me trouver et me demanda : “David, vous n’êtes pas tombé sur la tête ? On pourrait trouver dix mille serveuses qui lui ressemblent, à Minneapolis.” Et moi, j’ai répondu : “Cette jeune femme sera la plus grande des vedettes que le monde ait connues depuis la Duse.” » Et O’Selznick d’enchaîner : « A cette époque, Ingrid débordait de reconnaissance. Quand je lui ai montré sa loge, au studio, elle m’a dit : “Je pourrais parfaitement habiter ici ; cela vous épargnerait le loyer d’un appartement.” »

L’ours O’Selznick, énorme, noir et velu, qui s’est ainsi dépeint en cinq phrases dans une lettre d’amour à sa fiancée : « *Je suis grand. Je suis Juif. Je ronfle. Je bois. J’ai un orteil en marteau* », a l’œil à tout. Il examine Ingrid en plissant un peu plus son visage fripé. Tout lui déplaît dans cette oie blanche : les jambes, les sourcils, les dents, et même le nom. Et tout lui plaît. Le voici qui lance : « J’ai une idée formidable. On va vous laisser comme vous êtes. Vous serez la première actrice naturelle [1]. »

Car, avec une habileté consommée, il entreprend de modeler le personnage Ingrid Bergman. Mais le choix de O’Selznick provoque l’incrédulité dans les studios. Ingrid Bergman ne convainc personne. On hausse les épaules sur son passage. Et elle a de grands pieds ! Elle rougit à tout bout de champ. On murmure en étouffant un rire qu’on va la « faire jouer naturelle », fraîche, à peine maquillée, juste avec un léger fond de teint pour masquer sa peau joliment satinée. Quelle plaisanterie !

---

1. Son propos exact fut : « J’ai une idée, une idée tellement simple qu’à Hollywood elle n’est encore venue à l’esprit de personne. On va vous laisser telle quelle. On ne va pas vous changer d’un poil. Vous resterez telle que vous êtes. Vous serez la première actrice “naturelle”. Demain matin, je vais vous accompagner moi-même chez le maquilleur et on arrangera ça. »

Mais le choix de O'Selznick comble Ingrid qui tient à demeurer fidèle à elle-même, ainsi qu'elle l'expliquera dans une interview [1] : « On a dit que j'avais été la première star "naturelle" et que j'avais de cette façon lancé une nouvelle mode. Mais en réalité, je n'ai fait que réaffirmer une vérité élémentaire, manifester mon désir de revenir vers la qualité à laquelle les actrices d'alors n'auraient jamais dû renoncer : être dépourvues de tout artifice et de toute sophistication... Dans mon esprit de solide Suédoise, accepter de me faire modifier la courbe du nez, porter des appareils destinés à remodeler l'implantation de mes dents ou décolorer mes cheveux était une trahison : je ne pouvais pas rejeter avec autant de désinvolture le merveilleux cadeau que la nature m'avait fait à ma naissance. Même si le cadeau en question était modeste... »

On s'attaque aussi à son accent. La Metro Goldwyn Mayer s'est attaché un professeur du nom de Ruth Roberts, qui s'occupe des artistes européens engagés par la firme. « J'avais vu la version suédoise d'*Intermezzo*, dira Mrs. Roberts, et j'avais été subjuguée par la beauté et par le jeu d'Ingrid. Quand je sus par les journaux que David O'Selznick l'avait engagée, je demandai immédiatement à être le professeur de Miss Bergman. »

Ingrid, avec sa force de caractère, est faite pour Ruth Roberts, pleine de bon sens et réfléchie. Entre elles naît une amitié sûre et durable. Et, peu à peu, Ingrid apprend à maîtriser les subtilités de la langue anglaise. Quelques jours plus tard, elle s'installe dans une petite maison louée par le studio au 260 South Camden Drive, au cœur de Beverly Hills. Elle commence très vite à travailler puisque le réalisateur Gregory Ratoff (finalement préféré à William Wyler) tourne un bout d'essai avec elle et Leslie Howard. Selznick, quoique très

1. *Ciné-Revue*, 9 septembre 1982.

absorbé par les dernières semaines de tournage de l'épique *Autant en emporte le vent*, garde un œil avisé sur les premières prises de ce remake d'*Intermezzo*. Il supervise jusqu'au moindre détail les débuts américains d'Ingrid, ainsi qu'en témoignent ses mémos :

« *A M. Strading, le 9 juin 1939.*
Copies à MM. Ratoff, Klune, Westmore.
*... Il n'est rien, dans la réalisation matérielle du film, y compris la photographie, qui se puisse comparer en importance à la photographie de Mlle Bergman. Contrairement à M. Howard et à la plupart des acteurs importants que je connais, suivant l'angle de la photographie, elle peut être très belle ou insignifiante. Et si nous n'arrivons pas à ce qu'elle ait l'air vraiment divin, le film se cassera la figure et sera mal reçu par le public. (...) Nous devons certainement être capables de saisir le charme étrange – mélange de beauté excitante et de grande pureté – qu'elle avait dans la version suédoise d'*Intermezzo. *Il serait vraiment choquant qu'un quelconque opérateur d'un petit studio de Stockholm se révèle capable de faire avec elle un travail bien meilleur que le nôtre...*
DOS. »

En fait, Selznick devient omniprésent sur le tournage de cet *Intermezzo* et en contrôle le moindre plan. Ingrid fait tout pour assurer la réussite de son premier film américain et se montre d'une ponctualité parfaite (au contraire de son partenaire, Leslie Howard). « Ingrid arrivait au studio à six heures du matin pour le maquillage, et tournait jusqu'à six heures du soir, raconte Reginald LeBorg, assistant metteur en scène. Lorsque je devais travailler une heure avec elle sur un piano muet pour répéter les scènes où elle jouait de cet instrument, elle voulait continuer au-delà du temps. Après une semaine, j'estimai qu'elle était au point.

Mais elle souhaitait travailler encore plus. Elle possédait une énergie formidable, une telle volonté de réussir ! »

Selznick comprend vite qu'Ingrid appartient à la même race que lui : les films, pour eux, sont plus que la vie, ils rendent immortel. Qu'elle travaille avec une énergie extraordinaire ne le surprend pas. Dans un mémo admiratif, le 22 juin 1939, Selznick note :

« *Mlle Bergman est l'actrice la plus consciencieuse avec qui j'aie jamais travaillé : elle ne pense absolument à rien d'autre qu'à son travail avant et pendant le film, et ne prend aucun engagement d'aucune sorte, ne fait aucun projet qui pourraient la distraire, fût-ce une minute, de son rôle. Elle ne quitte pratiquement jamais le studio, et elle a même suggéré qu'on équipe sa loge pour y vivre pendant le film. Pas une seule fois elle n'a exprimé le désir de partir à six heures ou quoi que ce soit de ce genre. Au contraire, elle est très mécontente si l'équipe ne reste pas jusqu'à minuit, affirmant que c'est le soir, après une longue journée de tournage, qu'elle travaille le mieux.* »

En fait, sur le tournage, chacun est impressionné par l'énergie d'Ingrid, le zèle qu'elle déploie inlassablement pour arriver à la perfection. Ainsi, elle met à profit ses rudiments de piano jusqu'à rendre précis, à la note près, le mouvement de ses doigts sur le clavier dans la scène du concerto. La candeur d'Ingrid fascine d'ailleurs le producteur : « L'idée de dépenser l'argent de la compagnie la met hors d'elle. Elle a été terriblement bouleversée qu'on ne se serve pas d'une robe qui ne lui allait pas à l'essayage. Elle a suggéré d'y ajouter un col pour la rendre plus seyante, ou de la teindre, ou d'en faire autre chose pour que l'argent ne soit pas gaspillé. Elle a été stupéfaite d'avoir une doublure et elle a dit qu'en Suède où elle avait été la vedette de dix films, elle n'avait pas de doublure, et que c'était sur elle qu'on réglait les éclairages, etc. Comme nous avons quatre vedettes dans *Autant en emporte le vent*, les loges réservées à nos stars étaient toutes occupées, et nous avons dû lui en donner une plus petite. Elle s'est extasiée, et elle a dit qu'elle n'en avait jamais eu d'aussi belle. Quand j'ai jugé nécessaire de changer d'opérateur, retirant un homme d'équipe (Harry Stradling) de *La Rançon du Bonheur* pour le mettre sur *Rebecca*, elle a eu les larmes aux yeux. Elle voulait savoir si cela ne nuirait pas à la carrière de celui-ci. Elle aurait préféré être même moins bien photographiée que de le blesser. Tout cela est totalement dénué d'affectation et absolument unique », note à juste titre Selznick.

En fait, il y a une explication, selon Bill Davidson : « On s'est toujours fait d'Ingrid une idée fausse. En Suède, au temps de ses débuts, elle était devenue l'incarnation de "la jeune héritière" – aristocrate jusqu'au bout des ongles, parfaitement bien élevée, sûre d'elle-même. Une journaliste de Stockholm, Marianne Höök, l'a décrite ainsi : "Dès qu'on la voit, on se dit qu'elle aime monter à cheval, cueillir des fleurs dans le parc familial et qu'elle est amoureuse du jeune châtelain d'à côté." Alors qu'en fait, Ingrid est une petite bourgeoise élevée en ville, dont le père photographiait les noces et les premières communions de Stockholm. » Ingrid veut être une actrice sérieuse, elle veut réussir. Les signes extérieurs du vedettariat ne constituent pas son véritable objectif. « Je suis très terre à terre, dira-t-elle d'un ton las, des années plus tard, lorsqu'on lui demandera quelle place elle occupe parmi les stars. Je fais mon boulot, voilà tout. »

Sa fraîcheur, son intégrité, son honnêteté pointilleuse détonnent dans le Hollywood de ces années-là. Dans La Mecque du cinéma, les vedettes étrangères ont la réputation d'être une calamité avec leurs exigences et leur caractère fantasque. Cela ne tient pas avec Ingrid, et Selznick sera bien inspiré pour la publicité de l'actrice de refuser des comparaisons avec Garbo, Dietrich et autres personnages exotiques.

D'emblée, Selznick, créateur de mythes hollywoodiens, se met à croire en l'image pure et immaculée d'Ingrid, en la magie qu'elle est capable d'irradier à l'écran. Très vite, il remplit la fonction de substitut paternel. Ingrid le consulte à tout propos. Elle va jusqu'à l'arracher de ses conférences pour lui demander son avis sur le choix d'une paire de chaussures. Il est toujours prêt à l'aider, à résoudre jusqu'aux problèmes les plus insignifiants. Ses critiques, impitoyables mais justes, procèdent du même goût de la perfection que le sien.

Sur cette première collaboration, Ingrid confiera : « Je l'ai aimé dès la première minute, et mon admiration, mon affection pour lui n'ont pas cessé de croître. Il connaît bien son métier ; c'est un artiste, un obstiné, à qui le travail ne fait pas peur. Il nous est arrivé de travailler jusqu'à cinq heures du matin. Pour tous mes problèmes, je m'adressais à lui. (...) Des centaines de fois, il m'a épargné les tracasseries du département de la publicité. Quand nous voyions les rushes ensemble et qu'il me disait ce qu'il en pensait, j'avais entière confiance en lui. Son jugement était très dur, mais juste. Travailler avec lui est souvent exténuant et très éprouvant pour les nerfs. Mais on sent que l'on a quelqu'un à côté de soi qui vous aide de sa compréhension, de ses encouragements et de sa sagesse, ce qui est sans prix. »

Si elle n'éprouva jamais à son égard l'ombre d'un sentiment amoureux, c'est probablement parce qu'il lui est profondément incompréhensible et aussi parce que la femme de Selznick, Irène, devient vite et restera l'une de ses amies les plus chères. Avec ingéniosité, Ingrid découvre la manière dont on travaille à Hollywood. Elle est surprise de voir à quel point « il est beaucoup plus facile de faire des films [ici] qu'en Europe. Il y a plus de monde sur le plateau, plus de costumes, plus de doublures, plus de maquilleurs et d'électriciens. En Suède, il y avait en moyenne une douzaine de personnes sur le plateau. En Amérique, ils sont cinquante. L'autre différence c'est qu'ici, les choses sont un peu plus brillantes, et les plateaux plus coûteux ».

Fin juillet, elle achève le tournage de *La Rançon du Bonheur*. Il lui faut regagner la Suède, mais non sans inquiétude sur son travail à l'étranger. « Je priai le ciel d'avoir bien joué. Je m'étais plu à Hollywood, et j'avais apprécié les personnes avec qui j'avais travaillé. Je souhaitais y retourner, mais je ne devais pas oublier mon bébé, ni les études de Petter. C'était compliqué », confiera-t-elle.

Le 5 août 1939, à bord du *Super Chief* qui la conduit à New York, Ingrid écrit à son professeur de diction, Ruth Roberts : « Le train m'emmène à une vitesse folle loin, toujours plus loin d'Hollywood. Je l'ai pris au tout dernier moment ; je n'ai même pas eu le temps de chercher ma voiture et il a fallu que je monte en marche. A la dernière seconde un petit garçon s'est précipité pour me remettre un cadeau de la part de Selznick. Après ça, je me suis assise, presque paralysée, regardant par la fenêtre, pensant à tout ce qui m'était arrivé, songeant que j'étais bel et bien en train de rentrer chez moi. Quel séjour merveilleux j'ai fait à Hollywood ! Tant de gens si gentils. J'emporte leurs voix dans ma valise sur l'enregistreur que tu m'as donné. Oh ! Ruth, quel cadeau ! Je ne peux te dire à quel point je suis contente ! La nuit dernière, malgré ma fatigue, je n'ai pas beaucoup dormi. J'avais trop de choses dans la tête. Si tu retournes au studio, je t'en prie, salue tout le monde. »

Le 7 août, Ingrid quitte New York à bord du *Queen Mary*. Elle ignore encore si elle reverra Hollywood. Mais elle a beaucoup apprécié son séjour et elle espère bien qu'on lui demandera de revenir, et surtout, que David O'Selznick se souviendra qu'il avait une option pour un second film.

III

CONSÉCRATION

APRÈS trois mois d'absence, Ingrid est heureuse de retrouver sa famille. Certes, Pia pleure et repousse allégrement sa mère dans un premier temps, mais elle finit par se réhabituer à elle. Et Petter touche à son but : être médecin. La famille Lindstrom déménage bientôt pour une confortable maison jaune au bord de la mer, près du parc Djurgarden. Ingrid reprend son mariage là où elle l'a laissé et se prépare à tourner un film suédois, *Une Nuit de Juin*.

Puis soudain, le 1er septembre 1939, la radio annonce l'entrée des Allemands en Pologne. La première pensée de Lindstrom est d'assurer la sécurité de sa famille. La Suède pourra-t-elle rester neutre ? La version américaine d'*Intermezzo* sort enfin ; la presse et le public saluent la naissance d'une nouvelle grande vedette. Graham Greene, alors critique de cinéma au *Spectator*, écrit même : « Le film vaut surtout la peine d'être vu pour sa nouvelle vedette, Miss Ingrid Bergman, qui est aussi naturelle que son nom. Quelle vedette avant elle a fait son entrée avec une tache de lumière brillant au bout de son nez ? Ce reflet est caractéristique d'une interprétation qui ne donne pas du tout une impression de jeu, mais au contraire une impression de vie – sans maquillage. Avec ses inflexions soigneusement étudiées, Howard ne peut s'empêcher de sonner un peu faux face à la gauche vérité de cette jeune actrice, et je crains que nous ne regrettions ce premier film le jour où le "métier" aura fait d'elle ce qu'il a fait d'Anna Sten. »

Frank S. Nugent, du *New York Times*, déclare qu'Ingrid possède « cette étincelle spirituelle qui nous porte à croire que M. Selznick a découvert une autre grande dame de l'écran ». Howard Barnes écrit dans le *New York Herald Tribune* qu'elle est « la recrue la plus douée et la plus attirante de ce studio depuis bien des années ». Wendy Hale, dans le *New York Daily News*, se montre au diapason : « Il est parfaitement injuste d'en faire une deuxième Garbo, simplement parce qu'elle vient de Suède. Elle possède un mélange de beauté rare, de fraîcheur, de vitalité et de compétence aussi inhabituel qu'un agave mexicain en fleurs. » Le *Film Bulletin* écrit : « Grande, belle, formidable actrice, Ingrid Bergman est une nouvelle venue sur les écrans américains, qui mérite tout le bien qu'on peut en dire. » *Variety* est tout aussi laudatif : « Elle est belle, talentueuse, convaincante… Une personnalité chaleureuse, et un superbe atout pour Hollywood. » « J'ai pleuré toute la journée, à Stockholm, racontera Ingrid. Pendant le tournage du film, j'avais vu quelques rushes. David, Gregory Ratoff et d'autres disaient que j'étais bonne, mais je ne les croyais pas. C'est peut-être très vilain de ma part, mais je n'ai été convaincue et satisfaite que le jour où j'ai appris que le public était content. »

Selznick téléphone d'Hollywood pour annoncer à Ingrid ces bonnes nouvelles et l'enjoindre de revenir. *La Rançon du Bonheur* est le triomphe personnel de l'actrice. Le 9 octobre, avec l'accord de Petter mentionné dans une lettre à Selznick, Ingrid signe l'option pour une seconde année de travail avec Selznick International, à partir du mois d'avril. Dès octobre 1939, elle travaille à nouveau en Suède. Dans *Une Nuit de Juin*, elle incarne une jeune femme coincée qui se lie avec un jeune marin. Un rôle romantique et subtil qui lui vaudra d'excellentes critiques. Mais à vingt-quatre ans seulement, elle trouve ennuyeux de jouer en suédois pour la Svensk-Filmindustri : un peu amateur comparé à ce qu'elle a connu à Hollywood.

Dès fin novembre, la guerre se fait menaçante en Scandinavie. Chez Selznick Production où rien n'est prêt pour faire tourner Ingrid, on la presse cependant de revenir aux Etats-Unis. Selznick lui offre suffisamment d'argent pour vivre en attendant un rôle. Petter Lindstrom pousse sa femme à sauter sur l'occasion, d'emmener Pia, de fuir le conflit imminent. De plus, il comprend parfaitement le grand désir d'Ingrid de retourner à Hollywood. « Pars donc, emmène Pia, lui dit-il. Ne te tracasse pas pour le reste. Je ne tarderai pas à vous rejoindre. »

Finalement, en décembre 1939, Ingrid, Petter, Pia et la jeune nourrice de l'enfant se mettent en route pour Gênes. Ils traversent l'Allemagne et l'Autriche en train et arrivent la veille du Nouvel An. « Tout le monde dansait, tout le monde s'amusait, chacun sachant que la guerre était à la porte et faisant de son mieux pour oublier le danger. Et nous dansions, nous aussi, et nous aussi nous étions tristes tout en faisant semblant de nous amuser. Dehors, il n'y avait ni bombes ni black-out... mais nous savions. Et je pensais que le lendemain je m'en allais avec Pia et que peut-être je ne reverrais jamais Petter. Je partais avec son enfant, mais lui, il serait peut-être pris par la guerre et ne survivrait pas... C'était d'une tristesse affreuse », racontera Ingrid.

Le 2 janvier 1940, elle quitte Gênes à bord du *Rex*, à destination de New York. Petter la voit s'éloigner, debout sur le pont, les larmes aux yeux. Débarquant à New York, après douze jours d'une traversée épouvantable, durant laquelle « tout le monde sauf moi a été malade », Ingrid est accueillie, cette fois-ci, non seulement par Kay Brown, mais par toute une escouade de photographes dépêchés pour l'occasion. Ceux-ci, qui s'attendent à la séance habituelle de minauderie, doivent affronter une grande Suédoise à talons plats, qui porte sur le dos un bébé de quinze mois enfoncé dans un nid d'ange de fourrure, le poil à l'intérieur. Cette rencontre avec la presse aurait dû être l'occasion pour l'actrice d'annoncer son projet d'interpréter à l'écran le rôle de Jeanne d'Arc. « Je tremblais d'impatience », racontera-t-elle. Mais Kay Brown lui communique la nouvelle décevante que Selznick n'a pour le moment aucun projet défini pour elle. En attendant, qu'elle profite de New York ! Ingrid dira : « Je désirais beaucoup incarner certains personnages historiques, comme la reine Christine, Charlotte Corday, et surtout Jeanne d'Arc. J'ai toujours été persuadée que je ressemblais à Jeanne d'Arc, qui avait un type de solide paysanne, comme moi. Dès ma toute première découverte de son histoire, je rêvai de jouer son procès. Aussi me suis-je sentie terriblement déçue quand David changea d'idée, et plus encore lorsque Kay m'apprit qu'il n'avait rien en vue pour moi. Je rongeais mon frein [1]. »

L'oisiveté est un tourment pour Ingrid qui se voit obligée d'attendre de longues semaines une proposition concrète de Selznick. Elle reste avec sa fille dans un confortable appartement de Park Avenue et en profite pour se gaver de glaces jusqu'à la boulimie. Elle

1. Confidence à Joseph Steele.

prend plusieurs kilos. Certes, elle emmène régulièrement sa fille au zoo, passe les après-midi au cinéma. La presse lui consacre des articles amusants, tel le *New York Times* qui raconte : « Imaginez la fiancée bien lavée d'un Viking en train de manger des pêches à la crème dans de la porcelaine de Dresde le premier beau jour du printemps au sommet d'une falaise, et vous aurez une assez juste idée d'Ingrid Bergman. Elle est tranquillement descendue du bateau avec Pia (c'est le bébé) sous le bras, puis, pendant le déjeuner, elle m'a expliqué le plus naturellement du monde que, le lendemain étant le jour de congé de la nurse, elle devrait rester à l'hôtel pour s'occuper de l'enfant. La langue anglaise est un petit problème que Miss Bergman n'a pas encore tout à fait surmonté. A un certain moment, elle ne savait plus s'il fallait dire “eldest” ou “oldest”. Comme je lui expliquais que l'un et l'autre étaient corrects, avec un petit sourire désespéré elle m'a fait : “Mais pourquoi donc faut-il que vous ayez les deux ?” »

L'inaction forcée d'Ingrid prend fin quand on lui suggère de monter sur les planches. Elle supplie Selznick de la laisser jouer à Broadway. Il y consent, et le metteur en scène Vinton Freeley propose une pièce de Ferenc Molnár, *Liliom* [1]. Ingrid accepte le rôle de la jeune et fougueuse servante viennoise, qui tombe amoureuse d'un camelot de la foire. Burgess Meredith, son partenaire, est obligé de mettre de faux talons dans ses chaussures pour être à peu près de la même taille qu'elle.

L'heure est venue où il lui faut affronter le public – son premier public américain de théâtre – pour la

1. *Liliom* était une fantaisie écrite en 1908 par le dramaturge hongrois Ferenc Molnár. On la montait alors pour la cinquième fois. Reprise plus tard dans *Carrousel*, la comédie musicale, l'histoire raconte les amours d'un séducteur de foire poursuivi par toutes les filles, et de Julie, une simple serveuse.

Première qui a lieu le 25 mars 1940. « Vais-je pouvoir ouvrir la bouche et prononcer un seul mot ? » se demande-t-elle.

Le trac, elle le connaît, elle sait que ce n'est rien de plus que le trac et qu'une fois dans l'action toute sa confiance lui reviendra. Elle peut rater une réplique, bouler son texte, elle sait que le public comprendra et que, quoi qu'il arrive, elle ne se laissera pas désarçonner. Elle a toujours eu bien ancrée en elle la volonté d'être non pas seulement une bonne actrice, une actrice à la hauteur, mais une grande actrice.

Tout se passe à merveille au 44th Theatre. La critique new-yorkaise sent tout de suite qu'Ingrid appartient à cette catégorie d'acteurs qui ont une présence innée. La plupart se montrent élogieux. L'un d'eux note dans sa chronique : « Le *Liliom* de Burgess Meredith est splendide », et, à propos d'Ingrid : « Son aplomb, sa retenue et son magnétisme vont droit au cœur du spectateur. » Pour le *Daily News*, Ingrid est « la plus chaleureuse et la plus convaincante des Julie, le type même de la paysanne ». Enfin, une autre critique s'enthousiasme : « Mr. Meredith et Miss Bergman s'entendent à merveille à faire pleurer le spectateur. Dans le deuxième acte, ils nous procurent l'un des plus beaux moments que le théâtre de ce siècle ait donné. » Mais c'est le très influent journaliste du *New York Times* qui est le plus élogieux : « Elle s'exprime avec un léger accent. Sa silhouette et ses manières sont très belles, ses yeux expressifs et sa bouche délicate, et elle possède une voix agréable qu'on entend bien et qu'elle sait moduler. Par-dessus le marché, elle semble exercer un contrôle absolu sur son personnage. (…) Mlle Bergman donne totalement vie à son personnage, et l'éclaire de l'intérieur en le dotant d'une beauté lumineuse. » Même l'auteur, Molnár, pourtant difficile à contenter, se montre dithyrambique sur l'actrice.

Etre en tête d'affiche dans une pièce qui marche est une des expériences les plus excitantes que puisse connaître un acteur. Pour la première fois de sa vie, Ingrid se voit entourée d'admirateurs qui la trouvent magique en dehors de l'écran ou de la scène. « Le théâtre est devenu mon foyer, ma famille », confie-t-elle à un journaliste venu l'interviewer. Sa vie n'est qu'une succession délicieuse de représentations entrecoupées de leçons d'anglais, de cours de chant et de danse, d'interviews et de réunions.

Devant un reporter du *Journal Américain*, Ingrid laisse percer son euphorie avec un naturel propre à déconcerter Hollywood. « Vous pouvez noter ceci : j'adore New York. J'adore les drugstores. Et les bus à étages. A Stockholm, il n'y a rien de tel. Il n'y a que deux choses désagréables, à New York. Le métro va beaucoup trop vite, et ils vous ferment les portières au nez. Et l'air n'est pas bon. L'atmosphère est pleine de l'essence des voitures, au point que ça pue ! »

Cependant, elle continue de s'inquiéter des projets de Selznick. Quel sera son prochain rôle à Hollywood ? Le producteur, après *Autant en emporte le vent*, est, selon certains commérages d'Hollywood, complètement épuisé. Les représentations théâtrales se poursuivent pendant les deux mois prévus, et la salle ne désemplit pas. Puis Ingrid se retrouve presque exactement à son point de départ – c'est-à-dire à New York, à attendre la convocation qu'Hollywood tarde à lui envoyer.

Seule consolation : la visite pendant trois semaines de son mari, au cours du mois de juin... Tandis qu'elle tente de lui faire partager sa passion de New York, Petter n'y voit que saleté et tristesse. Ce n'est pour lui qu'un séjour rapide : il est désormais clair que la Suède ne sera pas impliquée dans le conflit et Petter a décidé de s'installer en Amérique, mais il doit d'abord retourner au pays régler ses affaires. Comme elle le soulignera plus tard, Ingrid trouve leurs retrouvailles « ratées ». Déjà les premières lézardes apparaissent dans leur couple. Ils sont davantage des amis affectueux que de vrais amants et Pia, leur adorable petite fille, leur sert de puissant lien commun.

Après un été passé sur la côte Est à attendre, Ingrid se met en tête de rejoindre Hollywood coûte que coûte : sa présence poussera peut-être Selznick à faire quelque chose. Elle loue à Beverly Hills un modeste appartement de deux pièces [1], pour y mener, avec Pia, le contraire d'une vie de star de cinéma. Alors qu'elle vient d'avoir vingt-cinq ans à la fin de l'été, l'actrice est dans une situation paradoxale. Neuf mois plus tôt, *Intermezzo* a obtenu un vrai succès et elle vient de connaître un triomphe personnel à Broadway. Et pourtant son avenir demeure incertain.

Rester inactive est désastreux pour elle : de quoi réveiller ses instincts boulimiques. Dans une lettre à son professeur de diction, Ingrid avoue : « Maintenant, je vais essayer de prendre un peu d'exercice pour perdre les deux ou trois kilos que j'ai en trop. C'est le désespoir qui me fait grossir (je grossis parce que j'ai pitié de moi et que je me dis : la pauvre, on va lui donner une petite glace pour la consoler). Et peut-être que bientôt je serai de nouveau convenable et que je pourrai recommencer à sortir. »

Maintenant qu'elle est à Hollywood, il faut bien que David O'Selznick s'active. Il finit par la prêter à la Columbia, avec qui Ingrid fait un nouveau film sous la direction de Gregory Ratoff. L'histoire est tirée d'un roman dont le titre est *Héritage* et la production le

1. Elle loge à Shirley Place, un immeuble de Beverly Hills vraiment modeste selon les critères hollywoodiens.

rebaptise *La Famille Stoddard*. Son rôle est celui d'une jeune gouvernante qui vient s'occuper des enfants de Warner Baxter. Sa femme meurt peu de temps après, le krach de 1907 le ruine et on la renvoie en France. Dix ans plus tard, alors que la Première Guerre mondiale s'achève, Adam a refait fortune et l'envoie chercher. Ses fils reviennent de la guerre, il finit par se rendre compte qu'il est amoureux d'elle, et tout se termine pour le mieux.

Le tournage ne lui laisse guère de souvenir. Comme elle le soulignera elle-même : « A vrai dire, le film n'était pas très bon. Mais comme l'histoire avait un sens, comme le personnage était un être humain, j'étais prête à essayer. J'aurais refusé si le personnage avait été artificiel. Ces personnages-là, rien ne peut les rendre crédibles aux yeux des spectateurs. » Elle termine *La Famille Stoddard* à trois heures du matin, et, sept heures plus tard, l'actrice commence le tournage de *La Proie du Mort* avec Robert Montgomery et George Sanders. Manifestement, Selznick a compris : s'il veut lui plaire, il faut qu'il lui trouve du travail. Les autres vedettes se plaignent parfois de n'avoir aucun répit entre deux films, mais pas Ingrid. Le travail lui réussit. C'est ainsi que Selznick a encore accepté de la prêter, cette fois à la Metro-Goldwyn-Mayer.

Elle y joue l'épouse martyrisée d'un Robert Montgomery psychopathe, rongé par une jalousie maladive. Il finit par mettre fin à ses jours et déguise son suicide en meurtre pour qu'en soit accusé George Sanders, qu'il considère comme son rival le plus dangereux. Le film est sans grand intérêt et la seule consolation pour l'actrice est d'être épargnée par la critique. Dans le *Herald Tribune*, Howard Barnes ouvre sa rubrique en ces termes : « *La Proie du Mort* présente tous les aspects désagréables d'une histoire de fou sans aucune émotion dramatique ; cependant, Ingrid Bergman réussit à elle seule à créer quelque chose qui ressemble à un climat de terreur. Il serait impardonnable que notre industrie cinématographique persiste à ignorer son grand talent. » De son côté, la chroniqueuse hollywoodienne Louella Parsons écrira : « Ingrid Bergman est une comédienne accomplie. Je me demande pourquoi la Metro-Goldwyn-Mayer se soucie encore des caprices de Garbo quand elle dispose d'une actrice suédoise de son talent et de son intelligence. »

Car, ne l'oublions pas, il y a, à Hollywood, une autre actrice suédoise au sommet de sa gloire : Greta Garbo, la star absolue, la plus illustre vedette féminine de tous les temps. A trente-cinq ans, elle sent pourtant que le crépuscule de son destin inouï est proche. Ingrid voudrait bien la rencontrer. Mais Garbo est inaccessible. Les journaux commencent à chanter les louanges de sa jeune compatriote : « Saluons en Ingrid Bergman la nouvelle Garbo dont l'étoile se lève dans le ciel d'Hollywood. » Ingrid insiste et s'étonne, ô candeur, de rencontrer si peu d'empressement. Ingrid racontera : « Le premier matin, Garbo et moi étant toutes deux suédoises et parfaitement ponctuelles, nous sortons de nos loges à neuf heures pile pour aller rejoindre nos voitures qui se trouvaient pratiquement garées à côté l'une de l'autre. Mais elle ne me prête pas la moindre attention, aussi je me dis : “Mieux vaut ne pas la saluer, ça pourrait la gêner.” Et je rengaine mon sourire. Par la suite, pour éviter que l'incident ne se reproduise, j'ai pris l'habitude d'attendre à la fenêtre et de ne sortir qu'après avoir vu sa voiture démarrer. »

Il faudra des mois pour que les deux femmes échangent quelques mots lors de leur seule et unique rencontre. La critique cinématographique venait de déclarer : « Garbo fut la star suédoise n° 1 du muet, Bergman est la star suédoise n° 1 du parlant. » Garbo se montre assez froide. De cette rencontre avec « la

Divine », Ingrid dira : « Avec le recul, notre rencontre à la Metro m'apparaît comme quelque chose de très triste. J'étais alors au tout début de ma carrière, et elle, sans le savoir, elle terminait la sienne – cette coïncidence m'a toujours frappée. Elle tournait *La Femme aux Deux Visages* (*Two-Faced Woman*). Le film n'a pas marché et elle en a été tellement affectée que jamais plus elle n'en a fait d'autre. Ça me paraît inconcevable. C'était la femme la plus belle, la plus douée qu'on puisse imaginer, elle avait trente-cinq ans, et du jour au lendemain, elle a arrêté de travailler. Comment a-t-elle pu, durant toutes ces années, se lever chaque matin avec la perspective d'une journée sans but ? Quand on a des enfants, des petits-enfants, c'est différent, bien sûr. Mais quand on est seule... »

Désormais, Ingrid comprend qu'il lui faut absolument un meilleur rôle pour son quatrième film en Amérique. Elle sait très bien qu'elle s'est fait piéger dans une banale production dont personne ne se souviendra. Si elle ne participe pas rapidement à des productions de meilleur niveau, elle finira dans l'oubli, comme bien d'autres stars étrangères à Hollywood.

Heureusement, la Metro-Goldwyn-Mayer la retient pour une seconde version du célèbre *Dr Jekyll et Mr. Hyde*. Mais Ingrid refuse le rôle principal – qui est donné finalement à Lana Turner – au profit de celui, moins important, mais plus frappant, de la « fille perdue ». Ce film est mis en scène par le fameux Victor Fleming, la signature officielle de *Autant en emporte le vent*. Véritable Viking, Fleming a plus de deux fois l'âge d'Ingrid. Mais il est énergique, plein de feu et plus troublant que les jeunes mâles qui tournent sous sa direction. Le superbe metteur en scène est alors, selon l'expression d'Hollywood, « le Clark Gable des réalisateurs ». Agé de cinquante-sept ans, c'est un personnage romantique qui pilote lui-même son avion, mais c'est surtout un réalisateur extrêmement compétent, auteur de films très différents. Il ne peut que séduire l'actrice suédoise.

Selon son attaché de presse, « Ingrid me parla plusieurs fois de Fleming ; à ses paroles et à son air, je compris qu'elle avait été émue par lui comme par aucun autre homme au monde. Leurs relations restaient curieusement chastes, mais, à mon avis, c'était que la fidélité conjugale les retenait l'un et l'autre. A plusieurs reprises, je fus le spectateur charmé de leur tendre et mutuelle adoration. Fleming ne s'adressait à elle qu'en l'appelant "mon ange" ». Dans ses *Mémoires*, Ingrid lâchera seulement : « A la fin du tournage, j'étais très amoureuse de lui. L'ennui, c'est que ce n'était pas réciproque. Pour lui, je n'étais rien d'autre qu'une des nombreuses actrices avec qui il avait travaillé. » C'est passer sous silence le long flirt entre l'actrice et le réalisateur tout au long du tournage. Car, où qu'elle passe, Ingrid déchaîne de brutales passions, réveille en chacun des hommes qui la côtoient ou l'aiment l'instinct de la possession. Parce qu'elle semble dissimuler une fragilité extrême derrière son regard limpide ; parce qu'elle n'ose pas dire non ; parce qu'elle paraît toujours prête à se lancer dans de merveilleuses aventures, à condition que celles-ci soient belles. Et que les héros qui les racontent si bien s'y consacrent entièrement.

Ingrid se montre fascinée par cet homme célèbre qui représente à ses yeux un genre nouveau de mâle. Tout au long du tournage (qui commence le 12 février 1941), l'amour la stimule. Son amie Ruth Roberts, son professeur de diction, raconte : « Je me rappelle le soir où elle m'a demandé de passer toute la nuit avec elle, pour avoir l'air épuisée, le lendemain matin, au tournage de *Dr Jekyll et Mr. Hyde*. Et le lendemain, elle était aussi radieuse que jamais... C'est moi qui avais l'air d'un vieux déchet... » Ce à quoi son professeur Gunnar

Björnstrand répond : « Elle a toujours rayonné d'une santé, d'une énergie et d'une vitalité phénoménales. » Et Björnstrand d'ajouter : « Elle a une force de caractère invincible et une mémoire incroyable. Elle apprend son texte sans le moindre effort. »

Victor Fleming est ébloui. Ingrid offre aux hommes de sa vie une sorte d'intimité, l'illusion d'un lien secret. Les témoins du tournage sont fascinés par son interprétation de femme sensuelle. Ingrid nage dans le bonheur. Elle écrit dans son journal : « Ai-je jamais été aussi heureuse dans mon travail ? Aurais-je jamais un plus beau rôle que celui de la petite Ivy Peterson, un meilleur metteur en scène que Victor Fleming, un meilleur partenaire que Spencer Tracy et un meilleur cameraman que Joe Rothenberg ? Je n'ai jamais été plus heureuse. Je ne me suis jamais donnée aussi complètement. Pour la première fois, j'ai brisé la cage où j'étais enfermée, j'ai ouvert un volet sur le monde extérieur. J'ai touché certaines choses dont j'espérais qu'elles étaient là sans jamais oser les montrer. Je suis si contente de ce film. C'est comme si je volais. Je ne me sens plus attachée. Je puis voler toujours plus haut parce que les barreaux de ma cage sont brisés. »

L'amour lui donne donc des ailes. Fleming lui fait découvrir une autre dimension, quelque chose qui lui est encore inconnu. Dès qu'il s'approche, Ingrid comprend à son regard ce qu'il attend d'elle. Elle peut dire s'il est satisfait, sceptique ou enchanté. Victor Fleming incarne à la fois le père, le mentor, le protecteur et l'amant. Mais le jour où le film est terminé, leur liaison prend également fin. Avec *Dr Jekyll et Mr. Hyde*, Ingrid démontre enfin à Hollywood qu'elle est une comédienne, pas uniquement un bel edelweiss. Bien sûr, sa gentillesse apparaît toujours : sous ses dehors un peu prudes, son interprétation d'Ivy est plus touchante que « mauvaise », comme le remarquent les critiques de l'époque. Mais une facette inconnue de sa personnalité passe à l'écran.

LA VÉRITABLE INGRID BERGMAN

Tandis qu'à Hollywood germe la carrière d'Ingrid Bergman, une autre carrière se prépare à Stockholm. Petter Lindstrom, âgé maintenant de trente-sept ans, obtient son diplôme de médecin. Mais Stockholm paraît bien éloigné d'Hollywood. Chaque jour, Petter se sent un peu plus solitaire. Enfin, n'y tenant plus, il s'inscrit à l'université de Rochester, dans l'Etat de New York [1].

Il loue à Rochester une invraisemblable petite maison, et, entre deux films, Ingrid, emmenant Pia et sa nurse, part reprendre une vie normale de mère de famille. Ou, plus exactement, elle s'y essaie ; la transition est moins facile qu'en apparence. « Rochester était une ville tranquille et bien quelconque, racontera Ingrid. J'avais eu tort de m'attendre à autre chose. Mais, moi qui n'avais rien à faire, je m'y ennuyais terriblement. Pour toute relation, nous avions les collègues de Petter ; lorsqu'ils venaient nous rendre visite, on ne parlait jamais que médecine. »

Elle attend un nouvel engagement, lorsque la Paramount achète les droits de *Pour qui sonne le glas*, d'Ernest Hemingway, qui vient en tête de liste des *best-sellers* de l'année. Ingrid lit le livre et s'en va immédiatement supplier Selznick de lui obtenir le rôle de Maria. Mais, à la Paramount, on n'est pas très enthousiaste. Cette solide Suédoise ne correspond pas à l'idée qu'on se fait de la jeune héroïne espagnole au teint olivâtre. Avec la complicité de son frère Myron, directeur d'une puissante agence de vedettes, Selznick essaie de persuader Hemingway de choisir Ingrid. L'auteur y consent, quoique à contrecœur, mais la Paramount ne se laisse

---

1. Pour recevoir son diplôme de docteur en médecine au bout de seize mois (au lieu de deux ans d'internat imposés par les autres universités), Petter est obligé de résider dans le nord de l'Etat de New York. Il décide que sa fille Pia y sera plus heureuse qu'à Hollywood.

pas convaincre. Lorsque la firme annonça que Vera Zorina avait obtenu le rôle, Ingrid est profondément découragée. « J'allai voir Ruth Roberts pour pleurer sur son épaule, évoque-t-elle. Elle compatit à mon chagrin et me dit : “Tout n'est pas perdu, Ingrid. Qui peut savoir le pourquoi des choses ?” En fin de compte, nous nous apercevons souvent que nos pires déceptions étaient, en réalité, nos plus belles chances. »

Heureusement pour son équilibre, Ingrid retrouve le théâtre à Santa Barbara. Elle marche en plein sur les brisées de Garbo dans un rôle qui semble taillé pour elle : il s'agit d'*Anna Christie*, d'Eugène O'Neill, l'histoire d'une prostituée qui retourne vers son père, capitaine de la marine suédoise, décidée à se racheter grâce à l'amour d'un brave homme. La pièce a assez de succès pour être montée à San Francisco et dans le New Jersey. Une fois de plus, la critique encense l'interprétation d'Ingrid. Et lorsque le 13 août 1941 *Dr Jekyll et Mr. Hyde* sort sur les écrans, c'est un vrai succès public.

Pourtant le retour à la vie familiale se transforme en une douloureuse expérience. Elle aime sa fille, mais elle s'intéresse trop à sa carrière pour tout sacrifier aux joies du métier de mère. Comme le reconnaîtra plus tard Pia : « ma mère se retrouvait toujours placée devant un dilemme. Rester avec moi ou poursuivre sa carrière. Celle-ci ne pouvait progresser qu'à Hollywood, or on avait jugé qu'il valait mieux que je fusse avec mon père, qui étudiait à l'école de médecine de Rochester. Ma mère me rendait visite de temps en temps, mais la plupart du temps elle était en Californie. Pour elle, la vie de famille n'a jamais eu la même réalité que ce qui se passait sur le plateau de tournage. Quand elle ne travaillait pas, elle avait l'impression de perdre son temps ».

Le foyer d'Ingrid est au 985, South Avenue, Rochester, mais son cœur ne bat que pour Hollywood, d'autant que sa relation avec Petter devient déjà problématique. Joseph Steele, qui sera quelques mois plus tard son attaché de presse, a raconté une scène significative : « Un jour, assis dans la loge portative qui lui servait sur le plateau, je tâchai d'obtenir d'Ingrid des informations pour un papier destiné à un magazine. Entre autres choses, je lui demandai quelle était la qualité qu'elle admirait le plus chez son mari. "Ah, non, fit-elle, je n'ai pas envie d'aborder ce sujet." Je ne pensais à rien de très personnel, dis-je, mais plutôt à une qualité morale... comme la tolérance, par exemple... la tolérance envers les idées des autres, leurs points de vue, leurs faiblesses... Elle parut soupeser la suggestion, puis finit par dire : "Oui. C'est ce que vous pourriez mettre." Le lendemain matin, ma secrétaire m'annonça : "Miss Bergman au téléphone." Ingrid voulait me voir ; quelques instants plus tard, j'étais sur le plateau. "J'ai réfléchi à la tolérance, me dit-elle, je ne suis pas d'accord. Ce n'est pas vrai. Petter n'est jamais tolérant en rien." Je lui promis de rectifier. Quelque temps plus tard, comme j'étais toujours à la recherche de détails publicitaires, nous abordâmes la question d'un choix possible entre son travail et son foyer. Si besoin était, Ingrid renoncerait-elle à sa carrière ? Elle serra les mâchoires, d'un air farouche, et secoua lentement la tête : "Jamais", fit-elle. Et nous en restâmes là. »

Pourtant, Petter, lui, voit leur futur de façon idéaliste. Sa vision de l'avenir de leur couple est à des années-lumière des besoins d'Ingrid : « C'était une fille saine, j'étais un garçon sain. Elle avait le sens de l'humour. Vu la manière dont vont les mariages – je connaissais plusieurs jeunes médecins et leurs épouses –, j'étais plein d'espoir. Nous avons toujours pensé qu'elle devrait travailler jusqu'à quarante ans environ, moment où, en tant que médecin, j'atteindrais le sommet de ma carrière. »

Propos bien illusoires quand on est l'époux d'une star. D'autant que David O'Selznick veut engager Ingrid pour un contrat de plus longue durée, prévoyant un film supplémentaire par an. Et il veut le faire tant que *Pour qui sonne le glas* est encore en pourparlers. Car si les prises de vue de la production tirée du roman d'Hemingway ont commencé, la nouvelle ne tarde pas à se répandre dans les studios qu'on a commis une énorme erreur en distribuant le rôle de Maria. Après deux coûteuses semaines de travail, le film est abandonné. Sautant sur l'occasion, Selznick se remet à harceler la Paramount à propos d'Ingrid ; ses mémos prouvent son habileté sur le projet pour imposer son actrice : « *J'ai coincé Hemingway aujourd'hui, et il m'a dit nettement et franchement qu'il aimerait qu'elle joue le rôle. Il l'a également dit à la presse aujourd'hui. Néanmoins, il m'a dit aussi qu'à la Paramount on la considérait comme une actrice des bois, dénuée de talent, etc. Inutile de dire que j'ai riposté à ces diverses accusations. Myron s'en occupe très activement. J'ai également contrôlé personnellement une campagne publicitaire destinée à placer sournoisement la Paramount dans une situation telle qu'ils seront presque obligés de la faire travailler. Vous en verrez des échos de temps en temps. Soit dit en passant, Ingrid ne se trouvait pas ici aujourd'hui, sinon je lui aurais fait rencontrer Hemingway. Mais nous nous sommes arrangés pour qu'elle aille le voir à San Francisco avant qu'il ne parte en Chine. Si elle lui plaît, je lui demande de dire rapidement leur fait à la Paramount à son sujet. Si Ingrid n'obtient pas le rôle, ça ne sera pas faute d'une campagne systématique !* »

Mais Ingrid doit ronger son frein. De septembre 1941 à mai 1942, elle est inactive. Quelques allers-retours entre New York et Rochester et un séjour à Hollywood parviennent à peine à masquer son ennui. « Seuls la lecture et le tricot me sauvent la vie, écrit-elle à son amie Ruth. Je suis en train de tricoter des pulls et des jupes pour la poupée de Pia. C'est une enfant extraordinaire. Je lui ai dit que pour Noël nous allions débarrasser les jouets qu'elle n'aimait pas ou dont elle pensait qu'ils feraient plaisir à d'autres enfants. Mais c'était elle qui devait les choisir, parce qu'ils étaient à elle, et que moi je n'avais rien à dire. Je t'assure, Ruth, j'ai failli pleurer. Je l'ai regardée trier soigneusement ses jouets pendant une heure. Elle était si mignonne. Elle a mis de côté de très jolies choses en disant : "Je ne crois pas que je joue beaucoup avec ça." En revanche, elle a gardé pour elle une vieille poupée très, très sale. "Elle est sale, c'est vrai, m'a-t-elle dit, mais elle a toujours été une bonne fille." Tu penses si je me suis tue ! Tout cela à trois ans ! »

A Hollywood, les assistants de Selznick lui trouvent un appartement plus confortable au 413, South Spalding Drive à Beverly Hills. Même dans La Mecque du cinéma, Ingrid se comporte de façon originale. Joseph Steele se souvient : « Une fois, je la surpris, tout à fait par hasard, qui se promenait sous une pluie fine, à une heure et demie du matin, dans une rue déserte de Beverly Hills. Elle portait un léger imperméable et, comme toujours, des escarpins à talons plats. Elle était tête nue. J'arrêtai ma voiture à sa hauteur et je l'interpellai avec inquiétude :

– Ingrid, que diable faites-vous ici à cette heure impossible ?

– Je me promène, me répondit-elle tranquillement. Quel mal y a-t-il à ça ?

– Voyons, passe encore pour n'importe qui, mais vous...

– Ne soyez pas stupide ! Que pourrait-il m'arriver ?

La meilleure chose qui peut lui arriver est le 29 avril 1942 quand Selznick lui annonce qu'il a trouvé un film pour elle. « Ça s'appelle *Casablanca*, écrit Ingrid à une amie, et je ne sais absolument pas de quoi il s'agit. »

IV

« CASABLANCA » ET AUTRES CLASSIQUES

Casablanca a acquis au cours des ans la stature d'une légende hollywoodienne. Humphrey Bogart et Ingrid Bergman y forment un couple immortel et nous offrent quelques scènes inoubliables de l'histoire du cinéma. Nominé pour huit Oscars, le film en obtiendra trois.

Or personne, parmi tous ceux qui travaillèrent sur *Casablanca*, ne se douta du statut mythique qu'allait acquérir ultérieurement ce film. D'ailleurs, les acteurs pressentis par la Warner avaient été, selon l'annonce faite le 5 janvier 1942 dans le *Hollywood Reporter*, Ann Sheridan et Ronald Reagan [1]. Le problème majeur n'est d'ailleurs pas tant le choix des comédiens que l'écriture de la production du script. Il est presque inexistant, malgré trois moutures successives.

1. Heureusement, Ronald Reagan est appelé opportunément sous les drapeaux, et l'on décide de conférer au film une dimension supplémentaire en confiant le rôle de Rick à Humphrey Bogart.

Lorsque le réalisateur Michael Curtiz commence le tournage le 25 mars 1942, les auteurs n'ont pas fini de taper les dialogues. L'intrigue prend comme point de départ un fait historique : après l'occupation de la France, Casablanca, capitale du Maroc, est le lieu de rassemblement des réfugiés fuyant l'Europe nazie. Ils se retrouvent par prédilection dans le bar-café-tripot tenu par l'Américain Rick (Humphrey Bogart), proscrit dans son pays.

Toute cette foule cosmopolite ne songe qu'à rejoindre l'Amérique via Lisbonne et attend avec angoisse des visas. Ugarte, un aventurier, est en possession de laissez-passer volés à des agents allemands qui ont été assassinés. Il confie ces documents compromettants à Rick avant de se faire tuer à son tour. Le major Strasser, officier allemand, enquête sur le meurtre des courriers nazis avec la collaboration du chef de la police française, le capitaine Renault. Victor Laszlo, un des leaders des mouvements de résistance en Europe opprimée, se rend au café de Rick en compagnie de sa femme Ilsa (Ingrid Bergman). Rick et Ilsa ont vécu ensemble des instants merveilleux à Paris avant l'arrivée des Allemands. Ilsa croyait son mari mort dans un camp de concentration, mais il est revenu continuer son œuvre et elle a abandonné Rick. Laszlo est repéré par Strasser qui ne le laissera pas quitter vivant Casablanca. La course aux visas commence. Ferrari qui commandite tous les trafics illégaux de la ville ne peut aider Laszlo car les Allemands contrôlent ses activités et il craint des représailles. Chacun sait que Rick a en sa possession les deux laissez-passer allemands. Laszlo fait appel en vain à Rick. Ilsa le supplie à son tour de sauver son mari au nom de leur amour qui subsiste. Un conflit terrible se joue dans l'âme de l'aventurier américain. Un incident patriotique provoque la fermeture du café. Rick songe alors lui aussi à quitter Casablanca. Il vend son établissement à Ferrari.

Ilsa, qui l'aime toujours, décide de partir avec lui et de laisser son mari à son destin. Avec la complicité de Renault, Rick combine l'arrestation de Laszlo. Mais au dernier moment, un revirement se produit chez les deux hommes. Rick protège le départ de Laszlo et de sa femme et tue Strasser. Le capitaine Renault dévoile alors son double jeu et les deux époux rejoignent Brazzaville.

Ingrid interprète donc cette idéaliste aux yeux clairs, déchirée entre un aventurier rencontré deux ans plus tôt à Paris et son mari engagé dans la résistance contre le nazisme. Ses réticences quant à son rôle ont quelque chose de naïf : puisque personne ne connaît le dénouement du film, elle ignore forcément lequel de ses deux partenaires elle finira par choisir, et donc lequel elle est censée aimer. « Et moi, dira Ingrid, je ne cessais de me demander de qui je devais être amoureuse : de Paul Henreid ou de Bogie ? Quand je posais la question, Curtiz me répondait : “On ne sait pas encore, essaie de nous jouer ça entre les deux...” Aussi, je n'osais pas regarder Bogart d'un air amoureux parce qu'alors, il aurait fallu que je regarde Paul Henreid autrement... »

Le charme de *Casablanca* doit beaucoup à ces incertitudes. « On était pratiquement réduits à jouer au pied levé, racontera Ingrid Bergman. On nous remettait le dialogue le jour même et il fallait se débrouiller pour essayer d'en tirer quelque chose. Tout le monde travaillait dans le vague, tout le monde ignorait comment le film allait se terminer. Pour un interprète, il n'y a rien de pire... » Mais c'est peut-être ce qui confère à sa prestation le piquant du suspense et de l'incertitude. Qui a dit qu'une situation confortable permet à un acteur de donner le meilleur de lui-même ? Tout au long de sa carrière, Ingrid est restée convaincue que sa propre sensibilité lui a permis de choisir sans erreur le meilleur rôle, la meilleure option. Cette certitude peut être nocive, si un metteur en scène affirmé n'est pas là pour la sortir de ses habitudes et la pousser dans une introspection douloureuse. Hasard heureux ou plan machiavélique ? Toujours est-il que Curtiz, le script et la chimie de la distribution font qu'Ingrid tire le maximum du rôle.

En voyant à l'écran l'harmonie qui unit Ingrid Bergman et Humphrey Bogart, bien des spectateurs imaginent qu'une romance a existé en coulisses. Il n'en est rien. Humphrey Bogart s'est montré réservé sur le plateau vis-à-vis d'Ingrid. Par timidité sans doute, admiration trop vive – « Ingrid est la seule lady d'Hollywood », dira-t-il, mais aussi peut-être pour la laisser venir à lui, comme elle le fera dans le film. « J'ai embrassé Humphrey Bogart, dira-t-elle, mais je ne l'ai pas connu. » Bogart ne vit que pour sa volcanique épouse Mayo Methot. Devenu l'un des plus grands acteurs de son temps, et s'étant forgé un style froid, rigoureux, solide, puritain, il est déchiré entre sa vie et ses rôles. Autant avec Mayo il est un enfant aveuglé de passions, d'effusions qui le dépassent, autant, dans ses films, dans ses personnages, il est sûr de lui, solide, froid, et pas passionné pour deux sous. Seule la passion souterraine qui l'habite peut permettre ce visage dépossédé, cynique, puissant et maîtrisé qui fait sa gloire.

Bogart, en fait, est fasciné par Ingrid. Il se laisse conquérir par sa droiture, son caractère, sa gaieté, sa gentillesse, par son naturel surtout. Elle adore son métier de comédienne au point de vouloir s'effacer totalement derrière les personnages qu'elle joue. Mais la jalousie maladive de son épouse le convainc de ne rien tenter avec Ingrid. Peut-être est-il aussi conscient que la comédienne est en train de voler le film à ses partenaires. Car dans *Casablanca*, elle exprime un subtil mélange d'émotions variées (vulnérabilité, sens de l'honneur, angoisse, amour impossible) tout en apportant au sujet un sentiment de fragilité qui va toucher et émouvoir les publics du monde entier, particulièrement en ces temps de guerre : Bogart reste donc distant, très distant avec sa partenaire.

Comme l'a remarqué Franck Cuterland, « Bogart aima, pendant le tournage de *Casablanca*, les yeux très nets et la douceur d'Ingrid Bergman. Elle avait un chapeau d'homme, comme lui, d'où sortaient en douce cascade ses cheveux ondulés. Il aimait la tendresse de son front contre sa joue. Il souhaitait quelque chose d'autre. Mais il savait que, s'il quittait Mayo, les vagues de passion souterraines qui le hantaient, comme les rugissements des tempêtes de ses rêves de capitaine, lui manqueraient. Mayo fut très jalouse de ce tournage avec Ingrid Bergman ; elle soupçonnait Bogie de rêver d'elle. Ce qui était un peu vrai. Elle débarqua un jour sur le plateau pendant une scène d'amour, comme par hasard, et fit scandale ».

Autre aspect du succès du film : son cosmopolitisme [1], surtout obtenu par le recrutement des acteurs internationaux : Ingrid Bergman, Suédoise ; Paul Henreid, Viennois ; Conrad Veidt, d'origine allemande ; Madeleine Lebeau et Dalio, Français. Quand *Casablanca* est présenté au public, les événements d'Afrique du Nord tiennent la première place à l'actualité de la guerre [2].

---

1. « Parmi les acteurs de complément d'une scène de café, note Laurence Leamer, on remarquait Trudy Berliner, ancienne star de l'UFA de Berlin, et Dina Smirnova, ancienne actrice du théâtre russe. Le service de presse recensa trente-quatre nationalités différentes sur le plateau de *Casablanca*. Chacun de ces acteurs apportait à son personnage une "vraisemblance" tout à fait inhabituelle pour un film hollywoodien. L'un des secrets de cette réussite tient sans doute à ce cosmopolitisme qui s'accorde au sujet du film : Casablanca, plaque tournante en 1942 des flux de réfugiés animés par l'espoir d'obtenir un visa pour les Etats-Unis. »

2. Les producteurs, en juin 1942, ne pouvaient imaginer que l'armée américaine débarquerait à Casablanca le 8 novembre suivant, comblant ainsi l'espoir des personnages du film et celui de ses spectateurs...

Sur le succès du film, Ingrid elle-même a donné une analyse assez pertinente : « Le film nous concernait directement, traitait de notre guerre. Jamais peut-être des acteurs n'ont eu l'occasion, même sans le savoir, de jouer sur nos émotions de façon aussi directe et aussi dramatique à une époque où la défaite semblait possible et où la victoire demeurait lointaine. Dans l'effort poursuivi par les Alliés, *Casablanca* a probablement joué un rôle aussi déterminant que tout un corps d'armée. »

En tout cas, film culte entre tous, *Casablanca* n'a pas fini d'entretenir notre nostalgie d'un cinéma en noir et blanc, où la beauté des sentiments joue sans cesse avec la noblesse des engagements.

A la fin du tournage, Ingrid s'apprête à rejoindre Rochester pour retrouver Petter et Pia lorsqu'un coup de fil de David O'Selznick l'avertit que finalement Paramount la souhaite dans *Pour qui sonne le glas* : « Paramount voulait faire un essai avec moi, expliquera Ingrid. Pas un essai ordinaire – ils voulaient seulement savoir de quoi j'aurais l'air avec les cheveux courts. Est-ce que j'étais prête à me les faire couper ? Pour jouer Maria, j'étais prête à tout. Dès le lendemain du jour où j'ai fini *Casablanca*, on a donc essayé. »

Ingrid enfile ainsi un pantalon et une chemise sale, se coupe les cheveux avec des ciseaux à ouvrage et entre dans le rôle de Maria. Les essais ont lieu le vendredi et le lundi ; elle est engagée. Ingrid obtient un cachet de 31 770,83 dollars. Peu d'actrices se préparent aussi intensément qu'elle à leur rôle. Si le scénario est tiré d'un livre, elle étudie longuement l'ouvrage et, parfois, elle se plonge ensuite dans toute une bibliographie sur le sujet en question. « Lorsque je lui empruntai son exemplaire de *Pour qui sonne le glas*, j'y trouvai quantité de passages soulignés au crayon : descriptions, états d'âme, analyses des caractères, et même dialogues », racontera son attaché de presse. Elle étudie le jeu de ses partenaires masculins, exactement comme un entraîneur de football étudie une équipe adverse, en les regardant en action. Avant le début de *Gaslight*, elle se fera projeter dans la salle de David O'Selznick tous les films de Charles Boyer. Et elle soumet Gary Cooper, Spencer Tracy et d'autres au même examen minutieux avant de tourner avec eux.

Ingrid a remarquablement analysé son rôle dans une interview au *Hollywood Reporter* : « Lorsque j'appris enfin que le rôle de Maria m'était confié, je m'enfermai chez moi pendant de nombreux jours, afin de me familiariser avec le personnage. C'est une habitude que j'ai prise, à la veille de chaque nouvelle création : je me recueille et je m'isole jusqu'à ce que je sois entièrement pénétrée de la personnalité de mon nouveau rôle. Je considère, en effet, qu'une interprétation honnête et rigoureusement conforme à l'esprit que lui a conféré son créateur est le problème le plus important qui se pose à toute artiste consciente de ses responsabilités. Quand j'étudiai le personnage de Maria, je découvris que j'avais affaire, avant tout, à une femme amoureuse. Or, une femme amoureuse oublie ses propres intérêts. Rien ne compte plus pour elle que son amour, qui est toujours un sacrifice de soi-même. Sa propre joie, même, reste secondaire. Elle ne vit plus son existence matérielle que dans les strictes limites où les besoins fondamentaux de celle-ci se rappellent avec trop d'insistance. Le monde considère, en général, cette sorte de femmes comme des êtres méprisables. Je pense, au contraire, qu'on doit les regarder avec une certaine considération, car on est toujours en présence de pauvres créatures, victimes des circonstances. Les femmes sont toutes des créatures impulsives. Elles ont hérité cette nature instinctive de leur mère Eve. Certaines, peut-être, ont un sens plus profond du sentiment de l'honneur ou de la honte. Certaines, aussi, attirent les hommes par toutes sortes d'avances. Il y a des filles qui commencent à aimer avec l'arrière-pensée de retirer le plus de choses possibles de l'homme dont elles s'éprennent : manteaux de fourrure, confort, luxe, situation, etc. Peu importe. Mais Maria n'appartient pas à cette dernière catégorie. Maria aime. Maria donnerait même sa vie pour sauver celle de l'homme qu'elle aime. Elle ne pense qu'à ce dernier. Pas à un seul autre, pas même à elle. Rien qu'à lui. On décèlerait difficilement quelque chose de mauvais dans l'âme de Maria. Son cœur est pur, et même vertueux à sa façon. Maria est franche et loyale envers elle-même. Ce n'est qu'une malheureuse victime de la guerre et des atrocités. Si on la jugeait en vertu du code pratiqué par l'ensemble des gens de notre époque, elle nous apparaîtrait peut-être comme un être exceptionnel, voire anormal, tout au moins très dissemblable de la moyenne de l'humanité courante. Et c'est en comprenant cela que j'ai essayé de traduire ce personnage. En incarnant l'héroïne de M. Hemingway, j'ai essayé de me pénétrer de cette personnalité étrangement attirante que l'auteur avait si bien su lui communiquer. Maria possède les mêmes désirs et les mêmes réflexes que toutes les autres femmes amoureuses. »

Ingrid doit pourtant partir sur-le-champ rejoindre l'équipe de *Pour qui sonne le glas*. Il lui faut parcourir sept cents kilomètres pour rejoindre la Sierra Nevada et le Yosemite National Park. Après un pénible voyage, une fois traversée la petite ville de Sonora, une fois franchi le col du même nom, Ingrid atteint enfin l'endroit où se dressent les cabanes spécialement construites pour le tournage. Elle descend de voiture et regarde autour d'elle, un peu désemparée, en ce 5 août 1942.

Partout des rochers de granit escarpés et des bungalows sans électricité, ni chauffage et encore moins de téléphone composent un accueil bien spartiate. Peu de vedettes s'en accommoderaient sans se plaindre. Ingrid va s'y plaire. D'autant que Gary Cooper est son partenaire sous la direction de Sam Wood. L'homme est non seulement beau, mais il dégage une impression de courage. Ingrid regarde ce grand acteur mince et le trouve magnifique. Elle est subjuguée. La quarantaine rayonnante, intelligent, célèbre dans le monde entier, il a tout pour l'attirer. D'autant que jouer avec lui devient une expérience naturelle : « Quand on travaillait avec lui, expliquera Ingrid, on avait presque l'impression de ne rien faire. En tout cas lui ne faisait rien. On ne lui voyait jamais la moindre expression. Il sortait son texte le plus tranquillement du monde, et moi, je me disais : “Non, ça ne va pas marcher.” Ensuite, on tournait la scène et il était exactement pareil. Il fallait attendre d'avoir vu les rushes pour se rendre compte... il avait une personnalité si énorme, si envoûtante, qu'il n'avait pas besoin de jouer, il lui suffisait d'être. Mais il fallait attendre de le voir à l'écran pour être convaincu que pas un geste, pas une expression ne manquaient. Je le trouvais merveilleux. Jamais je n'avais travaillé avec un acteur aussi naturel. »

Ingrid est mariée et Gary Cooper également. Tombe-t-elle amoureuse de Gary, tout comme son personnage de Maria s'éprend de Jordan, l'Américain idéaliste ? Si l'on en croit l'un des attachés de presse de la Paramount, Robert Slatzer : « Une ou deux fois, j'ai assisté au tournage. Il fallait voir la façon dont Ingrid regardait Gary. Parfois elle lui passait ses bras autour de son cou, sans se soucier des autres. » Dès les premiers rushes, les magnats de la Paramount flairent l'idylle. Ingrid est complètement fascinée par la personnalité de Cooper, qu'elle trouve immense, puissant, plein de délicatesse... « De tous les acteurs avec qui j'ai tourné, c'est celui qui joue toujours “en dessous”, avec le plus grand naturel. Dites-lui [à Selznick] que je suis tellement heureuse que mes yeux brillent de joie, même dans les scènes les plus tragiques », écrit-elle à Dan O'Shea.

Les tendres murmures à l'écran de Gary et d'Ingrid tout comme leur érotique scène du sac de couchage et les attentions ostensiblement affectueuses hors caméras, tout laisse penser qu'il y a une douce liaison pendant ce tournage et que l'amour éclaire la Sierra Nevada cet été-là ! En tout cas, les regards éperdus qu'elle lui jette attireront même à Ingrid les remontrances de sa répétitrice Ruth Roberts. Heureusement pour le couple, le tournage a lieu bien loin des yeux fureteurs de la presse à scandales d'Hollywood.

L'actrice gardera un merveilleux souvenir de ce tournage : « C'était terriblement primitif et terriblement romantique de vivre là-haut près des cimes et près des étoiles, dans cette région que les neiges de l'hiver isoleraient bientôt de tout. »

Elle est superbe dans ce film en couleurs, son premier, même s'il est difficile de discerner un quelconque réalisme derrière ses cheveux courts trop parfaitement coiffés ou son maquillage, immaculé de la première à la dernière image. Comme elle le remarquera elle-même, on la laisse trop afficher son plaisir devant la caméra pour qu'elle approche le conflit intérieur de cette victime d'un viol dont, seule, la rencontre de l'amour peut réveiller les sens. Comme l'a souligné J. R. Taylor, « c'était exactement le type de prestation, courageuse en apparence, faussement dénuée de sophistication qu'Hollywood adorait à l'époque ». Elle vaudra à Ingrid sa première nomination aux Oscars, même si la récompense lui échappera. Dommage que le film soit du Hemingway à la sauce hollywoodienne avec des gros plans interminables, des dialogues dépourvus d'émotion. Seules les quinze dernières minutes ont la chair, le sang et l'amour du livre du grand écrivain américain.

A la fin de l'année, Ingrid retourne à Rochester et reprend sa vie de famille. Mais est-ce l'effet de son bref flirt avec Gary Cooper, ses relations avec son mari, tout en demeurant amicales, deviennent de plus en plus formelles, un peu lointaines. Pour ses admirateurs des années 40, Ingrid Bergman symbolise la femme accomplie, qui a fait un mariage heureux et qui a réussi dans sa carrière. Pourtant, la vie n'est pas toujours rose avec son mari, le Dr Petter Lindstrom. Leurs amis raconteront qu'elle doit rendre compte de ses moindres dépenses à son mari. (Un ami intime, Michel Bernheim, assure qu'elle n'ose même pas alors s'acheter une robe sans sa permission.) Leurs carrières divergentes les contraignent à se séparer pendant de longues semaines. Et, comme l'a dit le metteur en scène Walter Wanger, « elle a toujours cru s'éprendre du jeune premier ou du metteur en scène de chaque film qu'elle tournait. A chaque nouveau, elle croyait avoir découvert le grand amour ».

Bientôt, Petter en termine avec ses examens. Ensuite, il est envoyé à l'université de Stanford, à Palo Alto, en Californie, tout près de San Francisco, pour un stage de fin d'études. Grâce à l'avion, Ingrid peut passer les week-ends avec lui. Comme des touristes, ils dînent dans des restaurants populaires, flânent sur les quais, escaladent les ruelles de la ville chinoise et se promènent en voiture dans la campagne humide et verte. Mais derrière les apparences de l'harmonie, les fausses notes vont crescendo.

Un témoin privilégié assiste à la dégradation de leurs rapports : Joseph Steele, *public relations* de l'actrice. Il a raconté les circonstances et le souvenir de sa première rencontre avec sa nouvelle cliente : « Peu avant mon entrée au service de Selznick, Ingrid, qui venait d'en finir avec le rôle de Maria dans *Pour qui sonne le glas*, d'Ernest Hemingway, était allée rejoindre quelque temps sa famille à Rochester, dans l'Etat de New York, où elle s'était créé provisoirement un foyer. Ce choix, curieux pour une vedette d'une ville de l'Est, tenait aux études entreprises par le mari d'Ingrid. Dentiste, Petter Lindstrom s'était lancé dans la médecine, et il essayait de décrocher un diplôme de neurochirurgien à l'Université de Rochester. En regagnant Hollywood, Ingrid devait s'arrêter dans le Minnesota pour tourner un film de propagande destiné au département de la Guerre du ministère de l'Information et intitulé *Les Suédois en Amérique*. J'arrivai à Minneapolis un jour avant Ingrid, le 2 février 1943, par un temps glacial. Mes vêtements de Californien du Sud laissaient passer le froid ; mais, ce qui me faisait le plus souffrir, c'étaient mes oreilles, peu habituées au gel. Je me précipitai donc dans un magasin, où un vendeur irrésistible me persuada d'acheter une paire d'éblouissants protège-oreilles de peluche rouge. Ainsi, à sa descente du train, dans le Nord, Ingrid fut-elle accueillie par un grand type mince et brun, dont la tête semblait agrémentée d'un feu rouge pour la circulation. Et, par la suite, aussi bien à New York qu'à Ottawa, en Sicile, à Stromboli ou à Rome, et quelle que soit la température, je ne manquais jamais, à l'heure de l'arrivée, de me recouvrir douillettement les oreilles de ce même ornement, en souvenir de notre première rencontre. Ce qui me frappa tout d'abord chez Ingrid, ce fut sa taille. Je n'avais encore jamais vu une actrice aussi grande. Comme je devais l'apprendre par la suite, son horreur des talons hauts n'est pas une affectation, mais s'explique par la crainte de paraître trop grande, car elle a près de 1,76 m et une robuste charpente de paysanne. On se rend rarement compte de sa taille, car, en général, les hommes avec qui elle a tourné dépassent largement 1,85 m. Les hommes petits, tels que Charles Boyer, doivent monter sur une caisse pour jouer avec elle une scène tendre. Je m'avançai vivement : “Je suis Joe Steele, Miss Bergman.” Son visage rayonnait de chaleur humaine. Elle vous regardait dans les yeux. Le mot *directe* me vint à l’esprit. “Bonjour !” me dit-elle en traînant sur la dernière syllabe. »

Le lendemain matin, Ingrid est prête à sept heures précises, comme convenu. Il faut deux heures de voiture pour se rendre à Glenwater, la ferme modèle de E. C. Swanson, où l’on doit tourner les premières scènes. Sur l’exploitation agricole, elle est immédiatement adoptée par Charles Swanson, patriarche de quatre-vingts ans, et par ses deux fils, Hank et Gilbert, vieux garçons tous deux. Après cinq minutes de conversation animée, moitié en anglais, moitié en suédois, la vedette de l’écran et les fermiers semblent de vieux amis. Sans effort, inconsciemment, Ingrid devient *quelqu’un de la famille*. On lui donne une chambre au premier étage. Elle se lève à cinq heures pour se rendre au poulailler, où elle mire des œufs avec Hank Swanson. La nourriture – celle, traditionnelle, de la campagne – aurait convenu à des ogres, et les Swanson mangent d’ailleurs comme tels. La conversation reste simple et amicale. On s’en tient à la vie de la ferme. Ingrid ne tarde pas à entreprendre Hank et Gilbert. « Eh bien, pourquoi n’êtes-vous pas mariés, tous les deux ? Vous feriez pourtant de bons maris, voyons ! C’est une honte ! Vous pourriez rendre très heureuses de charmantes jeunes filles ! » Hank rougit comme un écolier. « Oh, je me marierai bien un jour. Faut d’abord que je rencontre une fille qui me plaise. » On est si loin de la sophistication d’Hollywood qu’Ingrid se sent en vacances, presque de retour en Suède. Elle écrira à Ruth : « Ici, je me sens vraiment à la maison ! »

Joseph Steele se souvient de la douceur et de la gentillesse d’Ingrid pendant ce tournage bucolique : « Comme j’ignorais encore les habitudes d’Ingrid, je lui offris un jour une cigarette. “Oh non, merci !” dit-elle.

Comme toujours sa réponse avait commencé par un oh, qu'elle prononçait plutôt *ao*. "Pardonnez-moi", fis-je, confus. "Ne vous excusez pas, dit-elle, la fumée ne me gêne pas, c'est de fumer moi-même qui m'est désagréable. Mais je me suis mise à mâcher du chewing-gum pour ne pas rester sans rien faire quand les autres fument." »

Joe Steele trouve tout de suite Ingrid « originale » par sa simplicité et son authenticité. De même, sa capacité de travail l'étonne. Elle s'acquitte de toutes les tâches publicitaires qu'il lui demande avec une grâce et un tact parfaits. Il écrira bientôt : « Parfois, je pense que c'est la plus belle femme que j'aie jamais rencontrée. Et quand je parle de beauté, je sais ce dont je parle – ou alors c'est que mes quarante ans et plus ne signifient rien et que je n'ai rien appris. » Entre Ingrid et lui naît une profonde amitié et leur association va se poursuivre durant de longues années.

Cependant, il ne peut rien contre l'autoritarisme du mari d'Ingrid et certaines scènes lui laissent un souvenir amer : « Un jour que j'étais venu discuter de certaines questions de publicité, je trouvai par hasard le Dr Lindstrom chez lui. Ingrid et moi, nous avions pris place sur la banquette de la cheminée. Ayant surpris ma voix, le Dr Lindstrom délaissa son travail, quel qu'il fût, et se joignit à nous. Jusque-là, Ingrid acceptant mes suggestions, notre petite conférence avait marché comme sur des roulettes. Mais Lindstrom intervint : "Non, moi, je ne suis pas d'avis que tu fasses cela. Ça ne te vaudrait rien." "Oh, mais je n'y vois aucun inconvénient, Petter", protesta gaiement Ingrid. Aussitôt, son mari se raidit et brandit un index rigide à la hauteur du visage de sa femme. "J'ai dit que cela ne te vaudrait rien. Et tu t'abstiendras !" fit-il. Ingrid pâlit ; elle se leva tranquillement et gagna sa chambre, dont elle ferma la porte. Quelque temps après cet incident, j'étais en route vers New York avec Ingrid, dans le rapide de Santa Fe. Pour une fois, la jeune femme était d'humeur à parler d'elle-même. "Nous autres Suédoises, on nous a appris à ne pas manifester nos émotions en public ; c'est une question d'éducation. Sur le plateau, lorsque je travaille, on s'imagine à me voir que je suis placide, et les petits magazines ne cessent de s'extasier sur mon bon caractère. Mais c'est à voir. J'aimerais pouvoir trépigner et flanquer des objets par terre, mais, si je le faisais, je me sentirais ridicule. Aussi, lorsque je suis en colère, je n'en montre rien et j'attends de me trouver seule dans ma chambre pour me jeter sur mon lit en pleurant et en criant." »

Comme Ingrid le confiera à son ami William Attwood : « On avait fait de moi la jeune femme saine, bien élevée, l'actrice sans maquillage, l'exception d'Hollywood. On pensait que j'étais incapable de ressentir des émotions vraies, comme n'importe quelle autre femme. »

En fait, elle traverse une période difficile à cause de sa vie conjugale. « Pendant le temps que son mari passa à la faculté, elle demeura à Rochester près de lui autant qu'elle le put, mais pendant de longs mois elle dut rentrer à Hollywood pour tourner ses films, raconte Attwood. Et chaque fois, des ragots jamais confirmés laissaient entendre qu'Ingrid s'était laissé attendrir par quelque acteur ou quelque metteur en scène. Ces ragots rendaient son époux malade. »

Le metteur en scène Walter Wanger l'excuse pourtant. « Elle passait son temps à faire des bêtises, à prendre des décisions aventureuses, ou à engager de l'argent sans réfléchir, et c'était Lindstrom qui devait toujours la tirer des mauvais pas où elle s'était fourrée. » Lewis Milestone, lui, porte un jugement tout autre : « C'était un médecin extraordinaire, mais il avait conservé les idées les plus démodées : il se conduisait avec Ingrid comme l'individu qui a fait cadeau de son nom à la pauvre orpheline et qui attend d'elle pour le restant de ses jours une reconnaissance sans défaut. Jamais, il ne laissait Ingrid l'oublier. Mais combien de temps peut durer ce chantage à la reconnaissance ? C'est son mari qui réglait toutes les questions d'argent et Ingrid n'avait pas le droit de risquer la moindre dépense sans l'accord de son mari. »

Le metteur en scène David Lewis pense que Lindstrom essaya de sauver leur mariage : « Mais il souffrait de cet étrange mysticisme des Suédois du Nord, et il était capable de faire les choses les plus déconcertantes. Par exemple, si Ingrid devait rentrer à huit heures, il se mettait à table avec leur fille Pia à sept heures trente. Si Ingrid rentrait à six heures, il dînait à cinq heures et demie avec sa fille. Pourquoi ? Je n'en sais rien. Peut-être cherchait-il déjà à s'attacher la petite fille, à tout hasard. »

Heureusement, Ingrid protège sa vie familiale de toute publicité. Petter n'a pas à incarner Monsieur Ingrid Bergman et Pia ne fait jamais l'objet de photos de presse. L'intrusion des paparazzi est aussi évitée sur le prochain tournage : *L'Intrigante de Saratoga*, où elle retrouve le réalisateur Sam Wood et surtout Gary Cooper. « Cooper voulait vraiment faire le rôle, a dit le producteur Hal Wallis. Je suis persuadé qu'une liaison avait commencé entre eux au moment de *Pour qui sonne le glas*, et qu'elle a continué pendant notre film, ce qui n'allait certainement pas lui nuire. »

Ingrid, pas seulement pour renouer avec son partenaire, éprouve aussi fortement l'envie de jouer ce rôle ; celui d'une belle aventurière créole aux prises avec un joueur texan (Gary Cooper). Elle est en quête d'un époux fortuné, mais comprend dans les dernières minutes que le joueur est le seul homme qu'elle aime. Au début, Selznick a refusé qu'Ingrid interprète un rôle si amoral, après celui de l'innocente Maria. Pourtant, elle réussit à le convaincre – tout simplement parce qu'elle est devenue l'un des investissements les plus rentables d'Hollywood.

Le 8 février 1943, elle entame le tournage. Les lèvres sanglantes, coiffée d'une perruque noire, le buste étroitement pris dans des corsages de satin, elle joue un personnage sans aucun rapport avec la Maria de *Pour qui sonne le glas*. « J'interprétais le rôle d'une femme méchante, artificielle, égoïste et gâtée, toujours prête à crier, à pleurer, à faire des scènes. Avant que je commence le film, les gens disaient : "Ce n'est absolument pas pour toi." A moi, ça m'était bien égal, car c'est tout ce que je désirais faire. J'étais une espèce de catin, et je n'en avais pas l'habitude. »

Pendant le tournage, (est-ce le stress de sa liaison compliquée avec Gary Cooper ?) au grand désespoir de ses costumières, elle prend cinq kilos. Il faut élargir les tournures de ses robes. Elle n'a jamais été aussi corpulente à l'écran. Ces variations de poids créent une angoisse constante pour l'actrice. Car, dans l'Amérique des années 40, le public cultive la fiction d'une Bergman sans complications et sans crises de nerfs, totalement différente des autres actrices. En fait, elle n'est pas sûre d'elle, et ses complexes la poussent par exemple à grignoter du matin au soir. Le metteur en scène David Lewis raconte ainsi que, pour déjeuner, elle ne mangeait qu'un brin de fromage, mais que le reste de la journée, elle vidait le réfrigérateur : « Si bien, affirme-t-il, que son poids a toujours été un souci pour elle. Lorsque nous avons commencé le tournage de *Arc de Triomphe*, on s'est aperçu qu'elle pesait huit kilos de trop, et je dus demander à Petter, son mari, de mettre un verrou au réfrigérateur. »

Ingrid elle-même a évoqué ces passages de boulimie que le médecin Lindstrom est trop content de souligner : « Petter me voulait mince, filiforme. Il se plaignait toujours de ne pas comprendre pourquoi, avec tous les régimes que je suivais, je ne perdais pas de poids. Mais ce qu'il ne savait pas, c'est que si je mangeais juste ce qu'il fallait à table – des jus, quelques feuilles de salade – j'avais dans ma chambre une boîte de biscuits dont j'allais me gaver aussitôt le repas terminé. Et au milieu de la nuit, je descendais dans la cuisine et je dévorais tout ce que je trouvais dans le Frigidaire. Un jour où il ne comprenait vraiment pas que je n'aie pas maigri davantage, j'ai protesté : "Mais si, j'ai maigri... je maigris sans arrêt !" Du coup, il est allé chercher la balance, il l'a mise devant moi et il m'a fait monter dessus. Là, je ne pouvais plus mentir : la balance montrait clairement que j'avais grossi. J'étais vexée et humiliée qu'il m'ait démasquée, je ne savais plus quoi dire. »

Ses kilos excédentaires résultent d'une vraie boulimie de travail, ainsi que le reconnaît lui-même David O'Selznick dans l'un de ses habituels mémos : « *Je n'ai jamais vu une fille assurer un emploi du temps aussi dur qu'Ingrid depuis quelques mois. Même si elle le fait de bon gré, je crois qu'il est de notre devoir de faire en sorte qu'elle dispose au moins de ses dimanches pour se reposer et s'occuper de sa fille. (...) Sur* L'Intrigante de Saratoga, *c'est extraordinaire, elle a travaillé plus de dix semaines sans un seul jour de repos. (...) J'ai vraiment essayé de l'obliger à en prendre, mais elle n'a pas voulu. Le moins que nous puissions faire est de nous assurer qu'elle dispose de ses dimanches. Il faut aussi garder à l'esprit qu'Ingrid ne prend même pas le jour de congé mensuel que réclament habituellement nos vedettes féminines.* »

Lorsque *L'Intrigante de Saratoga* [1] est achevé, en juin 1943, Ingrid tombe malade de quasi-épuisement.

1. Tourné au début 1943, le film ne sera assez bizarrement distribué aux Etats-Unis qu'à la fin de 1945. Peut-être l'estimat-on trop sophistiqué, trop cynique pour le goût d'un public familial en ces heures les plus sombres de la guerre.

Son médecin l'oblige à rester alitée une semaine, ce qui constitue un exploit pour elle. « J'ai horreur de rester tranquille », confiera Ingrid à Joseph Steele. Sans doute est-elle mortifiée de retrouver son mari et de ne plus avoir la possibilité de voir quotidiennement son partenaire Gary Cooper. Leur liaison est d'ailleurs terminée. « De ma vie, je n'ai rencontré de femme aussi éprise de moi qu'Ingrid, a confié Gary Cooper par la suite. Du moment où le film fut fini, elle ne voulut même plus me parler au téléphone. »

Une attitude que le metteur en scène David Lewis résumera par cette remarque cruelle : « Ingrid est une personne très égoïste, entièrement centrée sur elle-même. Cela est d'ailleurs vrai de presque tous les acteurs et actrices ; c'est un des traits de caractère qui leur fait choisir ce métier. Mais Ingrid l'est probablement plus que la moyenne. Elle ne s'intéresse exclusivement qu'à elle-même ou bien à son entourage immédiat [1]. »

Aussitôt après *L'Intrigante de Saratoga*, Ingrid interprète un rôle qu'elle lorgne depuis longtemps, et qu'elle croyait perdu pour elle : *Hantise* (*Gaslight*) où le rôle de Paula Alquist est celui d'une jeune femme vulnérable que son mari cherche à faire passer pour folle. Deux éléments rendent ce tournage attractif : George Cukor en est le réalisateur (sa sensibilité féminine fait merveille avec les actrices) et Charles Boyer hérite du personnage odieux du mari dépourvu de scrupules. Ingrid apprécie ce comédien français : « C'est l'acteur le plus intelligent avec qui j'aie jamais travaillé et aussi l'un des plus gentils. » Elle est sensible à son accent *so frenchy*, à sa voix magnifique et à ses beaux yeux de velours, tout comme Greta Garbo, avant elle.

1. *Elle*, 15 décembre 1958.

Pour rentrer dans son personnage, Ingrid utilise toujours la même méthode intensive : elle lit de nombreux livres sur les hallucinations et les visions. Elle souligne au crayon les notations qui peuvent lui servir à rendre crédible son interprétation d'une femme déchirée entre la peur de la folie et la quasi-certitude qu'elle est pourtant saine d'esprit. Elle va même jusqu'à visiter un asile psychiatrique, histoire d'observer les attitudes et les visages de schizophrènes et de malades mentaux.

Les critiques feront assaut de superlatifs lors de la sortie de *Hantise* en mai 1944 et il est exact que dans ce film, qui a magnifiquement vieilli, Ingrid est captivante par la sobriété de son jeu et la crédibilité de son interprétation. Elle recevra avec *Hantise* son premier Oscar.

A l'automne 1943, Ingrid décide de reprendre un peu son souffle. Elle s'offre une belle maison au 1220, Benedict Canyon Drive. « Située parmi les élégantes propriétés de Beverly Hills, c'est une maison de style ranch, en pierre et en bois de pin, qui nous rappelle un peu un chalet. Son originalité, c'est un immense living, sur lequel donnent toutes les chambres », racontera Ingrid. Au cours des cinq années suivantes, ils y ajoutent une piscine et un sauna, grand luxe pour le couple. Car dans certains domaines, leur communauté de vue est absolue. Ils semblent porter la frugalité suédoise à ses sommets ; Ingrid ne renouvelle jamais sa garde-robe si l'ancienne, au prix de quelques modifications mineures, peut encore assurer une saison.

Cette austérité marquera Pia. L'enfant est ainsi prise d'une peur quasi hystérique en voyant sa mère menacée d'une amende de cinq dollars pour une simple infraction du code de la route. Cependant, il faut nuancer les aspects négatifs de l'ambiance familiale. Comme l'a souligné Joe Steele : « Chez les Lindstrom, à Beverly Hills, le manteau de la cheminée portait l'inscription “Hillhaven Lodge”. En fait, la maison était un véritable refuge pour Ingrid et pour son mari. Ils connaissaient enfin la joie orgueilleuse du propriétaire. A Ingrid, en particulier, ce premier vrai foyer offrait un havre très attirant contre les critiques et les préjugés. »

Cependant, l'actrice semble n'être jamais plus heureuse que lorsqu'un tournage ou une obligation professionnelle l'appelle. Ainsi, en 1944, lors d'une tournée de propagande pour les soldats, son attaché de presse se souvient de son attitude : « Comme prévu, je gravis les marches de pierre, traversai un porche carrelé et sonnai à la porte. Le mari d'Ingrid m'ouvrit vivement. Nous nous dîmes bonjour. Ingrid apparut, rayonnante. Je lui enlevai des mains une petite valise et un lourd manteau d'astrakan. "Est-ce tout ce que vous emportez ?" demandai-je, en ne lui voyant rien d'autre, ni nécessaire de maquillage ni carton à chapeaux. "J'ai tout ce qu'il me faut là-dedans", répondit-elle. Elle embrassa son mari et sa fille. Tandis que la voiture tournait dans l'allée, puis s'éloignait, elle se laissa aller sur le siège, dans un geste d'abandon. "N'est-ce pas merveilleux ?" fit-elle. Ce que j'aime avoir quelque chose à faire !... J'ai horreur de rester tranquille..." » Tout est dit !

V

BLEUS À L'ÂME

JUSQU'EN 1945, Ingrid réussit à maintenir l'illusion du bonheur dans un mariage auquel elle tient profondément. Selon l'acteur suédois Alf Kjellin, « Ingrid a toujours eu besoin de quelqu'un de fort. C'est pour cela que Petter Lindstrom lui convenait. Il correspondait à l'idée qu'elle se faisait d'un homme. (...) Il est le seul Peer Gynt que j'aie rencontré dans ma vie, à la fois fort et vulnérable. Ingrid, elle, était comme un personnage du folklore suédois, une vision de femme rousse qui apparaît aux travailleurs des forêts et les séduit par sa beauté. Lorsqu'ils essaient de l'attraper, ils ne trouvent qu'un arbre creux et une queue de renard. Ingrid était les deux à la fois, une femme épatante, mais froide... D'un côté, elle était complètement ouverte, de l'autre, c'était de l'acier ».

Mais Ingrid, au fond d'elle-même, ne rêve que de liberté. Les soirs où le Dr Lindstrom est retenu par une opération, Ingrid se rend aux réceptions auxquelles ils ont été conviés ensemble. Elle est ravie de ces occasions et jouit d'échapper à toute surveillance, à toute réprobation. Elle peut boire, manger à son gré et parler ouvertement sans crainte d'être ensuite chapitrée. Lorsqu'elle se met à recevoir chez elle, elle accueille tous ceux qui lui plaisent, sans se soucier du rang de ses invités. Dans le sanctuaire de l'amitié qui fait face à la grande cheminée, on ne joue à rien ; on discute ferme sur tous les sujets.

En fait, Petter s'efforce courageusement de partager cette vie. Si, rentrant chez lui, il lui arrive de trouver sa femme en compagnie de quelques amis, il salue les invités avec effusion, attire un siège près d'eux et fait son possible pour se mettre à l'unisson. Cependant, Ingrid perd soudain son entrain et l'atmosphère s'épaissit. Le désaccord est trop profond, les préoccupations de Petter trop étrangères. Quels que soient ses efforts, le résultat demeure nul. D'autant que les amis d'Ingrid le jugent supérieur et condescendant.

Ainsi, tandis que passent les mois, puis les années, la niche de la grande cheminée est de plus en plus désertée. Sous un prétexte ou l'autre, les camarades d'Ingrid cessent de venir la voir ; elle se met à les rencontrer au restaurant. Ou bien, lorsqu'elle tourne un film, elle fait servir des sandwiches et des rafraîchissements dans sa loge. Après six heures, une fois le travail terminé, la pièce bourdonne de discussions animées. Il faut s'y arracher pour rentrer retrouver Petter...

Parfois, Petter l'agace. Quand elle est en train de lui raconter quelque chose qui s'est passé au studio, quelque chose qui lui paraît très intéressant, il l'arrête : « Ne fronce pas ton front ! » Elle acquiesce, et continue son histoire. Après deux nouvelles phrases, il reprend : « Tu fronces encore ! » ou : « Tiens-toi droite ! » Ingrid se redresse et essaie de garder le front lisse, mais elle a le sentiment désagréable qu'il est trop obnubilé par ses rides, par la façon dont elle se tient, par ce qu'elle fait de ses mains, de ses doigts, pour écouter vraiment.

Malgré ses années et son expérience des milieux de la scène, Ingrid garde des côtés naïfs et puérils ; paradoxalement, elle se plaît dans la compagnie d'êtres forts, brillants ou blasés ; elle évite comme la peste le manque de caractère. Des personnalités très différentes l'attirent : Victor Fleming, Alfred Hitchcock, David et Irène Selznick, Bob Capa, Kay Brown, Ernest Hemingway... Le détachement de son mari trouve son origine dans une profonde méfiance de tout et de tous.

Ingrid admettra plus tard que ses conflits avec Petter proviennent surtout de son inaptitude à faire preuve dans sa vie privée de la confiance en soi aiguë qu'elle manifeste dans sa carrière. Mais, à sa décharge, la prise en main de sa vie par Petter est totale puisqu'il s'occupe de tous ses contrats. Car quand il règle les affaires d'Ingrid, on voit trop, à ses manières, qu'il est conscient de tenir les rênes, de pouvoir disposer à sa guise de l'actrice la plus en vue. Les agents cinématographiques se mettent à le détester férocement.

David O'Selznick est évidemment le premier à faire face aux exigences de Petter. Dans une lettre datée du 6 avril 1944, le mari de la star déplore en effet :

1) qu'Ingrid aurait été bien mieux chez un producteur qui lui aurait donné plus de travail ;

2) que Selznick ne l'a prêtée à d'autres studios que pour lui faire tourner des films médiocres ;

3) que de nombreux changements ont été apportés aux contrats originaux de 1939 et 1940 ;

4) que Selznick n'a toujours pas tenu sa promesse de lui faire tourner une Jeanne d'Arc ;

5) que vu les circonstances, Ingrid envisage d'aller voir ailleurs, après l'expiration du contrat avec Selznick, mais qu'elle « ne signera pas avec quelqu'un d'autre sans en avoir averti Selznick au préalable ».

Selznick répliquera de façon acide.

LA VÉRITABLE INGRID BERGMAN

Dans tous les domaines, Monsieur Ingrid Bergman met son grain de sel. Joe Steele, le *public relations* de l'actrice, évoquera une scène : « Ingrid décida d'aller passer quatre semaines de vacances à New York. Elle comptait sur moi pour l'accompagner. Comme j'allais lui rendre visite, je tombai sur Lindstrom, qui me prit à part. "Vous savez que je vous aime bien, Joe, dit-il. J'ai confiance en vous. Je ne me fais jamais de souci lorsque vous accompagnez Ingrid. Vous avez toujours bien pris soin d'elle, mais je voudrais que vous surveilliez son régime. Elle a tendance à grossir et elle boit parfois quelques cocktails de trop. Empêchez-la aussi de veiller trop tard." Il parlait avec componction. "Une chose encore, Joe, dit-il. Tâchez de savoir qui elle voit et avec qui elle sort. Elle ne devrait pas voir trop souvent (ici, il nomma un imprésario, grande amie d'Ingrid). Cette femme n'a pas très bonne influence sur elle. D'accord ?" J'acquiesçai machinalement, mais non sans agacement. Il conclut : "A votre place, je ne soufflerais mot à Ingrid de notre petite conversation". »

Parfois, Petter consent à se montrer boute-en-train dans des soirées hollywoodiennes : « C'était un fantastique danseur, témoignera même Gregory Peck. Il bondissait comme un fou, sautant d'un bout à l'autre de la pièce. Je ne suis pas certain que cela ait vraiment plu à Ingrid, qui généralement secouait la tête quand il se donnait en spectacle. » Autre partenaire célèbre de l'actrice, Cary Grant verra même dans ces démonstrations excessives une facette sombre du mari d'Ingrid : « Pour se venger, Lindstrom essayait, dans les réceptions, de la rendre jalouse, dansant passionnément avec d'autres invitées. Et, toujours prosaïque, il apportait même des chemises de rechange, pour pouvoir remplacer celle qu'il avait trempée au cours de ses exercices. » Cary Grant se rappellera qu'Ingrid arrivait souvent sur le plateau l'air harassé et les yeux rouges.

Mais le stress de l'actrice est aussi dû à ses responsabilités maternelles. Ingrid culpabilise facilement. Elle pense qu'elle délaisse sa fille. « Je me sentais coupable, mais pas assez pour arrêter de travailler, dira-t-elle au magazine *People* bien plus tard. J'étais trop jeune pour avoir des enfants. (...) Je ne parle pas d'âge réel, mais de maturité. » Carriériste au détriment de sa famille, Ingrid Bergman ? Devant le journaliste A. E. Hotchner, elle se montrera sincère : « J'étais si préoccupée par ma carrière, le vedettariat, Hollywood et le reste, que je ne trouvais pas le temps de me consacrer à la petite fille qui m'attendait à la maison. Toute la journée, elle attendait mon retour du studio, et quand j'arrivais, souvent beaucoup plus tard que prévu, soit j'étais trop fatiguée pour bien m'occuper d'elle, soit je m'habillais en toute hâte pour me rendre à telle ou telle mondanité. Il n'y a aucun doute là-dessus, je la négligeais, et j'éprouve à ce propos le plus grand sentiment de culpabilité. »

Aux yeux du metteur en scène Lewis Milestone, il convient de relativiser la solitude de la fille d'Ingrid. « Je me rappelle que j'ai fait un voyage en auto avec Pia. Nous sommes restés seuls tous les deux pendant six heures. Elle a parlé tout le temps, comme si le vent avait emporté ses paroles et que personne n'avait pu les entendre. Elle m'a confié que sa mère lui manquait, mais qu'elle ne voulait pas faire de peine à son père. Sous bien des rapports, Ingrid était plus enfant que Pia... » La culpabilité d'Ingrid s'explique par le fait que l'actrice se remémore les manques affectifs de sa propre enfance. Elle préfère éviter que sa fille grandisse avec les mêmes sensations.

Ingrid privilégie sa carrière. Pourtant, elle apprécie assez peu Hollywood. Elle commence même à y trouver la vie morne, confiant plus tard à Bill Davidson : « Pour moi, Hollywood était un désert. Je m'entendais merveilleusement avec Humphrey Bogart, Gregory Peck ou tous les autres pendant le tournage, mais quand la journée de travail était achevée, ils rentraient chez eux, ils rejoignaient le cercle de leurs amis. Bing Crosby, par exemple, s'est montré l'un des hommes les plus charmants que j'aie rencontrés, mais je ne suis jamais devenue intime avec lui, ni avec sa femme et leurs enfants. » Elle demandera même à la femme d'un des cinéastes de la 20th Century Fox : « Que faites-vous du dimanche ? Moi, je hais les dimanches ; il me semble que le lundi, où je pourrai reprendre mon travail, ne viendra jamais. » Il est vrai qu'à Hollywood, il n'existe pas de vie populaire, aucune animation pittoresque. Seules défilent les automobiles silencieuses qui portent des gens dignes, pressés, aseptisés. On a parfois comparé la ville à un asile pour retraités de grand luxe, à un immense sanatorium distribué en pavillons somptueux. Vitesse, rendement, correction, précision, obéissance et conformisme y sont les caractéristiques essentielles. Les habitants de la ruche hollywoodienne ne se rencontrent guère que dans des réunions quasi officielles dont tout le monde est informé. Ces réceptions déterminent, mieux que tout, le rang social et le degré de votre importance. Un filtrage minutieux préside aux choix des invités, et avec quelle joie l'heureux élu passe d'une maison à une autre, dont le seuil est plus difficile à franchir. C'est l'ascension des degrés d'un temple, la laborieuse approche des étoiles de première grandeur.

Mais il y a l'envers du décor : les fourmis d'Hollywood, écrasées par le travail, la course à l'argent, la jalousie et l'avidité, emploient le peu de temps qui leur reste à des intrigues de palais, au jeu des préséances, où clans, coteries et hiérarchies ne cessent de rivaliser. Les artisans du cinéma sont les véritables esclaves d'une étiquette rigide et d'un implacable snobisme.

Dès sa pendaison de crémaillère à Benedict Canyon, Ingrid est confrontée à ce protocole hollywoodien :

« J'avais appris qu'on ne pouvait avoir ensemble le gratin et les gens qui n'en faisaient pas partie, dira Ingrid. Si je voulais recevoir tout le monde, il faudrait que je fasse deux invitations différentes. Quel choc ! Et puis il y avait plusieurs groupes, et si vous apparteniez à tel groupe vous ne pouviez pas en sortir. Si, par exemple, vous faisiez partie de la crème – comme les Selznick, les Mayer, les Goetz, les Cohn, les Warner – il n'était pas question de déchoir. » Durant toutes ces années à Hollywood, Ingrid ne donnera jamais chez elle que des petites soirées suédoises, sans rivaliser avec les autres.

Le Hollywood de ces années-là se caractérise également par l'incroyable influence qu'exercent les *columnistes* (les « commères ») : la redoutable Louella Parsons et sa consœur encore plus perfide, Hedda Hopper. Elles font la pluie et le beau temps dans la vie hollywoodienne et terrorisent producteurs, metteurs en scène et acteurs. Deux vieilles femmes aigries, jalouses et injustes, se fichant comme d'une guigne du mal qu'elles peuvent faire avec leurs potins. « J'étais absolument indignée, je trouvais criminel que l'industrie du cinéma leur ait permis d'acquérir une puissance telle que, si elles le voulaient, elles pouvaient ruiner la carrière et la vie de quelqu'un, expliquera Ingrid. Il n'était pas possible de passer plus de deux minutes en compagnie de Louella Parsons ou de Hedda Hopper sans qu'elles se précipitent au téléphone pour communiquer l'une ou l'autre remarque que vous veniez de faire. »

Ingrid, si réservée, si avare de confidences ou d'indiscrétions, ne peut s'entendre avec ces deux cerbères de la vie mondaine… D'autant que Petter reproche facilement un mot de trop à son épouse : « Quand nous rentrions d'une soirée, dira Ingrid, il arrivait que Petter me dise : “Tu ne devrais pas parler autant. Tu as un visage très intelligent, laisse croire aux gens que tu l'es ; quand tu te mets à parler, tu ne dis que des insanités.”

Alors, quand il était là, je faisais très attention de ne pas trop parler, sinon, je savais que je lui déplairais et qu'en rentrant il serait furieux contre moi. »

En fait, le Dr Lindstrom craint que son épouse ne devienne trop « Hollywood », ne se prenne pour une star quand il veut qu'elle se considère comme une actrice ordinaire. Il n'apprécie guère qu'elle fasse l'achat d'un manteau en vison ou puisse porter un bracelet de diamants. Le seul bijou qu'arbore l'actrice dans la vie, c'est une longue chaîne en plaqué or avec un médaillon. Là encore, pour Petter, l'argent se gagne à la sueur de son front, et une fois qu'on l'a gagné, il n'est pas question de le jeter par les fenêtres. C'est une philosophie qu'Ingrid comprend parfaitement. Elle n'est jamais prodigue elle-même et elle s'efforce d'élever Pia dans l'idée que l'argent n'est pas si facile à gagner et qu'ils n'en ont pas à gaspiller.

Est-ce pour faire plaisir à son mari et pour trouver un film visible par Pia qu'elle accepte bientôt de jouer Sœur Benedicte dans un film dégoulinant de bons sentiments : *Les Cloches de Sainte-Marie* ? Il est mis en scène par Leo McCarey, avec Bing Crosby. McCarey est un metteur en scène plein de doigté ; sous son égide, les acteurs font des progrès considérables. Et Ingrid, qui tient avant tout à travailler avec un bon metteur en scène, est très désireuse de tourner avec lui. Selznick fait des objections, mais Ingrid use de toute son obstination, en sorte qu'il doit capituler. Il prend quand même soin de négocier l'un des contrats les plus avantageux de l'époque, empochant 175 000 dollars pour la participation d'Ingrid.

Ingrid est ravie d'incarner Sœur Benedicte, la religieuse pleine d'humour et d'entrain, qui chante et joue au base-ball avec les pensionnaires d'un orphelinat, donne des leçons de boxe, prône l'optimisme en permanence avant de devoir affronter la maladie et de quitter sa chère école. Elle est en plein tournage, au printemps 1945, quand son rôle dans *Gaslight* (*Hantise*) lui vaut d'être proposée pour un prix d'interprétation. Face à elle, pour l'Oscar, sont nominées Claudette Colbert, Bette Davis, Greer Garson et Barbara Stanwyck. Mais depuis sa déception de l'année précédente, elle doute d'elle-même [1].

Le 15 novembre 1945, le soir de la distribution des récompenses, Ingrid est assise parmi les spectateurs, entre le Dr Lindstrom et David O'Selznick. Elle paraît calme, mais ses mains trahissent son agitation intérieure. Pour la rassurer, Lindstrom lui en prend une, Selznick s'empare de l'autre. Mais la jeune femme est si tendue qu'elle ne réagit pas à l'appel de son nom. Selznick doit lui dire : « C'est vous, Ingrid. C'est *vous* ! » Elle se tourne vers son mari pour en avoir confirmation. Petter se penche vers elle et l'embrasse, puis il se lève pour la laisser passer. « Vas-y ! » chuchote-t-il. Evoquant cet incident, Ingrid dira : « Je me croyais au septième ciel. » Mais une fois sur scène, elle reprend ses esprits et remercie les spectateurs de la soirée des Oscars en ces termes : « Je suis profondément reconnaissante de cette récompense. Et je suis particulièrement contente de la recevoir en ce moment, car je tourne actuellement un film intitulé *Les Cloches de Sainte-Marie* avec Mr. Crosby et Mr. McCarey et j'avais bien peur que, me voyant arriver demain sur le plateau les mains vides, ils ne m'adressent plus la parole [2] ! »

---

1. L'année précédente, Ingrid avait été désignée pour son interprétation de Maria dans *Pour qui sonne le glas*, mais elle avait été évincée par Jennifer Jones et son rôle de *La Chanson de Bernadette* (*The Song of Bernadette*).

2. Avant que la meilleure actrice n'ait été proclamée, Bing Crosby et Leo McCarey obtinrent respectivement l'Oscar du meilleur acteur et du meilleur metteur en scène pour *La Route semée d'Etoiles*.

Cette comédie connaît un tournage heureux. « Leo McCarey était non seulement charmant et enjôleur comme les Irlandais, c'était aussi un bon metteur en scène », dira simplement Ingrid. Bien sûr, le film est sans surprise, évoquant une école tenue par des religieuses, et dans laquelle arrive un nouvel aumônier, incarné par Bing Crosby. Cette école menace ruine et il faudra la fermer, si un politicien au cœur sec ne se décide pas à lui faire don d'un bâtiment moderne. Ingrid, le visage emprisonné dans la coiffe amidonnée, est l'âme du film, rayonnante, douce et drôle. En prenant le voile, Ingrid gagne une vraie liberté sur le tournage : « Le gros avantage que j'y voyais, c'est que je n'avais à montrer que mon visage. Tout le reste était caché par des voiles, des plis, des mètres de drap noir. Et je pouvais manger toutes les glaces que je voulais : personne ne s'inquiétait plus de mon poids », ironisera l'actrice.

Elle chante même dans le film, réécrit quelques-unes de ses répliques et goûte ce premier rôle de comédie. Pendant tout le tournage, Bing Crosby se montre d'une réserve surprenante. Le dernier jour, sur le plateau, Ingrid décide de lui faire une farce. Dans le scénario, Sœur Benedicte est très malheureuse. Elle doit partir, elle doit aller se faire soigner quelque part. Tout le monde sait qu'elle est tuberculeuse, mais elle croit qu'on la renvoie parce qu'on n'est pas satisfait du travail qu'elle accomplit avec les enfants. Alors, dans cette dernière scène, le père O'Malley décide de lui apprendre la vérité. Bing Crosby lui parle et son visage s'illumine de joie, parce que, pour Sœur Benedicte, il vaut mille fois mieux apprendre qu'on a la tuberculose que de s'entendre dire qu'on n'est pas capable de s'occuper d'enfants. Ingrid doit dire : « Merci, mon père, merci de tout mon cœur. » Ce à quoi, Bing Crosby répond : « Et si parfois vous avez des ennuis, ma sœur, souvenez-vous que je suis là. » Eperdue de reconnaissance, elle murmure : « Merci, je ne l'oublierai pas », et elle s'en va. Et c'est la fin du film. Lors de l'ultime prise, Ingrid rejoue exactement de façon identique et dit : « Merci mon père... Oh ! merci de tout mon cœur. » Et elle jette ses bras autour de Bing et l'embrasse à pleine bouche. Sous le choc, Bing manque de tomber. Quant au prêtre requis comme conseiller technique sur le film, il se précipite et geint : « Allons, mademoiselle Bergman, c'est impossible ! On ne peut pas ! C'est impossible ! » Ingrid part alors d'un rire si communicatif que tout le plateau s'esclaffe joyeusement.

Avec ce film, Ingrid une fois de plus fait éclater tous les cadres. Elle ne cesse d'élargir sa palette dramatique. Dans les films qu'elle a tournés depuis son arrivée à Hollywood, elle a interprété des femmes très variées : professeur, compagne, épouse (*La Rançon du Bonheur*, *La Famille Stoddard*, *La Proie du Mort*), entraîneuse victime de sévices (*Dr Jekyll et Mr. Hyde*), femme amoureuse de deux hommes (*Casablanca*), révolutionnaire (*Pour qui sonne le glas*), aventurière sans pitié (*L'Intrigante de Saratoga*), proie d'un voleur assassin (*Hantise*). Sœur Benedicte ajoute une nouvelle pierre à sa couronne. Le *New York Times* tresse des lauriers au film : « C'est une heureuse surprise qui naît de l'atmosphère souriante, familière, qui règne dans cette communauté. On voit des religieuses rire à gorge déployée aux gags de l'aumônier, une supérieure qui s'adonne au baseball et donne des leçons de boxe à ses élèves. Mais à aucun moment on n'a le sentiment d'une moquerie, d'une "irrévérence"... *Les Cloches de Sainte-Marie* donnent une image attachante d'un milieu où d'étranges pudeurs chercheraient parfois à faire croire qu'il n'y a pas de vie. » Toute la presse loue Ingrid et son charme. « Ingrid Bergman joue avec le cœur autant qu'avec le visage et la voix. Elle sait nous émouvoir par cette conviction profonde, d'une voix vibrante d'émotion.

Ses yeux, son front, ses mains, ses doigts, chaque partie d'elle-même s'est imprégnée du personnage qu'elle représente. Elle est intelligente, sensible, psychologue, enthousiaste. »

Le film est un gros succès, avec une nouvelle nomination aux Oscars pour l'actrice. Désormais, son statut de star est incontesté. A Hollywood et dans les environs, on trouve des brochures qui indiquent les domiciles particuliers des vedettes. La résidence des Lindstrom y passe à son tour. Voir Hillhaven Lodge devient une obligation pour le touriste. Petter Lindstrom fait entourer la propriété d'une haute clôture de métal.

Bientôt, tous les hebdomadaires populaires consacrent un article à Ingrid Bergman, nouvelle reine d'Hollywood. Relire le *Hollywood Reporter* de l'époque donne une assez bonne idée de la façon dont on percevait alors la star :

« *Surtout, appelez-la toujours "Miss Bergman". Jamais "darling" ou Ingrid : elle serait profondément choquée, car elle déteste les familiarités. Ce n'est pas une sylphide : 65 kilos pour 1,76 m. Elle fait très "gretchen", ne se maquillant pas. Elle ne porte pas de chapeau, mais quand vous la connaîtrez mieux, elle vous dira qu'elle en a acheté un, il y a deux ans ; en hiver, elle le retire de son armoire naphtalinée et l'accroche bien en évidence sur le portemanteau à gauche de l'entrée. Elle n'a pas encore osé le mettre.*

Quand faut-il lui donner rendez-vous ? Jamais avant la sortie d'un de ses films : elle est trop nerveuse. Pas le dimanche : elle reste chez elle pour exécuter certains travaux ménagers qu'elle ne veut pas confier à ses domestiques. Pas à sept heures du soir non plus : c'est l'heure où elle met au lit sa fille Pia.

Et ne lui proposez surtout pas d'aller dans un night-club. Elle vous prendrait pour un fêtard et vous n'auriez plus aucune chance. Offrez-lui plutôt de l'aider à faire son marché à Los Angeles (Pia vous accompagnera). Ou alors, attendez qu'il pleuve et passez la prendre : elle adore marcher sous la pluie. Après quoi vous l'emmènerez dîner dans un restaurant chinois, russe ou arménien. Elle aime le champagne et les pâtisseries. Et après le café, commandez-lui un steak saignant : c'est une attention délicate qui sera très appréciée.

Vous finirez la soirée au cinéma. Si le film est interprété par une grande actrice, elle pleurera abondamment. Dans ce cas, tenez-lui discrètement la main. Ne lui dites pas : "Vous avez une jolie peau." Elle vous rétorquera : "C'était peut-être vrai jadis, mais, depuis, les sunlights m'ont abîmé le visage." Parlez-lui de théâtre, de Greta Garbo, de photographie (son père était photographe), de maladies nerveuses (son mari est chirurgien du cerveau) et exclamez-vous : "Vous êtes faite pour jouer Sarah Bernhardt." Glissez-lui quelques mots d'argot dans la conversation, mais ne faites pas trop de plaisanteries (les Suédois sont des gens sérieux). Ne lui demandez pas combien elle a gagné pour son dernier film, mais suggérez-lui plutôt de vous raconter de vieux contes suédois et parlez-lui de vos enfants (même si vous n'en avez pas) ; elle vous répondra automatiquement : "Quel âge ont-ils ?" et s'intéressera à vous…

Pour votre prochain rendez-vous, laissez-lui le choix entre les concerts, les ballets et les expositions de peinture. Ou bien emmenez-la skier, nager ou faire du cheval.

Puis, le jour viendra où elle vous invitera chez elle (elle mène une vie très simple dans une villa sans piscine, se lève à 7 h 45 et déjeune de café et de fruits). Là vous rencontrerez sûrement, un jour ou l'autre, Gary Cooper, David O'Selznick, Alfred Hitchcock (et familles). Tous ensemble, vous écouterez à la radio Bob Hope, Jack Benny et Bing Crosby. Si elle accepte de vous projeter les films qu'elle possède sur son enfance (pris par son père), vous aurez l'occasion de la voir nue à l'âge de deux ans.

Elle donne parfois des parties, car elle raffole de la valse. Si toutefois elle danse le jitterbug avec vous, ne vous étonnez pas s'il lui arrive d'esquisser quelques pas de danses folkloriques suédoises. Et essayez de la faire boire un peu...

Mais, tout à fait entre nous, ne vous faites pas d'illusions. Sa famille et sa carrière passent avant tout. Elle est mariée depuis 1937 avec Petter Aron Lindstrom (blond, 1,80 m) qu'elle a connu étudiant à Stockholm. Ils vivent un grand amour, unique à Hollywood. Et vous n'avez aucune chance... »

La famille Lindstrom consolide encore ses attaches avec son pays adoptif. Au mois d'août 1945, Ingrid et Petter, main dans la main, se rendent au bureau d'état-civil de Los Angeles pour demander la nationalité américaine. L'actrice semble trouver un peu de paix avec son mari dont la situation professionnelle se stabilise : « Il a tous ses diplômes, écrit Ingrid à une amie. Je suis contente pour lui. Il a travaillé comme un cheval... et maintenant c'est fini. Il est entré à l'hôpital général du comté, où il fait ce qu'il a toujours désiré faire. Je trouve que c'est merveilleux. Je suis très fière de lui. Il a une tâche tellement plus importante que la mienne, à présent... »

Et lorsque le Dr Lindstrom est nommé médecin en chef du service de neurochirurgie à l'hôpital de Los Angeles, Ingrid manifeste un vif intérêt pour le travail de son mari, en sorte que celui-ci apporte chez lui des radios et des photographies de champs opératoires pour lui en expliquer la signification. Quelques-unes de ces macabres images cérébrales sont par hasard mêlées à des photographies publicitaires du studio, ce qui, un beau jour, fait sursauter un visiteur impressionnable. « Vous voyez, dit Ingrid en riant, mon mari, lui aussi, fait des films. »

Mais Petter, en plus de son poste médical, entend toujours gérer la carrière de son épouse. Comme le soulignera plus tard Joseph Steele : « Comment aurait-on pu croire qu'un chirurgien en titre d'un hôpital d'une grande ville avait les loisirs de gérer les affaires d'une actrice, fût-elle sa femme ? » D'ailleurs, les collaborateurs de Selznick ne supportent pas le mari d'Ingrid qu'ils jugent orgueilleux et sans souplesse.

Peut-être n'admettent-ils pas que le producteur rentabilise sa star au maximum. Entre 1939 et fin 1945, Ingrid tourne onze films à Hollywood, avec un salaire moyen de 60 000 dollars. A l'exception d'*Intermezzo* qu'il a produit, Selznick n'a fait que prêter (« louer ») Ingrid à d'autres studios, augmentant à chaque fois son profit et le tarif de la star. Pour *Casablanca*, *Pour qui sonne le glas* et *L'Intrigante de Saratoga*, les sommes varient entre 100 000 et 150 000 dollars. Pour *Les Cloches de Sainte-Marie*, il pousse son tarif inflationniste jusqu'à 175 000 dollars. Ingrid affirmera toujours qu'elle ne lui en voulut pas, qu'il était normal qu'il récolte les fruits de la confiance qu'il lui avait portée à une époque, où, disait-elle, personne ne croyait en elle [1]. Mais ses lettres des années 40 rendent un autre son de cloche. Et c'est sans aucun doute pour mettre un baume sur son légitime ressentiment qu'il la met en contact, pour un film qu'il produira personnellement, avec l'un de ses protégés : Alfred Hitchcock. Début d'un légendaire duo du cinéma.

---

1. « Il n'a cessé de me "louer" pour des sommes assez rondelettes, et nombre de mes amis me disaient : "Tu as vraiment un agent fantastique. Il a réussi à inverser les rôles. Il prend quatre-vingt-dix pour cent pour lui, et il te donne royalement dix pour cent" », dira Ingrid, qui précisera pourtant : « Cela me faisait rire. Au fond, ça m'était égal. Et puis, j'avais signé un contrat. Je gagnais beaucoup plus d'argent que je n'en avais jamais vu en Suède. Pas plus que moi David ne pouvait savoir que j'aurais du succès. S'il réussissait à faire de l'argent grâce à moi, tant mieux pour lui. Nous avons travaillé ensemble à quelques grands films, et j'aimais travailler. »

LA VÉRITABLE INGRID BERGMAN

L'actrice va devenir la première véritable incarnation des rêves du cinéaste britannique. Car il a fait de son œuvre la quête désespérée de la femme idéale. Pour lui, elle est blonde, évidemment. Distante. Elégante. D'où le soin qu'il mettra à élaborer sa garde-robe avec sa costumière, Edith Head. Bref, le style volcan recouvert de neige. Il suffit à Ingrid, dès leur première rencontre, de lui montrer son passeport pour attiser son imagination : elle est Suédoise. D'emblée, le courant passe entre eux.

VI

HITCHCOCK ET UNE LOVE-STORY

Du 10 juillet à la mi-octobre 1944, Ingrid tourne sous la direction d'Alfred Hitchcock *Spellbound* (*La Maison du Dr Edwardes*) avec Gregory Peck. Le scénario est signé par Ben Hecht. Dans un hôpital psychiatrique, on attend avec impatience l'arrivée du nouveau directeur, le Dr Edwardes. Celui-ci est jeune et charmant, et Constance Petersen, médecin de l'établissement, ne tarde pas à en tomber amoureuse. Mais elle s'aperçoit bientôt qu'il n'est qu'un malade mental qui se prend pour le docteur. Il est amnésique et pense avoir tué l'homme dont il a usurpé l'identité... C'est alors une course contre la montre pour prouver son innocence et seule l'interprétation d'un rêve (dans des décors de Dali) permet d'en percer le mystère. Un thriller dans lequel la psychanalyste résout une énigme criminelle et sauve la vie du patient dont elle est tombée amoureuse.

Le contexte freudien, très à la mode à la fin de la Seconde Guerre mondiale, n'est pas ce qui intéresse le plus Hitchcock. Il se passionne pour la love-story entre le personnage joué par Ingrid Bergman et celui joué par Gregory Peck. La manière dont il filme son actrice ne laisse aucun doute sur la perception qu'il a d'elle : il en est amoureux, presque fou. « Il aimait beaucoup Ingrid, a dit Gregory Peck plus tard. Ce qu'il lui disait sur un ton intime était plein de sous-entendus. Des propos au bord de l'obscénité, mais sur un ton sec. Il la faisait rire avec des remarques douteuses sur ses seins ou ses jambes. Elle répondait : "Oh, Hitch, vous êtes terrible !" »

Ingrid joue son rôle comme s'il s'agissait d'un film policier romantique, mais Hitchcock la filme avec une note d'érotisme. Ingrid a raconté comment Hitchcock et elle se livraient à des concours de Martini sur le tournage : « Il fallait attendre dix-huit heures pour qu'il accorde le droit de boire. A 18 h 10, il avait déjà sur moi une sérieuse longueur d'avance. Mais je l'étonnais moi aussi. Il m'a honorée du titre éminemment enviable de "siphon humain". » Hitchcock aime les femmes soumises, mais il veut qu'elles aient du répondant.

« Je me souviens que nous avons eu quelques différends sur le tournage, racontera-t-elle. Je lui disais : "Je crois que je suis incapable de vous donner le type d'émotion que vous demandez." Lui me rétorquait : "Eh bien, fais semblant !" C'est le meilleur conseil qu'on m'ait jamais donné. » Evidemment, à travers l'œilleton de la caméra, le plus voyeur des metteurs en scène laisse libre cours à ses obsessions. Avec Ingrid Bergman, l'entente est parfaite. « La femme est comme le suspense, dit-il. Plus grande est la part d'imagination, plus grande est l'émotion. »

Mais avec le maître du suspense, l'expression « face cachée du génie » prend tout son sens. Ainsi dans le film, au moment où Ingrid Bergman et Gregory Peck s'étreignent, on voit successivement s'ouvrir quatre portes, symboles d'une féminité retenue (dans la plus pure tradition freudienne). Hitchcock racontera souvent à des amis une histoire trop invraisemblable, conçue par son imagination aveuglée [1], l'histoire d'une Ingrid hystérique refusant de quitter la chambre à coucher d'Hitchcock (à l'issue d'un dîner chez lui) tant qu'il ne lui aura pas fait l'amour.

En fait, sur ce tournage, il n'y eut jamais le moindre commérage à leur sujet. Les rumeurs concernèrent plutôt Ingrid et Gregory Peck. En particulier le jour où, selon un autre acteur, « Ingrid et Peck arrivèrent en retard, plutôt échevelés ». De fait, dès l'instant de leur rencontre, l'accord d'Ingrid et d'Hitchcock est parfait et leur amitié se poursuivra jusqu'à la mort du cinéaste. Hitchcock aime son approche concrète du travail ; il partage sa conscience puritaine, sa frugalité. Sur un plan plus fondamental, il perce rapidement cette écorce de brave fille nature que Selznick prise tant. Il apprécie qu'elle soit cette blonde scandinave, calme, qu'il cherche depuis longtemps, qu'elle porte en elle un feu capable d'embraser les écrans, de façon imprévisible.

Ils tourneront deux autres films ensemble : *Les Enchaînés* et *Les Amants du Capricorne*, mais, vers la fin du tournage, en 1949, la comédienne rencontre Roberto Rossellini, qui va bouleverser sa carrière et sa vie de femme. Hitchcock vivra leur association comme une trahison : il lui reprochera plus ou moins consciemment non d'être tombée amoureuse, mais de lui avoir préféré un autre réalisateur, et si quelqu'un dès 1944 a pu deviner ce qu'il pouvait advenir de la rencontre future d'Ingrid et de Rossellini, c'était bien Hitchcock.

1. Durant sa longue carrière, il vivra l'emprisonnement de l'amoureux manqué et hanté : il souffrira énormément de ses amours frustrées pour certaines vedettes féminines, allant jusqu'à un certain harcèlement sexuel sur le plateau de tournage.

C'est d'ailleurs une autre histoire d'amour qui va occuper l'esprit d'Ingrid pendant l'été 1945. Le 6 juin, à la veille de partir divertir les troupes américaines en Allemagne pour le compte de l'USO (United Service Organization), Ingrid arrive à l'hôtel Ritz à Paris, quartier général de la presse et des correspondants de guerre américains. Elle y retrouve le comédien Jack Benny, la chanteuse Martha Tilton et le musicien Larry Adler. Elle fait fi de l'accueil de Marlene Dietrich (achevant sa propre tournée, qui lui lance un sonore : « Ah, vous arrivez maintenant que la guerre est finie ! »). En compagnie de Jack Benny, Ingrid doit interpréter pour les GI's une parodie de *Gaslight* (*Hantise*), où c'est elle qui le terrorise, et lire des extraits d'une pièce inédite de Maxwell Anderson qu'elle prévoit de jouer à Broadway et qui lui permettra enfin d'incarner son rêve de toujours : Jeanne d'Arc.

Larry Adler, lui, est plus enthousiaste et commence à flirter avec la comédienne. Comme il le confiera dans son livre de souvenirs [1] : « Ingrid n'était pas fascinante, on était simplement ébloui par sa beauté. On sentait bien qu'elle n'avait jamais lu un livre. Elle ne s'intéressait pas à ce qui se passait dans le monde. Il y a une seule chose sur laquelle je n'ai jamais pu la faire parler, ce sont ses films en Allemagne. Je crois qu'elle aurait été capable de tourner pour n'importe qui, même les nazis, du moment que le film avait une chance d'être bon. Elle adorait travailler, et je ne pense pas que quiconque ait compté autant que son travail. Je crois qu'elle avait besoin de montrer son pouvoir sur les hommes. »

Deux autres admirateurs, également au Ritz, l'invitent bientôt à dîner. L'un est le romancier Irwin Shaw

1. *It Ain't Necessarily So*, Grove Press, New York, 1984.

et l'autre le photographe de guerre Robert Capa. D'emblée, Ingrid est séduite par ce dernier. Elle ébauche immédiatement avec lui une relation particulière qui se transforme très vite en passion. C'est la première liaison extra-conjugale qu'elle reconnaîtra. Certes, jusque-là, il lui est arrivé de s'amouracher d'hommes plus âgés (Victor Fleming, Gary Cooper), de les diviniser, mais son mariage avec Petter a toujours servi de garde-fou, l'empêchant de laisser libre cours à son tempérament passionné. Mais soudain, dans cette Europe à peine libérée, loin de l'Amérique, loin de son mari, elle laisse exploser son hyperémotivité.

Elle trouve Robert Capa si original, attachant, audacieux, qu'elle ne se cache plus dans les semaines qui suivent. Né à Budapest en 1913 (sous le nom original d'Andras Friedmann), c'est l'un des grands photographes de guerre du XXe siècle. Correspondant en 1936 pendant la guerre civile espagnole, il va s'illustrer sur tous les fronts (Afrique, Sicile, Italie) pendant la Seconde Guerre mondiale, en couvrant les conflits pour le célèbre *Life Magazine* avant de fonder en 1947 « Magnum Photos » avec Henri Cartier-Bresson et David (« Chim ») Seymour.

Lorsque Ingrid croise sa route, Capa a trente et un ans (soit un an de moins qu'elle). Mais il est peut-être le premier homme fort qu'elle rencontre qui soit impatient de pousser leurs relations au-delà de l'amitié amoureuse et à en avoir – à ses yeux à elle – la possibilité puisqu'il est veuf. Pendant presque six semaines, ils dorment ensemble chaque soir, dans la chambre de l'un ou de l'autre. Le tempérament hongrois excessif et exalté de Capa comble Ingrid, fascinée par son côté joueur. Lui n'y va d'ailleurs pas par quatre chemins pour juger de la trajectoire de sa maîtresse. Il lui répète : « Tu es folle. Tu es devenue une industrie, une institution. Il faut que tu reviennes au statut d'être humain.

Tu fais ce que ton mari te dit. Tu ne connais que le travail, le travail, et encore le travail. Tu ne tires pas de la vie ce qu'il y a de bon à en tirer parce que tu ne prends pas le temps de vivre. Tu es comme une voiture qui roule sur trois roues ; tu ne te rends pas compte que tu as perdu la quatrième, mais un de ces jours tu vas te retrouver dans le fossé. »

Ingrid se défend : « Non, tu n'as pas compris, je suis moi-même, je suis comme ça. Je veux faire d'autres films, je veux monter d'autres pièces – surtout *Jeanne*, il y a si longtemps que j'en ai envie. J'ai besoin de la discipline du théâtre... » Mais intérieurement, elle commence à se poser des questions. A-t-il raison ? Se peut-il qu'il ait raison ? Durant ces deux mois d'été, puis de manière sporadique pendant les deux années qui viennent, Ingrid et Capa vivent une liaison discrète mais passionnée.

Ce qui ne l'empêche pas de continuer de flirter outrageusement avec Larry Adler quand Robert Capa part en reportage, ainsi qu'il le raconte dans son livre de souvenirs : « Un soir, nous nous trouvions dans une boîte à Montparnasse, raconte Adler. Ingrid me fit clairement comprendre que je ferais mieux de partir. Le lendemain matin, elle vint dans ma chambre pour s'excuser. Elle sentait qu'elle m'avait trahi. Et je me sentais trahi. Puis Capa disparut, et je demeurai avec elle à Paris. J'ai l'impression qu'elle redoutait de rentrer chez elle après la tournée. Elle ne voulait pas retrouver son foyer. Elle proposa de rester à Paris, ce que nous fîmes quelques jours. Mais j'étais lâche : je savais que ma femme et mes enfants apprendraient que la tournée était terminée, et puis Jack allait rentrer. Finalement, je suggérai d'en faire autant. Cela ne plaisait pas à Ingrid. Elle ne voulait pas retourner en Californie. A New York, elle essaya de me retenir quelques jours de plus. Finalement, elle s'arrangea pour monter à bord de l'avion le moins rapide pour Los Angeles. »

Des milliers de GI's en proie au mal du pays ont reçu Ingrid avec enthousiasme ; or, à son retour aux Etats-Unis, c'est le blues qui l'assaille. Sa tournée a été épuisante, mais satisfaisante. Elle doit désormais faire face à l'échec de son mariage. Or, elle se repose totalement sur Petter pour la gestion financière de sa carrière et tous les détails de la vie quotidienne. Dans le domaine amoureux, elle cherche toujours à combiner romanesque et pragmatisme. Elle sait que son actuelle vie conjugale ne peut satisfaire tous ses besoins. En cet automne 1945, elle reprend sa vie calme à Beverly Hills, inscrit Pia dans une nouvelle école, appelle David O'Selznick pour leur nouveau projet de film avec Hitchcock et fait proposer à son amant un emploi de photographe de plateau à Hollywood. Sa vie ressemble parfois à une pièce de Feydeau et elle ne manque aucune occasion de rejoindre « Capa » (c'est ainsi qu'elle le nomme) à New York, en se faisant chaperonner par Joe Steele pour rassurer le Dr Lindstrom.

Ainsi qu'en témoigne le *public relations* de l'actrice, lors d'un séjour new-yorkais : « On voyait pointer la révolte. Par prudence, il était entendu que tous les coups de téléphone passaient d'abord par moi. Mais Ingrid donna la consigne au bureau de l'hôtel de les lui transmettre désormais directement. De plus, elle se mit à accepter des invitations sans m'y inclure, et même sans m'en informer. Je fus doublement ennuyé. Premièrement, je me sentais responsable de sa sécurité – et comment pouvais-je y veiller si j'ignorais ses allées et venues et qui l'escortait ? Et secondement, à cause de la recommandation de son mari. Sans avoir l'air d'y toucher, j'essayais de savoir. Par exemple, je demandais négligemment, comme pour faire la conversation :

– Vous êtes-vous bien amusée hier soir ?

– Oui.

Un soupçon d'irritation dans le ton m'avertissait alors qu'il valait mieux ne pas poursuivre. Quelques jours passèrent. Je dus me rendre au service de publicité de la RKO pour un renseignement. Un des employés fit la remarque, d'un ton significatif :

– Qu'est-ce qui prend à votre bonne amie, hein ? Un de mes copains prétend l'avoir vue avec Bob Capa, jeudi, vers quatre heures du matin. Ils avaient l'air de s'entendre joliment bien dans un petit coin d'une drôle de boîte de nuit de Greenwich Village.

– Eh bien quoi ? fis-je. Ce sont de vieux amis.

Lorsque Ingrid m'annonça une fois de plus qu'elle dînait en ville, je lui demandai malgré moi :

– Vous avez un rendez-vous avec Bob ?

Elle prit aussitôt feu et flamme, rejeta la tête en arrière et fit :

– Pourquoi ? Que cherchez-vous à savoir ?

– Rien, Ingrid. Rien. Je me sens plus tranquille lorsque je sais où vous allez, c'est tout. Si quelque chose vous arrivait…

– Il ne m'arrivera rien. Je suis écœurée de cette surveillance perpétuelle.

A midi, le lendemain, je trouvai sous ma porte un billet de la main d'Ingrid :

"*Je vais :*
1) Faire des courses.
2) Voir une exposition de peinture avec Cary.
3) Sans doute prendre un verre avec Cary.
4) Au lavabo.
5) Changer de robe (boléro noir).
6) Dîner (pas avec Cary).
7) Retour à l'hôtel (?)."

C'était tout. La signature manquait. Trois ans plus tard, exactement, j'eus l'occasion de rappeler à Ingrid ce billet et la date qu'il portait. C'était sa déclaration d'indépendance. »

En fait, Capa sert de révélateur à Ingrid et leur love-story a des conséquences considérables : il la débarrasse de ses attitudes conventionnelles et lui montre qu'il existe des domaines à explorer au-delà de la passion immodérée de son métier. Car Capa est un homme infatigable, qui commence à boire trop tôt le matin et finit trop tard dans la nuit, joue trop, et au-dessus de ses moyens. C'est un bon amant, mais un mauvais fiancé [1]. Il manque un peu de discrétion si l'on en croit le témoignage de Joseph Steele : « Un jour, tandis qu'Ingrid était sortie avec Irène Selznick, Bob Capa me téléphona pour me demander d'aller le rejoindre dans un restaurant de Broadway.

– Vous savez que j'ai beaucoup vu Ingrid ces derniers temps, me dit-il, visiblement désireux de se confesser.

– Oui, je sais. J'espère seulement qu'on n'en parlera pas dans la presse.

– Pourquoi ? demanda-t-il avec une pointe d'agressivité.

– Son mari ferait un boucan de tous les diables.

– Ça oui, évidemment. Et vous voulez que je vous dise quelque chose, Joe ? Je connais Ingrid mieux que vous. Elle est bourrée de complexes. Il s'est toujours trouvé quelqu'un pour lui dire où aller, qui voir, que dire... Depuis la mort de son père, tout le monde la traite en petite fille. Pour une femme adulte, elle est d'une naïveté qui fait mal... une belle femme comme ça... se laisse mener partout comme une enfant !... Elle a tout pour elle, mais si vous croyez qu'elle s'en rend

1. Ils restèrent amis jusqu'à la mort du photographe en Indochine en 1954.

compte !... Elle n'a pas la moindre idée de ce qu'est la vie. Ingrid est une femme sensationnelle... plus femme qu'actrice. Et les gens comme vous devraient cesser de la traiter comme une écolière... ou comme une sainte. »

Comme Ingrid le confessera en 1947 : « J'avais tout ce qu'une femme peut souhaiter : j'étais une actrice célèbre, j'avais une fille adorable et un mari aimant. Nous n'avions plus d'amour l'un pour l'autre, mais il existe bien d'autres mariages heureux qui sont dans le même cas. J'avais une maison ravissante avec, bien sûr, une piscine. Eh bien, je me rappelle qu'un jour, j'étais assise au bord de cette piscine et, brusquement, j'ai fondu en larmes. J'avais le succès, la sécurité. Mais cela ne me suffisait pas. » « La vérité, dit Lewis Milestone, c'est tout simplement qu'Ingrid s'ennuyait à mort, aussi bien dans son métier que dans sa vie sentimentale. C'était une femme toute prête à écouter le premier venu qui s'intéresserait à elle. »

On comprend mieux pourquoi chaque fois qu'Ingrid rentre d'une soirée, du studio ou d'une rencontre avec Capa, la sollicitude affectueuse de Petter lui fait l'effet d'un poison. « Je me sentais coupable de ne pas me contenter de tout ce que je possédais, a-t-elle déclaré. Je ne cessais de me répéter que j'étais si privilégiée avec ce mari fidèle qui m'aimait et faisait tout ce qu'il pouvait pour moi, avec cette enfant charmante et cette belle maison. J'étais en bonne santé, riche, pleine de succès professionnels, et pourtant je cherchais autre chose, que je ne parvenais pas à saisir. Petter comprenait peut-être mieux cette insatisfaction que moi. Nous parlions longuement de nos vies, et j'éprouvais un grand soulagement à m'appuyer sur lui, à le laisser prendre les décisions. »

Un appui d'autant plus nécessaire qu'à quelque temps de là, quand Ingrid a signé un contrat avec la RKO pour tourner dans *Notorious* aux côtés de Cary

Grant, sous la direction du metteur en scène Alfred Hitchcock, le bruit se répand que ce sera son dernier film produit par Selznick. Producteurs et agents font donc des ouvertures au Dr Lindstrom pour s'assurer les services d'Ingrid Bergman à l'avenir. Mais le chirurgien, souvent retenu à l'hôpital, est difficilement accessible.

Les années Selznick sont bientôt révolues et Ingrid va être enfin libre d'accepter les propositions d'autres producteurs. A cette époque, le producteur négocie certes avec Ingrid (et donc Petter) pour qu'elle signe un nouveau contrat de sept ans. « A la dernière minute, raconte-t-il, au moment où elle allait donner son accord, Lindstrom est intervenu, disant que je lui extorquais trop d'argent, et qu'il valait mieux pour elle se séparer de moi. Par la suite, je lui ai proposé deux films qu'elle a refusés ; l'un était *La Fille du Fermier* qui valut l'Oscar à Loretta Young et l'autre *A chacun son destin*, qui valut également un Oscar à Olivia de Havilland. Ingrid et Lindstrom choisirent, eux, *Arc de Triomphe*, *Les Amants du Capricorne* et surtout *Jeanne d'Arc*, le rôle qu'elle avait toujours rêvé d'interpréter, malgré mes mises en garde. Ces trois films furent des fours. Après que Lindstrom eut pris ses affaires en main, elle n'eut plus un seul succès en dix ans », fulminera Selznick.

Comme par hasard (à cette même époque de renégociation de contrat), Howard Hughes est tout particulièrement désireux de se réserver les services professionnels d'Ingrid. Joseph Steele tente alors de convaincre sa « patronne » de céder aux sirènes du fascinant milliardaire. « Lors d'un séjour à New York, Hughes se trouvait justement en ville, lui aussi, avec Johnny Meyer, le directeur des services extérieurs de sa firme, se souvient Joe Steele. Il ne se passait guère de jours sans que Meyer téléphone pour suggérer un cocktail, un dîner, une soirée dans une boîte de nuit, n'importe quoi qui pût tenter Ingrid. Mais la jeune femme écartait obstinément ces invitations. Je finis par lui dire :

– Pour l'amour du ciel, Ingrid, pourquoi n'accepteriez-vous pas ?... Je sais que Petter n'aime pas Howard... mais ça le regarde. Du point de vue de votre travail, c'est un grand personnage ; un jour, vous aurez peut-être besoin de lui pour un film... En fait, son insistance est flatteuse. Vous ne pouvez la retenir contre lui...

– Oh, c'est parce qu'il aime se montrer avec des gens en vue...

– Howard voudrait sortir avec vous demain soir... rien que vous, lui, Lana Turner, Johnny Meyer et moi...

– Peuh, fit-elle avec mauvaise humeur, il ne m'intéresse pas. Mais si ça vous fait plaisir, j'accepte, pourvu que ce ne soit pas une grande réception, Joe... Je n'ai pas envie d'être dévorée des yeux par un tas de gens.

Le dîner se passa très bien, grâce, surtout, au persiflage caustique de Meyer. Hughes se consacrait à Miss Turner, sans paraître s'intéresser spécialement à Ingrid. Il semblait satisfait de l'avoir à sa table, sans plus. Vers la fin de ce séjour à New York, Howard Hughes nous proposa de nous ramener en Californie dans son avion particulier. « Il y aura aussi Cary Grant et Alfred Hitchcock », dit-il. Incapable de trouver une raison plausible pour refuser, je décidai Ingrid à accepter. A l'aérodrome de La Guardia, Hughes m'emmena voir son luxueux avion particulier.

– Il y a un petit accroc à un des moteurs, Joe, me dit-il, aussi je n'ose pas m'en servir. Mais je ne veux pas faire attendre Ingrid. On nous a préparé un autre appareil... Pas aussi confortable que celui-ci, mais qui nous mènera à bon port.

– Alors, prenons-le, Howard. Ingrid est fatiguée. Je veux la ramener chez elle.

Ingrid s'endormit aussitôt sur l'unique couchette ; Cary Grant ouvrit un illustré ; Hitchcock se carra dans un fauteuil avec une moue de bouddha et se mit à somnoler. Je m'installai dans la carlingue, près de Hughes, qui prit les commandes et mit habilement le cap sur l'ouest. Quand nous eûmes dépassé Albuquerque, Hughes déplia une grande carte et l'étudia un instant ; puis, remarquant ma curiosité, il m'indiqua notre position. Repérant le Grand Canyon sur la carte, je demandai à quelle distance nous en étions.

– Cent quatre-vingt-dix kilomètres, à peu près, me répondit-il en forçant la voix pour dominer le bruit des moteurs. L'avez-vous jamais vu ?

– Non.

– Et Ingrid ?

– Non plus.

Nous ne tardâmes pas à voir au-dessous de nous la gorge effrayante que nous survolions presque à ras bords. C'était à la fois terrifiant, exaltant et totalement incompréhensible. J'allais secouer Ingrid.

– Que se passe-t-il ? me demanda-t-elle, tout ensommeillée.

– Levez-vous ! Venez voir le Grand Canyon !

Ingrid se glissa dans le fauteuil du copilote et ouvrit de grands yeux sur la dentelle des pics et sur les méandres du gouffre que nous survolions. Hughes restait imperturbable ; mais Ingrid, radieuse, savourait lentement tous les détails du spectacle. Bien éveillée, à présent, elle resta vissée sur son siège jusqu'à ce que Hughes nous eût déposés en Californie, sur sa piste particulière de Culver City. Le Dr Lindstrom ne devait jamais me pardonner ce voyage », conclut Steele.

« Elle n'était pas heureuse avec Petter, raconte Larry Adler. C'était un homme difficile à aimer. Je me rappelle un dîner chez Ingrid. Il y avait Jean Renoir et Hitchcock. Petter occupait toute la conversation, et pourtant il n'avait pas grand-chose à dire… Mais Ingrid affirmait que Petter avait beaucoup fait pour elle. Il l'avait aidée à grandir. »

En 1946, Ingrid demande à Lindstrom de divorcer ; mais ils finissent par se réconcilier et essaient une dernière fois de sauver leur bonheur. Ils commencent à rêver d'avoir un second enfant, un garçon qu'ils auraient appelé Pelle. Et Lindstrom, pour devenir vraiment cet homme dominateur qu'Ingrid n'a jamais cessé d'attendre, prend totalement en main toute la carrière de sa femme. Elle doit cependant encore un film, *Les Enchaînés*, à David O'Selznick, que finalement récupère la RKO [1]. Sans l'ombre du tyrannique producteur, Hitchcock a ainsi les coudées franches. Le tournage commence le 10 octobre 1945 et se déroule avec une rapidité remarquable jusqu'au 17 janvier 1946.

Ingrid partage l'affiche avec Cary Grant qu'elle connaît depuis plusieurs mois. Dès leurs présentations, Grant a été transporté par Ingrid Bergman. Il apprécie le fait qu'elle ne porte ni maquillage ni vêtements coûteux, et qu'elle joue avec grand sérieux. Certes, Ingrid connaît dans les premiers jours de tournage une sensation de flottement et a du mal à rentrer dans son personnage. Mais Hitchcock se montre envers elle d'une patience telle qu'elle fournit néanmoins l'une de ses meilleures prestations. Le rôle est en parfaite adéquation avec sa réalité profonde et se démarque résolument du stéréotype.

Au fur et à mesure que le film avance, Ingrid fait en sorte que Cary Grant se relaxe. A l'écran, la vedette suédoise paraît encore plus brillante aux côtés d'un Grant froid et à l'élégance sombre. Par contre, Grant

---

1. « Jusqu'à la dernière minute, déclarera Hitchcock au magazine *Interview*, le film appartenait à David, mais parce qu'il ne croyait pas à l'uranium 235, l'un des éléments clefs du scénario, il a vendu tout le projet à RKO. Pour 50 % des bénéfices. Il l'a vendu pour 800 000 dollars. Et le film a rapporté 8 millions de dollars. »

semble encore plus attrayant que jamais, plus calme et plus sûr de lui, et il donne une interprétation de son personnage qui met parfaitement en évidence son charme menaçant. Ingrid est resplendissante dans les premières scènes qui l'opposent à son partenaire et notamment dans la légendaire séquence du baiser, ou plus exactement des baisers (le Code de Production américain insiste pour qu'aucun baiser à l'écran ne dure plus de trois secondes, mais Hitchcock, Bergman et Grant le dépassent).

Comme Ingrid le racontera : « Nous nous embrassions simplement et nous parlions, nous nous séparions et nous réembrassions à nouveau. Puis le téléphone nous séparait encore, et puis nous nous déplacions de l'autre côté du téléphone. De cette façon, c'était un baiser qui s'ouvrait et se refermait : mais la censure ne put couper ni ne coupa la scène parce que nous ne nous sommes jamais embrassés plus de trois secondes. Nous faisions d'autres choses, nous nous mordions le lobe de l'oreille et nous nous embrassions sur la joue, ce qui sembla un baiser infini, et cela fit un effet sensationnel à Hollywood. »

A l'écran, elle forme un couple convaincant avec Cary Grant, mais à la ville, il ne s'intéresse pas du tout à elle – du moins sur le plan sexuel [1]. Il apprécie sa classe et son professionnalisme. Il a dit de sa partenaire : « Elle surprenait les gens parce qu'ils n'étaient pas habitués à la franchise. Or, Ingrid était incapable d'hypocrisie et avait le courage de prendre ainsi des risques… Les actrices de cinéma travaillent dur ; il faut se lever à l'aube, faire et refaire sans cesse les mêmes scènes et beaucoup ne cessent de se plaindre. Je leur dis : "Et alors ? Vous avez plusieurs millions de dollars et quatre piscines…" Avec

1. La bisexualité de l'acteur est notoire.

Ingrid, jamais aucune plainte. Elle n'appartenait pas au genre de femmes qui passent leur temps à piquer des colères. Elle était toujours patiente sur le plateau, même avec les coiffeurs et les maquilleurs. Si l'une de ses robes n'allait pas, nous n'avions nullement droit à une crise d'hystérie. Elle le signalait gentiment et tout le monde s'occupait d'elle de façon d'autant plus attentive. Elle était donc on ne peut plus populaire auprès des costumières et des maquilleurs même si elle ne leur tapait pas sur l'épaule… Son jeu était très discret et un bon jeu semble toujours évident… Elle savait attirer l'attention. Les grandes stars, comme Valentino ou Garbo, possédaient ce don. Il leur suffisait de tourner lentement la tête de droite à gauche, et ça y était. »

Le tournage des *Enchaînés* est le début d'une longue amitié entre les deux acteurs. Et c'est peu de temps après que Cary va prononcer cette phrase immortelle : « J'estime que l'Académie des Oscars devrait prévoir chaque année une récompense spéciale pour Ingrid Bergman, qu'elle fasse un film ou non ! » Non, ce n'est pas Cary Grant, le séducteur, qui est épris d'Ingrid, mais Alfred Hitchcock, le gros réalisateur. Avec *Les Enchaînés*, il filme sa première véritable histoire d'amour. Ayant perdu près de cinquante kilos, il est devenu très relativement mince et se montre, selon son biographe Donald Spoto, « plein d'élans romantiques et juvéniles à l'égard de cette déesse intouchable ».

On devine d'ailleurs à la manière dont il filme son actrice l'évidente tendresse qu'il éprouve pour elle. Rarement, une comédienne aura été photographiée avec autant de délicatesse et de dévotion. La scène finale où Ingrid est filmée dans l'ombre, en clair-obscur, est un modèle du genre. Le réalisateur s'arrange afin qu'elle soit presque entourée d'un halo de désir.

Le film est un triomphe public et critique. Dans *Les Enchaînés*, deux choses sont à souligner : l'histoire qu'on nous raconte et la façon de la raconter. Le thème et la technique. L'intrigue et l'image. Le sujet et la virtuosité. Ici, l'art d'Alfred Hitchcock l'emporte de beaucoup sur l'aventure d'espionnage qu'il entreprend de nous narrer. En vérité, elle est incroyable, cette histoire. Incroyable et souvent absurde. Avec des épisodes enfantins et des épisodes ténébreux. On s'étonne qu'il soit si facile pour une jeune femme affiliée aux services du contre-espionnage de pénétrer dans le repaire des espions et de s'y faire épouser par l'un des plus perspicaces, qui montre par là combien il ne l'est guère. On se divertit à ces visites dans les caves, à ces bouteilles de vin qui contiennent de l'uranium, à toutes ces manigances souterraines et secrètes. Mais ce qui ne cesse une seconde de nous retenir, c'est l'habileté, l'intelligence, l'audace du metteur en scène ; Hitchcock est un maître, et le prouve. Non par des recherches extraordinaires, mais par une sorte de pouvoir de suggestion. Il impose son atmosphère. Ses trouvailles sont simples : une voiture s'arrête-t-elle devant une maison, la caméra aussitôt prend de la hauteur, de sorte que la voiture semble s'enfoncer, tandis que, par-dessus elle, en vue plongeante, on voit l'homme qui en est sorti gravir les marches du perron. Ce n'est rien, mais l'effet est atteint comme le centre d'une cible par un tireur adroit. Autres réussites : les hallucinations de l'héroïne, qu'elle soit ivre ou droguée : les personnages s'abolissent devant elle, ou deviennent découpés comme des ombres chinoises sans relief, ou s'inversent et semblent marcher au plafond, les objets se brouillent, s'étirent, tanguent. La façon d'orienter l'objectif et d'user des verres déformants atteint ici à une extrême virtuosité.

Les dernières images du film atteignent à une puissance étonnante : ses complices ont décidé l'exécution d'un espion qui a commis une faute. Ils attendent dans l'embrasure d'une porte, pendant que l'espion – Claude

Rains – s'avance lentement vers eux. Le spectateur attend le coup de feu. Il est tendu vers l'image qu'il prévoit : le corps criblé de balles qui s'écroule sur les marches. Or, rien de tout cela. L'homme continue à avancer, sûr de son sort, vers ses complices justiciers. Très lentement. Et lentement la grande porte se ferme sur lui, sur eux, sur le destin, et c'est le mot « Fin ». On ne voit rien, et on sait tout !

A sa sortie au Radio City Music Hall en juillet 1946, les critiques rendent des hommages dithyrambiques au film. Dans le *New York Times*, Bosley Crowther définit *Les Enchaînés* comme « un mélodrame romantique, palpitant – sourire de velours dans des moments dramatiques, personnages clairs et sûrs, et intensité de son charme plein d'émotion chaleureuse. Crowther, comme presque tous les autres critiques, remarque qu'Hitchcock a fait de Bergman la séductrice et de Grant l'homme à poursuivre.

Pour le réveillon 1945, Hitchcock organise un dîner en l'honneur de sa vedette féminine. Un honneur justifié. Trois films avec Ingrid Bergman sont sortis le 2 novembre et le 7 décembre : *La Maison du Dr Edwardes*, *L'Intrigante de Saratoga* et *Les Cloches de Sainte-Marie*, qui bat tous les records d'entrées. D'après une blague qui circule à l'époque de Noël à New York, quelqu'un aurait vu un film dans lequel Ingrid ne joue pas... En Amérique, il ne se passe pas de jour où la presse ne reproduise sa photographie ou publie sur elle des articles. « L'artiste du siècle », « La nouvelle Garbo », dit-on. Ingrid Bergman est mieux encore, elle est elle-même, elle est quasi irremplaçable. Pour la Cité du cinéma, l'actrice est devenue l'enfant chérie. On finit par croire qu'il suffit de lui confier n'importe quel scénario pour que sa formidable capacité d'interprétation en vienne victorieusement à bout.

Seule la presse suédoise met quelques bémols aux

triomphes d'Ingrid. Son attaché de presse se souvient ainsi : « J'eus le plaisir de rencontrer à l'époque un journaliste suédois. Tout naturellement, nous en vînmes à parler d'Ingrid Bergman.

– Qu'en pensez-vous ? lui dis-je. Que dit-on d'elle en Suède à présent, aime-t-on les films qu'elle tourne en Amérique ?

A ma grande surprise, mon interlocuteur secoua la tête d'un air déçu :

– Non, me dit-il, depuis qu'elle a quitté notre pays, Ingrid Bergman a bien changé, aujourd'hui elle est trop comédienne, elle nous déçoit.

Comme je poussais mon interlocuteur, il expliqua que la qualité qu'on apprécie avant tout en Suède est le naturel.

– Depuis qu'elle a gagné Hollywood, Ingrid Bergman a beaucoup perdu. Voyez-vous, avant, chacun de ses gestes était simple, normal, sans emphase, maintenant elle s'est bien trop étudiée, elle n'est plus capable d'un geste ou d'une mimique qui n'aient parfaitement été appris. Ingrid Bergman s'est gâtée. Pour les Américains, elle est naturellement devenue une idole. Et loin de moi l'idée de prétendre qu'elle ne doive pas briller à Hollywood ! Elle est certainement unc dcs vedettes les mieux douées... mais n'est-ce pas surtout parce que le factice et le fictif régissent Hollywood ? Revoyez les films suédois d'il y a quelques années... vous comprendrez ce que je veux dire... »

« Elle a tellement changé », assure l'interlocuteur suédois. Bien sûr, Ingrid Bergman s'est quelque peu américanisée, elle est beaucoup moins timide qu'elle ne l'était à son arrivée. Elle a aussi gagné un sens de l'humour qui au début ne s'extériorisait qu'à de rares occasions. Elle paraît plus à l'aise, moins nerveuse, plus posée... Mais sont-ce bien là des changements dont on s'afflige ? Toute actrice à un certain moment de sa carrière doit commencer à s'observer. A force d'incarner des personnages, tout acteur en arrive un jour ou l'autre à ne plus pouvoir déterminer avec certitude quel est le caractère qui lui est propre. A la scène comme au cinéma, Ingrid est évidemment toujours sur ses gardes, elle surveille effectivement chacun de ses réflexes. Mais la jeune femme, qu'elle le veuille ou non, porte en elle cet atavisme nordique de la simplicité, du droit et du juste. Il est injuste de taxer l'actrice d'artifice. Au contraire, elle demeure un brillant exemple, un reflet magnifique de la manière dont un comédien peut discipliner ses sens pour arriver au jeu parfait. Et surtout, elle a démontré un talent si divers, dans une palette de jeu si étendue qu'on peut difficilement lui mettre une étiquette. C'est une actrice toute d'équilibre, de sincérité, de retenue, de sensibilité. Et Hitchcock a enrichi son jeu en lui enseignant une leçon précieuse : l'importance à accorder aux gros plans de son regard. Elle sait désormais en jouer avec maestria, mais demeure modeste, malgré son statut de star.

Certains amis affirment que les goûts intellectuels d'Ingrid se limitent à sa passion pour le cinéma, et que parfois, elle voit trois films dans la même journée. D'autres tout aussi intimes disent qu'elle lit les lauréats du Prix Nobel, les magazines allemands, les journaux français. Un metteur en scène italien qu'elle connaît commente alors : « A mon avis, Ingrid est toujours mortellement ennuyeuse… du vrai poisson congelé, à la mode suédoise. » Et Cary Grant répond : « C'est la personne la plus gaie et la plus amusante que je connaisse. » Walter Wanger, le producteur, lui, suggère : « Ingrid vit dans un monde de rêve. C'est toujours la petite fille envoûtée par le cinéma qui débarqua en Amérique en 1939. Elle a très peu de contacts avec le monde réel. »

Son amie, Ruth Roberts, qui fut son professeur de diction, affirme qu'elle est curieuse de tout et ne cesse de chercher à comprendre tout ce qui peut servir son art : « Elle avait l'habitude d'aller passer la nuit à l'hôpital de Los Angeles, pour regarder opérer son mari, Petter. Moi, ça me rendait malade rien que d'y penser, et je lui ai demandé un jour quelle raison l'y poussait. Elle m'a répondu : "Je peux avoir, un jour, à interpréter un rôle de médecin." » Toutes ces contradictions sont résumées par l'un de ses meilleurs amis, le metteur en scène Jean Renoir : « Avant tout, c'est une comédienne. Je crois que tout grand artiste est artiste avant tout. Mais elle a également d'admirables qualités de femme. Elle est tellement honnête qu'elle préférera toujours un scandale à un mensonge. Si dans une réunion, les gens parlent d'un écrivain qu'elle ignore, elle dit sans ambages : "Je ne le connais pas." Mais en même temps, elle comprend bien plus de choses que ceux qui se prétendent cultivés. Elle admet volontiers ses limites, mais elle est sauvée par une compréhension et un instinct innés. »

Maints techniciens d'Hollywood sont d'accord, mais minimisent son talent. Un des producteurs de ses débuts dit : « Elle commence tout juste à apprendre à jouer. Pendant des années, elle s'en est tirée avec des manières paysannes et bovines que le public prend pour de l'Eternel Féminin... » Anatole Litvak, qui sera son metteur en scène dans *Anastasia*, lui, réplique : « Sa plus grande qualité est que, dès qu'elle a compris son rôle, son intelligence s'efface devant son émotion. Et dès que son émotion a pris le dessus, Ingrid joue toujours juste. » Le metteur en scène Leo McCarey, avec qui elle a tourné *Les Cloches de Sainte-Marie*, dit cela autrement : « Elle est tellement merveilleuse que, lorsqu'elle apparaît sur l'écran pour dire "Hello !", les spectateurs se demandent : "Qui a écrit cet admirable dialogue ?" » La nouvelle reine d'Hollywood a déjà sa cour et ses détracteurs.

Les Enchaînés constituent l'ultime étape de l'association d'Ingrid à son « geôlier » : David O'Selznick. Leur contrat prend fin avec l'année 1945. Il tente bien un renouvellement de l'accord, mais se heurte à Petter (Selznick reprochera beaucoup à Petter d'avoir rendu les négociations désagréables et inefficaces). Ingrid, pour sa part, demeure conciliante, même si elle ne veut pas qu'il se lance inconsidérément dans un mauvais film avec elle juste avant la date d'expiration du contrat. Mais c'est le mari qui va avoir le dernier mot, car il souffre de ne pas jouer un rôle plus important dans sa carrière et pense pouvoir lui être utile sur le plan financier. Il la presse de se passer de Selznick et de se prendre en main.

Finalement, Selznick tente de conclure avec elle non pas un contrat à long terme, mais pour un seul film. Les sommes d'argent qui entrent alors en jeu sont considérables, comparées à ce qu'Ingrid a reçu auparavant : il lui propose 150 000 dollars plus 5 % des recettes si elle accepte un rôle. Petter rejette la proposition.

Ce refus de renouveler son contrat équivaut pour lui à une trahison personnelle et, pendant un temps, il refuse de parler à Ingrid. Ils se réconcilièrent officiellement à la fin 1946, avant le départ de l'actrice d'Hollywood pour jouer *Jeanne d'Arc* au théâtre et finirent par redevenir bons amis – ce qui n'empêche pas Selznick d'annoncer, peu avant la Première de cette pièce, qu'il compte produire un film sur Jeanne d'Arc, dont Jennifer Jones sera la vedette. Le commentaire lapidaire d'Ingrid sera : « Parfait. Comme ça, nous pourrons vous louer nos costumes. »

Selznick parti, il ne reste plus que Petter comme homme fort dans la vie d'Ingrid. Cela ne lui suffit pas si l'on en croit le témoignage de l'attaché de presse de l'actrice : « Depuis que David O'Selznick ne la patronnait plus, les journaux s'étaient mis à parler de moi comme du "manager" d'Ingrid Bergman, ce qui avait provoqué le déplaisir du Dr Lindstrom. Mais comment aurait-on pu croire qu'un chirurgien en titre d'un hôpital d'une grande ville avait les loisirs de gérer les affaires d'une actrice, fût-elle sa femme [1] ? Pour dissiper le malentendu, j'avais demandé au docteur la permission de déclarer publiquement que c'était lui qui s'occupait des affaires d'Ingrid, mais il s'y était opposé pour des raisons morales. »

Pourtant Petter, avide de contrôle sur sa femme, sent bien que quelque chose ne va pas. Il ignore certes les aventures d'Ingrid avec Robert Capa, mais perçoit que sa femme lui échappe. Encore quelques années et tout va se lézarder !

---

1. Petter est responsable du service de neurochirurgie du Los Angeles County Hospital.

VII

« JEANNE D'ARC »

DÉCHIRÉE entre son art et son foyer, foncièrement altruiste, mais devant rendre des comptes insensés à un mari despotique, la vie d'Ingrid Bergman de 1945 à 1948 n'est faite que de paradoxes.

Elle est la star par excellence. Elle reçoit des milliers de lettres d'admirateurs. Les roses, par centaines, s'entassent dans ses loges, sa garde-robe est pleine de toilettes exquises, de cartons bourrés de chaussures, de bas de soie, de lingeries fines. Les téléphones spéciaux, installés à son usage personnel, ne cessent de sonner. Humphrey Bogart, Cary Grant, Clark Gable, Charles Boyer, Joseph Cotten, les superstars de l'époque la harcèlent d'invitations. Charles Laughton, Akim Tamiroff, Bing Crosby, Gregory Peck, Rhonda Fleming, Gary Cooper, Lana Turner, Spencer Tracy, Robert Montgomery, Elia Kazan, O'Neill, Hitchcock, elle les connaît tous. Elle joue constamment à leurs côtés. On ne voit plus qu'elle.

Star parmi les stars, elle les fréquente, les admire, les envie. Tous vivent dangereusement ou presque. Les uns boivent jusqu'aux aurores, d'autres se droguent, les troisièmes recherchent une vérité qui leur échappe. Pas elle. Sa quête, plus simple, apparaît aussi plus insolite au cœur de cette galaxie. Elle ne rêve que de passion, d'amour et d'un rôle : celui de Jeanne d'Arc. Cette idée tourne à l'obsession ainsi que l'actrice le raconte elle-même dans le dossier de presse du film : « Ce rôle, je l'ambitionnais depuis toujours et je peux dire que, dès mon enfance, je l'ai porté en moi. L'histoire de cette humble pastourelle qui, un beau jour, entend des voix célestes, me sembla la plus belle de celles que l'on me contait. Elle me ravissait et je ne me lassais pas de la relire dans un petit livre aux naïves enluminures dont on m'avait fait présent. Bien plus tard, alors que mes compagnes se nourrissaient de récits romanesques, je me penchais – et avec quelle avidité ! – sur tous les ouvrages qui concernaient ma chère héroïne dont les hauts faits avaient excité ma jeune imagination. Orpheline de très bonne heure, je n'ai jamais eu – me l'a-t-on assez reproché ! – le caractère "liant". J'étais plutôt farouche et également très volontaire. J'étais, moi aussi, hantée par l'idée que nous devons accomplir les actions pour lesquelles on vient au monde. Le destin, du plus modeste au plus élevé, est marqué d'avance pour chaque être. Et plus je grandissais, plus la vie de la jeune Lorraine offrait à mon imagination une pâture de beaux songes. En ai-je lu, aux environs de ma vingtième année, des livres, des études, des mémoires sur Elle ! Les poèmes dans lesquels on la chantait m'exaltaient. Je savais par cœur plusieurs drames dont elle était l'héroïne. Et c'est ainsi que le désir d'interpréter l'un de ceux-ci se fit peu à peu jour en moi jusqu'à devenir littéralement irrésistible. En bref, une obsession ! »

Or, l'occasion se présente enfin ! Joe Steele, son attaché de presse, se souvient de la joie de l'actrice alors : « Au début de 1946, je déjeunais avec Ingrid.

– J'ai une nouvelle sensationnelle pour vous, me dit-elle. Vous savez que j'ai toujours violemment désiré incarner Jeanne d'Arc. Eh bien, c'est pour ainsi dire fait !

– Un film ?

– Non. Laissez-moi tout vous raconter. Au printemps dernier, Maxwell Anderson est venu me voir pour m'annoncer qu'il avait une pièce pour moi. Je lui en ai demandé le sujet. "Jeanne d'Arc", m'a-t-il dit. "Alors j'accepte", ai-je répondu.

– Et vous ne l'aviez même pas lue ?

– Non, je ne l'avais pas lue. Ça vous montrera à quel point j'ai envie d'être Jeanne. J'étais bien décidée à ne pas laisser passer la chance si elle se présentait. Mais voilà qu'ont recommencé les sempiternelles discussions entre les hommes d'affaires, les agents, Petter, Anderson... Conditions, pourcentages, à-côtés, modalités... J'en étais malade !... Et puis, jeudi dernier, Max Anderson est venu nous voir à la maison. Je lui ai suggéré une promenade à Santa Monica. Nous nous sommes assis sur la plage pour nous appesantir sur les ennuis du monde et sur ceux que nous causent nos managers. Deux ou trois jours plus tard, Petter m'a dit : "Je pense que nous pourrons faire une bonne affaire avec cette pièce." Et j'ai répondu : "Tant mieux. Parce que j'ai déjà signé le contrat." Après avoir recouvré ses esprits, Petter est allé revoir le contrat, mot par mot, ce qui a paru le soulager. Il m'a dit : "Ça va, rien ne t'empêche de te libérer." Mais je ne veux pas me libérer. Et, dès que *Arc de Triomphe* sera terminé, je vais m'atteler aux répétitions. »

Assez curieusement, les vedettes et les metteurs en scène hollywoodiens pliant sous le système des contrats, ceux-là mêmes qui crient haut et fort leur volonté de prendre leur carrière en main dès qu'ils en auront l'occasion, se sont souvent montrés, le moment venu, incapables d'opérer les bons choix. Ingrid ne fait malheureusement pas exception à la règle. Elle prétendra toujours qu'elle s'est laissé entraîner à tourner *Arc de Triomphe.* Elle est constamment gênée par ce personnage de chanteuse de boîte de nuit, qu'un médecin (Charles Boyer) sauve du suicide et finit, fou de jalousie, par abattre. Elle n'y croit pas et pense ne pas pouvoir le rendre crédible. Le film est si mélodramatique qu'on s'étonne qu'Ingrid ait fini par céder. « Je n'avais vraiment pas envie de le faire, et je l'ai dit, mais on a insisté ; et puis j'aurais pour partenaire Charles Boyer et Charles Laughton, alors j'ai pensé que ce serait ridicule de ne pas accepter, avoua Ingrid. Mais jamais, je ne me suis sentie sûre. J'avais l'impression que mon personnage n'était pas "crédible". Et le film était trop long. On a décidé de faire des coupures et l'histoire a perdu tout son sens. »

Or, tout le monde semblait convaincu qu'avec les deux vedettes qui ont triomphé dans *Hantise,* le succès était assuré. Il n'en fut rien. Le *New York Times* écrira : « A travers la caméra vagabonde de Lewis Milestone, nous voyons l'amour tel que le font deux des artisans les plus capables du cinéma, de façon répétitive et étirée jusqu'à l'excès. Et à l'inévitable question : "Est-ce mauvais ?", nous ne pouvons que répondre que trop c'est trop – même s'il s'agit de Bergman et de Boyer. »

Seule consolation : tandis que Charles Einfeld et David Loew tournent *Arc de Triomphe* avec Ingrid dans le rôle de Joan Madou, la jeune candidate au suicide, liée par un amour impossible à un réfugié politique traqué, Bob Capa, qui s'est mis photographe à son compte, arrive en ville. Il vient chaque jour sur le plateau, où il passe des heures à prendre des instantanés d'Ingrid au travail. Aucun journal ne le commandite ; c'est pour lui-même qu'il photographie la femme de son cœur. « Presque tous les soirs, après le travail, se souvient

Joe Steele, on se réunissait dans le bureau de Lewis, le producteur du film. Il y avait à boire et à manger à profusion, une conversation brillante, des rires sans contrainte. Et Bob Capa y était bien accueilli. »

Leur love story recommence brièvement. Robert Capa reprend son pouvoir de fascination sur l'actrice. S'il lui avait dit : « Viens avec moi, tentons notre chance, défions le monde et buvons à pleins verres le bon vin de la vie », il se pourrait qu'elle l'ait suivi. Et, s'il lui avait dit : « Epouse-moi, sois mon amour et nous goûterons à tous les plaisirs », elle se serait probablement laissé convaincre. Mais il ne lui dit rien de tel. Comme Ingrid l'expliquera : « Ça n'a pas été facile... pas facile du tout. J'étais si loyale, si morale, et tellement prude au bout du compte. Ça a été très difficile. Pour lui aussi, je crois, parce que à ses yeux, c'était important. Mais j'étais très amoureuse de Capa et j'aurais tant voulu être avec lui ! Il était un peu comme Roberto Rossellini, le genre aventureux, amoureux de la liberté. »

En fait, dans l'esprit d'Ingrid et selon les principes qu'on lui a inculqués, l'homme qu'on aime, il faut l'épouser. Or, Robert Capa est bien trop épris de liberté et incapable de vivre dans l'ombre d'une star pour accepter un mariage. L'actrice se refuse à risquer plus longtemps d'être prise dans les eaux bourbeuses de l'adultère. Comme le notera fort justement l'un de ses proches, Ingrid Bergman la superbe, elle qu'on ne verra pas une seule fois nue, ni en train de faire l'amour à l'écran, cherche uniquement le prince charmant capable de l'enlever sur un cheval blanc, l'enchanteur qui la transfigurera et la fera renaître semblable à celles qui souffrent ou meurent d'amour. Elle recherche une réalité, elle ne veut plus « interpréter », à cet instant précis elle n'en peut plus de toutes ces peaux qu'elle endosse tandis que, quotidiennement, elle ne vit sur le plateau que drames et folies, abandons, retrouvailles, ne pleure que pour le réalisateur, n'abandonne ses lèvres que sur commande, ne fuit, ne tremble, ne meurt, que devant les caméras. Cette Ingrid-là sent qu'elle existe encore, a peur de vieillir sans rien connaître d'autre que les feux des spots loin de ceux du cœur.

Un soir, au début d'octobre 1946, quand est donné le dernier tour de manivelle de *Arc de Triomphe*, Ingrid et son mari se retrouvent devant la cheminée de Hillhaven Lodge. Toute la journée, et au cours du dîner où elle n'a pratiquement rien pris, Ingrid laisse des pensées tumultueuses s'entremêler dans sa tête. Les deux époux n'échangent que de rares paroles insignifiantes. Elle contemple les flammes mouvantes et attend que s'apaise son conflit intérieur. Alors, elle s'entend dire : « Petter, je voudrais divorcer. » Selon Joe Steele, « lorsque, douze ans plus tard, en France, chez elle à la campagne, Ingrid me raconta l'incident, elle me dit : “Petter me regarda d'un air sidéré. Il me regarda, c'est tout… sans pouvoir articuler une parole. Et moi, stupéfaite, je me demandais pourquoi j'avais dit cela. Nous nous étions détachés l'un de l'autre. Nous n'avions plus rien en commun.” »

Nerveuse, Ingrid commence à boire plus que de raison. Elle est soumise à trop de tensions. Son coiffeur, Marcel Machu, raconte qu'« elle était malheureuse la plupart du temps. Elle se mettait à pleurer sans raison. Elle parlait souvent de sa fille, dont elle était très fière ». Heureusement, son travail lui fait quitter le domicile conjugal à l'automne 1946 et rejoindre l'auteur de la pièce qu'elle va jouer.

Maxwell Anderson raconte que, lorsqu'il eut achevé *Jeanne la Lorraine* et que sa femme eut tapé le manuscrit, la question de savoir qui serait Jeanne se présenta. « Ma femme me dit aussitôt que la meilleure actrice pour ce rôle serait, et de loin, Ingrid Bergman.

– Mais, objectai-je, elle est en tête de liste à Hollywood. Qui renoncerait à cet avantage pour tenter sa chance à Broadway ?

– Néanmoins, me dit ma femme, tu te dois d'essayer d'obtenir l'actrice la plus qualifiée. Va la trouver. Demande-lui de jouer pour toi. Laisse-lui une chance de décider elle-même.

– Il y a une chance sur un million, répondis-je.

Mais ma femme insista. Je me rendis en Californie. Je rencontrai Miss Bergman. Et voilà. »

En octobre 1946, commencent à New York les répétitions. Tandis que le travail va bon train, le Dr Lindstrom prend l'avion pour la Suède, où il a quelques affaires à régler. Bob Capa revient à New York et plusieurs soirs de suite Ingrid fait un brin de fête. « Un beau matin, je trouvai dans mon courrier à l'hôtel une carte postale reproduisant une fresque d'une boîte de nuit de Greenwich Village, se souvient Joe Steele. Sur la carte, on voyait la silhouette d'une blonde éblouissante, couverte de bijoux et de fourrures, et entourée de gaillards en queue de pie et chapeau haut de forme. Sous le dessin, Ingrid avait écrit : “Je m'amuse follement. Tous frais payés. Jeanne la Lorraine.” »

L'actrice travaille son rôle durement. Elle use d'ailleurs d'une efficace technique pour transformer le texte de la pièce. « Ayant étudié le personnage toute ma vie, je pensais savoir sur Jeanne tout ce qu'on en peut savoir. J'arrivais donc avec un petit carnet plein de mes notes : “Max, vous avez vu quelle belle parole a dite Jeanne à ce moment-là ? Ce n'est pas dans votre pièce, non ? Vous ne croyez pas que cette petite phrase ferait un excellent effet ?” Et Max répondait : “C'est vrai, je ne connaissais pas ça. C'est vous qui l'avez découverte ? Vraiment ? Eh bien, oui, j'imagine qu'il doit y avoir moyen de la glisser quelque part. Absolument, absolument, on va mettre ça là, ce sera parfait.” » Maxwell

Anderson, la soixantaine élégante, est grand et fort, il a la moustache rousse, le front dégarni, le sourire lent, il est doux, aimable et plutôt coopératif. Pour Ingrid, il est toujours prêt à modifier son texte.

Petter Lindstrom, lui, se montre moins enclin à assouplir son rôle de cerbère, sans se rendre compte qu'il accélère la fin de son mariage. Comme en témoigne l'attaché de presse de l'actrice : « Lorsque la troupe de *Jeanne la Lorraine* alla donner quelques représentations à Washington, avant de se produire à Broadway, Frederick Polangin, le représentant de l'Enterprise Pictures, vint me trouver pour me proposer tout un programme d'interviews et autres choses de ce genre. "L'emploi du temps de Miss Bergman est calculé au plus juste, expliquai-je, et elle est très fatiguée. Je crois que vous feriez mieux de ne pas compter sur elle, sauf pour cette invitation à la Légation de Suède qu'elle voudra peut-être accepter." Ingrid, qui téléphonait presque chaque jour chez elle, à Beverly Hills, parla de cette invitation à son mari. Il s'y opposa promptement "parce que tu as assez à faire comme ça". Un peu plus tard, Polangin revint à la charge avec une autre invitation. Invoquant *Arc de Triomphe* et *Jeanne la Lorraine*, l'ambassadeur de France et Mme Bonnet désiraient donner une réception en l'honneur d'Ingrid... Celle-ci, qui a toujours été francophile, fut ravie, en sorte qu'on fixa une date à trois jours de là. Le lendemain, le Dr Lindstrom s'envola pour New York et vint assister avec moi et les Maxwell Anderson à une dernière répétition pour régler les projecteurs, les accessoires et autres détails de ce genre. A deux reprises, je m'approchai calmement de Margo Jones, le metteur en scène, pour lui faire des suggestions, qu'elle accepta gentiment. Lorsque je gagnai ma place, la seconde fois, Lindstrom me dit en grimaçant :

– Ah, vous avez pris de l'importance, à ce que je vois !...

Je ne répondis rien. La dernière répétition se termina à cinq heures ; puis la troupe fut renvoyée jusqu'à huit heures et demie, pour la générale. Rentrant à l'hôtel en voiture avec Polangin, Lindstrom, qui était de bonne humeur, s'exclama :

– Dites donc, Mr. Polangin, ne connaîtriez-vous pas, par hasard, un endroit agréable pour danser ce soir après la représentation ?...

Maladroitement, je laissai échapper : "Bon Dieu, Petter, à quoi pensez-vous ? Il faudra qu'Ingrid aille se coucher. C'est important ce qui l'attend demain..."

Lindstrom eut un rire railleur ; suivit un silence glacé. Ingrid regardait droit devant elle sans souffler mot. Polangin finit par mentionner un club privé, que Lindstrom jugea intéressant :

– Je me charge de tout, ajouta-t-il. On vous y attendra.

Quelques instants après notre retour à l'hôtel, Lindstrom vint me trouver dans ma chambre, avec un air qui n'annonçait rien de bon.

– Ingrid m'a parlé de cette invitation à l'ambassade de France, me dit-il. Si je lui ai interdit de se rendre à la Légation de Suède, je ne vois pas pourquoi vous avez dit oui aux Français. A tout prendre, le pays d'Ingrid devait passer le premier...

– Ce n'est pas moi qui ai refusé l'invitation à la Légation. C'est vous. Et je n'ai pas forcé Ingrid à accepter celle de l'ambassade. Je lui ai simplement présenté la chose comme un bon point pour elle, et elle s'est montrée enthousiasmée.

– Ce Polangin travaille pour l'Enterprise, remarque alors Lindstrom. C'est lui qui a voulu monter un truc publicitaire pour *Arc de Triomphe*. Il faudra annuler la réception de l'ambassade, ajouta-t-il d'un ton glacé.

Pour finir, il décroche lui-même le téléphone et appelle l'ambassade de France. Après les délais d'usage, on le met en communication avec la femme de l'ambassadeur.

– Ici le Dr Lindstrom, dit-il. C'est au sujet de Mrs. Lindstrom... Ingrid Bergman... C'est très aimable à vous de l'avoir invitée... Il y a eu une erreur regrettable... Je n'étais pas au courant... On ne m'a pas prévenu...

Il parla bien dix bonnes minutes avant de raccrocher.

– Tout est arrangé, maintenant, dit-il.

Puis il quitte la pièce. Après la répétition générale, nous nous rendîmes dans une boîte de nuit, Ingrid, Lindstrom, Ruth Roberts et moi », se souvient Joe Steele.

« Malgré l'incident de l'ambassade de France, nous nous sentions très gais, tous les quatre, et très émoustillés par les événements. Lindstrom commanda immédiatement du champagne. Nous trinquâmes à la réussite de *Jeanne la Lorraine*, puis à la santé d'Ingrid et de toutes les personnes qui nous venaient à l'esprit. A chaque *Skoal*, Lindstrom buvait son verre d'un trait. » La seconde bouteille est suivie rapidement d'une troisième. Au bout d'une heure, sous l'influence du champagne, de vieilles rancœurs se réveillaient. « Je me sentais ulcéré par l'incident de l'ambassade, expliquera Joe Steele.

– Seigneur Dieu, Petter, dis-je. Ce n'est pas de l'eau que vous buvez !

Alors, il se mit à me harceler.

– Oh, Joe a changé, dit-il. Joe n'est plus le même. Il commence à devenir un vrai personnage, mais il n'en est pas plus riche pour autant.

– Je vous en prie, ne vous disputez pas, dit Ingrid, mais sans faire mine de me défendre.

– Oui, Joe devient un vrai personnage, poursuivit le médecin. Il veut se pavaner à l'ambassade de France, avec Ingrid à son bras.

– Je t'en prie, ça suffit ! Je t'en prie...

Ingrid fondit en larmes :

– Je ne veux pas avoir à choisir entre vous deux.

Sur ce, Lindstrom m'entoura impulsivement de ses bras musclés et éclata en sanglots. Ce geste me dégrisa et, soudain, l'atmosphère hargneuse se dissipa. Je me dégageai de l'étreinte de Lindstrom ; nous nous serrâmes la main. Et bientôt, sans autre manifestation et sans plus de discorde, nous nous retrouvâmes sur le chemin du retour. Tard, le lendemain matin, Polangin me téléphona :

– Je ne pense pas que vous ayez entendu Sheilah Graham, hier soir. Elle disait qu'Ingrid et son mari ne s'entendaient plus, qu'ils étaient sur le point de rompre. Est-ce vrai ?

– Bien sûr que non ! affirmai-je. Vous les avez vus ensemble. Est-ce que quelque chose avait l'air de clocher ?

Tandis que je réfléchissais à cette première allusion à un orage menaçant, le Dr Lindstrom frappa à ma porte et entra.

– Oh, bonjour ! dit-il, affable. Je reprends l'avion demain pour Los Angeles. Et... hum... vous pourriez peut-être faire quelque chose pour moi.

Il ajouta en hésitant :

– Vous savez que je n'aime pas la publicité, mais je me disais... ce serait peut-être une bonne idée... si vous vouliez bien laisser entendre... enfin, sans appuyer... que je fais l'effort de prendre l'avion de nuit afin de pouvoir passer la journée avec Ingrid... Non ?

– Bien sûr, Petter. Bien sûr. Je le ferai volontiers », répondit, fort arrangeant, Joe Steele.

« Un soir, Robert Capa arrive de New York. Il est là, qui assiste à la pièce, au premier rang des spectateurs ; et le lendemain matin il a regagné New York... Le jour qui suit son passage, Ingrid paraît tendue et irritable.

Dans sa loge, après le dernier rappel, ce soir-là, je lui demandai :

– Comment vous sentez-vous, Ingrid ?

– Bien, très bien. Je suis tout à fait en forme.

– Je vous croyais un peu fatiguée ce soir. Vous sembliez distraite en jouant.

– Peu importe comment j'ai joué. J'ai donné mon maximum hier soir. J'avais une bonne raison pour cela.

C'est toute l'explication que j'obtins. La troupe de *Jeanne la Lorraine* regagna New York, et nous – c'est-à-dire Ingrid, Ruth Roberts et moi – nous installâmes au Hampshire House. Ingrid Bergman et *Jeanne la Lorraine* devinrent célèbres dans les annales de Broadway », rapporta Joe Steele.

Car *Joan of Lorraine* est vite le grand succès théâtral de la saison. Ingrid est couverte de louanges et de récompenses. Un sondage Gallup certifie même qu'elle est l'actrice la plus populaire d'Amérique. La mieux payée également, puisqu'elle gagne environ 129 000 dollars en six mois. Elle est aussi nommée « Femme de l'Année » par l'Associated Press. Le *New York Herald Tribune* clame qu'« Ingrid Bergman appartient à l'élite du royaume des chimères » tandis que le *New York Times* reconnaît que « le splendide talent de Miss Bergman ne fait aucun doute. Depuis *Liliom*, ses dons se sont multipliés, renforcés, et Miss Bergman a apporté au théâtre une âme d'une rare pureté et une incomparable magnificence. (...) Elle incarne cette jeune fille incroyablement séduisante avec fierté, grâce, et un sourire singulièrement lumineux. (...) Son apparition est un événement théâtral majeur ».

Un critique new-yorkais cerne avec acuité son talent : « Elle est radieuse, elle enchante – peut-être moins en tant qu'actrice qu'en tant qu'être humain. En d'autres termes, même lorsqu'elle joue la comédie, elle reste d'abord et avant tout une star. C'est sa personnalité illuminant son personnage qui aimante l'attention de l'auditoire et fait naître un étrange sentiment d'affection. »

Ingrid a élaboré son propre credo au théâtre : « Sur la scène, vous êtes une autre personne. Vous incarnez une autre personne et vous devenez cette personne... ce qui est aussi une façon d'échapper à ses propres problèmes. Mais il faut y aller, il faut faire son travail. Et ne pas le faire à moitié, se dire : "On m'a forcé à faire ça, alors tant pis, je m'en fiche." Seigneur non ! Si vous ouvrez la bouche, ouvrez-la bien, aussi bien que vous pouvez. Ne restez pas à mi-chemin, allez jusqu'à la limite de vous-même. Sinon, on ne croira jamais à ce que vous faites. »

Comme pour la satisfaire, le plus célèbre critique new-yorkais dira simplement d'elle dans le spectacle : « Elle *est* Sainte-Jeanne. » Logique qu'avec un tel triomphe, l'idée de faire enfin un film sur Jeanne d'Arc s'impose. Le Dr Lindstrom aborde la question avec William Wyler, un des metteurs en scène les mieux cotés d'Hollywood. Wyler accepte avec enthousiasme d'entamer des pourparlers. Mais Petter, une fois de plus, va faire capoter le projet. Comme s'en souvient l'attaché de presse d'Ingrid : « Lindstrom m'informa que les projets d'un contrat avec la Liberty Pictures, pour un film sur Jeanne d'Arc, étaient tombés à l'eau. Pour toute explication, il me dit qu'on n'avait pu parvenir à un accord satisfaisant. Un ou deux jours plus tard, Sam Briskin, un des plus vieux durs à cuire de l'industrie cinématographique, me demanda de passer le voir. "Je suppose que vous êtes au courant, me dit-il. Nous n'avons pas pu nous entendre avec Lindstrom. Il est difficile de faire des affaires avec ce bon docteur. Si on lui laissait les mains libres, il empocherait tous les profits." »

Joe Steele laisse bientôt sa protégée à New York sous bonne garde. « Noël 1946 approchait ; je comptais passer les vacances chez moi. Par mesure de sécurité, j'engageai un détective privé pour escorter Ingrid entre l'hôtel et le théâtre, et pour monter la garde devant sa loge durant les représentations. Je lui achetai un cadeau, y attachai un billet et demandai qu'on le lui remette le jour de Noël. Le billet paraphrasait celui qu'Ingrid m'avait écrit autrefois :

"*Miss Bergman :*
Voici les instructions à suivre en mon absence :
1) Ne prenez pas froid ;
2) Tâchez de fumer moins ;
3) Ne buvez pas trop ;
4) Ne sortez pas avec n'importe qui ;
5) Pas de bêtises... Papa." »

L'attaché de presse ne se doute pas du retour en scène d'un ancien soupirant d'Ingrid. Car Robert Capa est encore dans les parages. « Il sait qu'un chapitre se termine, écrit Ingrid à Ruth Roberts. Nous buvons nos dernières bouteilles de champagne. Je supprime de ma vie un élément très cher, mais nous apprenons et nous effectuons l'opération proprement, de sorte que les deux patients puissent l'un et l'autre continuer à vivre heureux. »

Un soir, Victor Fleming vient la voir jouer. Il arrive avec le projet de la faire tourner dans son nouveau film et en repart avec l'envie de faire d'elle *sa* Jeanne. Or, Victor Fleming qui a convaincu Walter Wanger [1] de

1. Petter veille autant à ses intérêts qu'à ceux de sa femme. Le 27 mai, ils signent l'accord qu'il a négocié avec Transatlantic : lui et Ingrid recevront conjointement 200 000 dollars et 41,66 % des bénéfices du film. En outre, Petter signe un contrat séparé, comme responsable de la publicité et des relations publiques lors de la sortie du film en Scandinavie et dans les autres pays d'Europe.

produire une *Jeanne d'Arc*, commence illico les préparatifs du film et, pour ce faire, s'installe dans une chambre voisine de celle d'Ingrid au Hampshire House.

Très vite, leur love-story redémarre. Victor Fleming ne supporte pas d'être séparé d'Ingrid, ne serait-ce que pour quelques jours. Dès qu'il se trouve loin d'elle, il écrit des lettres passionnées, terriblement intenses.

« *Juste un mot pour te dire... pour te dire quoi ? Que c'est le soir ? Que tu me manques ? Que je bois à ta santé ? Non... pour te dire avec l'audace d'un amant que je t'aime, pour te crier à travers les kilomètres et les heures de ténèbres que je t'aime, que tu submerges mon esprit comme les vagues qui roulent sur le sable. Que cela t'intéresse ou non, ces choses, je te les dis avec amour. Je suis jusqu'à la dévotion – ton fou – MOI.* »

Ingrid fait la part de l'élan créateur et de l'exaltation du réalisateur dans la fièvre de leur projet, mais ne fait rien pour refroidir Fleming. Un soir, après une représentation, elle regagne son hôtel au petit matin à son bras. Cependant, le Dr Lindstrom vient d'arriver à New York et les voit passer dans le hall. Petter prend l'ascenseur et se dirige vers la suite d'Ingrid. Elle ne s'y trouve pas. Il téléphone alors chez Fleming. Ingrid annonce qu'elle descend immédiatement. Petter évite la scène, mais l'alerte a été chaude. Comme l'ont souligné plusieurs proches, dans ses relations intimes avec les hommes, Ingrid Bergman ne se montre ni puritaine ni dépravée. Ce n'est pas le désir de sexe qui la pousse. Elle est mue par la recherche de liens plus profonds. Elle a besoin de guides qui lui permettent de découvrir de nouveaux aspects d'elle-même. Avec chacun de ses amants, elle éprouve un sentiment de nouveauté – cette impression de s'enrichir qu'on ressent en compagnie d'un homme qui a des idées. Désormais, c'est la qualité qu'elle appréciera le plus chez ses futurs maris et compagnons, et ses amis, bien plus que la beauté ou la richesse.

La fin des représentations théâtrales provoque chez Ingrid un stress évident. Le film qui se prépare lui apporte un poids de responsabilités qu'elle n'a jamais connues et sa love-story avec Victor Fleming l'empêche d'être clairvoyante. Pour le film, Ingrid voudrait que l'on tire le personnage de Jeanne dans le sens qui est le sien. Tenter de cerner la réalité d'une petite paysanne française – celle que décrivent les documents d'époque – et non se couler dans la personnalité d'une femme douce, féminine, correspondant aux vues philosophiques de Maxwell Anderson (fort improbable au plan de la vérité historique). Or Fleming ignore le mot « simplicité » et la description de valeurs spirituelles lui semble cinématographiquement impossible. Il voit davantage *Jeanne d'Arc* comme un film à grand spectacle, une production très lourde. Comme l'écrira une mauvaise langue, « une sorte de western médiéval avec la Pucelle d'Orléans en Calamity Jane catholique, combattant les Anglais en guise d'Indiens ! ».

Pour aggraver la situation, les dialogues sonnent souvent faux, avec des répliques ridicules comme celles-ci : « Ma chère Jeanne, vous avez l'air radieuse. » Comme l'a souligné John Russel Taylor, « *Joan of Arc* (*Jeanne d'Arc*) reste éloigné d'un authentique sentiment religieux. Lourd, trop léché, trop solennel, ce film, qui empeste le studio, s'empêtre dans la "gravité" de son sujet et prend volontiers un ton condescendant. Ingrid y est belle, les batailles ne ruinent jamais son maquillage, et elle garde ce regard détaché et fervent qui est plus proche de la notion hollywoodienne de la sainteté que de la vérité de l'histoire ou de celle des sentiments ». Réaliste, Ingrid reconnaîtra elle-même plus tard : « C'était doux, poli, "Hollywood". Toutes les scènes de bataille ont été tournées en studio. Les tours de Chinon, les villages français, c'était du carton-pâte. Je ne me suis pas vue du tout comme une paysanne, mais comme une star jouant le rôle de Jeanne. Le visage lisse, la coiffure impeccable. »

Le plus triste est que tout a été entrepris avec un budget de 4,6 millions de dollars. Lorsqu'on met en chantier la production on peut voir, collées aux murs du bureau, trois immenses listes de 2,50 m sur 1,50 m, sur lesquelles sont notés les « props [1] » indispensables. Une de ces listes a spécialement trait aux accessoires religieux et rappelle succinctement la façon dont ils doivent servir ; une autre mentionne ceux d'ordre militaire ; la troisième, enfin, réunit tout ce qui se rapporte au civil. Il ne faut pas moins de cinq mois d'un travail minutieux, d'une documentation puisée aux sources les plus sûres, pour donner le premier tour de manivelle. L'établissement de ces listes d'abord, des objets qu'elles cataloguent ensuite, exige le travail assidu de vingt personnes, sous la direction d'un spécialiste, Casey Roberts, assisté de trois aides particulièrement compétents en la partie qui leur est réservée : Chris Cowan, qui s'occupe des armures, des tapisseries, des bannières religieuses qu'il réalise d'après des pièces de musée ; James Northutt, qui peint les étoffes et les draperies, et Sherill Body, qui s'occupe de dessiner le mobilier d'après des pièces authentiques. D'innombrables conférences, auxquelles assiste la principale interprète, Ingrid Bergman, ont lieu sous la présidence du metteur en scène, Victor Fleming. Ce n'est que lorsque

1. A Hollywood, dans le monde des studios, est « prop » tout ce qui sert à situer un film, à créer son ambiance : le décor, les costumes, les moindres accessoires. Il y a des films qui en exigent jusqu'à 13 000 !

tout a été minutieusement établi sur le papier que le travail de réalisation matérielle commence.

Les piques, les lances, les trônes, les instruments de musique médiévaux, les arcs, le sceptre du roi, des crucifix, des torches, des instruments de torture, des plats, toute la verrerie qu'il faut pour un banquet royal et jusqu'à un grand cygne en pâtisserie que le roi devait découper avec son épée et dont s'échappent à tire-d'aile tout un vol d'oiseaux, tout cela cause bien des soucis au chef du département des « props » et à ses assistants. Il leur faut une angélique patience.

Il ne suffit pas, en effet, que leurs accessoires soient trouvés authentiques, il faut encore – à cause du Technicolor, dont les lois sont impérieuses – qu'ils soient assortis quant à leurs couleurs avec les costumes portés par les acteurs, ce qui n'est pas facile à réaliser. Les draperies pour les scènes se déroulant dans la cathédrale de Reims exigent 600 mètres de velours. Il faut 400 mètres de soie pour décorer l'autel et 100 mètres d'un velours épais comme tapis sur les dalles. Ces velours et cette soie doivent être teints dans la couleur exacte que réclame la caméra. Ce qui est prodigieux et ce dont Casey Roberts se fait un beau titre de gloire, c'est qu'il n'y a, finalement, qu'une seule erreur et encore est-elle de minime importance et peut-on rapidement y porter remède : le fauteuil dans lequel doit s'asseoir l'évêque de Beauvais durant le jugement de Jeanne à Rouen s'avère trop petit pour la taille de Francis L. Sullivan, qu'on a fait venir de Londres pour jouer le rôle et qui est du genre costaud !

En tant que général en chef de cette opération, Fleming se concentre surtout sur les grandes scènes telles la bataille d'Orléans, le couronnement ou la scène finale du bûcher. « Victor Fleming s'est vraiment tué à la tâche, a déclaré Ingrid des années plus tard. Je crois que toutes ces pressions l'ont épuisé. Il avait tellement à cœur d'en faire un immense succès, sachant combien j'aimais Jeanne et son histoire. »

Au magazine *Esquire*, il déclare son admiration pour son « ange » : « Elle est increvable. On n'a jamais vu un tel personnage devant une caméra. On peut la photographier sous n'importe quel angle, dans n'importe quelle position. Cela ne fait aucune différence... Il est inutile d'essayer de la protéger. Vous pouvez vous occuper des autres acteurs. Ingrid est comme une statue de Notre-Dame. On ne peut plus la quitter des yeux ! » Le grand moment du film est la scène du bûcher. L'équipe technique lui donne un surnom irrespectueux : le « barbecue ». Mais Ingrid ne leur en veut pas. Bien au contraire, puisqu'elle offre à chacun des techniciens pour Noël une copie de la robe de bure que Jeanne porte sur le bûcher.

Avant la sortie en salle, le service publicitaire pense qu'il serait bon qu'Ingrid fasse un voyage sur les traces de son héroïne. En septembre 1948, elle arrive à Paris.. La première étape est Domrémy-la-Pucelle où elle vient se recueillir dans la maison de Jeanne. Puis, le maire, entouré par la population, lui remet le diplôme de citoyenne d'honneur. Ingrid visite ensuite Vaucouleurs où elle s'intéresse notamment beaucoup aux fouilles archéologiques en cours sur l'emplacement même où s'élevait jadis le château de Baudricourt. Le lendemain, à Reims, elle est reçue dans la cathédrale par Mgr Marmottin, archevêque de Reims, avec qui elle s'entretient longuement. Elle se rend ensuite à Rouen, suivant exactement l'itinéraire de Jeanne : l'emplacement de l'ancien cimetière de Saint-Ouen, la fameuse tour où fut enfermée la Pucelle et la place du Vieux-Marché. Son voyage s'achève à Orléans où, après une visite de la ville, elle est reçue à l'Hôtel de Ville par le maire, le Dr Pierre Chevallier, député du Loiret, qu'entourent les membres du Conseil municipal.

« C'était incroyable, dira plus tard Ingrid. Partout, on m'a traitée comme si j'étais la réincarnation de Jeanne d'Arc, comme si on attendait son retour. J'ai été assiégée, mais pas parce que j'étais une star, parce que j'étais Jeanne d'Arc. C'était très émouvant. (...) J'ai trouvé tout cela non seulement très gentil, mais tout à fait remarquable. J'étais protestante, j'étais suédoise, je tournais à Hollywood un film en Technicolor réalisé par un Américain, ils auraient pu mal réagir. Mais non, ils étaient contents, presque flattés. »

D'autres réactions moins sympathiques l'attendent pourtant à la maison. Petter supporte de moins en moins les infidélités de son épouse et ses envies d'indépendance. « Je n'ai jamais été parfait, et notre mariage était rien moins qu'idyllique, admettra le Dr Lindstrom. Une de mes erreurs a été de ne pas lancer la procédure de divorce, comme je le lui avais proposé en 1947. Elle m'a imploré, en me promettant qu'elle allait changer. » Mais Joe Steele, le fidèle attaché de presse, assiste surtout aux sursauts tyranniques d'un mari plus possessif que jamais : « Quand fut terminé *Jeanne d'Arc*, le Dr Lindstrom n'attendit guère pour venir me dire froidement que, premièrement, Ingrid irait passer quelques semaines à New York et qu'elle n'aurait pas besoin de protection, c'est-à-dire de moi ; deuxièmement, qu'elle se rendrait à Londres en juin pour tourner *Les Amants du Capricorne* avec Hitchcock, et que ledit Hitchcock trouvait ma présence superflue ; troisièmement, qu'étant donné ces circonstances ma tâche serait considérablement diminuée et qu'une révision de mon contrat était en cours. Abasourdi par cette déclaration péremptoire, que j'avais cependant sentie venir, je ne pus qu'accepter cette "révision". Quant à Ingrid, elle n'y fit jamais allusion – probablement parce qu'on le lui avait interdit. Mais, peu avant son départ pour Londres, elle me téléphona pour m'inviter à déjeuner. Nous nous assîmes à l'écart dans une salle du restaurant et, tandis que nous grignotions des côtelettes de porc à la cantonaise, je lui demandai :

– Ça vous intéresse de faire ce film avec Hitchcock ?

– Oui, mais je crois que je suis surtout contente d'aller tourner à Londres. C'est merveilleux de pouvoir m'éloigner quelque temps d'ici. Je suis navrée que vous ne m'accompagniez pas.

Au cours de la conversation, elle me parla d'un film qu'elle avait vu la veille. La vedette masculine, quoique très connue depuis plusieurs années, manquait de cet attrait magnétique propre aux Clark Gable, Gary Cooper ou Cary Grant.

– Il est trop gentil garçon, dis-je. Je ne peux pas le supporter.

– Oui, fit Ingrid. C'est exactement ce qu'on peut lui reprocher. Il n'a pas de vices cachés. »

Elle est rentrée de Londres lorsque *Jeanne d'Arc* est présenté à la presse, à Beverly Hills. Elle est assise parmi les spectateurs, entre son mari et Victor Fleming, et son cœur chavire – de même que d'autres cœurs – tandis que l'assistance regarde en silence se dérouler l'épopée de la Pucelle. A la fin, les applaudissements de pure forme ne font qu'accentuer encore cette impression que le film n'a touché personne. Les critiques entonnent bientôt la même antienne. Le *Times* de Londres se montre très flatteur à l'égard de l'interprétation d'Ingrid, soulignant la « radieuse tendresse des moments où lui parlent ses voix ». *Time Magazine* observe que « la fidélité passionnée de Bergman à son rôle sauve la mise ». « Ingrid Bergman est sans doute responsable de l'absence de sentiments humains et de compréhension profonde qui caractérise le film, écrit cependant Bosley Crowther dans le *New York Times*. Elle est certes très belle, mais ne possède pas de véritable qualité spirituelle. » Pour le critique londonien de l'*Observer*, la Jeanne d'Arc hollywoodienne est « le triomphe de la matière sur le spirituel ».

Quelques semaines plus tard, un coup atteint Ingrid : Victor Fleming meurt d'une crise cardiaque. « Dès que j'eus aperçu, dans les kiosques à journaux, les gros titres annonçant la mort de Fleming, je me rendis chez Ingrid, se souvient Joe Steele. Elle pleurait. "Victor est mort, Joe. Il est mort… c'est épouvantable. Cher, cher Victor." » En mourant le 6 janvier 1949, sans doute des efforts provoqués par le travail considérable qu'il a fourni sur *Jeanne d'Arc*, Victor Fleming laisse la comédienne désemparée.

Ses deux derniers films (*Arch of Triumph* et *Joan of Arc*) ont été des échecs commerciaux, son mariage et ses love-stories sont voués à l'échec. Elle décide ainsi d'opérer un grand nettoyage dans sa vie professionnelle. « Ingrid était désespérée, racontera Petter. Elle disait : "A Hollywood, vous valez ce que vaut votre dernier film. Il faut absolument que je fasse un chef-d'œuvre artistique en Europe." » Sa carrière prend un tournant inquiétant, et elle sait fort bien que, dans ce domaine, le vent tourne vite. Le premier à faire les frais de son inquiétude est son *public relations*. Il a laissé le témoignage d'une scène révélatrice : « Le Dr Lindstrom me convoqua.

– Ingrid est presque parvenue à un point de sa carrière où elle n'a plus besoin de vos services. Je suis très reconnaissant de tout ce que vous avez fait pour elle dans le passé, et je vous souhaite bonne chance pour l'avenir.

– Ingrid est-elle au courant ?

– Oui, bien entendu, répondit-il.

Mais le silence d'Ingrid me troublait. Je me donnai vingt-quatre heures pour réfléchir. Puis je téléphonai au docteur pour lui demander de m'accorder une entrevue.

– Mais j'insiste pour qu'Ingrid soit présente, dis-je.

– Oui, bien sûr. C'est entendu, fit-il. Ingrid sera là.

Quand j'eus franchi la grille du jardin, je les aperçus tous deux, assis sur la pelouse près de la piscine. Petter était en caleçon de bain, Ingrid en short de toile blanche avec un tricot de gymnastique.

– Venez ici, m'interpella Petter. Nous pouvons parler ici.

Il me fut difficile de commencer. Ingrid ne m'avait même pas dit bonjour. Elle s'était contentée d'un coup d'œil et d'un vague signe de tête. Son visage était un masque inexpressif. Je finis par me lancer dans le récit de mes divers accrochages dans les coulisses avec le docteur.

– Ces détails, Ingrid les ignore, dis-je. Ce n'est que justice, il me semble, pour elle comme pour moi, qu'elle soit mise au courant.

Ingrid restait assise sans mot dire, évitant mon regard. Lindstrom, froid, détaché, sûr de lui, se contentait d'opiner de la tête ; deux ou trois fois, il nia ce que j'avançais. J'étais envahi d'un sentiment d'humiliation. Je compris que je m'étais trompé en sollicitant cet entretien.

– Petter, vous avez insinué que, parce que j'étais payé par la firme et non par vous, j'ai agi pour celle-ci et contre les intérêts d'Ingrid. Vous oubliez les centaines de fois où j'ai pris sa défense. Je l'ai si bien protégée que c'est une plaisanterie rebattue de dire qu'Ingrid est entourée d'un rideau d'acier.

Lindstrom allait répondre, mais sa femme le devança. Elle éleva la voix pour la première et dernière fois :

– Ce que Joe a dit est exact, fit-elle sans manifester, là encore, la moindre émotion. Elle n'ajouta rien. Je me levai vivement et dis :

– Je vous remercie de votre attention.

Puis je leur souhaitai le bonsoir. Je ne devais plus adresser la parole à Ingrid avant que l'affaire Rossellini n'eût éclaté. »

Heureusement pour elle, un film avec Hitchcock s'annonce avec un tournage en Angleterre, loin des USA et de Petter. « Enfin, j'allais rencontrer de nouveaux visages, voir de nouveaux décors. Tout ce que je voulais, c'était sortir d'Hollywood », dit-elle.

VIII

ROSSELLINI

En ce mois de juin 1948, lorsque Ingrid part rejoindre Alfred Hitchcock pour le tournage des *Amants du Capricorne* [1] à Londres, elle sait que son existence est un trompe-l'œil. En dépit de tous les signes extérieurs de la réussite et du bonheur, elle se sent prisonnière. Chose plus grave : elle commence à s'ennuyer. Elle dira à ce propos : « J'éprouvais un besoin constant de travailler. Je prenais ma vie familiale en horreur... »

Après plusieurs films à succès, elle vient d'en tourner deux qui se heurtent à l'indifférence du public. Elle s'aperçoit aussi que plusieurs artistes qu'elle admire se désintéressent de la valeur artistique de leurs films. Cette attitude heurte ses sentiments d'idéaliste : « Je n'ai jamais travaillé pour l'argent ou seulement pour le public. Mon but primordial a toujours été de faire

1. C'est une œuvre ténébreuse où Hitchcock en profite pour épingler les conventions de la société britannique. Ingrid ne garda pas un bon souvenir du tournage. Elle grossit, fuma trop et recommença à boire avec excès.

quelque chose de valable, artistiquement parlant... » Or, elle n'est pas contente d'elle-même : elle se sent prise dans un engrenage.

Et son insatisfaction, à partir de ce moment, ne cesse de s'amplifier, d'autant plus que le Dr Lindstrom est de plus en plus accaparé par sa propre carrière, ils travaillent chacun de leur côté sans s'accorder de répit, se voyant de moins en moins. « Quand Petter m'épousa, il savait à quoi il s'exposait. C'est égoïste, une comédienne, expliquera-t-elle. J'aurais pu sagement demeurer chez moi, avec mon mari et ma fille, mais c'eût été là une renonciation et j'avoue n'y avoir jamais pensé. Je suis persuadée que lorsqu'une actrice, du moins si elle aime son métier et estime avoir la vraie vocation, ne peut renoncer à sa carrière au profit d'une vie de famille, elle finit tôt ou tard par le regretter. Et quand le cœur est hanté de regrets, comment rendre heureux son entourage ? »

En apparence, Ingrid n'a plus rien à désirer : âgée de trente-trois ans, dans tout l'éclat de sa beauté, au faite d'une gloire fulgurante et pleine d'avenir, riche et aimée, elle est l'image vivante de la femme heureuse. Pourtant, elle ne l'est pas. L'adoration des foules, les offres de plus en plus alléchantes des producteurs, sa fortune croissante ne la comblent pas. Elle se sent comme vide, éteinte, frustrée, contente seulement lorsque, sur le plateau, elle entre dans la peau du personnage qu'elle doit animer. Mais quand elle regagne sa grande maison sans chaleur où « on ne riait jamais », auprès de son austère mari toujours très occupé, la grande Ingrid redevient la petite fille seule et triste de son enfance qui se renferme sur elle-même et se demande pourquoi elle est insatisfaite, elle qui a tout.

Que reprocher à son mari, chirurgien-dentiste capable, parfait administrateur, sûr conseiller, manager attentif et camarade affectueux ? Au contraire, elle apprécie ses qualités de sang-froid, sa précision, son sens des affaires, rêvant peut-être qu'il soit seulement un peu moins parfait. Heureusement, elle a Pia, sa fille. Son grand désir de tendresse, c'est sur elle qu'Ingrid le reverse, trouvant sa joie et son repos dans leurs longs bavardages et dans leurs folles embrassades. Et puis dans ses quelques brèves love-stories avec Gary, Robert, Victor et les autres qui lui donnent le courage de supporter l'austérité de son époux.

En 1948, le Club National Féminin désigne Ingrid comme la plus grande actrice des Etats-Unis. Elle est aussi la comédienne aux plus gros cachets, la plus aimable, la « guerrière blonde » que chaque soldat porte dans le cœur, l'idole du public tout entier, l'image idéale du public de la femme forte, pure et fidèle dont chaque homme rêve. « J'ai bien peur d'être responsable de la transfiguration de Bergman en Sainte Ingrid qui se fit dans le public, racontera Selznick. J'avais engagé un agent de publicité expert dans l'art de protéger les stars des journalistes, et nous n'avons autorisé sur le compte d'Ingrid que la parution d'échos édifiants Nous avons sciemment fait d'elle le modèle de la femme normale, saine, incapable de la moindre crise de nerfs, ignorante du scandale et uniquement attachée à son bonheur familial. Plus tard, ce conte de fées s'est retourné contre nous… »

Le malaise profond qu'elle ressent ne cesse de s'aggraver. Après les moindres succès d'*Arc de Triomphe* et de *Jeanne d'Arc*, elle n'est guère satisfaite de son travail et se critique sévèrement. Ingrid se sent moins à son aise à Hollywood, et de plus en plus souvent elle s'échappe pour aller à New York, assister à un concert, à une représentation théâtrale de valeur, ou seulement pour changer d'air. C'est au cours d'une de ces « vacances spirituelles » qu'elle assiste, par hasard, à la présentation de *Paisà* de Roberto Rossellini. Déjà, de

Rome, Ville ouverte qu'elle a vu à Hollywood, elle a gardé une grande curiosité pour le travail de ce metteur en scène qui fait des choses si différentes des films habituels. *Paisà* la bouleverse. « Je n'avais pas la moindre idée de qui pouvait être cet homme, a-t-elle raconté. Je ne savais pas s'il était jeune ou vieux, petit ou grand, blond ou brun, mais je savais qu'il avait réussi à rendre avec humanité et poésie les souffrances profondes d'un pays qui avait tant souffert de la guerre avec, enfin, des personnages vrais dont il montrait sans peur les vraies angoisses, les vrais problèmes, les vraies passions. » Et elle décide : « Je dois faire un film avec lui. »

Depuis sa toute petite enfance, Ingrid est habitée par la passion du vrai qui ne l'a jamais quittée. Sa décision prise, elle écrit à Rossellini :

« *Monsieur,*

J'ai vu vos films et ils m'ont enthousiasmée. J'aimerais beaucoup en faire un avec vous. Si, un jour, vous avez besoin d'une actrice qui connaît le suédois et l'anglais, un peu de français et d'allemand et qui en italien sait seulement dire "ti amo", je vous en prie, pensez à moi. »

Rossellini ne répond jamais aux lettres, mais il va – en prenant son temps – répondre à celle-ci.

Selon des proches de l'actrice, c'est en fait Irène Selznick qui a suggéré d'envoyer cette lettre. Et ce même ami de l'actrice affirme qu'Ingrid s'adresse également à Elia Kazan, à Fredric March et à Frank Capra pour leur demander de l'employer dans un film *artistique*. « Elle cherchait une occasion, racontera Irène Selznick. Elle se demandait comment procéder pour avoir une chance de faire un film avec l'un d'entre eux. J'eus l'idée d'un plan qui était simple et direct, à l'image d'Ingrid. Elle n'avait qu'à écrire à chacun d'entre eux, demandant qu'on ne l'oublie pas si un sujet lui convenant se présentait. »

Selon Rossellini dans ses *Fragments d'une Autobiographie* [1] : « De la part d'une femme comme Ingrid Bergman, si innocente et d'une si extraordinaire qualité, cette volonté de sortir de la routine représentait un effort extraordinaire. Déjà au faîte de la renommée, elle symbolisait le star-system dans ce qu'il avait de plus éclatant. Et voilà qu'elle s'adressait à moi, qui étais aux antipodes de ce cinéma-là, alors que parvenue en fin de contrat avec David O'Selznick, elle était couverte de propositions toutes fastueuses. »

Lorsqu'elle écrit à Roberto Rossellini, elle est prête à renoncer en quelque sorte à sa couronne ! Une star ne sollicite pas : elle attend d'être sollicitée... Une star n'admire pas : elle est admirée... Et, enfin, une star ne quitte pas La Mecque du cinéma pour aller recommencer une carrière dans un pays dont elle ne parle pas la langue et qui sort à peine de la guerre ! C'est, sur le plan professionnel, un véritable suicide...

« *Pour tourner avec vous, je ferai tout au monde.* » Cette réaction si spontanée est presque celle d'une adolescente encore mal guérie des photos d'acteurs et du courrier sentimental. C'est bien ainsi que le comprend Roberto Rossellini, vieux routier du cœur humain. Bien qu'il soit alors au plus haut de sa carrière, il ne s'attend pas à recevoir des offres d'Ingrid Bergman. Sa renommée reste limitée à l'Europe, et Miss Bergman est le n° 1 du cinéma mondial. Il ne peut pas, il ne doit pas manquer cette occasion. Le metteur en scène méprise l'argent, mais il en a toujours farouchement besoin. Il n'a pu manquer de voir aussitôt le bénéfice énorme que représentait pour lui une collaboration avec une vedette internationale. Mais il est certain qu'il pense surtout à la joie, à l'orgueil qu'il aura à la diriger ! Il

---

1. Ramsay, 1987.

pense au film qu'ils pourront faire ensemble ! Sa beauté, son talent, sa célébrité à elle... et son génie à lui ! Il faut se mettre au travail vite, tout de suite. Rossellini est un impulsif, il croit à sa chance, il sait qu'il doit toutes les réussites de sa vie à son audace, à sa ténacité.

Ingrid attend en réponse un télégramme flatteur, l'exposé d'un projet, un scénario peut-être... Rossellini envisage lui aussi ces possibilités, les rejette. De la proposition vague d'Ingrid, il veut faire une réalité concrète. Il ne doute pas d'y parvenir, à condition d'être sur place pour présenter sa cause et la défendre. Il compte sur sa puissance de conviction, son éloquence, la chaleur irrésistible de son enthousiasme.

Après quelques jours de réflexion, Rossellini répond par un télégramme. Suit une lettre immense, exaltée. « Je lui ai dit en substance : "Je suis très honoré que vous m'ayez écrit une lettre comme ça. Je ne vous ai vue jouer qu'une fois, mais je vous ai trouvée merveilleuse. Je dois tout de même vous dire que ma façon de travailler est tout à fait spéciale. Je n'accepterai jamais d'écrire un scénario pour vous le soumettre, ni d'ailleurs à personne. Si vous acceptez de jouer le jeu dans ces conditions-là, je suis prêt à tenter l'expérience." A l'époque, j'avais en tête le projet qui est devenu *Stromboli*, l'histoire d'une femme qui, après avoir vécu la guerre avec toutes les saloperies qu'il fallait accepter pour survivre, essaie de se réinsérer. Je le lui ai raconté brièvement. Elle m'a dit : "Je suis tout à fait d'accord..." Là-dessus a commencé entre nous une espèce de correspondance mi-professionnelle, mi-amicale », racontera Rossellini.

Il lui propose donc un film au nom de volcan : *Stromboli*, où se mêleront les passions terrestres et les visions surnaturelles. L'amour qui les unira se dessine lui aussi en filigrane, tout escorté de nuages où grondent les orages futurs. Ingrid ne sait pas que Rossellini partage sa vie avec Anna Magnani, à qui il a réservé le premier rôle dans *Stromboli.* Le metteur en scène se tire de cet imbroglio avec un plat de spaghettis sur la tête au milieu d'un grand restaurant romain [1].

Mais un jour de l'automne 1948, pendant qu'Ingrid termine à Londres *Les Amants du Capricorne*, on lui annonce « un certain M. Rossellini qui voudrait vous voir ». « Ce fut tout ce qu'on peut imaginer de moins romantique, racontera-t-elle. Il me proposa le film que ses producteurs américains voulaient qu'il fasse avec moi. Il me parut maigre, petit, et comme voûté par la timidité, bien qu'il soit de taille moyenne. » Joe Steele a laissé, lui aussi, une description précise de sa première impression du réalisateur : « Sa vue me frappa aussitôt : ce n'était évidemment pas là un homme ordinaire. Ses grands yeux bruns vous scrutaient en même temps qu'ils ne révélaient rien. Les coins de sa petite bouche se relevaient énigmatiquement, comme on le voit aux modèles de certains portraits florentins. Il avait le menton pointu et légèrement en retrait, un front dégarni, mais beau, le teint clair. Il n'était pas plus grand qu'Ingrid et, à sa silhouette, on voyait qu'il commençait

1. Selon Isabella Rossellini, « papa n'était pas peu fier d'avoir impressionné la grande star d'Hollywood. Anna, on s'en doute, voyait ça d'un mauvais œil. Elle se trouvait avec papa à Amalfi pour le week-end, à l'hôtel Luna. Papa prévint le concierge qu'il attendait un télégramme de Los Angeles et demanda qu'on le lui remette discrètement, en l'absence d'Anna. Mais cet imbécile lui fit un gros clin d'œil, tandis qu'il traversait le hall pour se rendre au restaurant avec Anna et celle-ci comprit alors qu'il y avait "anguille sous roche". A table, ils commandèrent des spaghettis. Tout en les remuant, elle demanda d'un ton amusé : "Je rajoute un peu de sauce, Roberto ? Tu veux un peu plus d'huile d'olive ? Du parmesan, peut-être ?" Et quand les pâtes furent fin prêtes, elle les renversa sur la tête de papa, sonnant ainsi le début de la fin de leur liaison. »

à prendre de l'âge. Cet *autre homme* n'avait rien du don Juan dont rêvent les jeunes filles ; mais toute sa personne rayonnait de charme. Je me rappelai certaines allusions à son tempérament impulsif : "Avec lui, on a l'impression d'un tourbillon spirituel, disait Anna Magnani. Ce n'est pas un homme, c'est un ouragan." »

Ils se mettent à bavarder dans un français hésitant, et elle s'aperçoit vite que Rossellini ne s'intéresse pas du tout aux questions d'argent. Un nouveau rendez-vous est fixé à Paris. En septembre 1948, à l'hôtel George-V, M. et Mme Lindstrom reçoivent Rossellini. Il se présente en auteur de films. Il en sort en soupirant transi.

Trois mois plus tard, il surgit à Hollywood, le 17 janvier 1949. Ingrid a décoré le porche de sa villa de guirlandes de fleurs rouges. Elle se tient elle-même en haut de l'escalier, vêtue d'une longue robe rouge. Lorsque Rossellini commence à gravir les marches, il est pris d'un tremblement et devient pâle. Pour se donner une contenance, il prend une cigarette. Cependant, il ne peut la porter à ses lèvres à cause du tremblement de sa main. Rossellini met la cigarette entre les lèvres d'Ingrid. « C'est alors que je l'aimai », déclarera plus tard Ingrid Bergman à ses amis.

Il dîne donc chez les Lindstrom et parle du film à faire : *Stromboli*, de l'Amérique, de l'Italie. En fait, il ne parle que de lui-même. C'est un jaillissement d'idées, de réflexions, ponctué par des gestes à l'italienne, un récital d'homme doué, qui le sait et ne craint pas d'en abuser. En écoutant cet enchanteur, Ingrid Bergman, entre son mari rasé de frais et sa cuisine ultra-moderne, découvre soudain qu'elle n'est pas heureuse. Rossellini, de son côté, a très bien distingué ce qu'est au fond cette jeune femme célèbre et adulée : le symbole d'une civilisation admirablement équipée pour le confort, mais pleine de défiance devant les réactions profondes de l'être humain – et, à cause de cela, fragile, à la merci des impulsions, des coups de tête.

Mais il y a le mari. Le récit de ses interventions donne un tour un peu vaudevillesque à cette simple histoire d'amour. Pendant son séjour à Hollywood, Rossellini est hébergé dans les dépendances de la villa d'Ingrid. Il lui propose donc de tourner avec lui, en Italie, dans l'île volcanique de Stromboli, un film réaliste, loin du confort et de la civilisation, au milieu de la plus belle mer du monde. Ingrid boit ses paroles avec une avidité enfantine. Reste à trouver un producteur. Devant le refus de David O'Selznick, puis celui de Samuel Goldwyn, Ingrid se résout à demander l'aide de l'étrange Howard Hughes, propriétaire de la RKO. Comme l'expliquera Rossellini lui-même : « Il voulait avoir Ingrid Bergman sous contrat et se moquait du reste. Il a dit, avec un mépris terrible et qui avait quelque chose de fascinant : "Je me fiche bien du film que veut faire celui-là. Je le distribuerai. Et pour vous montrer qui je suis, je signe le contrat sans savoir ; il fait ce qu'il veut ; je m'en fous." » A cette occasion, Ingrid obtient un cachet de 175 000 dollars (le même que pour *Arc de Triomphe* et *Jeanne d'Arc*) plus quarante pour cent des bénéfices nets. De plus, en tant que vedette américaine tournant en Italie, elle recevra une subvention du gouvernement italien d'une valeur de 50 000 dollars.

Pendant les heures que Lindstrom passe à son hôpital, Ingrid sert de guide à Rossellini, lui montre le pays, l'accompagne dans les restaurants. Elle fait des progrès en français et ils ont de longues discussions passionnées sur la peinture, la musique et la littérature. Elle dira en 1956 : « Roberto avait tant de vitalité ! Lorsque je me trouvais avec lui, je n'éprouvais plus ni timidité, ni solitude, ni impression d'être maladroite. C'était peut-être la première fois de ma vie que cela m'arrivait. »

Les journaux flairent le scandale. Walter Wanger l'explique ainsi : « Ingrid avait été de tout temps protégée contre les échotiers par Selznick. Personne ne savait rien d'elle. Si bien que, devinant enfin une information croustillante, ils fondirent sur leur proie. Ingrid n'avait plus Selznick pour la protéger, et elle était trop inexpérimentée pour le faire elle-même. » Mais la machine infernale est lancée. « Je crois, dira Ingrid, qu'au fond de moi-même, je suis tombée amoureuse de Roberto dès que j'ai vu ses films. A partir de là, il n'a jamais plus quitté mes pensées. Sans que j'en sois consciente, il m'offrait une possibilité d'échapper au problème que me posait ma vie à Hollywood. »

L'écrivain J. V. Cottom laissera un témoignage précis sur cette valse-hésitation d'Ingrid : « De toutes les comédiennes que mon métier m'a fait rencontrer, elle est une des plus sincères, des plus franches aussi. Je l'ai notamment vue à l'une des époques les plus difficiles de sa vie : celle où elle était à la veille de prendre une décision difficile. On commençait à se douter que, derrière cette officielle façade de sérénité, un drame se jouait. Rossellini avait fait son apparition. Femme amoureuse, Ingrid luttait encore contre son penchant de femme trop honnête découvrant soudain un amour tout différent de celui qu'elle avait connu avec le Dr Lindstrom. Le glacier du Nord contre le volcan du Sud ; la lutte était inégale en dépit du trait d'union de Pia. Le tournage en Italie de *Stromboli* paracheva l'œuvre de désintégration commencée à Hollywood. Pour Ingrid, la valse-hésitation n'était plus possible. Elle ne pouvait continuer comme par le passé à donner aux yeux du monde l'image d'un digne bonheur. Devait-elle tout quitter pour recommencer une autre vie, pleine d'incertitude du lendemain car Rossellini avait la réputation d'être volage ? »

Mais tout va aller très vite. Le 27 février (veille du départ de Roberto), le réalisateur italien et Petter ont une conversation d'homme. Assuré des sentiments intimes de l'actrice, c'est Rossellini qui demande un entretien au mari et lui fait part à la fois de leurs projets cinématographiques et de leur idylle naissante. Petter niera cette conversation. Le spécialiste des maladies nerveuses sourit et dit doucement :

– Je me suis rendu compte du soudain sentiment qui s'est emparé du cœur de ma femme… Si j'étais vous, je me montrerais circonspect.

Rossellini, agacé, hausse les épaules. Petter Lindstrom ajoute :

– Je la connais beaucoup mieux que vous, mon ami. Je la connais depuis quinze ans. Je suis persuadé que lorsque vous serez parti, Ingrid sera dégrisée…

– Je suis convaincu du contraire, répond Rossellini. Nos sentiments dureront toute notre vie.

Petter Lindstrom se fait sentencieux :

– Les flammes soudaines sont celles qui s'éteignent le plus vite. Ingrid me reviendra. Je ne renoncerai pas à elle.

Rossellini quitte Hollywood à la fin de février. Quatre semaines plus tard, Ingrid file (le 9 mars) sans tambour ni trompette, croyant naïvement tromper les journalistes, et le rejoint en Italie. A l'aérodrome de Rome, il y a tant de reporters, de photographes et de curieux que la police doit placer des barrières, comme pour une manifestation. Jamais Ingrid n'a dû se frayer un chemin dans une foule aussi chaleureuse. Roberto parvient à la faire passer, la propulse dans sa voiture de sport et démarre en trombe dans la nuit.

Ils quittent l'aéroport, poursuivis par une meute de paparazzi. Ils empruntent l'autoroute pour Rome, traversent les faubourgs de Magliana et de Portuense, longent le Tibre, passent devant le Colisée et rejoignent enfin le centre de la capitale et l'hôtel Excelsior. Ingrid est d'emblée émerveillée par la ville. De la terrasse de l'hôtel, la ville étincelle. En contrebas, la place d'Espagne et ses marches, noires de monde : un grouillement de gens qui vont et viennent, tandis que de petits groupes de policiers en uniforme veillent discrètement. Plus bas, de vieilles rues étroites convergent vers la piazza del Popolo, dominée par les tuiles orangées des palais abritant logements, boutiques, et petits hôtels, jusqu'à la bande noire du Tibre. On voit plus loin encore à droite le dôme illuminé de Saint-Pierre. Un lieu rêvé de villégiature. Ingrid est complètement subjuguée par Roberto et la beauté de Rome. Elle est sur un nuage et ses premiers jours italiens lui semblent idylliques. C'est le printemps et comme le remarque un des amis d'Ingrid, « seule Rome s'empare de vous immédiatement, pour ne plus vous lâcher ». Sa beauté lui monte tout de suite à la tête et elle a la sensation qu'elle a quelque chose à lui dire, rien qu'à elle. Les marches de la piazza di Spagna, bordées de pots d'azalées géantes qui annoncent le changement de saison, ruissellent de couleurs vives. La ville entière semble en fête. La guerre est finie depuis quatre ans seulement, et toute l'énergie contenue durant l'occupation allemande n'a pas encore fini de se libérer. Et puis, la ville foisonne de cinéastes venus du monde entier. On a l'impression de se trouver en même temps à Hollywood, à New York et à Cannes. Tout, ou presque, se décide sur la via Veneto, autour d'un Campari ou d'un espresso. Les quelques centaines de mètres qui séparent l'Excelsior de la porta Pinciana représentent le centre vital de l'industrie cinématographique.

Il suffit de voir Anna Magnani s'avancer flanquée de ses deux bergers allemands noirs avec la même solennité qu'une impératrice traversant la Rome antique et promenant son regard hautain sur tout ce qui l'entoure pour que toutes les conversations aux terrasses des cafés cessent. Mais avec l'arrivée d'Ingrid, la nouvelle

« rivale », Anna Magnani se fait discrète. Ingrid et Roberto, eux, n'ont pas la même prudence.

Le couple séjourne ensemble à Rome et Capri et, là encore, les journalistes surveillent leurs moindres gestes. On voit des photos d'eux se tenant la main, s'embrassant. A ce moment, leur aventure est devenue l'un des scandales les mieux orchestrés de l'histoire. Tous ces ragots et toutes ses photos indiscrètes, qu'ils sont incapables de contrôler, donnent l'impression qu'ils s'affichent. A Hollywood, une stupeur indignée remplace bien vite l'amusement. « Ceux qui connaissaient Ingrid auraient dû prévoir ce qui arrivait, mais nous nous étions trompés, dira Leo McCarey. Je me rappelle lui avoir dit : "Ingrid, vous êtes amoureuse de lui parce qu'il est exactement le contraire de Lindstrom. Mais allez à Vienne et vous y rencontrerez des centaines de garçons qui passent leur temps à envoyer des fleurs, à baiser la main de leur belle, et dont la technique de séducteur laisse bien loin derrière elle l'amateurisme de Rossellini." » « Elle se disait que Rossellini allait être pour elle un grand metteur en scène, dit de son côté Michel Bernheim. Elle avait trouvé le nouveau *grand homme* de sa vie. »

Les amis de Rossellini sont eux aussi consternés. Son cousin, Renzo Avanzo, assure : « Bien sûr que nous étions contre, mais il ne s'agissait pas d'un point de vue moral. Seulement, nous savions qu'avec elle, il ne pourrait plus faire les films pour lesquels il était doué. Elle venait d'un univers cinématographique où tout était parfaitement ordonné, commercial et sérieux. Roberto y était, lui, totalement étranger. Ils s'enthousiasmaient à l'idée de tout ce qu'ils allaient pouvoir faire ensemble du point de vue artistique, et c'était idiot. »

Pour tous, l'affaire Ingrid-Roberto est un choc. La star n'est-elle pas l'équilibre personnifié ? Et puis, soudain, cette femme qui semble heureusement mariée, dont le bonheur raisonnable paraît à l'abri de toute tempête pour céder à la tentation, cette femme qui n'a que des amis et qui ignore le caprice, fait la connaissance d'un Italien pas même séduisant mais équipé d'un tel charme que presque du jour au lendemain elle change.

Mais qui est-il donc cet Italien par qui le scandale arrive ? Né en 1906 à Rome (il a neuf ans de plus qu'Ingrid), il est le fils d'un riche entrepreneur : « Il dirigeait une grosse entreprise de bâtiment, qu'il tenait de sa famille, racontera Rossellini. Son père avait construit le chemin de fer en Calabre et tout le quartier Ludovisi à Rome. Lui-même avait fait dans cette ville d'énormes travaux dans le centre, notamment via Barberini et via Bissolati sur le Quirinal, sans oublier, piazza in Lucina, une salle de cinéma qui était, pour l'époque, dans les années 1920, la plus belle et la plus moderne d'Italie, avec une coupole escamotable pour renouveler l'air. Bien entendu, j'allais dans cette salle quand je voulais, sans bourse délier ; c'est là que j'ai commencé de me nourrir de cinéma ; là que j'ai rencontré les gens du métier, scénaristes, monteurs, et les plus grandes vedettes. »

L'adolescent fait évidemment les quatre cents coups et se lance dans le cinéma tout en menant une vie de play-boy : table de montage, voitures de sport, synchronisation et filles dépensières. Il commence par quitter l'enseignement tout artificiel de l'université pour se consacrer au cinéma, où il voit une étonnante et complète possibilité d'expression. Il débute, comme c'est souvent le cas, en qualité de scénariste, puis il réalise deux excellents courts-métrages en 1940. Sa première œuvre d'importance est *La Nave Bianca* en 1941. Elle est suivie, en 1942, de *Un Pilota Ritorna* et en 1943 de *L'Uomo Dalla Croce.* Mais c'est dans l'après-guerre qu'il se révèle, lorsque le climat cinématographique italien lui permet de produire et de réaliser *Rome, Ville ouverte*, modèle du cinéma réaliste [1]. Nous sommes en janvier 1945. Rossellini tourne dans les rues de Rome, délivrée par les armées alliées depuis quelques mois. Mais dans le Nord de l'Italie, on continue à se battre et les angoisses de la guerre pèsent sur la ville. Les acteurs du film, pour la plupart, n'ont jamais joué devant une caméra. Anna Magnani et Aldo Fabrizzi viennent du music-hall. Marcello Pagliero est scénariste. Maria Michi, ouvreuse dans un cinéma. Durant l'occupation allemande, ils ont imaginé le scénario du film dans le petit logement de Maria Michi, en s'inspirant de la mort héroïque de deux prêtres, Don Morosini et Don Papagallo, fusillés par les nazis.

Tout d'abord, ce ne devait être qu'un court-métrage. Mais après un mois de travail, une comtesse apporte 4 millions de lires et promet de donner 8 autres millions dès que Milan sera libéré. *Rome, Ville ouverte* devient un grand film. Par mesure d'économie, on n'a pas loué de studio. Les scènes intérieures sont tournées dans un local de la via degli Avignonesi qui, avant-guerre, était un pari mutuel. Le lieu exigu est incommode. On doit travailler compressés comme dans un wagon de métropolitain et, parfois, afin de réduire le volume de l'équipe technique, l'opérateur est obligé de grimper sur les épaules de son assistant. Puis l'argent vient à manquer. On va trouver la comtesse. Mais Milan est toujours aux mains des Allemands et elle n'a plus une lire. Sa seule fortune est une toile de Mantegna. Elle la donne à Rossellini. Il se croit sauvé. Le tableau sous le bras, le

---

1. Après *Rome, Ville ouverte* et *Paisà*, ces deux modèles de cinéma dit réaliste, *Allemagne, Année Zéro*, qui date de 1947, précisera encore cette tendance et met tout à fait au point un style qui se caractérise par une interprétation de la réalité, transposée dans le sens de la plus grande simplicité.

réalisateur court jusqu'à la boutique d'un marchand. Une cruelle déception l'y attend : le Mantegna est un faux. Alors, Rossellini rassemble tous ses vêtements et les vend à des chiffonniers. Ce misérable marché lui procure les quelques lires qui lui permettent de poursuivre. Cette somme une fois dépensée, c'est de nouveau le désespoir. On songe à tout abandonner.

« J'ai vendu mon lit, avouera Rossellini, puis une commode et une armoire à glace. Nous manquions de tout, y compris de pellicule. J'étais réduit à m'en procurer au marché noir, auprès de types qui faisaient des photos dans la rue avec des Leica, et dont les Allemands avaient encouragé la petite industrie parce qu'elle leur fournissait bon nombre de renseignements. On me cédait chaque fois vingt à trente mètres de pellicule 35 mm, à raison de 60 lires le mètre. Et je tournais par petits bouts. Cela m'a pris des mois. Je tournais sans le son : nous manquions d'argent pour cela, et d'ailleurs, les autorités alliées ne m'avaient délivré qu'une autorisation pour un documentaire. Quand le film a été monté et terminé, les acteurs se sont doublés eux-mêmes. »

Rossellini, lui, ne fait que changer de souci. Aux angoisses d'argent succèdent les doutes artistiques. Le film une fois monté, on le présente à quelques amis. Aucun ne crie au chef-d'œuvre. Bien loin de là, ils reprochent la pauvreté des moyens et la médiocrité de la pellicule. Ils critiquent l'emphase mélodramatique du scénario. Un jour, enfin, un peu d'espoir : un Américain a demandé à voir le film, un certain Rod Geiger qui s'enthousiasme et trouve un distributeur. Avec *Paisà*, il rend Rossellini célèbre. « Ils sont entrés en résonance avec le cœur et l'esprit de chacun de ceux qui les voyaient. Pour moi, c'était une sensation très étonnante », dira-t-il.

Mais Rossellini, homme de contradictions par excellence, trouve presque dérangeant le triomphe. « La réussite toute passagère que j'ai connue avec *Rome, Ville ouverte*, *Paisà* et, à un degré moindre, *Allemagne, Année Zéro*, reposait sur un malentendu. On a fait mille spéculations sur le néo-réalisme dont j'étais le père putatif, en essayant d'y voir une école, un système, finalement une nouvelle esthétique ; voilà comment la société du spectacle récupère ce qui la dérange ou l'émeut au-delà des normes qu'elle s'est fixées. »

On le voit : Ingrid et Roberto sont deux êtres éclatants, mais peu faits l'un pour l'autre. Le Nord s'allie mal avec le Sud, la beauté avec le génie, la raison sage d'Ingrid avec l'improvisation débordante de Roberto. En fait, paradoxalement, Rossellini n'est pas un homme de son temps. C'est un être de la Renaissance, un homme bâti en forme de tour, avec des étages et des galeries. Il n'y a pas un Rossellini, il y en a vingt, tous contradictoires entre eux et cependant tous unis par le granit d'un même socle. Cet anarchiste croit en Dieu. Il est à la fois cynique, sceptique et superstitieux. Il redoute le « mauvais œil » et connaît les signes pour le conjurer. Il peut être dur, cruel même, et cependant c'est un tendre. La mort d'un enfant l'a bouleversé. Lorsqu'on parle devant lui du fils qu'il a perdu à l'âge de neuf ans [1], emporté par une crise d'appendicite, son regard s'embue. Chaque année, le jour anniversaire de cette mort, où qu'il soit, il saute dans sa Ferrari et il revient à Rome pour se recueillir sur la tombe.

Il a des besoins effrénés d'argent. Les mauvaises langues prétendent qu'il dépense 1 million de lires par jour, bien qu'à une époque de sa vie, il ait pu vivre sans un sou. Il couchait dans un ascenseur qu'il louait

1. Marco, son fils né de son mariage avec Marcella de Marchis, meurt le 14 août 1946. Fait étrange, à la même époque, le fils naturel d'Anna Magnani est atteint de paralysie.

à un portier d'hôtel. Il est paresseux, distrait, négligent, il ne décachette pas les lettres qu'il reçoit et pourtant, à l'occasion, c'est un homme d'affaires remarquable, redoutable même prétendent certains. C'est un intellectuel qui peut, des nuits entières, dans un café, discuter philosophie avec des amis, mais il est aussi prodigieusement habile de ses doigts et son esprit fourmille d'idées pratiques. La qualité la plus surprenante de Rossellini est le don qu'il possède d'attirer à lui l'insolite. Il lui arrive toujours des aventures comme il n'en arrive à personne d'autre.

Mais Ingrid, amoureuse, est aveugle. « Roberto était si chaleureux et amical, dira-t-elle en évoquant leurs premières journées ensemble. Je bavardais facilement avec lui, et l'écoutais avec intérêt. » Ingrid est sensible au charme de ce personnage paré de tous les prestiges et détenteur du grand secret des hommes latins : l'art d'être en même temps, auprès des femmes, tendre et fort. Car, en attendant le premier tour de manivelle, elle suit avec ravissement le guide au milieu des richesses artistiques de l'Italie. Elle découvre alors, en plus du metteur en scène qui l'a intéressée, un homme fascinant, toujours gai et plein d'allant, d'une exquise courtoisie, qui cueille pour elle les roses sauvages au bord de la route et lui chante de vieilles chansons populaires.

D'émerveillement en émerveillement, Ingrid, à son insu, s'épanouit, se réalise et un jour, sur la côte napolitaine, elle découvre qu'en Italie elle n'a pas seulement trouvé la liberté de l'art et de l'esprit, mais aussi sa propre liberté, sa propre personnalité d'être vivant, passionné, assoiffé de vérité et d'émotion. « Je n'ai pas pensé tout de suite que j'étais amoureuse, a-t-elle dit. J'avais la sensation de connaître Roberto depuis des années ; je sentais qu'il m'aurait été facile de lui parler et intéressant de l'écouter. Surtout, il était vivant, et il me transmit son amour de la vie. Je n'étais plus ni timide, ni empotée, ni seule : il m'avait sortie de moi-même. Puis, je compris que je l'aimais. »

Comme elle en témoignera à Joe Steele, Ingrid sait, au bout de quelques jours, qu'elle aime Roberto et que sa vie désormais est italienne : « Elle me raconta que, immédiatement après son arrivée en Italie, elle avait été subjuguée par la certitude qu'elle aimait Rossellini, que sa vie était irrémédiablement liée à celle de l'Italien, et qu'il lui fallait, maintenant ou jamais, rompre avec le passé.

– Vous avez dû vous rendre compte bien souvent que j'étais tourmentée et malheureuse, n'est-ce pas, Joe ? me dit-elle.

– Oui, je m'en apercevais sur le moment. Puis vous changiez d'humeur ; alors je me disais qu'il s'agissait d'une dépression passagère, comme nous en avons tous. Vous ne m'avez jamais fait de confidences, vous savez.

– Oui, je le reconnais. Je gardais tout pour moi, jusqu'au point d'éclater. Si j'avais su m'exprimer, je crois que je me serais confiée à vous. Mais je me sentais bien incapable d'expliquer ce que j'éprouvais. Je ne savais pas trop où j'en étais.

– Quand avez-vous commencé à vous sentir malheureuse ?

– C'est très difficile à dire.

Elle baissa les yeux sur la cigarette qu'elle tenait entre les doigts et parut fouiller sa mémoire.

– Peut-être le jour où j'en ai eu assez de la vie à Hollywood et de la vie chez moi. Il y a trois ans, j'ai dit à Petter que je voulais divorcer. Mais, quand j'ai essayé de lui donner mes raisons, je n'ai pas su trouver les mots exacts, et il a réussi à me dissuader de le quitter. Une semaine environ après mon arrivée en Italie, je lui ai écrit pour lui avouer la vérité sur Roberto, sur mes sentiments, et lui dire que je ne retournerais pas vivre avec lui. Et là encore il n'a pas voulu en démordre. Il a soutenu que ce n'était qu'un caprice qui me passerait. »

Comme chaque fois qu'elle s'est trouvée devant une alternative importante, Ingrid choisit la voie la plus courageuse. Parce qu'elle est profondément pure, honnête envers elle-même comme envers les autres, elle ne cherche pas à tricher ; elle écrit à Petter Lindstrom, le 3 avril 1949. Sa missive est pourtant sans ambiguïté :

« *Petter lilla (petit),*

Ce sera dur pour toi de lire cette lettre, et c'est dur pour moi de l'écrire. Je pense cependant que c'est la seule façon. J'aimerais expliquer tout ce qui s'est passé depuis le début, mais tu en sais suffisamment. Et j'aimerais te demander pardon, mais cela a l'air ridicule.

Ce n'est pas vraiment entièrement de ma faute, mais comment pourrais-tu me pardonner de vouloir rester avec Roberto ?

Je n'avais pas l'intention de tomber amoureuse, et de partir définitivement pour l'Italie. Après tous nos projets, tous nos rêves, tu sais que c'est vrai. Mais je n'y peux rien. Tu as vu grandir mon enthousiasme pour Roberto à Hollywood, tu as vu que nous nous ressemblions, que nous avions envie de faire le même genre de travail, que nous comprenions la vie de la même manière.

J'ai imaginé que je pourrais dominer mes sentiments en le voyant dans son milieu, si différent du mien. Mais c'est exactement le contraire qui s'est produit. Les gens, la vie, le pays ne me sont pas étrangers. C'est ce que j'ai toujours voulu. Quand j'étais encore à la maison, je n'ai pas eu le courage de t'en parler davantage, car cela paraissait tellement incroyable, comme une aventure. Et puis, à l'époque, je n'étais pas sûre de ses sentiments.

Min (mon) Petter, je sais que cette lettre va tomber comme une bombe sur notre foyer, notre Pelle, notre avenir, notre passé si riche de ton aide et de tes sacrifices.

Et maintenant, te voilà seul au milieu des ruines, et je suis incapable de t'aider. Stackars lilla pappa men also stackars lilla mama (Pauvre petit papa, mais aussi pauvre petite maman).

Mama. »

C'est une lettre loyale et franche, une de ces belles lettres honnêtes que peu de femmes ont le courage d'envoyer pour éviter les compromis. Pourtant, Petter Lindstrom s'en servira contre Ingrid, deux ans plus tard, afin de persuader les juges de la Cour Suprême de Californie qu'ils ne doivent pas confier Pia à sa mère pour les vacances.

Sur ses états d'âme d'alors, Ingrid se montrera d'une totale franchise : « Je voulais que Petter sache que je le quittais, que j'étais infidèle. Je lui ai donc écrit cette lettre pour lui dire la vérité, et un peu plus tard je lui en ai écrit une seconde où j'écrivais : "J'ai trouvé l'endroit où je veux vivre, je m'y sens chez moi, je veux y rester et je suis désolée..." Je me sentais libre. C'était mon divorce. J'avais été honnête. Si aux yeux de l'Eglise, j'étais toujours mariée, pour moi cela ne comptait pas, car trois ans auparavant, j'avais déjà demandé le divorce, que Petter n'avait pas voulu m'accorder. Mais à l'époque, je n'avais aucune raison de partir, car il n'y avait personne que je souhaitais épouser. Il n'y avait personne avec qui je souhaitais vivre, et rien ne s'était passé. Il y avait des années que j'attendais quelqu'un qui me déciderait à partir. Roberto l'avait fait. Je ne pensais pas que le monde en serait bouleversé... »

IX

« STROMBOLI »

Le 4 avril 1949, soit quinze jours après son arrivée en Italie, Ingrid s'embarque avec Roberto et l'équipe technique à Messine à bord du *San Lorenzo*, un bateau de pêche qui atteint Stromboli, la plus éloignée des îles Lipari, en quatre heures.

Le temps de s'installer dans la maison de l'instituteur, la plus belle de l'île, le couple part en repérages. Roberto a prévu de commencer son tournage le 7 avril. Pour Ingrid, tout est nouveau et déconcertant. A commencer par l'histoire de *Stromboli*. Elle y incarne une jeune Lituanienne, internée dans un camp de personnes déplacées, qui épouse, pour en sortir, un pêcheur de Stromboli. L'île est noire, les éruptions se succèdent, le village tourne le dos à cette « mauvaise femme » qui « manque de modestie ». Un scénario totalement différent de tous ceux qu'elle a tournés. Un rôle aussi qu'elle-même n'a jamais prévu.

Tout va changer pour l'actrice, irrémédiablement. Et ce qui est merveilleux c'est que, fidèle à son caractère, à ce qu'elle est profondément et que révèle chacun de ses rôles, elle va, avec la rigidité aveugle des somnambules, jusqu'au bout de son destin.

Ce long-métrage qui se clôt sur l'irruption du volcan est symbolique de ce que devient la vie d'Ingrid. A ce titre, il n'est pas seulement une œuvre d'art. En parler, c'est évoquer l'ensemble des circonstances qui entoure ce film, et qui constitue un drame en soi, où rien ne manque, où des êtres se sont longuement et passionnément déchirés, où la fatalité a joué son rôle aussi ouvertement que les dieux de l'Olympe dans les tragédies antiques. Et si l'on ne peut vraiment pas parler du film sans rappeler l'extraordinaire aventure qu'il implique, dont il est le prétexte et la justification, c'est son auteur même, Rossellini, qui en donne la raison : « Chacun de mes films est plus qu'un film. Ma vie professionnelle a toujours été étroitement mêlée à ma vie privée. Elles sont parallèles et jumelées. J'exprime par chaque film mon problème, mon inquiétude ou mon exaltation du moment. »

Stromboli exprime pour lui la découverte d'une foi nouvelle, pour Ingrid la révélation d'un nouveau bonheur. Honni par certains critiques, c'est un grand film. En dehors de toute autre considération... Projeté sans préliminaire devant un public ignorant de tout événement corollaire, il demeure une œuvre puissante, d'une sincérité et d'une émotion bouleversantes. Mais, par la faute de l'histoire d'Ingrid Bergman et de Rossellini (devenue aussi réelle et romanesque que celle de Karin et d'Antonio dans le film), il est impossible de ne pas voir, en transparence, les deux drames se superposer, et, comme les images d'un stéréoscope, gagner ainsi en reflet et en profondeur. « Les incidents les plus personnels de ma vie, mes sentiments les plus intimes ont été exploités et déformés », déclara Rossellini. Chez lui aussi il y a cette acceptation du destin qu'il a choisi, jusqu'à ses plus graves conséquences. Il y a cette conviction profonde d'avoir raison, qui donne force et patience à son travail. Il y a cette honnêteté foncière qui s'exprime hardiment tout au long de son film, sans jamais s'esquiver ni tricher, cette honnêteté qui est celle des « amants du Stromboli », jusque dans le scandale. Honnêteté que d'autres ont appelée impudeur ou cynisme.

Ingrid se soumet en tout cas totalement aux rites rosselliniens. Elle sait que, sur un tournage, il suit le cours de ses idées, inventant scènes et dialogues au fur et à mesure qu'il les filme, avec un contrôle absolu sur le tournage. Le réalisateur s'est souvent vanté de n'avoir pas besoin d'acteurs, d'être capable de faire jouer n'importe qui. Il le prouve. Mario Vitale, pêcheur ramassé dans un petit port sicilien, est un Antonio doré, bouclé, candide, viril, sauvage et doux. Pour le rôle épineux du prêtre (la scène entre Karin et lui, si discrète pourtant, est une des plus audacieuses qu'on ait vues à l'écran), Rossellini a tout simplement, sur les conseils d'Ingrid Bergman, choisi son ancien camarade de classe, Renzo Cesana, qu'Hollywood a envoyé pour écrire les dialogues, et qui se trouve singulièrement oisif, le metteur en scène improvisant les textes comme les scènes, au fur et à mesure et au hasard de son inspiration. Mario Sponza, l'homme du phare, est lui aussi un pêcheur, les gens de l'île fournissant la figuration suffisante. Rossellini règne dans l'île, obéi et vénéré comme un bien-aimé tyran, et il faut croire que le Stromboli lui-même obéit à ce diable d'homme puisque, conscient du rôle important qu'il a à jouer, il entre en éruption pour donner au film une note décisive de réalisme et d'authenticité.

Faire vrai ! C'est le secret de Rossellini. Ce sont probablement les circonstances qui lui ont imposé, dans ses premiers films, l'emploi des acteurs de fortune et des décors naturels. Il y a trouvé son style. Il s'y maintient, même lorsqu'il serait bien plus commode et même plus économique de tourner, comme tout le monde, au studio. Pendant plusieurs mois, c'est l'île elle-même, et surtout le petit village de San Lorenzo, qui sont transformés en studio. La troupe comporte soixante-cinq personnes. C'est un minimum pour un film de cette envergure. C'est beaucoup pour une bourgade de six cents âmes, dont les maisons sans cesse ébranlées par les soubresauts du volcan croulent de vieillesse et d'abandon. La masure choisie pour abriter Karin et Antonio est si décrépite qu'il faut en consolider les poutres et les planchers. Comme il n'y a pas d'arbre dans l'île, il faut démolir une vieille barque de pêche. La chambre est étroite, basse de plafond, les opérateurs n'ont aucun recul, une chaleur torride rend le travail pénible. En extérieur, on est gêné par le vent, qui soulève une suffocante poussière de lave. La lumière est terne et brutale, implacable.

Rossellini n'a pour ses collaborateurs aucune complaisance. Dans les pires conditions, il les oblige à recommencer jusqu'à vingt fois la même scène... Il sacrifie impitoyablement plusieurs petits lapins pour la cruelle scène du furet. On tourne les scènes de la pêche au thon à Olivera, sur la côte italienne. Une manœuvre des pêcheurs raréfie l'eau autour des énormes poissons – certains pèsent 300 kilos – qu'on peut alors harponner et jeter dans la cale d'un bateau, où ils palpitent et agonisent longuement. L'espace où se pressent les thons est appelé l'abattoir, ou encore la *camera della morte* (chambre de la mort). Les bêtes déchirées par les harpons saignent à flots, leur sang épais et sombre teinte l'eau qui écume et rejaillit sur les hommes demi-nus. Ils ont commencé la pêche en faisant le signe de la croix, ils l'achèvent par un cantique. C'est une scène admirable et terrible, sur laquelle pèse une horrible odeur de sueur, d'écume et de sang ! Ingrid Bergman doit la supporter pendant des heures, révulsée et à bout de nerfs, comme Karin.

Ce n'est là qu'une des épreuves qu'elle doit subir au nom de cette vérité sans artifice qu'elle a tant admirée dans les films de Rossellini. Les studios d'Hollywood, si soucieux du confort et de la sécurité de leurs vedettes, n'auraient jamais pu imaginer qu'une des plus fameuses d'entre elles accepterait d'aller vivre pendant des semaines dans une maison sans gaz ni électricité, sans coiffeur, sans maquilleuse, sans doublure ! Elle doit chaque jour laver elle-même ses cheveux, refaire sa mise en plis entre deux doigts, comme Karin et toutes les réfugiées sont habituées à le faire. Pas de maquillage : seulement un peu de rouge sur les lèvres avant de tourner. Toute la garde-robe de la vedette se compose de deux jupes de cotonnade, d'un pantalon de pêcheur, de deux tricots et de quelques foulards. Quant à la doublure, il n'en est pas question... Avec une tranquille autorité, Rossellini demande à sa vedette de grimper pieds nus dans les rochers rugueux, de courir sur les sentiers torrides, d'entrer dans l'eau où grouillent les poulpes [1].

Il ne peut tourner l'évacuation de l'île pendant l'éruption même, mais lorsqu'il reconstitue la scène, trouvant

---

1. Dans ce film, sur le plan de la photographie, elle n'est certainement pas flattée, et pourtant, elle n'a peut-être jamais été aussi belle, de cette beauté intérieure dont le visage ne constitue qu'un élément de traduction. Elle nous apparaît le plus souvent coiffée, à la manière des paysannes, d'un simple foulard qui enlève à son visage le cadre de ses magnifiques cheveux. Elle n'est vêtue que de pauvres robes à propos desquelles le seul mot d'élégance semblerait une dérision. Ses pieds ne sont chaussés que de talons plats qui ne flattent pas sa démarche et qui la font paraître plus « suédoise » que nature, si l'on prend ce mot au sens habituel d'ignorance de l'apprêt qu'illustra Greta Garbo. Ici, Ingrid échappe totalement à son mythe de super-vedette. Elle retrousse ses jupes pour sauter dans l'eau entre les rochers de l'île, parce qu'il est naturel qu'elle le fasse, tout simplement.

que ses figurants (le village entier et toute la flottille de pêche) manquent de conviction, il fait allumer de grands feux dont le vent rabat les fumées brasillantes sur la plage. A demi suffoqués, pris de panique, les habitants se précipitent vers les barques... La scène est très belle ! On ne fait vrai qu'avec du vrai... Et pour exprimer la terrifiante solitude, l'angoisse et l'agonie de Karin au flanc du cratère, Rossellini n'hésite pas à y mener Ingrid, dans une véritable vision d'enfer. Le sol craquelé est taché de hideuses plaques jaune verdâtre... Un énorme vrombissement monte du gouffre proche qui crache parfois des pierres incandescentes ou de longs jets de vapeur sulfureuse. Le sable brûlant glisse sous les pieds de la jeune femme, la fumée l'aveugle, elle trébuche et parfois tombe, tremblante de fatigue, haletante... On filme... Les pieds en feu, les mains écorchées, les lèvres sèches de poussière ardente, elle jette au ciel son cri de repentir et de désespoir. « Encore une fois ! » dit Rossellini.

Il sait pourtant qu'elle est enceinte... comme Karin. Il sait aussi qu'en préparant le sentier muletier pour permettre à la troupe de monter jusqu'à la première crête du volcan, un de ses plus dévoués collaborateurs, Muratore, a trouvé la mort : pris dans un nuage de fumée de soufre (Haroun Tazieff, qui se trouvait là, lui prodigua vainement les soins les plus énergiques et les plus éclairés), il mourut quelques heures plus tard.

Certes, Rossellini est bien conscient des obstacles qu'il impose à sa star, confiant plus tard : « Ingrid elle-même, au début, en a été quelque peu désorientée. Elle avait l'habitude des découpages qui prévoient au centimètre près chaque déplacement de l'acteur, avec une caméra embusquée dans le décor, un plan d'ensemble et une ambiance sonore pour installer la situation, puis une succession de gros plans, gros plans, gros plans, pendant lesquels se déroulait le dialogue. Moi, j'agissais tout autrement.

– Tu me dis toujours de marcher ! s'étonnait Ingrid.

– Oui, c'est ça, marche. Car si tu marches, je peux te suivre avec la caméra.

C'était le personnage en effet qui m'intéressait ; et le personnage devait vivre dans un certain contexte que je voulais découvrir avec lui. Pour la pauvre Ingrid, cela se traduisait par de longues heures de marche. »

Mais ces efforts physiques ne sont rien, comparés aux douleurs morales et au stress que subit l'actrice en raison de sa vie privée. Petter va entrer à nouveau en scène et Ingrid devoir faire face aux conséquences de ses choix. Grâce aux témoignages laissés par Joe Steele (l'ancien attaché de presse hollywoodien d'Ingrid), par Michael Wilson (attaché de presse anglais nommé par la RKO pour couvrir *Stromboli*), par Kay Brown (l'assistante de Selznick) et par Ingrid elle-même, on sait précisément ce qu'ont été ces retrouvailles à la Feydeau : le trio Ingrid-Petter-Roberto dans des scènes pourtant dignes de la tragédie antique – le mari trompé et hautain, l'amant exigeant et impérieux, la fille déjà toute prête à renier sa mère, celle-ci surtout, comme éblouie par l'éclat d'un amour suprême. Et tout autour de ces quatre héros le chœur antique de ceux qui sont « pour » et « contre ».

Petter envoie deux télégrammes à Ingrid, les 9 et 12 avril, la suppliant de lui téléphoner. Mais aucun téléphone n'existe à Stromboli. Il lui envoie ensuite une longue lettre : comme dans un drame à la Ibsen, il lui dit qu'il est temps qu'elle « devienne adulte ». Il lui rappelle la longue liste des sacrifices qu'il a faits pour elle, de tout ce qu'il a entrepris pour la protéger professionnellement et il s'inquiète qu'elle puisse traîner toutes leurs années communes sous les feux infâmes de la publicité. Si elle veut un divorce, il faut qu'elle vienne l'obtenir en Amérique, pas en restant en Italie !

Le 29 avril, il arrive à Rome et prend la route de la Sicile. Le couple a prévu de se retrouver le 1er mai. De

Stromboli, Ingrid Bergman part seule pour Messine. Elle laisse même sa secrétaire, Miss Newald. A la proue du *San Lorenzo*, elle s'installe sur une vieille voile, où elle reste immobile pendant la longue traversée, plongée dans ses mystérieuses réflexions. Personne ne les connaîtra jamais. Comment deviner et comprendre le calme et le courage de cette femme qui se trouve soudain assiégée entre son passé et son destin ?

La rencontre a lieu dans la chambre n° 34 de l'Albergo Reale, à Messine. Une atmosphère tendue. Ingrid a certes pour son mari son beau sourire habituel, mais peut-être est-elle moins gaie que de coutume. Tout d'abord, elle a mille questions à poser. Elle brûle d'avoir des nouvelles de sa fille, Pia, de sa maison à Beverly Hills, de tous les amis d'Hollywood. Mais le visage fermé de Petter la convainc de ne pas insister. L'ombre de Roberto Rossellini plane sur eux. Elle plane si bien que le réalisateur arrive en invité-surprise. Car l'Italien n'est pas homme à se soumettre aux conventions sociales d'Hollywood. De son île, il s'est rendu compte qu'en laissant trop longtemps Ingrid Bergman avec son mari, elle peut hésiter, retomber sous son influence, perdre courage et retourner au passé ! C'est précisément ce qu'il ne veut pas. Il aime Ingrid et ne peut supporter aucune atteinte à son orgueil, ni à sa conviction. Or, la fierté de Roberto Rossellini est immense, étrange, imprévisible. Roberto Rossellini a donc suivi, debout sur la plage de sable noir, le départ de la jeune femme à bord du *San Lorenzo*. Longtemps il a suivi des yeux le petit cargo de pêche lentement enveloppé dans la brume pâle de l'horizon. Sans son égérie, il ne peut continuer à tourner, puisqu'elle paraît dans presque chaque scène. Et sans elle, la vie à Stromboli perd tout charme. Rossellini prend alors sa décision et passe rapidement à l'action. Il s'adresse à Art Cohn (un des dialoguistes envoyés à Stromboli par la firme productrice pour l'aider à écrire le texte du film au fur et à mesure des prises de vue).

– Je vais à Messine, dit Rossellini. Il faut que j'y aille. Il faut que je sache ce qu'ils veulent faire à Ingrid. Je ne peux pas rester ici et laisser les événements se dérouler loin de moi.

Sa voix vibre d'impatience. Il envoie un homme demander que l'on appareille au plus vite le deuxième bateau de pêche, le *San Antonio*, un cargo de 40 tonnes, dont l'équipage est composé, comme celui du *San Lorenzo*, de pêcheurs de Stromboli.

– Venez avec moi, dit-il à Art Cohn, lui laissant à peine le temps de prendre une valise.

Rossellini et Cohn montent à bord. Un vent frais se lève. Le bateau roule, mais Rossellini semble ne pas s'en apercevoir. Il s'installe à l'abri dans une cabine ouverte. Il n'arrête pas de fumer. Il regarde vers la Sicile, comme s'il voulait être le premier à voir la côte se dessiner sur l'horizon ; comme s'il pouvait en perçant l'espace du regard, faire apparaître plus vite la terre. Ils arrivent enfin à Milazzo, le port sicilien le plus proche de Stromboli, situé à une heure de voiture de Messine. Sans même attendre que le bateau soit amarré, Rossellini saute à terre. Par radio, il a commandé une voiture. Elle attend sur le quai. Il prend le volant et se met en route à toute vitesse, suivant l'étroite corniche qui longe la mer et qui grimpe ensuite en lacets dangereux dans la montagne. Le compteur dépasse le 100, tandis que le Klaxon hurle presque sans arrêt, semant la panique sur son passage parmi les paysans et les villageois.

Lorsqu'il s'arrête enfin devant l'Albergo Reale, le Dr Lindstrom et Ingrid Bergman discutent amicalement dans la chambre 34. Rossellini ne se fait pas annoncer. Toujours suivi d'Art Cohn, il se rue à travers le hall de l'hôtel, monte en toute hâte. Il ne se donne pas la peine de frapper à la porte, et se précipite dans la chambre avec la fureur d'un mari offensé qui s'attend à trouver sa femme dans les bras d'un amant. Sans préambule, il lève les bras au ciel et s'écrie :

– J'aime Ingrid ! Il n'existe pour moi personne d'autre au monde.

Puis, il se tourne vers le Dr Lindstrom et dit :

– Il faut que vous partiez. Partez. Partez immédiatement.

Alors, pour une fois, le grand et flegmatique Dr Lindstrom perd son calme et son équilibre habituels. Il s'en faut peu que les deux hommes n'en viennent aux mains. Ils oublient tous deux la présence d'Ingrid qui s'est levée et les regarde avec gêne et angoisse. C'est Art Cohn qui intervient en s'interposant entre les deux hommes. Il hurle :

– Pour l'amour du ciel, soyons raisonnables !

Son intervention fait de l'effet. Le Dr Lindstrom et Rossellini se séparent. Rossellini halète, les yeux fulgurants. Le Dr Lindstrom retrouve sa dignité et sa maîtrise. Mais d'autres témoins sont sur le seuil de la chambre, ainsi que s'en souvient Joe Steele : « "Petter avait demandé à Kay Brown de venir aussi", me dit Ingrid, qui faisait allusion à son amie, la représentante de David O'Selznick à New York. "Et Kay était là. Quelques-unes des personnes que vous avez vues ce soir au dîner étaient également présentes. Chacun prétendait donner son avis. Impossible de discuter avec Petter au milieu de tous ces gens qui croyaient savoir ce que nous devions faire. Petter insista pour me voir seule."

– Ah ! intervint Rossellini, en se tiraillant de façon caractéristique une mèche de cheveux derrière l'oreille gauche. Ingrid est perdue si on la laisse seule avec cet homme. Ingrid... cet homme glacial... il la domine. Elle n'a plus de volonté quand il la regarde.

Ingrid se tourna vers Rossellini pour protester :

– Mais ce n'est pas vrai, Roberto. Il me fallait absolument le voir seul. Impossible de parler autrement...

– Ah !... C'est *stupido*, fit-il d'un ton boudeur.

Alors, Ingrid est allée dans la chambre de Petter, qui s'est dépêché de verrouiller la porte. Et Roberto a perdu la tête...

Sur ce, Rossellini se mit brusquement debout, déclara :

– Je ne veux pas écouter plus longtemps.

Il se précipita dehors en deux enjambées. Ingrid, l'air effrayé, sauta au bas du lit pour le suivre. Alors s'éleva de l'autre pièce un murmure confus en français, une voix furieuse, l'autre conciliante. Sans doute ces manifestations bizarres étaient-elles des preuves, visuelles et verbales, d'un grand amour... »

Le témoignage de Michael Wilson, l'attaché de presse de la RKO, confirme la jalousie de Rossellini. « Il devint fou de fureur. Il arpentait fébrilement la petite pièce en marmonnant des mots incompréhensibles. Il se couvrait le visage de ses mains. Il écrasait l'une après l'autre dans les cendriers des cigarettes à peine fumées. Et sans cesse, il se tournait vers Art Cohn, en criant :

– Je ne peux pas les laisser seuls. Je ne peux pas. Je l'aime. Il ne faut pas qu'elle retourne avec lui !

Enfin, il éclata :

– Je vais appeler les carabiniers. Ils le forceront à sortir de sa chambre.

Il s'empara du téléphone. Il était sur le point de demander le commissariat de police. Cohn se rendit compte qu'il devait intervenir, agir au plus vite, afin que Rossellini n'amplifiât pas encore le scandale. S'il appelait la police, c'était non seulement la fin du film, mais c'était un mal irréparable à Mlle Bergman et à toutes les personnes impliquées dans ce drame. Il ne faudrait pas plus de dix minutes pour que le monde entier fût mis au courant. Une douzaine de journalistes attendaient dans le hall de l'hôtel que quelque chose se passât. Rien après cela, aucune déclaration, aucune explication, ne pourrait atténuer le mal causé. »

Heureusement, Art Cohn est un homme de ressources. Et au dernier moment, en désespoir de cause, il trouve la seule arme qui puisse encore atteindre Rossellini et le ramener à la raison : c'est le ridicule. Art Cohn se renverse sur le lit et soudain éclate de rire, d'un rire violent, inextinguible. Il est secoué de hoquets d'hilarité incontrôlables. Rossellini se détourne vivement du téléphone, l'air furieux et intrigué.

– Mais de quoi riez-vous donc, que diable ?

– De vous ! De vous !... réplique Cohn dans un éclat de rire. Vous ne voyez donc pas d'ici les grands titres dans les journaux de demain : « Un amant jaloux demande à la police de chasser le mari de la femme qu'il aime... »

Rossellini se sent atteint dans son orgueil. Il est extrêmement sensible au ridicule. Il remet le téléphone en place. Mais, poussé par une force irréductible, il ne se laisse pas détourner de son but.

– Faites-le sortir de cette chambre. Arrangez-vous comme vous voudrez, mais il ne faut pas qu'il reste là. Je vous préviens : je ne répondrai pas de moi-même s'il y reste.

Art Cohn entend le message. Il est urgent de séparer le mari et la femme. Il se rend donc auprès du Dr Lindstrom et lui explique l'invraisemblable situation où ils risquent d'être jetés. Le chirurgien est venu d'Amérique pour essayer de soustraire Ingrid au scandale et non pour l'y plonger encore plus. C'est pourquoi il quitte la pièce au lieu de faire valoir ses droits conjugaux. Le geste d'un gentleman qui désire avant tout qu'aucun tort ne soit fait à sa femme. Le Dr Lindstrom prend donc une autre chambre dans l'hôtel, cependant que Kay Brown s'installe avec Ingrid dans la chambre 34.

Les discussions du lendemain matin ne débouchent d'abord sur rien. Le Dr Lindstrom et Rossellini envisagent tous les aspects de la question : l'un avec un calme et un détachement apparents, l'autre avec une ardeur toute latine. En fin de compte, c'est le Dr Lindstrom qui réussit à sortir de l'impasse. Il demande fermement à Rossellini de revenir aux conventions sociales courantes et normales, ne serait-ce que pour terminer le film et pour permettre à toutes les personnes impliquées dans cette histoire de mener temporairement une existence supportable. Enfin, il insiste pour imposer des mesures de sécurité, afin d'éviter tout nouveau scandale.

Sous menace de faire arrêter le film, il exige qu'une ligne de conduite commune soit acceptée. Il fixe les conditions auxquelles Mlle Bergman et Roberto Rossellini doivent se plier jusqu'à la fin du film. C'est un accord sur parole. Mlle Bergman et Rossellini y adhèrent tous deux. L'accord comporte les six clauses suivantes :

1) Mlle Bergman et sa secrétaire Miss Newald auraient un logement séparé à Stromboli ;

2) Mlle Bergman et Rossellini ne paraîtront plus ensemble en public, en dehors des nécessités du film ;

3) Aucune photo du groupe Rossellini-Bergman ne sera publiée, à moins que des tierces personnes, acteurs ou membres de la Compagnie n'y figurent ;

4) Si la Compagnie doit changer d'emplacement pour d'autres prises de vue, Mlle Bergman et Rossellini seront logés séparément et si possible dans des hôtels différents ;

5) A Rome, où devront être tournées les dernières scènes du film, ils descendront dans des hôtels différents ;

6) Sous aucun prétexte et en aucune circonstance, ils ne sortiront ensemble dans la société romaine.

En fait, ce pseudo-accord ne fait que remettre à plus tard une décision finale. La vie conjugale des Lindstrom et la réputation d'une des plus grandes vedettes du monde, deux choses qui auraient pu être sauvées par cette rencontre, dépendent désormais de la bonne volonté de Rossellini.

Il faut cependant être bien naïf pour croire que le metteur en scène respecte ce *modus vivendi*. Tout aussi naïf est le communiqué de presse que notre groupe de conspirateurs fait publier le 4 mai 1949 avec la signature d'Ingrid :

« *Il m'a paru nécessaire, eu égard au film que je tourne actuellement avec M. Rossellini, de faire une déclaration en vue de protéger ma famille. J'ai rencontré mon mari ici, en Sicile, et nous avons éclairci notre situation. Je dois regagner Stromboli aujourd'hui pour y continuer mon film. Lorsqu'il sera achevé, je quitterai l'Italie pour retrouver mon mari, soit en Suède, soit aux Etats-Unis. Ce communiqué ne sera suivi d'aucun autre concernant ma vie personnelle. On a prétendu dans la presse que je ne tournerais plus qu'avec M. Rossellini. C'est inexact, et j'en ai informé mon représentant Lew Wasserman (directeur de l'Agence MCA). J'espère sincèrement que cette déclaration me permettra de poursuivre mon film sans autre interruption.* »

L'imprécision de cette note, loin de démentir les bruits de divorce, ne fait que les renforcer. Joe Steele se souvient : « Je levai les yeux sur une Ingrid lasse et abattue :

– Rien d'étonnant si les journalistes n'ont pas voulu nous lâcher, dis-je.

– Je sais, fit-elle avec une lassitude infinie. Moi, je voulais dire la vérité, annoncer que nous allions divorcer. Mais voilà ce que les autres ont mijoté... Ils se souciaient davantage de pouvoir finir le film, de protéger le succès commercial de ceux que j'ai déjà tournés, que de la vérité... ou de moi. »

Et Steele de noter dans ses souvenirs : « Plus tard, dans ma chambre, réfléchissant à ce que je venais d'apprendre, je dus conclure qu'en fin de compte, une fois disloqué le classique triangle, "l'entrevue" n'avait abouti qu'à une impasse, faite de passion, d'orgueil, d'exaltation, d'intérêt personnel et d'entêtement pur et simple. » Le Dr Lindstrom donnera sa version de l'épisode de Messine au cours du procès concernant la garde de Pia, en 1952. « Je me rendis à Messine, dit-il, pour supplier Ingrid de penser à notre enfant, de cesser d'afficher publiquement son affection pour Roberto Rossellini, marié lui aussi. » Il racontera que la police de Messine avait été chargée de l'arrêter sous l'inculpation de retenir une femme contre son gré dans une chambre d'hôtel. « Si j'évitai d'être arrêté, dit-il, c'est uniquement parce qu'on parvint à établir que cette femme était mon épouse légitime, que je ne la retenais pas de force, qu'elle et moi étions des ressortissants suédois, et que la chambre d'hôtel en question se trouvait juste au-dessus du consulat de Suède. »

Steele, pourtant peu favorable à Petter, soutiendra plus tard : « Je me souviens que le récit qu'Ingrid mc fit des événements était nuancé d'inquiétude et de respect pour le Dr Lindstrom. Elle était péniblement consciente de l'avoir blessé. Mais tout aveu de ce genre, toute amende honorable provoquait invariablement une sortie furieuse de Rossellini. Il proclamait hautement que Lindstrom était déraisonnable, qu'il était de marbre, qu'il ne pensait qu'à lui-même ; ou bien qu'il était incapable d'apprécier le talent d'Ingrid, qu'il ne lui avait jamais acheté un bijou convenable et qu'il agissait avec elle comme un père, non comme un époux. L'attitude de Rossellini, alors et durant tout mon séjour en Italie, montrait qu'il se considérait comme la partie lésée. Il y était d'ailleurs bruyamment encouragé par une formidable coterie. »

Il faut retourner à Stromboli reprendre le tournage. « Je me rappelle leur retour dans l'île, dira le photographe du film. Ils revenaient de Messine où ils avaient eu une dernière rencontre avec Petter. Ingrid avait enfin décidé de quitter Lindstrom et de vivre avec Rossellini. Elle me parut épuisée et hagarde. Rossellini descendit du bateau en dansant, et serra à pleins bras tous ceux qu'il rencontrait. Elle l'attendit un moment, le visage blême, puis elle lança d'un ton sec :

– Roberto, viens !

Il la suivit aussitôt. On voyait bien qu'il avait gagné, mais qu'elle restait totalement désemparée. »

Sur l'île, Rossellini se plie à l'accord verbal qui a été passé à Messine en déménageant de la maison qu'il occupait jusqu'alors avec Ingrid. Les premiers temps, Ingrid et Roberto font comme si leurs relations étaient strictement professionnelles. Est-ce parce que ce pacte l'agace qu'il commence à se montrer de plus en plus capricieux ? Soudain Stromboli lui pèse, à commencer par les indigènes tout comme l'agace le fait qu'Ingrid tourne le film du film, c'est-à-dire dès que la caméra de Rossellini s'arrête, Ingrid met en marche la sienne, d'où sortira un film de 16 mm en couleurs...

Pour le cinéaste, il est temps de prendre quelques vacances. Joe Steele témoigne : « Quelques jours après que nous eûmes fait connaissance, Rossellini renvoya son équipe technique à Stromboli et annonça que les autres l'accompagneraient à Taormina, ce fameux lieu de villégiature qui se trouve entre Messine et le mont Etna.

– Mais pour quoi faire ? demandai-je.

– Ah !... C'est beau, dit Rossellini. Ça vous plaira. On se reposera un peu, non ?

Il tortillait sa mèche de cheveux. Une chose était certaine : il ne se souciait pas de terminer son film dans les délais prévus. » Sur le bateau qui les emmène vers Messine, l'attaché de presse de la RKO essaie de convaincre Rossellini de la nécessité de faire demi-tour : « Ingrid ne participa pas aux discussions, même quand elles devinrent assez violentes, écrivit-il. Elle restait tranquillement allongée sur une vieille voile de toile grise. Je ne crois pas qu'elle ait bougé une seule fois pendant cette traversée de huit heures. Il était impossible de savoir même ce qu'elle pensait, car son regard était caché par les verres fumés de ses lunettes de soleil. »

A Taormina, au milieu de l'après-midi, Rossellini conduit ses invités à une petite baie semée de rochers. On peut se baigner ou faire du bateau... Quant à lui, il endosse sa combinaison de plongée pour faire une démonstration de son sport favori, la pêche sous-marine. « Pour la plupart, nous jugeâmes l'eau trop froide, se souvient Joe Steele. Ingrid prit un bain très court, puis se sécha au soleil et vint s'asseoir parmi nous, qui observions les ébats de Rossellini. Poursuivant très loin sa proie et plongeant souvent jusqu'à dix mètres de profondeur, Roberto restait parfois deux bonnes minutes sans émerger. Ce spectacle dura une heure, puis deux. Nous commençâmes à nous en lasser, à nous plaindre d'avoir faim et soif. On entreprit de héler Rossellini, mais il ne daigna pas répondre. On lui fit de grands signes qu'il ne parut pas voir. C'était la première fois que je faisais l'expérience de cette impolitesse avec laquelle il était capable de s'absorber en lui-même sans se soucier des autres, et dont j'allais avoir de nombreux exemples. Finalement, comme la nuit tombait, il renonça à sa pêche.

– Il serait revenu plus tôt s'il avait réussi à prendre un petit poisson, me dit Ingrid. Il déteste rentrer bredouille.

– Pourquoi lui faut-il un petit poisson ? me demandai-je. Il a déjà attrapé le plus beau de tous. »

Au bout d'une semaine, ils rentrent enfin à Stromboli, avec un petit bouledogue noir auquel ils donnent le nom de l'île « Stombolicchio ». Il devient le symbole de leur idylle. Pour Ingrid, ce retour n'est pas simple. Elle est fatiguée de tremper chaque jour du pain blanc dans le vin de l'île, lassée de son unique costume (chandail blanc et imperméable havane). En réalité, après être partie pour se réfugier en Italie et y trouver la couleur, la lumière et la liberté, elle se sent désormais prisonnière. Sur l'île, elle ne peut se confier à personne. Joe Steele, son fidèle *public relations*, devient alors son confident, d'abord de façon épistolaire puis de façon plus concrète en venant rejoindre l'actrice en Italie.

« *Cher Joe,*

Votre lettre m'est parvenue hier – neuf jours pour faire le voyage ! Mais, même si c'est long, vous recevrez ceci à temps pour nous devancer à Rome. Je crois que nous en avons encore pour trois semaines de Stromboli. Le temps et les conditions matérielles en général nous causent d'énormes ennuis... Et l'équipe est difficile à mener, car il y a des frictions entre Américains et Italiens. Les journaux ne racontent que des mensonges et R. R. [Rossellini] ne peut pas se défendre. Toutes ces histoires, jointes à la désinvolture outrageuse du bureau de la RKO à Rome, l'ont complètement découragé, et je me fais vraiment beaucoup de souci pour lui.

Kay Brown ne se montre pas très compréhensive, mais c'est elle qui a suggéré votre venue. J'ai hésité, ne sachant trop quelle serait la réaction de Petter. Mais j'ai déjà fait tellement de choses qui lui déplaisent... et j'ai pensé qu'autant valait vous dire de venir. Petter attend en Angleterre que nous ayons quitté Stromboli. J'appréhende ce qui va se produire lorsque nous serons rentrés à Rome. Il faudra sans doute en passer par une rencontre comme celle de Messine, et cela me fait très peur.

En 1921, avec son père. Ingrid a 6 ans.

A 19 ans, elle devient starlette du cinéma suédois pour la Suensk Filmindustri.

Le 10 juillet 1937, premier mariage d'Ingrid avec Petter Lindstrom, âgé de 30 ans.

1943 : *Casablanca*
Affiche du film avec Humphrey Bogart.

1943 : *Pour qui sonne le glas*. Ingrid Bergman et Gary Cooper sont dirigés par Sam Wood (à gauche).

1949 : *Les Amants du Capricorne*. Avec Michael Wilding à gauche et Joseph Cotten au centre.

1950 : *Stromboli*.
Ci-dessous, avec le réalisateur du film, Roberto Rossellini, son futur deuxième époux.

A Paris, en mai 1951 lors du 42e anniversaire de Roberto Rosselini.

Ingrid Bergman et ses enfants.

Un tendre moment de complicité.

Ingrid Bergman et Jean Cocteau lors d'une remise de prix au Louvre. Elle enregistrera *La Voix humaine* en 1967.

Ingrid Bergman et Federico Fellini. Rossellini empêchera tout projet entre eux.

Ingrid Bergman e
Charlie Chaplin, le
deux exilés d'Hollywoo
lors d'une réception a
Grand Hôtel de Rome

1956 : *Elena et les hommes* de Jean Renoir.

1958. Lors du tournage de *Indiscret*, Ingrid Bergman croise fortuitement Sophia Loren (à gauche), à Londres.

La Rancune.

1969 : *Fleur de Cactus* avec Walter Matthau.

Ingrid Bergman et ses deux filles rentrent à Rome.

Ingrid en compagnie de sa fille Isabella.

Avec Bernard Pivot, lors de la sortie de son livre *Ingrid Bergman, ma vie*.

Dernières photos...

Je suis vraiment navrée pour Petter ; je ne souhaite pas lui faire de mal, mais je ne peux retourner vivre avec lui. Malgré son chagrin, il se préoccupe encore de ma réputation d'artiste et de mes films, en particulier de Jeanne d'Arc. *Dites-moi si c'est vrai que le succès commercial est compromis par le scandale que j'ai causé. A mes yeux, passer outre à ses véritables sentiments pour des raisons d'argent, c'est le comble de l'hypocrisie. En fin de compte, les gens vous détestent encore plus si vous avez peur que la vérité ne brise votre carrière...*

J'attends donc un télégramme de vous ; de mon côté, je vous ferai signe dès que je saurai quand nous pourrons quitter cet endroit terrible. Bon voyage ! Espérons que le bateau (je parle du mien) ne coulera pas. Merci de vos paroles réconfortantes.

Ingrid. »

Il la rejoint et leurs conversations donnent un tableau précis des états d'âme de l'actrice. Ainsi, à Taormina, fin mai 1949, « Ingrid me proposa une promenade dans les jardins. Enfin, elle pouvait parler librement, sans être paralysée par la crainte d'une explosion de colère ou d'une crise de nerfs. Depuis mon arrivée en Sicile, nous n'avions pas encore pu nous voir seuls.

– Il y a des choses que je dois savoir, Ingrid, dis-je. Des questions dont il me faut les réponses, pour pouvoir les donner, le moment venu. Au sujet de la femme de Roberto, par exemple.

– Il y a des années qu'ils sont séparés, dit-elle. J'ai beau aimer énormément Roberto, je me rends compte qu'il n'est pas très facile à vivre. Elle, c'est une femme très distinguée. Et Roberto a toujours veillé à ce qu'elle vive confortablement, ainsi que ses deux fils. Quand ils se sont séparés, elle est allée se fixer à Barcelone avec les enfants. Elle y vit toujours avec Renzo, le plus jeune. Romano est mort il y a quelques années, d'une péritonite consécutive à une crise d'appendicite. Ça a presque tué Roberto. Il se sent coupable parce qu'il était à Capri avec Anna Magnani quand il a appris la nouvelle. Maintenant encore, il parle sans cesse de Romano. Il ne se remettra jamais tout à fait de sa mort. Il a tout essayé pour obtenir l'annulation de son mariage, mais en Italie c'est très difficile. Sa femme l'a secondé de son mieux. Et maintenant, il pense pouvoir l'obtenir en Autriche.

Après un instant de silence, elle ajouta :

– C'est tout de même malheureux ! Si seulement nous avions pu arranger discrètement toute cette affaire... »

Ce qui échappe à Ingrid est le problème futur de Pia. Elle ne souhaite pas être coupée de sa fille, mais ne prévoit nullement ce qui va se passer, ainsi que le note à l'époque Joe Steele :

« – Et Pia ? dis-je. Etes-vous prête à renoncer à elle ?

– Que voulez-vous dire ?

Ingrid me regarda fixement, en réprimant sa colère.

– Certainement pas ! Petter ne fera rien pour l'éloigner de moi. Je ne veux pas l'empêcher de suivre ses classes, mais je ne vois pas pourquoi elle ne viendrait pas passer les vacances avec moi en été. Elle est trop jeune pour se rendre compte de ce qui nous arrive ; mais quand elle sera grande, elle comprendra.

C'est ainsi qu'Ingrid envisageait les choses à cette époque. »

Elle ne l'oublie d'ailleurs nullement. « *Pia, ma chérie, notre vie va changer,* lui écrit-elle en juin. *La différence, c'est que tu seras beaucoup plus souvent avec Papa. Maman sera loin, comme c'est arrivé déjà si souvent, et elle restera loin de toi beaucoup plus longtemps que d'habitude. Cela ne veut pas dire que nous ne nous reverrons plus jamais. Tu viendras passer tes vacances avec moi. Nous nous amuserons beaucoup, et nous voyagerons toutes les deux. Tu ne dois jamais oublier que j'aime Papa et que je t'aime, et que cela ne changera jamais. Mais les gens ont parfois envie de vivre avec quelqu'un qui n'appartient pas à leur vraie famille. C'est ce qu'on appelle une séparation, un divorce. Je sais que nous avons souvent parlé de toutes tes amies dont les parents avaient divorcé. Il n'y a rien d'extraordinaire à cela, même si c'est plutôt triste. (...) Ecris-moi, et je t'écrirai, et le temps passera vite, je l'espère, jusqu'à ce que nous nous retrouvions.* »

Il lui faut continuer à endurer l'atmosphère de tournage difficile et les conditions spartiates de l'île. Ainsi les repas dans la salle à manger, pièce d'une maison autrefois inhabitée, une table oblongue, couverte d'une toile cirée, porte les traces pétrifiées de nombreux repas antérieurs. La cuisine n'a pas de porte pour endiguer les odeurs de poisson et les vapeurs grasses qui saturent l'atmosphère. Impossible de fermer les fenêtres sans risque d'asphyxie, aussi les mouches s'en donnent-elles à cœur joie.

Ingrid en vient à s'énerver de l'indifférence des habitants de l'île vis-à-vis de l'équipe du film. Tout le monde se moque des deux groupes électrogènes amenés à la rame des Calabres, pour alimenter la caméra et l'éclairage. Ils se moquent éperdument des rushes du film qu'on tourne chez eux. Ils restent indifférents au travail du principal technicien du film, Martelli, dont les bobines partent chaque soir pour Hollywood... Chacun sur l'île sait que les bas d'Ingrid ont filé, qu'elle a souvent froid, même près du volcan, mais tout cela les laisse indifférents.

Seule Marcella [1], la sœur de Roberto qui vit avec Donati (homme de confiance de Roberto), remonte un peu le moral d'Ingrid.

1. Marcella, mariée à un certain Mariani dont elle était séparée depuis plusieurs années, partage la vie de Donati, avec ses deux enfants : un fils de dix ans et une fille de treize ans.

Mais selon Joe Steele, « Roberto et Ingrid étaient entourés d'une bande d'énergumènes et de parasites se prévalant de relations avec des personnalités connues. Ces hurluberlus les conseillaient mal et se prêtaient à leurs pires caprices. Ainsi Marcella et Mariani ne se souciaient que de Roberto Rossellini ; la Suédoise venue d'Amérique n'était qu'accessoire. "Pauvre Roberto !" sous-entendait chacune de leurs paroles. »

Souvent Ingrid, Roberto et sa cour se rassemblent sur la terrasse de la maison principale de l'île. Beau parleur, ignorant toute modestie, Rossellini discourt sur tous les sujets, sans jamais être à court d'anecdotes. Ses admirateurs convergent vers lui, comme vers un Dieu vivant, et n'épargnent pas les allusions à son « génie », ce qui lui plaît fort. Ingrid, quant à elle, écoute tranquillement ; elle sourit parfois, mais ne rit jamais et parle rarement. L'heure de la sieste approche et le groupe se disperse. Le feu d'artifice est ailleurs.

Le Stromboli est en effervescence ; jour et nuit, une lueur cramoisie auréole son sommet. Plusieurs jours durant, le volcan continue son feu d'artifice qui empêche toute prise de vue près du cratère. Alors les heures de la journée se traînent péniblement en discussions énervantes, toujours sur le même sujet : Ingrid doit-elle, oui ou non, une fois de plus, donner rendez-vous à son mari sur le continent, pour tâcher de résoudre, une bonne fois, le problème d'un divorce immédiat ?

Joe Steele se souvient de ces interminables palabres : « Quand j'arrivais, Ingrid, l'air de n'avoir pas dormi de la nuit, émergeait de la chambre du fond ; et la discussion repartait de plus belle.

– Je n'y peux rien, recommençait-elle, mais ça ne me paraît pas juste pour Petter… Roberto a peur que Petter ne parvienne à me faire changer d'idée, si je le vois. Mais il me faut le voir en tête à tête pour le convaincre. C'est le seul moyen. Autrement, il ne me croira jamais.

– Non ! s'écriait Rossellini. Elle n'a plus de volonté quand elle est avec lui. Il la traite comme une enfant.

Et je prenais parti pour Ingrid, avec pour seul résultat de me heurter aux objections véhémentes de Rossellini, qui finissait toujours par en venir à des menaces théâtrales de se tuer si Ingrid mettait son idée à exécution. Au cours de ces séances chargées d'électricité, Ingrid avait une mine qui faisait peine à voir. Si j'avais eu le moindre soupçon de son état, j'aurais mieux compris son impatience désespérée. »

Car, en fait, début juin, un événement rend purement académique la question se savoir si Ingrid doit revoir son mari : elle attend un enfant. Si elle s'en doute depuis quelque temps, elle n'en a jusqu'alors rien dit, sachant que tous les scandales qui ont éclaté auparavant ne sont rien au regard de ce qui la menace. Selon un proche du réalisateur, Roberto se montre déconcertant en apprenant la nouvelle : « Ingrid entra dans la pièce et dit :

– Roberto, je crois que je suis enceinte.

Il y eut un moment de silence. Puis Roberto déclara :

– Ingrid, c'est un moment très important. Je sais ce qui va se passer quand le public l'apprendra. Tu es Jeanne d'Arc. Tu imagines. Ingrid, fais comme tu voudras.

Ingrid se leva :

– Tu n'en penses pas un mot. C'est mon enfant. Même si le monde entier devait me condamner, cela m'est égal. C'est mon enfant, et je veux le garder. »

Elle sait qu'elle devrait accoucher fin janvier ou début février 1950. Il s'agit de garder la nouvelle « top-secrète », car les ravages de la presse et du scandale vont crescendo.

Deux enfants innocents – la petite Pia Lindstrom, âgée de onze ans, et le fils de Rossellini, Renzino, qui en a huit – commencent à pâtir des indiscrétions de la presse. Harcelée par ses camarades, Pia doit être retirée de l'école et envoyée dans la vallée de San Fernando, chez le secrétaire de son père, John Vernon. Quant à Renzino, ayant reçu une pierre à la tête, au cours d'une bagarre, son état exige une petite opération.

Le bateau de Naples apporte tout un chargement de lettres et de coupures de presse, venues d'Italie, d'Angleterre, d'Amérique ou de Suède. Les lettres obscènes sont innombrables. De temps à autre, dans tout ce fatras, Ingrid tombe sur une note de compassion. Un avoué du Tennessee écrit par exemple :

« ... *Si je vous écris, c'est surtout à cause d'une certaine déclaration que vous avez faite. Vous disiez, entre autres, que, sous prétexte que vous aviez incarné Jeanne d'Arc, les gens semblaient vous prendre pour une sainte et vous en vouloir de les décevoir, car vous n'étiez, en effet, qu'une personne ordinaire... Rarement déclaration m'a paru plus significative et plus poignante*[1]. *Il y a toujours de l'espoir pour l'homme qui veut bien se reconnaître comme tel... Dans votre déclaration, on sent un étrange mélange de dignité, de pathétique, d'espérance et de désespoir – sentiments non moins humains que ce bouleversant besoin de vénérer qu'éprouvent certaines personnes.* »

1. « J'aurais dû me montrer beaucoup plus discrète avec Roberto, dira-t-elle. Mais je ne savais pas que j'appartenais au public américain, et que tout le monde avait le droit de me dire ce que je devais faire et comment je devais mener ma vie privée. Une vedette de cinéma n'est rien d'autre qu'un produit commercial. On a dit que j'avais été le modèle parfait de l'épouse et de la mère de famille. Après m'avoir vue dans *Jeanne d'Arc*, on a cru que j'étais une sainte. Ce n'est pas le cas. Je ne suis qu'un être humain. Le résultat, c'est que je me suis toujours sentie coupable... Toute ma vie. »

Car si Jeanne d'Arc a été traitée de sorcière et menée au bûcher dans un prompt déni de justice, Ingrid d'Hollywood va être traitée de putain et soumise durant des années aux flammes du courroux populaire. Des yachts jettent l'ancre au large de Stromboli. Des gens de tout acabit, dédaignant le volcan, viennent parader devant la petite maison dans l'espoir d'apercevoir les personnages qui défraient la chronique du monde entier. Journalistes et photographes surgissent sous divers déguisements, l'un d'eux en moine, même. Depuis Homère, *L'Iliade* et *L'Odyssée*, Stromboli n'a sans doute jamais connu une telle vogue.

Pourtant le spectacle est plutôt pathétique : une Ingrid triste et fatiguée, un Roberto Rossellini blême et sûr de soi, tel est le couple déconcertant que forment, à l'époque du tournage de *Stromboli*, les deux monstres sacrés de la pellicule. Comme on est loin des visages souriants et confiants qui, d'ordinaire, expriment le bonheur de deux amants, leurs liens fussent-ils illégitimes ! Car les tourments les assaillent : le foyer détruit ; les enfants abandonnés, en butte aux persécutions de leurs camarades ; les familiers trop attentifs, aussi prompts à l'approbation qu'au blâme… De plus, Ingrid est contrainte de se soumettre aux impératifs draconiens de la firme qui l'emploie ; quant à Roberto, son mépris des conventions et des servitudes commence à le rendre odieux à ses plus chauds partisans… Le Stromboli est alors en pleine effervescence, l'« affaire Bergman » également.

Le travail se poursuit de façon décousue, selon l'humeur du metteur en scène. Aux heures où l'on traîne à ne rien faire, les énergies languissantes s'épuisent en discussions, toujours sur le même sujet. On ressasse implacablement l'éternelle question d'une rencontre au grand jour entre Lindstrom et Ingrid Bergman. L'un avance que ce serait une excellente mesure. Mais

Rossellini se tiraille une mèche de cheveux derrière l'oreille gauche et continue de s'opposer à une nouvelle rencontre. Le réalisateur use de tous les subterfuges pour obtenir ce qu'il veut, ainsi qu'en témoigne l'attaché de presse d'Ingrid : « Le jour où j'avais réussi à surprendre Ingrid seule un instant, je lui dis :

– Ingrid, ça ne peut pas continuer comme ça. Ça n'a plus aucun sens. La seule façon de mettre fin à la situation, c'est d'aller voir Petter pour régler cette sale affaire.

– Je suis tellement ennuyée, me dit-elle. Roberto menace d'abandonner le film, de partir, de faire n'importe quoi, de se tuer… Que faire ?

– Laissez-le partir. C'est du bluff. Il ne fera rien.

Rossellini surgit soudain et demanda de quoi nous parlions. Ingrid le regarda d'un air suppliant :

– Nous parlions de Petter, Joe est de mon avis ; il faut que je le voie.

– Bon, ça va ! fit Rossellini avec une résignation dramatique. Il s'éloigna comme un fou. Quelques heures plus tard, Alberto Manni vint nous dire que le maître avait pris le bateau pour Messine. Ingrid s'affola, sûre que Rossellini en viendrait à quelque extrémité. Mais, le lendemain, le *Maestro* réapparut sans une explication. »

Autre source d'agacement pour Ingrid : une de ses cousines, Britt Engstrom, arrive de Stockholm, pour passer une semaine avec elle. « Nous avons grandi ensemble, plaidera Ingrid. Je crois qu'en Suède je n'ai pas de meilleure amie que Britt. Elle n'a jamais quitté son pays, et, depuis longtemps, je projetais de lui offrir un voyage, car elle travaille et n'est pas bien riche. Quand elle m'a écrit pour me dire qu'elle allait prendre des vacances, j'ai pensé que cela pourrait l'intéresser de venir ici. Je lui ai envoyé l'argent du voyage. »

Britt, naturellement, est bouleversée par la situation. Elle a vu Lindstrom à Londres, au passage. Selon elle, il a prodigieusement maigri et semble un homme fini.

Ces tristes détails ne font qu'aggraver la dépression d'Ingrid. « Un jour que nous étions seuls, Britt protesta avec des larmes qu'il devait y avoir une solution moins douloureuse que ce chassé-croisé à trois. » Pour elle, les sentiments d'Ingrid pour Rossellini ne sont qu'une passade. « Ne vous y trompez pas, lui dit Joe Steele. Quoi qu'il arrive, elle est bien décidée à ne plus retourner vivre avec Petter. Il n'y a rien à faire. – Mais ce n'est pas juste de sa part de refuser de voir Petter. – Elle ne s'y refuse pas. Au contraire, elle le voudrait énormément et ne fait que pleurer pour ça. Je l'ai soutenue de mon mieux, mais ça n'a servi à rien. Roberto s'y oppose formellement. »

Finalement, Joe Steele, pour tenter de débloquer la situation, écrit amicalement une longue missive qui résume bien toute la situation et ses enjeux :

« *Mes chers Ingrid et Roberto,*

J'ai souvent essayé, mais en vain, de vous dire ma pensée, d'agir comme un élément modérateur dans votre recherche confuse d'une issue à votre situation… Mais Roberto me fait perdre tous mes moyens ; il m'est presque impossible en sa présence de conserver une juste vue des choses.

J'ai la triste impression que vous ne comprenez ni l'un ni l'autre la portée et la gravité de vos actes. Ce n'est pas sans raison que certains journaux parlent d'Ingrid comme d'une idole déchue. Tous ces derniers mois où vous avez accumulé les bévues, où vous vous êtes affichés délibérément, vous n'avez fait que vous enliser plus profondément dans une situation qui peut vous mener à votre perte. Il serait temps que vous y réfléchissiez avec calme et sans parti pris. Je vous en supplie, assez de récriminations. Vous êtes coupables tous deux dans la même mesure.

Roberto se rend parfaitement compte qu'on le considère comme le vilain de l'histoire et qu'on le condamne comme tel. D'après vous deux, les réactions en Europe, Italie comprise, ont été les mêmes qu'en Amérique. Il faut absolument que vous mesuriez l'étendue de l'animosité que vous avez éveillée. Elle est plus que justifiée. Ingrid m'a demandé, hier soir, si je connaissais un précédent à son cas… une épouse et une mère retenue à l'étranger et ne faisant pas un geste pour revoir son pays et son enfant… Non, je n'ai jamais rien entendu de semblable. Pour autant que je sache, toute cette affaire est sans précédent. Je crains surtout le proche avenir, et c'est au proche avenir que je pense en écrivant ceci.

Je ne vais pas prendre la défense de la presse, mais, que vous le vouliez ou non, les journalistes sont les chiens de garde de l'opinion publique. Inutile de faire comme l'autruche et de déclarer : "Nous espérions que cela ne se saurait pas."

Permettez-moi d'en venir à la question principale que nous agitons jusqu'à l'épuisement depuis des semaines : Ingrid doit-elle ou non avoir une autre entrevue avec Petter ? Ingrid n'a vu son mari qu'une seule fois depuis qu'elle a quitté l'Amérique, et c'est lors de la rencontre de Messine. Certes, l'entrevue a été longue, mais il n'en reste pas moins qu'elle a été faussée par la présence de trop d'étrangers et de trop d'intérêts en conflit.

Une seconde entrevue, où Ingrid et Petter seraient seuls, pourrait et devrait conduire à une solution durable et sans appel. De quelque façon qu'on l'envisage, cela n'avait rien d'extraordinaire de la part de Petter de se refuser à admettre le véritable état des choses, à Messine. Petter n'a pas l'habitude d'être contrecarré… Personne ne lui a jamais dit non ; et, pour un Nordique comme lui, obstiné, étroit d'idées et de vues, c'était difficile de s'avouer vaincu à la première opposition. Mais le temps a passé. Ingrid a écrit a Petter ; il sait qu'elle m'a fait venir ici sans le consulter…

On ne peut négliger ce que la conscience d'Ingrid lui dicte en cette affaire. Revoir Petter lui tient très à cœur, comme nous le savons tous. La vérité est qu'au fond d'elle-même elle sait qu'elle commet une injustice en se refusant à s'expliquer avec son mari, en tête à tête, une fois pour toutes. Ce qui n'empêche pas, j'en suis certain, qu'elle donnerait beaucoup pour que la rencontre ne soit pas nécessaire...

Quant à vous, Roberto, si vous vouliez bien penser un peu objectivement, vous ne pourriez envisager de commettre la faute d'empêcher Ingrid de faire ce que son cœur lui dicte au moment crucial. Et ainsi vous ne donnerez jamais non plus à Ingrid l'occasion de vous le reprocher.

Je ne vous suis pas quand vous persistez à soutenir que Petter peut retenir Ingrid malgré elle, si l'entrevue a lieu. Il n'existe pas de loi sur terre qui puisse retenir une épouse près de son mari contre son gré. D'autre part, à mon avis, la rencontre devrait avoir lieu dans un bureau, non dans une villa ou un hôtel... Il serait difficile à Petter de passer la nuit dans un bureau avec Ingrid, n'est-ce pas ?

Cette rencontre sera forcément pénible. Ingrid ne l'ignore pas, mais elle est prête à l'affronter. Il est d'ailleurs possible que Petter se refuse à céder sur aucun point. En ce cas, Ingrid n'aura plus qu'à remplir elle-même les papiers d'une demande en divorce et à donner un communiqué à la presse, disant qu'elle a eu une entrevue avec son mari, que celui-ci lui refuse le divorce et qu'après avoir vainement tenté d'obtenir un arrangement à l'amiable il ne lui reste plus d'autre choix...

La conduite d'Ingrid en cette affaire est loin d'être admirable, mais, qu'elle ne puisse envisager froidement une rupture définitive, c'est tout à son honneur.

Je vous embrasse, Joe. »

« Je remis cette lettre à Rossellini en présence d'Ingrid.

– Je vous en prie, dis-je, lisez-la tranquillement ensemble, lorsque vous serez seuls.

Je n'entendis plus parler de cette honnête tentative. La seule réaction visible fut une longue période de silence gêné chez Rossellini. »

L'aventure d'Ingrid Bergman avec Rossellini prend en Amérique l'allure d'un scandale national. C'est le défi le plus brutal jamais lancé par une actrice aux conventions d'Hollywood. Le mythe d'« ange parfait » s'effondre. Derrière l'idole auréolée de toutes les vertus, l'Amérique découvre avec stupeur un être de passion. On ne pardonne pas à la déesse de n'être qu'une femme de chair.

Stromboli coûte à Ingrid Bergman tout ce qu'elle possède au monde. Elle perd son foyer, son enfant, sa fortune, sa carrière et sa réputation... Il semble qu'elle ne regrette rien... Les ligues féminines vont la condamner aussi sévèrement et avec autant d'incompréhension que les femmes en fichu noir de l'île condamnent Karin dans le film. Un sénateur américain demande que ses films soient boycottés [1]. Elle reçoit du monde entier des lettres de reproche ou d'insultes.

Le 2 août 1949, Ingrid note brièvement dans son journal : « Départ de Stromboli. » Jamais elle n'a quitté un endroit ni terminé un film avec un pareil sentiment de soulagement. Quatre petits mois ont suffi pour lui faire perdre sa position de « première dame d'Hollywood » et lui donner un sentiment d'échec et d'abandon. Elle-même est convaincue d'avoir trahi ou abandonné ses amis et tous les gens qui se sont donné tant de mal pour financer et produire ses films. Elle est dans l'œil du cyclone et le scandale ne permettra même pas à *Stromboli* d'être un succès commercial aux Etats-Unis [2].

---

1. Le sénateur Edwin C. Johnson, du Colorado, lancera devant ses collègues assemblés son étonnante attaque contre Ingrid, en employant le ton de la trahison personnelle : « Elle était douce et compréhensive, se lamente-t-il. Son charme et sa personnalité envoûtaient chacun, sur l'écran ou dans la vie. » Le même reproche revient sans cesse : comment a-t-elle pu nous faire ça à nous ? Comme si tous les hommes d'Amérique avaient été ses époux. Comme si toutes les femmes d'Amérique avaient été souillées par sa « turpitude ».

2. Pour couronner le tout, lorsque *Stromboli* est achevé et remis à la RKO, la compagnie le remonte complètement, malgré les

Même si ce film n'est pas un chef-d'œuvre, Ingrid y est remarquablement vraie : elle joue avec une simplicité qui est la marque des grands artistes. Et elle prouve qu'elle possède à un rare degré le pouvoir essentiellement cinématographique d'extériorisation de son intense vie intérieure par le moyen de l'expression de son visage. *Stromboli*, le drame de Stromboli, de cette jeune femme irrésistiblement étrangère dans un milieu hostile et désespérant, c'est d'abord le visage de Bergman. La sensation que l'on éprouve immanquablement, c'est qu'elle a soudain dépouillé un masque, enlevé le fard qui couvrait son visage et l'embellissait certes dans le sens où l'on parle communément de beauté féminine, mais empêchait de lire dans ses yeux et dans ses traits le langage de son âme. Pur comme la nature qui l'entoure, le visage de Bergman, dans *Stromboli*, possède un incomparable pouvoir de transparence et nous y lisons sans peine et sans déformations toutes les émotions que peut ressentir un être humain.

---

protestations de son auteur. Selon Rossellini, quelles que fussent les qualités de narration et d'atmosphère que possédait originellement le film, aucune ne survécut à l'opération.

X

MARIAGE ET NAISSANCE À L'ITALIENNE

Le scandale est en marche. Plus rien ne peut l'arrêter. L'Amérique ne peut que s'offusquer des descriptions tendancieuses de la vie italienne d'Ingrid qu'elle assimile à une vie de débauche. La presse anglo-saxonne prend un malin plaisir à s'étendre dessus.

Après le tournage du film *Stromboli*, terminé en août et jusqu'à leur départ précipité au début de l'hiver pour fuir les journalistes, Ingrid et Roberto vivent en tête à tête dans un appartement de trois pièces, à Monti-Parioli, le quartier élégant de Rome. La maison est tenue par l'actrice aidée par une seule femme de chambre, Helena. Elle émerveille Rossellini, passablement bohème, par son goût de l'ordre. Toutes ses dépenses sont inscrites sur un petit carnet non relié.

Ingrid ne sort que le soir pour promener son chien « Strombolicchio ». Elle ne se maquille pas, fume à peine, et porte un simple chignon sur la nuque. Cette coiffure la rajeunit. Elle ne porte que deux bijoux : une bague et un collier de perles. On voit toujours à son doigt son alliance. Pendant la journée, elle tape à la machine le nouveau scénario de Rossellini, *Saint-François d'Assise*. Mais elle dément y avoir un rôle : « Roberto est un grand artiste. Je me contenterai d'être à ses côtés. S'il le veut, je travaillerai pour lui comme un de ses aides. Je couperai la pellicule, je ferai les travaux les plus humbles », dit-elle avec une humilité ostentatoire.

Ingrid a en effet annoncé que sa carrière d'actrice était terminée. Dans son métier, de telles déclarations ne sont pas rares et n'ont jamais empêché personne d'y revenir. Mais elle-même a l'impression qu'aucun retour en arrière ne sera jamais possible.

Sa grossesse est évidemment le moteur principal de sa décision. Etre enceinte d'un homme toujours marié, alors qu'elle-même n'est pas encore divorcée, lui semble annonciateur de trop de nuages sombres pour continuer une carrière artistique. Elle connaît déjà trop bien les réactions de certaines institutions et d'une certaine presse pour savoir qu'elle ne bénéficiera d'aucune indulgence, et que la seule chose à laquelle elle doit s'attendre, c'est à un nouveau scandale.

Aux correspondants de la presse américaine à Rome, elle assure qu'elle a renoncé sans regret à sa vie d'actrice. A tous, elle cache sa grossesse, même à son plus proche confident Joe Steele. Elle parvient à tromper pendant un temps la plus redoutable commère Hedda Hopper qui vient l'interviewer à Rome. Si elle doit cacher la venue du bébé, c'est autant pour éviter que *Stromboli* soit interdit aux Etats-Unis (ce qui lui ferait perdre une fortune) que pour faciliter son divorce avec Petter. Car tout son avenir financier est dans la balance [1].

---

1. Selon la loi californienne, l'actif sera partagé en deux moitiés. Cet actif consiste en la maison de Benedict Canyon, évaluée à 70 000 dollars, 30 000 dollars en compte d'épargne, et 19 690 dollars en liquidités, correspondant à des bons d'épargne, ainsi que des polices d'assurance-vie et maladie, trois automobiles (une

Jusqu'en décembre, Ingrid parvient à cacher son état. Elle met des blouses à pois seyantes et, comme elle est grande et bien charpentée, fait partie de ces femmes chez qui l'embonpoint de la grossesse se voit peu. Début décembre, elle pense qu'il est temps d'avertir son attaché de presse de son futur accouchement. Leur échange de correspondance démontre d'ailleurs l'atmosphère explosive de la situation. Mais Steele commet l'erreur de se confier à Howard Hughes qui en parle tout de suite à Hedda Hopper. La commère annonce bien sûr l'événement à la une du *Los Angeles Examiner*. Ingrid ne peut s'en prendre qu'à elle-même !

« *Cher vieux camarade,*

J'ai probablement commis une faute en vous cachant la vérité pendant que vous étiez ici. Si je vous avais tout dit, vous auriez eu le temps de réfléchir et de prendre vos dispositions. Je croyais vous avoir prévenu bien assez tôt, mais Louella est rudement maligne... On se demande dans quel endroit béni elle va pêcher ses informations...

J'ai pris une décision et je ne crains plus rien. Hier, j'ai gardé mon calme, alors que tous les autres avaient perdu la tête. (...) Voyons votre lettre... Vous craignez que cette histoire ne soit la fin de ma carrière... La Légion des Censeurs, le sénateur Johnson, les clubs de femmes, les églises, et même le bureau d'immigration, tout le monde serait contre moi... Mais, comme vous le savez, Petter me l'a déjà dit. Et, bien que Jeanne d'Arc *n'ait pas réussi aux Etats-Unis, c'est le film qui a rapporté le plus d'argent en Europe depuis*

Chrysler Windsor 1947, un coupé décapotable Pontiac 1948 et une Chevrolet 1949), une petite ferme en Suède, plus les bijoux, les fourrures, le mobilier et des objets personnels. Le tout équivaut à un peu plus de 200 000 dollars. La part d'Ingrid, selon la loi, serait donc de 100 000 dollars. S'ajoutent à cela les 205 000 dollars versés par la firme de Howard Hughes pour *Stromboli*.

Ben Hur... *Vous figureriez-vous, par hasard, que parce qu'une actrice se permet d'avoir une vie privée le public va bouder ses films ?...*

Qu'est-ce que ces gens et ces organisations voudraient au juste de moi ? Que je me fasse avorter ? C'est ça qui aurait fait plaisir à toutes ces femmes des clubs ?... Comme le dit Helena : "Ne vous en faites pas, Madame, vous n'êtes ni la première ni la dernière femme à vous trouver dans cette situation..." Mais, parce que je suis un personnage connu, ma situation serait différente... Eh bien, je n'ai pas peur... Je suis même heureuse de penser qu'un peu partout dans le monde les autres femmes qui souffrent à cause de leurs "péchés" auront peut-être un peu plus de courage grâce à moi...

Roberto vient de me téléphoner du studio pour savoir comment j'allais et me conseiller encore de prendre un calmant !... C'est tout, Joe. Que puis-je faire d'autre ? Me mettre en colère ? Non, ça fait vieillir, et vieillir c'est une chose que nous ne pouvons nous permettre.

Je terminerai sur votre devise : "Ne vous en faites pas."

Votre Ingrid. »

Même si le journal à grand tirage de Los Angeles titre sur huit colonnes : « Ingrid aura un enfant dans trois mois », le doute subsiste encore. Certes, l'information provient de la plus redoutable chroniqueuse hollywoodienne. Mais finalement, hormis l'indiscrétion de Howard Hughes, elle repose aux yeux de la presse sur de bien faibles indices. Car que nous disent les articles de l'époque ? A Farfa, où elle tournait le film *Stromboli*, Ingrid a été surprise en train de tricoter de « petites choses ». Immédiatement après, à peine installée à Rome, elle refuse de se laisser photographier et ne circule qu'avec d'amples vêtements. Rossellini déclare alors : « Que ce soit vrai ou non, cela ne regarde personne. Ce bruit ne mérite ni démenti ni confirmation, car c'est une tentative pour s'immiscer dans la vie privée d'une femme qui, pour affirmer son droit de vivre sa vie, a même renoncé à sa carrière. »

Deux informations achèvent d'ailleurs de rendre suspecte l'information de Louella Parsons et d'Hedda Hopper. Ingrid commande une robe chez le couturier romain Emilio Schuberth. A l'essayage, son tour de taille n'est que de 60 centimètres. D'autre part, en novembre, au cours d'un dîner dans un restaurant romain, en compagnie de l'écrivain Peverelli, de l'éditeur Rizzoli, du producteur Amato et de l'actrice Olga Villi, elle enlève à la fin du repas l'ample manteau qu'elle a jusque-là refusé de quitter. Tous les convives peuvent constater que sa silhouette est normale. Beaux efforts de désinformation !

Mais la presse continue ses investigations :

– Est-il vrai que vous attendez un enfant ?

– Est-il vrai que Rossellini n'est déjà plus très fidèle ?

– Est-il vrai que…

Traquée par les journalistes, persécutée par les curieux, accablée par l'opinion américaine, elle quitte Rome. Rossellini, voyant sa tension, lui souffle simplement : « Nous partons tout de suite. » Ils font rapidement leurs bagages et s'enfuient la nuit même. Les journalistes partent à leur recherche. Peu avant ce brusque départ, Ingrid déclare à Camille Cianfarra, le représentant du *New York Times* pour le Vatican :

– J'ai décidé de renoncer à ma carrière artistique car je veux désormais vivre ma vie comme toutes les femmes.

Rossellini, présent à cette interview, ajoute :

– Cela ne suffit-il pas ? En prenant cette décision, Ingrid affirme clairement, aussi bien à ses admirateurs qu'à ses détracteurs : « C'est ainsi… Je suis amoureuse d'un homme qui n'est pas mon mari. En tant qu'artiste j'ai une certaine responsabilité envers le public et on peut me critiquer. Très bien. Je renonce à être une artiste. Je tiens à être la femme heureuse de l'homme que j'aime. »

La simplicité de ces déclarations ne désarme pas les chroniqueurs d'Hollywood. Le couple revient en cachette à Rome et se cloître. Mais le 22 janvier 1950, par une journée ensoleillée, Ingrid décide de sortir pour la première fois depuis un mois. Elle sort avec Roberto, vêtue d'un manteau de fourrure. Elle a l'air vraiment enceinte. Un photographe ayant bondi de nulle part, elle court se réfugier dans un kiosque. Mais il a le temps de prendre plusieurs clichés avant qu'elle n'éclate en sanglots. Ils sont publiés. Lettres de sympathie, télégrammes, fleurs, cadeaux, porte-bonheur de toute sorte affluent alors dans l'appartement de la via Antonelli.

Message de Cary Grant : « *Bien chère Ingrid, un télégramme n'y suffirait pas si je voulais vous énumérer tous les amis qui vous envoient leur affection.* » « J'ai pleuré de bonheur en le recevant », racontera Ingrid. L'acteur Van Johnson et sa femme envoient un simple : « *Dieu vous bénisse !* » Hemingway, lui, prend même la peine de téléphoner : « Qu'est-ce que c'est que cette histoire ? Ma parole, les Américains sont en train de devenir fous ! Un scandale pour un bébé ? C'est absolument ridicule ! J'espère que tu auras des jumeaux. Je serai le parrain, et je les porterai à Saint-Pierre, un sur chaque bras. A part ça, qu'est-ce que je peux faire pour toi ? » Alfred Hitchcock lui envoie des vœux de Noël chaleureux. Georges Simenon et John Steinbeck lui adressent aussi des lettres de soutien.

Mais la presse américaine ne s'en déchaîne pas moins. « Après tout, rien n'est éternel. Bientôt, les gens oublieront. » Mais ceux-ci n'oublieront pas de sitôt. « Après m'avoir tant aimée, on s'est mis à me haïr profondément », dira Ingrid. C'est d'autant plus injuste qu'elle n'est pas la seule à braver les interdits de la morale. Comme elle l'écrit à Petter, avec une certaine amertume, Paulette Goddard vient de divorcer, Ann Todd l'a fait pour se remarier avec son nouveau metteur en scène, David Lean ; Viveca Lindfors, Ginger Rogers, Joan Fontaine et Alida Valli ont entamé des procédures de divorce, et personne ne semble s'en soucier. Sans oublier Rita Hayworth qui entame une liaison avec le prince Ali Khan !

Aux Etats-Unis, qui s'apprêtent à découvrir les vertus arides du maccarthysme, le scandale rebondit. La star « irréprochable » déshonore Hollywood et l'affaire prend à nouveau des proportions nationales. Un pasteur de Los Angeles donne le « la » : « Les agissements d'Ingrid Bergman sont une véritable puanteur aux narines des honnêtes gens, et une honte pour les sentiments les plus nobles de la féminité. » A Philadelphie, un autre ecclésiastique reproche à Ingrid de laisser derrière elle « la saleté et l'ordure de sa conduite immorale ». Quant au Dr Norman Vincent Peal, il fulmine qu'Ingrid s'est « disqualifiée de son art, et devrait être évincée des écrans ».

Pour *Stromboli* qui doit sortir dans les salles le 15 février, c'est une explosion de haine contre-publicitaire. Evêques et clergymen se liguent en vain pour faire interdire le film.

Plus que le succès ou l'échec du film, c'est l'issue de son divorce qui tourmente Ingrid. L'avocat italien Verdozzi met le couple en garde contre toute déclaration et toute démarche susceptibles de compliquer les formalités. Selon la loi italienne, tout enfant né dans un mariage demeuré légalement valable a le mari pour père. Et pour être valide en Italie, l'annulation autrichienne du mariage de Rossellini doit être soumise à la *deliberazione* – ou à l'examen – d'un tribunal italien. Renvoyée devant la cour d'appel de Turin, elle est heureusement confirmée.

BON DE COMMANDE

Je, soussigné, vous prie de :

❑ tenir à ma disposition en votre librairie

❑ m'adresser, dès parution (participation aux frais d'expédition en sus : 10 % de votre commande **mini 5,49 €** ou 7,62 € par tranche de 5 ex. - Option recommandé : 2,13 €)

_______ ex. **La véritable Audrey Hepburn** par Bertrand Meyer-Stabley
18,14 € - 15,4 x 24 cm - 336 pages - 38 photos (ISBN 2.85704.631.6 - FD 0469)

_______ ex. **La véritable Jackie** par Bertrand Meyer-Stabley
15,09 € - 15,4 x 24 cm - 288 pages - 17 photos (ISBN 2.85704.589.1 - FD 0420)

_______ ex. **La véritable Grace de Monaco** par Bertrand Meyer-Stabley
15,09 € - 15,4 x 24 cm - 320 pages - 25 photos (ISBN 2.85704.606.5 - FD 0450)

_______ ex. **La véritable Romy Schneider** par Emmanuel Bonini
18,14 € - 15,4 x 24 cm - 320 pages - 21 photos (ISBN 2.85704.718.5 - FD 0553)

_______ ex. **La véritable Marlene Dietrich** par Gilles Plazy
18,50 € - 15,4 x 24 cm - 272 pages - 22 photos (ISBN 2.85704.739.8 - FD 0567)

_______ ex. **La véritable Elizabeth II** par Vincent Meylan
18,50 € - 15,4 x 24 cm - 320 pages - 18 photos (ISBN 2.85704.727.4 - FD 0571)

_______ ex. **La véritable duchesse de Windsor** par Bertrand Meyer-Stabley
18,50 € - 15,4 x 24 cm - 368 pages - 18 photos (ISBN 2.85704.735.5 - FD 0577)

_______ ex. **La véritable Margaret d'Angleterre** par Bertrand Meyer-Stabley
18,14 € - 15,4 x 24 cm - 256 pages - 18 photos (ISBN 2.85704.656.1 - FD 0489)

_______ ex. **La véritable Mélina Mercouri** par Bertrand Meyer-Stabley
18,14 € - 15,4 x 24 cm - 336 pages - 33 photos (ISBN 2.85704.695.2 - FD 0530)

_______ ex. **La véritable Farah, impératrice d'Iran** par Vincent Meylan
18,14 € - 15,4 x 24 cm - 352 pages - 15 photos (ISBN 2.85704.646.4 - FD 0484)

_______ ex. **La véritable Joséphine Baker** par Emmanuel Bonini
18,14 € - 15,4 x 24 cm - 368 pages - 42 photos (ISBN 2.85704.616.2 - FD 0451)

_______ ex. **La véritable Ingrid Bergman** par Bertrand Meyer-Stabley
18,50 € - 15,4 x 24 cm - 300 pages env. - photos (ISBN 2.85704.758.4 - FD 0597)

soit : _____ exemplaires x 15,09 € = _________
_____ exemplaires x 18,14 € = _________
_____ exemplaires x 18,50 € = _________

total : _________ + frais d'expédition _________ = ___________

Ci-joint mon règlement de ____________ par :

❑ chèque bancaire ❑ chèque postal ❑ mandat international pour l'étranger

Nom ______________________

Prénom ____________________

N° _____ Rue ________________

____

Code postal ___________

Ville ______________________

Date __________________

Signature :

Cachet du libraire :

avril 2002

Tous les prix sont TTC. Ils sont donnés à titre indicatif et peuvent être réajustés. Nous dégageons notre responsabilité pour les envois non recommandés.

EDITIONS PYGMALION, 70 avenue de Breteuil 75007 Paris

LES GRANDS MYTHES FÉMININS DU XXe SIÈCLE

Chaque volume :
De 256 à 368 pages.

Chaque volume :
De 17 à 42 photos.

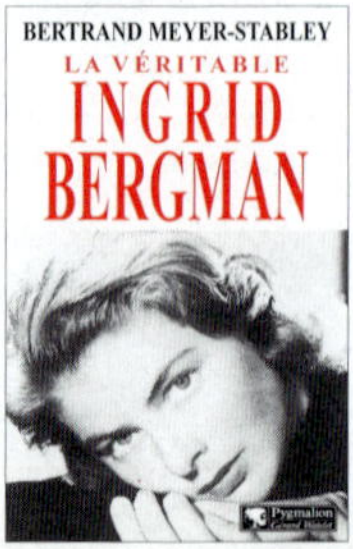

Mais cette bonne nouvelle ne parvient pas à faire sourire Ingrid. Elle a parfois l'impression que tout se ligue contre elle. Sa séparation d'avec sa fille Pia l'a meurtrie. Elle lui a acheté pour Noël une grande poupée aux yeux articulés. Ingrid redoute que le jugement ne confie la garde de la jeune fille à son père. « Le jour de Noël, je reçus un télégramme d'Ingrid. "*Vous prie rechercher Pia. Stop. Ai téléphoné en vain*", se souvient Joe Steele. Les personnes au courant se refusèrent à me donner la moindre indication. Je sus plus tard que Lindstrom avait emmené sa fille passer les vacances dans le Colorado, à Aspen, en laissant de strictes instructions pour que leur destination reste secrète. »

Peu avant le 1er janvier 1950, Greg Bautzer, l'avocat d'Ingrid, prend l'avion pour New York aux fins d'une entrevue avec Lawrence Brinn, l'avocat de Lindstrom. But : accélérer les pourparlers qui sont toujours au point mort. Brinn lui donne l'assurance que Lindstrom restera inébranlable. Ayant épuisé toutes les possibilités d'obtenir un divorce en Europe, Rossellini demande à son chargé d'affaires aux Etats-Unis d'introduire une instance au Mexique, au nom d'Ingrid.

Le 22 janvier, Ingrid écrit à Steele qu'elle a reçu une lettre de cinq pages de son mari, qui supprime tout espoir d'arrangement à l'amiable. Visiblement, le Dr Lindstrom s'efforce par tous les moyens de retarder la procédure :

« *Et moi qui l'ai défendu comme une tigresse !...* poursuit-elle. *C'est surprenant de constater à quoi peut en venir un être humain. Petter m'écrit que dans toute cette affaire de divorce je n'ai jamais parlé que d'argent et d'argent !... Que mon absence de sollicitude pour ma fille est effroyable... que Bautzer parle de Pia comme d'une quantité négligeable. Qu'en tant que femme adultère je n'ai aucun droit et que je n'obtiendrai rien d'aucun tribunal.* »

Elle termine en disant : « *A part ça, je me sens très bien. Je ne dors pas beaucoup, sans doute, mais c'est que je passe mes nuits à discuter avec Petter, Sotis, Verdozzi, Hughes, et les journalistes et les juges et le Bon Dieu et tout le monde. C'est fou ce qu'on peut avoir d'auditeurs lorsqu'on parle toute seule !...* »

Quelques jours plus tard, Brinn décide de ne plus défendre Lindstrom [1]. Une lettre d'Ingrid laisse éclater sa rancœur :

« *Je n'ai rien de particulier à vous raconter. Ce sont toujours les mêmes histoires, les mêmes litiges, les mêmes soucis. Je suis sûre que vous savez bien mieux que moi où en est le divorce, et que le gâchis ne s'arrange pas. Ça se terminera devant les tribunaux, vous verrez. J'ai pourtant tout essayé pour éviter ça. Si j'avais eu la moindre envie d'en venir là, je l'aurais fait depuis longtemps, et je serais mariée à Roberto, maintenant. Savez-vous que Petter demande cinquante pour cent de* Stromboli *? Comme je réfléchissais et menaçais de porter le cas devant les tribunaux, il a dit :* "Bon, ça va, je renonce à ma part, mais il faut que Pia ait cinquante pour cent. Et maintenant je voudrais bien te voir faisant un procès à ta fille." *Que pensez-vous de ça ? Je suis si fatiguée ; j'en ai tellement assez. Quand cessera-t-il de discuter ? Attendez une minute... J'ai oublié quelque chose au sujet de Petter. Il a d'abord demandé pour Pia cinquante pour cent de mes quarante pour cent, et, des vingt qui me restaient, il voulait la moitié... Oh, quel enfer !... Je suis trop fatiguée ce soir. Je continuerai demain matin.* »

La suite de la lettre porte la date du 31 janvier. En voici des extraits :

1. Les journaux de Los Angeles ne tardent pas à annoncer que le Dr Lindstrom a pris un nouvel avocat, Howard F. Shepherd.

« Je ne suis pas très en forme aujourd'hui non plus, mais il faut que j'essaie de terminer ma lettre. Savez-vous pourquoi nous avons fini par nous décider pour un divorce au Mexique ? Bautzer disait que, si je voulais divorcer rapidement, il était inutile de discuter les cinquante pour cent de Pia, sans lesquels Petter se refuserait à signer aucun arrangement. Alors j'ai fini par céder. Mais, quand on a envoyé à Petter les papiers déjà signés par moi, il n'a plus rien voulu savoir. A la dernière minute, il exigeait la garde exclusive de Pia. Si j'acceptais, il s'engageait à signer aussitôt. J'ai refusé, alors nous nous sommes décidés pour le Mexique. Dans sa dernière lettre, Petter me reprochait d'être une mère négligente. "Tu pourrais au moins faire semblant d'aimer ta fille", *me disait-il. Et, quand j'essaie de lutter pour la garder, il se met contre moi. Tout cela n'a aucun sens.*

Je suis sans nouvelles d'un tas de gens que je considérais comme de bons amis... Après que Petter a fait circuler une lettre parmi nos parents et nos amis de Suède, on ne m'a plus écrit de là-bas non plus. Ma foi, je puise une consolation suffisante dans la correspondance de la bande Alvin ! Ils vous envoient tous leur bon souvenir. Et j'ai reçu bien d'autres témoignages qui me redonnent confiance en la nature humaine. Du peintre anglais Poor, par exemple... et d'un ancien professeur de piano que je n'ai pas revu depuis l'âge de treize ans... et du professeur de chant que j'ai eu à vingt ans... et de Molander, mon vieux metteur en scène suédois ! Ernest Hemingway m'a écrit, lui aussi... une lettre si belle que j'en aurais pleuré.

Roberto est très occupé et a plein d'idées. Il se passionne pour les grands problèmes d'aujourd'hui. Il veut que ses films contiennent un message, même si ce message doit rester sous-entendu, comme dans les Onze Fioretti *de Saint-François d'Assise, où l'on pourra puiser une grande leçon pour tous les hommes... Roberto est déjà en train de mijoter un autre film, qui, lui aussi, témoignera de la lutte actuelle pour la vie et pour la paix.*

Vous me demandez : "Dans combien de temps le grand événement ?" *Ainsi donc, ça vous tracasse ? Pas moi. Si le divorce au Mexique est vite réglé, si les papiers ne tardent pas trop à nous arriver et si nous pouvons envoyer rapidement quelqu'un en Suède pour les faire enregistrer, alors nous pourrons nous marier avant l'irréparable. Le bébé tiendra peut-être de son père, qui est toujours en retard ; mais il faut aussi envisager la possibilité qu'il soit garçon d'honneur !... Pour moi, il me suffirait que le divorce soit prononcé assez tôt pour que je n'aie pas à signer du nom de Lindstrom... Après tout, il ne s'agit jamais que de paperasses. Pour le reste, on sait déjà que je suis une femme adultère... Ou, sinon, je suis bien certaine que Petter veillera à ce qu'on le sache.* »

En fait, tout angoisse la future maman et semble l'abattre. Ainsi, alors qu'il filmait une scène d'amour de *Stromboli*, Rossellini s'était assis au bord du lit pour montrer un jeu de scène à Mario Vitale, le pêcheur-vedette. Sous prétexte de publicité, le photographe attitré de la RKO avait pris un cliché. Un hebdomadaire italien le publie comme ayant été pris dans la chambre à coucher même de Rossellini, à Rome. Sur ces entrefaites, le rédacteur en chef d'un journal de Los Angeles affirme que Renzo Rossellini est venu lui proposer la biographie de son frère Roberto. « Il en demandait cinq mille dollars, dit le rédacteur. Nous l'avons envoyé promener. »

Ingrid doit affronter des tempêtes continuelles. A midi, le 2 février 1950, un appel téléphonique d'outre-Atlantique lui est transmis, via Antonelli. Il vient de Mrs. John Vernon, la femme du secrétaire du Dr Lindstrom. Quand on l'appelle au téléphone, Ingrid est saisie de panique, comme elle l'explique quelques jours plus tard, dans une lettre écrite au crayon, sur son lit de clinique de la villa Margherita :

« Horrifiée, je crus qu'il était arrivé quelque chose à Pia. Et, à l'instant même, je commençai à ressentir les premières douleurs. Mrs. Vernon désirait me rencontrer au Mexique avec Pia, qui voulait absolument me voir. Elle avait lu quelque part que j'allais me rendre au Mexique… Elle me raconta que Pia était inconsolable parce que les journaux racontaient des choses horribles sur son père. Je promis d'écrire à Pia, pour tout lui expliquer de mon mieux. Après avoir raccroché, j'entrepris de taper deux pages et demie pour Pia. J'y passai trois bonnes heures. Toutes les quatre ou cinq lignes, j'étais obligée de m'arrêter pour me rouler par terre, mordre ma chaise, m'accrocher au mur… Puis, je me remettais à écrire. Quand j'eus terminé ma lettre, j'appelai le docteur [1]. »

Il est quatre heures de l'après-midi lorsque le médecin arrive. Il emporte Ingrid dans sa petite voiture italienne et fonce vers la clinique, distante de trois kilomètres, via di Villa Massimo. A sept heures, Robertino – 3,575 kg – vient au monde. Une heure plus tard les abonnés de l'agence de presse italienne *Ansa* en sont informés. Ensuite, il ne faut guère que quelques minutes pour que les grilles de la clinique, heureusement verrouillées, subissent l'assaut conjugué des journalistes, des photographes et des curieux. L'ironie est que cette « première » gâche celle d'Anna Magnani, dont le film *Volcano* sort le soir même. La diva, apprenant qu'Ingrid lui a volé *son* jour, déclare que c'est là le dernier sabotage de Roberto.

Mais la presse ne parvient pas à obtenir de photos. Assez malins, certains journaux ressortent des photos des *Enchaînés*. On y voit Ingrid alitée, feignant la maladie alors qu'on l'empoisonne : « Ingrid se repose après ses rudes épreuves ! »

1. Le Dr Pier Luigi Guidotti.

« *Lorsque Roberto vint voir son fils,* écrivit à un ami Ingrid, *il dit :* "C'est évidemment un Suédois. Les Suédois sont toujours en avance à leurs rendez-vous." *La naissance s'est très bien passée. Tout le monde s'extasie sur mon magnifique bébé. Et je crois que c'est avec raison : pas la moindre tache ni marque... une petite tête toute ronde... Et il est aussi chauve que son père !* »

Le lendemain après-midi, le directeur de la clinique, dans un moment d'orgueil professionnel, décide qu'il peut bien laisser entrer les journalistes ; ils auront ainsi l'occasion d'admirer son bel établissement. Alors, c'est la ruée. Il faut appeler en hâte les carabiniers pour les refouler. Ingrid écrivit de la clinique :

« *Cette foire a continué pendant des jours. Il y avait des policiers en permanence derrière ma porte, au bureau de l'entrée, dans les escaliers, dans les couloirs. A la grille, des agents faisaient circuler la foule comme les jours de première à Hollywood.* »

Les trois ou quatre premiers jours après la naissance, Ingrid est noyée sous un flot de télégrammes et de fleurs. Plusieurs centaines de messages arrivent d'Amérique, envoyés par des inconnus ou des amis, qui offrent encouragements et sympathie. Quelques autres, mais en petit nombre, dont certains venus de sa Suède natale, contiennent des obscénités ou des menaces [1].

---

1. Pendant deux semaines, les informations du monde entier (y compris celles qui concernent la mise au point de la bombe H) s'effacent devant l'hystérie qui règne devant la villa Margherita. Rome ressemble à un plateau hollywoodien. L'actrice va recevoir à la clinique des milliers de lettres en provenance du monde entier : des cartes pour la féliciter de la naissance de Robertino, venues d'Amérique ; des médailles saintes, dont les expéditeurs espèrent qu'elles éloigneront les critiques ; des messages de félicitations émanant d'Italo-Américains...

Trois jours après l'accouchement, un chroniqueur, W. Winchell, déclare dans son émission vedette à la radio américaine : « Il n'y a qu'une chose qui égale en brutalité un peloton d'exécution visant un homme, c'est une foule montrant du doigt une femme... Ingrid Bergman vient d'Hollywood au lieu de la Grand-Rue, mais elle n'en est pas pour autant une mauvaise femme ; elle reste une femme à plaindre... Si elle n'avait pas de talent, elle ne serait pas célèbre ; et si elle n'était pas célèbre, personne n'aurait pensé à ricaner. A mon avis, Ingrid Bergman est une grande artiste de cinéma : mais la célébrité n'est pas une garantie contre la tragédie personnelle. Le contrat moral qu'elle passe pour avoir enfreint est sa meilleure défense. Qui ose lui jeter la première pierre ? Bien plus, qui ose lui jeter de la boue ? » Diverses ligues de morale lancent des déclarations venimeuses, tandis que des particuliers, de leur côté, bombardent Hollywood et leurs journaux de lettres de protestation contre la sortie imminente de *Stromboli*.

Monsignor Dino Staffa, du tribunal suprême du Vatican, menace Ingrid et Roberto, de « vivre publiquement en situation d'adultère » s'ils se marient civilement. *The Pilot*, journal catholique de Boston, déclare que, par cette naissance, « le monde entier est informé des progrès de l'amour illicite ». Mais *Il Populo*, l'organe officiel des démocrates chrétiens, parti du Premier ministre Alcide de Gasperi, proclame : « Que celui qui est sans péché jette la première pierre. » Ce même journal dénonce les attaques contre Ingrid comme « un appel au cannibalisme. Qu'un acteur américain aille en prison pour usage de stupéfiants, personne ne froncera le sourcil ; qu'une vedette, sur le conseil de son agent publicitaire, se marie et divorce plusieurs fois au cours de l'année, on n'y trouvera rien à redire. Tandis qu'Ingrid Bergman est une proie de choix pour ces âmes sensibles ! »

Le lendemain, Ingrid écrit à un ami :

« *Aujourd'hui, d'après les journaux, je peux me considérer comme divorcée. Divorcée par correspondance, paraît-il. Enfin, c'est tout de même mieux que rien, et ça nous servira pour l'état-civil du bébé... Ça ne nous plaisait pas beaucoup d'avoir à le déclarer sous le nom de Lindstrom.*

Enfin, nous savons comment appeler notre petit bonhomme. Pour commencer, Roberto était à exclure : la loi italienne interdit l'usage du prénom des parents vivants. J'aurais aimé Robin, qui combine Ingrid et Roberto, mais là encore c'était hors de question : on n'accepte pas les prénoms étrangers. Voilà qui éliminait aussi Ingmar, le masculin d'Ingrid. Alors nous avons choisi Renato, sans raison particulière. Puis, on nous a dit que nous pouvions utiliser Roberto, pourvu que ce ne soit pas le premier prénom. Cela nous donnait donc Renato Roberto et, comme nous avions droit à deux autres prénoms encore, notre choix s'est fixé sur Giusto, l'équivalent italien de Justus, le nom de mon père ; et pour le quatrième, sur Giuseppe, en souvenir du père de Roberto. Mais, pour moi qui n'ai pas connu le vieux monsieur, Giuseppe voudra dire Papa Joe !... Nous allions nous contenter de Giusto, quand Roberto m'a dit le prénom de son père, alors j'ai insisté pour qu'on le prenne aussi. Cela me fait un immense plaisir. Comme cela, j'ai le patronage de mon père, de maman Roberts et de papa Joe. »

Selon le Code civil italien, il faut déclarer un enfant dans les dix jours qui suivent la naissance. Ingrid attend jusqu'au dernier moment, dans l'espoir que les papiers du divorce arrivent à temps pour permettre un mariage. Mais ceux-ci se font attendre. Une minute exactement avant le temps limite, l'avoué de Rossellini, Signor Mormino, se précipite au bureau d'état-civil de l'hôtel de ville de Rome et déclare en due forme la naissance du bébé, c'est-à-dire en termes ironiques et vexatoires, selon la loi italienne concernant les mères non mariées : « *Père, Roberto Rossellini ; mère inconnue.* » « *N'est-ce pas drôle,* écrira Ingrid. *Voilà maintenant que je suis inconnue... Pour finir, il est vrai, on a changé la formule en temporairement inconnue, de façon à pouvoir déclarer la mère lorsque nous serons mariés.* »

Demeure toujours la question obsédante : comment procéder au mariage alors que les lois suédoises et italiennes s'y opposent ? Le Mexique apparaît alors comme la seule solution : c'est le seul pays à reconnaître le divorce qu'il a accordé à Ingrid... en application des lois mexicaines. D'autre part, ni elle ni Roberto ne veulent voyager et prendre le risque d'affronter des journalistes américains. C'est pourquoi ils vont opter pour la solution, assez bizarre, mais parfaitement légale, du mariage par procuration [1].

Le 24 mai 1950, dans leur living-room de la via Antonelli, à Rome, Ingrid et Rossellini, entourés de quelques amis et parents, attendent non sans nervosité un coup de téléphone d'outre-Atlantique. A Juarez, ville frontière du Mexique, le juge Paul Orozsco tient son cabinet dans la rue principale, El Commercio, une

1. Dans une lettre de l'époque, Ingrid explique : « Si j'allais au Mexique, ce serait uniquement pour voir Pia. Mais, avec tous ces journalistes à nos trousses, ce ne pourrait être que désagréable. Je ne veux pas que Pia soit le témoin de tout ce tapage. Non, Joe ; il y a longtemps que j'attends de revoir ma fille... Je peux bien attendre encore un peu. Et, quand je la retrouverai, je veux que ce soit au calme, je veux me sentir tranquille et pouvoir lui ouvrir les bras sans être épiée. J'ai dans l'idée que Petter se rendra en Suède cet été et qu'il me confiera Pia pour quelque temps. Il y a des années que je n'ai été aussi maigre. Il me faut faire rectifier toutes mes robes. Je ne croyais pas que les spaghettis pouvaient faire maigrir... Roberto se plaint que je sois trop mince. Petter, lui, me jugeait trop grosse. On dirait qu'aucun homme ne me trouve à son goût. »

avenue bordée de *saloons*, vrai décor pour *westerns*. On ne pouvait donc s'étonner que les principaux interprètes de ce drame eussent des doublures. A 10 h 50 du matin, le 24 mai 1950 (Robertino a alors presque quatre mois), des avocats envoyés par Ingrid Bergman et Roberto Rossellini échangent une promesse de mariage en lieu et place de leurs clients. Marcello Girosi fait office de témoin. A Rome, ayant calculé l'heure pour qu'elle coïncide avec celle de la cérémonie au Mexique, Ingrid et Rossellini se rendent sans bruit et seuls à l'église de la Nacelle, petite chapelle située près du Colisée. « *A l'heure même où on lisait notre promesse de mariage au Mexique*, écrivit Ingrid, *Roberto et moi, nous étions à l'église... J'étais agenouillée sur le sol dur et je pleurais à chaudes larmes en réfléchissant à toutes sortes de choses, cependant que l'assistance chantait et que Roberto me pressait la main.* » Les deux conjoints échangent de simples anneaux d'or et quittent l'église sans un mot.

« Bien sûr, nous étions navrés de ne pas assister à notre propre mariage, dira Ingrid avec humour, mais cela n'ôtait rien de sa valeur, à nos yeux ! » Roberto lui a promis un séjour à Paris à l'hôtel Raphaël, mais comme Anna Magnani y séjourne alors, le couple se rabat sur un séjour à Capri. Dans sa correspondance, Ingrid ne cache pas sa déception :

« *Je pensais que ma prochaine lettre ne serait pas datée de Rome, mais bien plutôt de Paris, où nous avions projeté de passer notre lune de miel. Malheureusement, la veille de notre départ, nous avons reçu un message d'Anna Magnani. Elle aussi se rendait à Paris... et est-ce que nous ne voudrions pas descendre au même hôtel qu'elle, au Raphaël, justement ? Bon, nous avons essayé d'avoir des chambres ailleurs, mais c'était compliqué. Et d'ailleurs ça ne plaisait pas tellement à Roberto, qui tient toujours à descendre au Raphaël, où on le traite comme un petit roi.*

Alors, nous avons pris nos paquets et nous sommes allés passer une semaine à Capri. Là, Roberto a un peu exagéré avec sa pêche sous-marine. Il a plongé trop profond, au grand dommage de ses oreilles. Comme il souffrait beaucoup et n'entendait presque plus rien, ça lui a fait perdre le peu d'équilibre qui lui restait. Nous avons attendu encore deux ou trois jours, puis nous avons regagné Rome. Et toujours pas de Paris ! Magnani m'a gâché ma lune de miel, mais ce n'est que justice, après tout. Moi, je lui ai empoisonné sa première de Vulcano, *en mettant Robertino au monde ce soir-là.* »

Ingrid porte maintenant le titre de Signora Rossellini. Il lui reste un tourment : le temps lui dure de revoir sa fille. « Pourquoi Pia ne viendrait-elle pas passer une partie de ses vacances d'été avec sa mère ? » se dit-elle. Si Petter Lindstrom s'oppose à ce que sa fille vienne en Italie, elle est prête à aller la retrouver dans n'importe quel autre pays d'Europe. Mais elle recule à la pensée de la réception qui l'attendrait inévitablement si elle remettait les pieds aux Etats-Unis. D'ailleurs, à Beverly Hills, l'avocat du Dr Petter Lindstrom, Isaac Pacht, fait une déclaration : « Le Dr Petter Lindstrom n'a jamais admis la validité de son divorce au Mexique. Tant que le jugement n'aura pas été prononcé en Californie, le Dr Lindstrom continue à considérer Miss Bergman comme sa femme. »

Visiblement, l'ambiance est encore à la guerre froide [1] !

---

1. Autre désillusion : débarquée en 1940 aux Etats-Unis, Ingrid Bergman est sur le point, dix ans plus tard, d'obtenir la citoyenneté américaine. Puis, durant le tournage de *Stromboli*, à Rome, elle découvre auprès de Roberto Rossellini les appels tumultueux d'un amour neuf et vrai. Aussitôt, l'Amérique puritaine choisit son camp, celui du Dr Lindstrom, le mari délaissé. Celui-ci obtient, sans plus de formalité, le passeport si convoité. Ingrid, elle, n'est plus qu'une étrangère. Elle est soumise aux caprices des services d'immigration et peut se voir refoulée pour raisons de « turpitude morale ».

XI

MME ROSSELLINI

DÉSORMAIS la vie italienne d'Ingrid est rythmée par le va-et-vient entre ses deux domiciles : un nouvel appartement au 49, via Bruno Buozzi à Parioli, faubourg chic de Rome et une maison à soixante kilomètres de la capitale : Santa Marinella.

A Rome, les Rossellini habitent loin du centre historique, au-delà des jardins du Pincio, un quartier nouvellement bâti sur le mont Parioli. Cette demeure est un appartement au quatrième étage d'un immeuble construit avec les règles les plus hardies de l'école de Milan. L'escalier est en verre. L'ascenseur en tôle ondulée. Quant aux pièces, elles sont vastes, pures et nettes comme des épures. Aucune vue, si ce n'est l'enfilade d'un boulevard. Une seule concession à la couleur locale : en se penchant par la fenêtre, on aperçoit au loin le dôme de Saint-Pierre.

Tant de rigueur, il est vrai, est atténué par un détail charmant. A l'encoignure d'un salon et d'un balcon, l'architecte a bâti une chambre toute en verre qui n'est rien d'autre qu'une volière. A peine emménagés, les

Rossellini courent les oiseleurs et emplissent le réduit de canaris et de perruches du Venezuela. Mais un soir, ils invitent des amis. Tard dans la nuit, le salon reste illuminé. Les oiseaux croient que le jour est revenu. Ils chantent. Tous les voisins sont réveillés. Le lendemain, les canaris et les perruches, chassés par l'insomnie d'un quartier entier, regagnent les cages des marchands.

Dans ce grand appartement bourré d'antiquités, Ingrid a du mal à se sentir chez elle. Elle le trouve glacial, dépourvu de tous les détails chaleureux qui rendaient si accueillante sa maison californienne de Benedict Canyon Drive. Heureusement, Santa Marinella [1] constitue un antidote à cette austérité romaine. Suspendue au-dessus d'une petite crique, juste au sud du vieux port romain de Civitavecchia, la maison est située sur un terrain de trois hectares et demi. Elle comporte huit pièces, elle est blanche, fraîche, et très simplement conçue [2].

Le futur agent, Georges Beaume, en laisse un souvenir idyllique lorsqu'il s'y rend cet été-là : « A peine la voiture a-t-elle franchi le portail encadré de lauriers-roses, que le crissement des pneus sur le gravier fait s'ouvrir la porte de la longue maison basse, enfouie sous les fleurs, d'un blanc sonore sous le soleil à pic. Sur le seuil, une grande belle jeune femme dorée m'accueille d'un sourire. La main en auvent au-dessus

1. L'argent de la transaction – comme celui qui permet d'entretenir l'appartement de Rome, les domestiques et les voitures – provient de la vente des droits à l'étranger de ses films précédents et d'avances sur son *François d'Assise*.

2. Le 20 juin 1950, Ingrid téléphone de Rome à un ami : « Je vous ai écrit hier soir, mais je comptais vous téléphoner de toute façon. Nous avons acheté une villa au bord de la mer, à Santa Marinella... C'est une petite maison adorable, presque toute neuve, avec un grand jardin. L'eau arrive jusque sous nos fenêtres. Si seulement Pia pouvait venir. »

des yeux, elle semble quelque déesse de la Bienvenue ; plus radieuse encore de se détacher sur ce paysage éclatant, où se confondent, indéchiffrables, le bleu de la mer et celui du ciel ; et que rehaussent, alentour, les mille flammes vives que piquent d'innombrables variétés de fleurs. (...) Elle me précède à travers quelques pièces confortables, peu encombrées, où – persiennes closes, volets tirés – on entretient l'ombre avec soin. Le carrelage, sur lequel elle glisse, chaussée de spartiates de cuir fauve, avec la démarche de Diane sur un sentier de chasse, est sonore, et ajoute à l'agrément du lieu. Nous débouchons enfin sur une terrasse, d'où le regard, dans l'instant, embrasse une immense étendue marine. A perte de vue, l'esprit se noie dans ces bleus changeants, et se repose. Des fauteuils de jardin, des meubles en rotin, l'un de ces sièges mi-divan mi-balançoire pour lequel j'ai une espèce de passion : tout ici invite au farniente. La mer vient battre mollement au pied de la maison. » Car la propriété comprend une plage privée et un grand jardin où abondent les palmiers, les pins et les massifs de fleurs.

A partir de l'été 1950, les Rossellini partageront leur temps entre leurs deux résidences. Roberto installe un studio de montage à Santa Marinella pour ne pas devoir s'éloigner de sa famille durant l'été. Ingrid se fait vite à cette dolce vita, même si son tempérament suédois reprend parfois le dessus :

« *Il fait si calme, ici,* écrit-elle à un ami. *J'ai nettoyé la maison à la suédoise, c'est-à-dire qu'on pourrait manger sur les planchers. Je fais toutes les courses moi-même, et je me dispute avec la femme du boucher sur la qualité de la viande. Robertino est ravi ; il passe ses journées au grand air, et aujourd'hui, pour la première fois, il a trempé ses petits pieds dans la mer. Il en criait de plaisir. Roberto se laisse vivre, lui aussi. Cela lui fera beaucoup de bien. Nous sommes trop nombreux à subir le contrecoup de son humeur. Quand il est inquiet ou préoccupé, nous nous sentons comme perdus... Je ne reçois jamais rien de Petter ni de Pia. Si je ne téléphonais pas de temps à autre, je ne saurais même pas s'ils sont encore en vie.* »

Car rien n'est réglé avec son ex-mari. Au cours du printemps, de temps à autre, Ingrid lui écrit ou lui téléphone, pour le supplier, lui parler raison et même le menacer des tribunaux. Mais le résultat est invariablement le même : « Il m'a dit qu'il n'était pas encore fixé. Il se pourrait qu'il emmène Pia en Suède plus tard dans l'été. Alors, je pourrais sans doute la voir... », confie-t-elle à un proche.

Mais rien ne se concrétise, accroissant la colère d'Ingrid. Elle confie à Joe Steele : « L'image de Pia commence à me rendre folle. Je ne pense à rien d'autre. Si elle ne vient pas me voir cet été, c'est moi qui irai en Amérique, advienne que pourra ! Que Petter fasse ce qu'il veut, je ne supporterai pas plus longtemps qu'il se mette entre Pia et moi... » Mais le Dr Lindstrom demeure inébranlable ; l'été touche à sa fin et Pia regagne son collège. Isaac Pacht, l'avocat de Lindstrom, cite un propos de son client selon lequel celui-ci n'envisage absolument pas de laisser sa fille quitter les Etats-Unis tant que toutes les dispositions regardant le divorce en cours ne sont pas arrêtées.

Ingrid puise dans son amour pour Roberto le courage de supporter les tensions. En juin, elle se rend sur le tournage des *Onze Fioretti de Saint-François d'Assise*, dans un village italien du XIIIe siècle, à cent kilomètres au nord de Rome. C'est là qu'il tourne, sans décors. Intérieurs et extérieurs, toutes les scènes sont prises sur le vif. Une cabane de bergers, avec un petit autel de pierre, composent les seuls accessoires préfabriqués que le metteur en scène a apportés. Ce village, que six siècles de guerres quasi incessantes n'ont pas réussi à défigurer, c'est Rossellini lui-même qui l'a découvert après des mois de recherches en auto. Il a pris ses acteurs sur place : ce sont les paysans de l'endroit. Ce sont aussi des moines, des franciscains collectionnés dans tous les couvents des environs. Ingrid vient de Rome dans une Chevrolet noire qu'elle conduit elle-même, en robe de toile toute simple, les pieds nus dans des sandales, et dans ce paysage italien plus nordique que jamais avec un chignon blond, et la bonne santé qui colore son visage. Sa récente maternité lui a réussi.

Rossellini a pour elle des attentions constantes, tant qu'il ne travaille pas. Elle est la seule femme dans cet endroit. Elle adresse, dans son italien approximatif, un mot aimable à tout le monde. Mais elle essaie de ne déranger personne, à commencer par Roberto. De temps en temps, elle l'observe. Il y a dans ses regards quelque chose d'étonné, de fier, de reconnaissant. Un regard de femme amoureuse. Elle a beau proclamer que le cinéma n'est plus le centre de sa vie, toutefois elle aime encore à voir tourner les autres, du moins sous la direction de Rossellini. Elle s'intéresse à ses films en personne qui a été du métier. Mais elle n'intervient pas, elle n'en a pas le désir. « Au fond, dit-elle, je suis entrée dans la catégorie des femmes qui tricotent sur le bord de la rivière pendant que leur mari pêche à la ligne. » Plus exactement, elle appartient à la catégorie des cinéastes amateurs. Une de ses distractions favorites, c'est de faire des films de 16 mm, en couleurs, dont Roberto est l'unique vedette. C'est tout ce qu'il demande. « Bien entendu, elle est libre, dit-il aux journalistes entre les prises de vue. Mais je suis content qu'elle abandonne le cinéma. Ce n'est peut-être qu'une gloriole de Sicilien, mais je n'aimerais pas que ma femme vive une autre vie que celle que je lui fais. »

Car, pour lui aussi, cet amour a apporté un grand changement. Pour l'homme blasé qu'il est, et que ses quarante-quatre ans ont rendu cynique, Ingrid représente un îlot de fraîcheur. Désormais, alors qu'il ne comptait plus ses conquêtes, il n'a plus qu'une hâte au sortir de son travail : rentrer chez lui retrouver le sourire de son épouse. Certes, le séducteur reprend parfois le dessus, car il ne reste pas très longtemps un mari fidèle. Plusieurs témoignages en attestent. Un soir qu'il marche dans la rue, Rossellini rencontre un vieil ami.

– Allons au bordel, lui suggère-t-il.

L'homme est stupéfait.

– Mais tu vis avec une des plus belles femmes du monde, objecte le copain.

– C'est vrai, répond Roberto. Mais elle ne fait pas ce que font les putains.

Rossellini est d'ailleurs un « dragueur » né, auquel peu de femmes résistent, même si, à première vue, il apparaît des plus ordinaires. Ni son embonpoint ni sa calvitie ni le fait qu'il soit au régime sans sel, ne le désignent au rôle de don Juan. Mais si, en photo, il semble laid, au naturel il est beau. Cela tient moins aux traits de son visage, qu'à son expression, qu'à une certaine manière qu'il a d'accentuer paroles et gestes. Il dégage ce qu'aucune photo ne saurait rendre : un mélange subtil de charme et d'autorité qui fait que, tout en restant simple, il suscite chez tous ceux qui l'entourent une admiration respectueuse.

Un personnage charmeur, mais aussi un homme de rapt, un de ces caractères que résume le mot italien *virtu* – rien de commun avec la vertu française. La *virtu*, c'est la virilité. Pour un Italien, jointe à une certaine générosité naturelle, elle exprime aussi une certaine déraison. Elle signifie avoir des passions vives, avec le courage d'en écouter le langage. Ce genre de caractère a séduit Ingrid Bergman, comme beaucoup de femmes. Rossellini offre à son épouse tout ce qu'elle désire. Il a naturellement le goût du faste. Depuis qu'elle est arrivée en Italie, il dépense une fortune en fourrures, bijoux, honoraires d'avocats, coups de téléphone dans le monde entier, soirées et vacances. Il mène grand train de vie.

Et Ingrid est certainement heureuse tant qu'elle goûte sans arrière-pensée aux luxes et aux plaisirs de la vie romaine. Mais elle doit bientôt affronter les problèmes financiers. Roberto porte, certes, « tout sur ses épaules », mais il n'est pas le seul : ses banquiers, ses fournisseurs, ses amis et d'autres créanciers semblent assumer ses dépenses. Il est assurément capable d'une extrême générosité lorsqu'il a de l'argent, mais souvent il n'en a pas [1].

Cet été-là, elle lui déclare qu'elle veut reprendre le travail, qu'ils ont besoin d'argent, et qu'elle doit faire quelque chose de sa vie. « Bien sûr, lui dit-il, mais ce doit être dans un film de moi. » « Il savait que Fellini et d'autres cinéastes italiens, comme Visconti, avaient envie que je travaille pour eux. Mais Roberto refusait toujours de me donner son accord. (...) Il était très jaloux, et nous étions pour beaucoup soumis à ses humeurs. Si Roberto était préoccupé ou accablé par ses affaires, nous l'étions aussi », expliquera-t-elle.

Lors de la traditionnelle Mostra de Venise, au début de septembre, les Rossellini donnent l'image d'un couple séduisant – elle, mince et bronzée dans une longue robe de soirée sans bretelles ; lui, très élégant en smoking blanc. La foule acclame longuement *Stromboli* et *Les Onze Fioretti de Saint-François d'Assise*.

---

1. Il néglige de payer ses factures, ce qui ne laisse pas d'étonner les commerçants qui entendent ses déclarations sur l'intérêt qu'il porte aux humbles et aux pauvres. « Roberto vivait et travaillait dans un chaos créatif, dira Ingrid. Rien n'était jamais organisé. »

Ingrid en est presque euphorique, comme elle l'écrit à un ami :

« Oh, quel accueil enthousiaste ont reçu nos films ! Vous savez comme on se sent bien après un succès. Tant qu'on est encore dans la salle avec les autres spectateurs, on est comme engourdi. Mais, ensuite, quelle sensation agréable !... Roberto était si nerveux à l'avance, il avait si mal à l'estomac que nous avons craint de ne pas pouvoir affronter l'épreuve.

L'après-midi où Roberto a présenté Saint-François, *il faisait une chaleur épouvantable ; mais la salle était pleine à craquer. Je ne peux vous dire avec quel enthousiasme le film a été accueilli... On sentait que chaque spectateur comprenait que c'est un film courageux, quelles difficultés il a fallu surmonter pour le faire, et ce qu'il représente pour Roberto...*

Le même soir, nous avons présenté Stromboli *; de nouveau, la salle était comble. Quand mon nom est apparu sur l'écran, j'ai cru que le plafond s'écroulait. Mais c'était un bruit très réconfortant à entendre après tout ce qui m'est arrivé...*

Nous étions morts de fatigue après toute cette agitation de Venise, aussi sommes-nous partis nous reposer seuls, Roberto et moi, ce qui est un événement.

Nous avons passé deux jours à la montagne, à Cortina, où nous avons dormi sans arrêt. Pauvre Roberto, ce qu'il a dû subir, ces derniers temps !... Nous étions à Cortina le jour de mon anniversaire. Je n'aurais pu imaginer un plus beau cadeau que d'être seule avec Roberto ! »

Tout semble aller pour le mieux. « Les Italiens les adorent, remarque Tennessee Williams en séjour dans la péninsule. Ingrid ne veut pas revenir aux Etats-Unis. A Rome, les touristes américains s'attroupent autour d'eux et leur lancent des insultes. Mais ils forment un couple heureux. » Certes, il y a bien déjà quelques bémols dans cette partition trop parfaite. Ainsi, Roberto humilie Ingrid en racontant à ses amis à quel point elle est insuffisante en matière de sexe. Il confie à l'un d'eux : « Si tu te maries un jour, n'épouse pas une actrice, car elles restent des actrices au lit [1]. »

Ingrid doit aussi s'adapter à une improvisation permanente dans sa vie quotidienne. A l'heure du goûter, Rossellini rentre pour déjeuner. Il meurt de faim, mais cependant ce n'est pas sur les plats qu'il se jette mais sur le téléphone. Entre deux communications, il demande une assiette. Lorsqu'il l'a entre les doigts, son besoin de s'exprimer l'emporte sur son appétit. Il ne mange pas, il parle. Il parvient même à soutenir deux conversations à la fois, une au téléphone, l'autre avec sa femme, la seconde servant à remplir les temps morts de la première, temps morts créés par les réponses jamais écoutées de son interlocuteur.

Comme le remarquera Marcella, la sœur de Roberto, avec un certain snobisme : « Roberto est un rêveur, dénué de tout sens pratique. Mais Ingrid, elle, est une bourgeoise. Pas lui ; voilà la différence. Il avait l'habitude de traîner jusqu'à cinq heures du matin, cherchant ses idées en bavardant avec ses amis, et quand on veut le contraindre à se mettre à table à neuf heures juste, il perd tous ses dons imaginatifs. Ingrid, elle, adore les planchers trop bien cirés sur lesquels on risque toujours de se casser le cou. Si vous voulez la vérité vraie, je mourais d'ennui chaque fois que j'allais chez elle. Après son mariage, Roberto n'a plus osé inviter ses vieux copains chez sa bourgeoise épouse, dans sa bourgeoise demeure. Les anciens amis de Roberto m'arrêtaient au milieu de la rue pour me dire : “Maintenant,

1. Des années plus tard, il affirma même à Francesca Rodolfi, qu'Ingrid est « une femme sans passion ».

Roberto nous évite.” Je répondais : “Vous vous trompez ! Mais comment voudriez-vous qu’il vous présente chez lui ?” »

Heureusement, leur grand terrain d’entente est l’amour des enfants. Robertino d’abord, puis les jumelles ensuite. « Pour moi, Ingrid est une mère parfaite, et Roberto un père parfait. Vous auriez dû les voir avec leurs enfants ! Leur amour n’avait rien d’intellectuel, c’était un sentiment purement instinctif et sensuel, comme celui des animaux avec leurs petits. Vous savez, la joie de caresser une peau d’enfant... Ils passaient leur temps à se rouler par terre avec les jumelles et le petit garçon. Je me rappelle qu’un jour, en regardant Ingrid, je me suis dit : “On dirait vraiment une mère chienne avec ses petits chiots” », a reconnu Marcella, la sœur de Rossellini.

Car, au fil des ans, ce qui surprend le plus, à Santa Marinella, c’est le nombre d’enfants qui vivent dans la propriété. Il y a ceux du jardinier, du chauffeur, de la femme de chambre. Sur tous les visages, la joie de vivre éclate. Ils sont tous les « copains du patron ». Car Rossellini, l’homme aux scandales, le passionné de vitesse, le charmeur qui n’hésite pas à tout abandonner plutôt que d’accepter un compromis, a la faculté étonnante de se montrer l’ami de tous les enfants. Si pressé, si soucieux, si occupé qu’il soit, il ne refuse jamais de s’arrêter auprès de l’un d’eux pour l’écouter, discuter avec lui et le comprendre. Rossellini adore les enfants qui sont le centre de sa vie. Son travail, ses amis, ses aventures, ses obligations, tout devient secondaire auprès d’eux. Cet homme qui est passé au travers de tous les ouragans pour affirmer sa personnalité et son droit à vivre comme bon lui semble sacrifierait tout, son avenir, sa gloire, sa vie même, pour ses enfants.

Nul plus que Roberto ne peut comprendre combien est dure à Ingrid la séparation d’avec Pia et son continuel désir de la revoir. Nul plus que lui ne désire que Lindstrom abandonne sa rigidité. Car il sait que lorsque Pia sera libre de venir souvent voir sa mère, alors seulement le bonheur sera parfait. Et Ingrid découvre que malgré toutes les médisances, son mari devient son meilleur ami et allié, qu'il appuie de tout son cœur ses démarches et ses prières auprès de Lindstrom, que, dans leurs projets communs, il y a toujours une place pour Pia.

Le 1er novembre 1950, le procès en divorce intenté par le Dr Lindstrom vient devant la cour suprême de Los Angeles. A la demande de l'avocat de l'actrice (Greg Bautzer), Joe Steele y assiste pour témoigner au besoin en faveur d'Ingrid. Mais ce divorce à retardement ne donne lieu à aucune contestation ; l'ordonnance est rendue par défaut. Ce qu'Ingrid a réclamé pendant dix-neuf mois est décidé en soixante minutes [1]. Neuf jours plus tard, Pia, âgée de douze ans, comparaît devant la cour fédérale et obtient la nationalité américaine, que son père, déjà naturalisé, a sollicitée. Elle en profite pour changer de prénom : Jenny Ann au lieu de Pia, comme pour mieux renier le mariage de ses parents. Ingrid tente cependant de garder le contact avec sa fille, mais Petter s'ingénie pour tout compliquer. Ainsi, ce n'est qu'au printemps 1951 qu'il consent à organiser un droit de visite.

Au mois d'août, Lindstrom emmène Pia en Suède. Ils font une halte à Londres. Petter prévient son ex-femme

---

1. Elle accepte quasiment toutes les exigences de son ex-mari, afin de faire aboutir la procédure et de décider de la date de sa première visite à sa fille. Selon les termes de l'accord, Petter reçoit la maison de Benedict Canyon et la garde de Pia. La fillette devra vivre avec lui aux Etats-Unis. Ingrid ne pourra l'avoir avec elle que pendant la moitié des vacances d'été, et on ne pourra pas exiger de Petter qu'il la conduise en Italie. Ingrid renonce aussi à l'argent qu'elle a gagné, et qui a été légué à sa fille en fidéicommis.

que, si elle désire voir leur fille, c'est le moment. Ingrid prend l'avion pour Londres et, à son retour à Rome, elle écrit ce qui suit à Joe Steele :

« *Ma rencontre avec Pia a été à la fois merveilleuse et attristante. Il m'est difficile de vous en parler. Pia est très déconcertée par tous ces événements. Mais cela nous a fait du bien à toutes les deux de nous revoir. Je pense que cela permettra à Pia de mieux comprendre ce qui s'est passé ces dernières années.*

Je l'ai vue trois fois dans la propriété de Sydney Bernstein, aux environs de Londres ; un jour aussi, je l'ai emmenée au cinéma ; et elle a passé une nuit avec moi chez Ann Todd. Le dernier jour, nous nous sommes vues rapidement, le temps de nous dire au revoir. C'est tout, et Petter a toujours été présent entre nous. Il ne m'a jamais laissée seule avec elle. »

Ingrid se rend compte que Petter est obsédé par l'idée d'un kidnapping, même au domicile d'Ann Todd. « Lorsque j'ai vu Ann, le lendemain matin, dira Ingrid, elle m'a raconté qu'elle s'était levée de bonne heure et qu'en descendant l'escalier, elle avait vu Petter qui dormait à poings fermés, assis sur une chaise devant ma porte. Il était tellement sûr que j'essayerais d'enlever Pia ou de faire quelque chose de ce genre... »

Ingrid, qui ne veut plus passer par le même genre d'épreuves qu'à Londres, charge Greg Bautzer de déposer une requête pour que Pia soit autorisée à se rendre en Italie, l'été suivant. Le cas vient devant la cour suprême de Los Angeles le 15 avril 1952. A cette occasion, on rend publique une déclaration de vingt-deux pages du Dr Lindstrom qui fait opposition à la requête. Celui-ci donne même en entier le texte de la lettre commençant par « Petter lilla » qu'Ingrid lui a écrite en avril 1949, et dans laquelle elle lui avoue son amour pour Rossellini. Le procès traîne en longueur, ponctué de violentes passes d'armes entre les avocats des deux parties. Le Dr Charles Studevant, psychiatre cité par la défense, fait une déposition selon laquelle, après quatre entrevues avec Pia, il en est venu à la conclusion qu'un voyage en Italie serait très nocif pour l'adolescente (Pia a alors treize ans !). Au cours des débats, le Dr Lindstrom annonce qu'il a accepté un poste de neurochirurgien à l'hôpital des Vétérans de Pittsburg, et qu'il doit incessamment entrer en fonctions. Trois jours après que sa fille a passé ses examens de fins d'études primaires, elle est appelée à témoigner. Voici des extraits de son long interrogatoire :

Bautzer – Avez-vous parfois écrit à votre mère pour lui dire que vous l'aimiez ?

Pia – Je signe toujours : "Tendresses, Pia."

Bautzer – Et cela exprime-t-il ce que vous ressentez à son égard ?

Pia – Non, c'est seulement une formule commode pour terminer ma lettre.

Bautzer – L'employez-vous pour vous montrer gentille avec votre mère ?

Pia – Non, c'est une formule. Je mets toujours ça pour finir mes lettres à ma mère. Avec mon père aussi je dis ça.

Bautzer – Mais le sens est différent pour vous selon le destinataire ?

Pia – Je crois que oui.

Bautzer – Alors, si je comprends bien, quand vous terminez votre lettre à votre mère par : "Tendresses, Pia", cela signifie que vous n'avez aucune tendresse particulière pour votre mère ?

Pia – Oui. Mais elle me plaît tout de même.

Bautzer – Et vous n'avez pas envie de la revoir ?

Pia – Non. Je préfère rester avec mon père.

Pendant que se déroule cet interrogatoire, Ingrid entre à l'hôpital international de Rome, pour y donner naissance à des jumelles. Comme elle en fera la remarque : « En même temps que je luttais dans une clinique de Rome pour donner naissance à mes jumelles, je luttais dans un tribunal de Californie pour conserver Pia. Malheureusement, là, j'avais le vent contre moi, et j'ai perdu celle-ci... Mais quelle étrange Providence... Pendant que je perdais un enfant... deux autres m'étaient donnés. » Elle poursuit : « Pia a toujours été une petite fille très observatrice. Elle aimait beaucoup aussi me taquiner. Je me souviens d'un dialogue entre nous... Pia était encore petite, elle avait sept ans, tout au plus.

– Tu as toujours envie de faire ce que papa veut que tu fasses ? me demanda Pia.

– Certainement. Papa est très intelligent, et c'est lui qui commande à la maison.

– Bon. Mais est-ce que papa, lui, fait toujours ce que, toi, tu veux qu'il fasse ?

– Mais bien sûr.

– Par exemple ?

J'hésitai un instant, sans trop savoir quel exemple donner. Pia m'observait sans mot dire. Enfin, avant que j'aie pu découvrir une réponse, elle intervint :

– J'ai trouvé. Quand le dîner est prêt, tu le dis et papa il vient.

Un jour encore, j'autorisai Pia à aller au cinéma. Elle me regarda, les yeux pétillants de malice.

– A quoi ça sert que tu me donnes la permission. Tu sais bien qu'il faudra que j'attende celle de papa.

Oui, Pia est une enfant très observatrice. Au tribunal, elle a fait une remarque étonnante. Elle a dit que sa maman s'ennuyait, qu'elle en avait assez de rester assise au bord de la piscine, et qu'elle était très contente quand elle pouvait s'en aller. Elle avait raison. Je m'ennuyais et j'étais fatiguée. J'éprouvais le besoin d'un changement. J'avais l'impression de piétiner intellectuellement. Je n'ai pas assez compté avec les dons d'observation de Pia. Je jouais avec elle, en égale, comme une amie de son âge. Je n'ai pas voulu qu'elle me mette sur un piédestal, pas voulu poser à la mère parfaite. Petter me disait souvent : "Je n'ai pas besoin qu'elle me respecte. Je veux qu'elle m'aime." » Cette réponse est à rapprocher du témoignage de Pia au tribunal...

Heureusement pour Ingrid, sa vie de femme et de comédienne panse ses plaies et atténue ses bleus à l'âme. A l'automne 1951, elle commence le tournage de son second film avec Roberto : *Europe 51*. Quelques amis hollywoodiens sont de passage à Rome. Dans un palais devenu un cabaret, David O'Selznick a invité quelques acteurs et gens de cinéma. Parmi eux, il y a Humphrey Bogart, qui tourne un film en Italie et les Rossellini (mais Roberto s'était excusé et seule Ingrid était venue). Le souper s'achève. Les bougies laissent couler des cascades de cire sur les flambeaux d'argent. La conversation a pris ce cours libre, quelque peu décousu, des soirées finissantes. Humphrey Bogart est brutal comme ses films. Soudain, tout en regardant tourner le whisky au fond de son verre, il s'écrie :

– Tu as fait une belle gaffe, Ingrid, en épousant Rossellini, reconnais-le. A Hollywood, tu serais la première. Aujourd'hui, à Rome, qu'est-ce que tu es ?...

Les convives pâlissent. Seul le beau visage d'Ingrid demeure impassible. Après un long silence, elle répond :

– Une femme heureuse.

XII

UN CERTAIN BONHEUR

En cette année 1951, Ingrid semble prisonnière d'une succession de petits drames privés. Impossible pour elle de paraître sereine. Et *Stromboli* est un échec total aux Etats-Unis. « Jamais, aux States, une actrice n'a été boycottée aussi impitoyablement, dira Ingrid. Elizabeth Taylor pourrait commettre la plus vilaine action qui soit qu'on lui pardonnerait encore. Il a été décidé qu'on me punirait à travers mes films. On réussit même à empêcher que je parle à la radio dans des émissions de la Croix-Rouge : ma voix aurait pu corrompre la jeunesse américaine. Je me disais qu'au fond, il importait peu ce qu'on pensait de moi en tant qu'être humain : mon travail d'actrice compte davantage… »

Il y a aussi et surtout le déchirement d'être privée de voir sa fille aînée, Pia. De sombres pensées l'assaillent. « Au lendemain de mon mariage avec Rossellini, quand je n'eus plus la permission de voir Pia, j'ai associé son image à ma propre solitude d'enfant, expliquera Ingrid. Je me disais que la même chose lui arrivait maintenant qu'elle n'avait plus de mère. Or, les années séparant l'enfance de l'état adulte sont semées d'embûches, surtout quand on souffre de l'absence d'une maman... »

Georges Beaume se souvient d'une scène révélatrice à Santa Marinella :

« – Et l'Amérique, dis-je doucement, est-ce que vous n'y avez pas laissé un peu de votre cœur ?

Ingrid Bergman s'arrête net. Un voile – oh ! l'espace d'un instant – passe devant ses yeux. Elle s'assombrit un peu, comme un feu dont on baisse la flamme. Et la voix sourde, courbant à demi la tête :

– Pia ? Oui, je l'ai perdue...

Et elle répète, comme pour elle-même, pour se persuader de l'incroyable :

– J'ai perdu ma fille !

Elle a perdu sa guerre. Froidement, ce qui ne veut pas dire qu'elle n'en est pas torturée, elle admet sa défaite. »

La blessure subsistera. Pendant des années, Ingrid va écrire à Pia lettre sur lettre sans savoir si elle les reçoit ou non. « J'en gardais toujours un double. Je voulais qu'un jour elle puisse les lire afin de mieux comprendre. C'étaient des lettres où je parlais de la vie de tous les jours, de Robertino. D'elle, je recevais des nouvelles par-ci, par-là », confiera l'actrice.

Il y a aussi ces inconciliables différences entre Ingrid et Roberto. Séduisantes de prime abord, mais usantes à la longue. Ces chocs, Ingrid ne tarde pas à les ressentir, amortis d'abord par la convention du bonheur, puis de plus en plus secs, de plus en plus douloureux. Elle se trouve d'abord, elle, la sage et méthodique fille du Nord, en face du désordre élevé à la hauteur d'un tempérament. Rossellini est un antibourgeois de vocation et de principe, que le train de vie, les domestiques, l'organisation ont le don d'épouvanter. Il y voit une menace contre sa liberté, contre le goût qu'il a toujours eu de voyager, de courir, de papillonner. Or, sa nouvelle épouse lui file jour après jour un petit nid d'amour, un véritable cocon scandinave.

En se rebellant, Rossellini a ses foucades quotidiennes. Il peut très bien partir le matin sans prévenir, faire 300 kilomètres dans sa voiture et revenir à la nuit. La sage Bergman l'attend en vain pour déjeuner, inquiète, sachant qu'il conduit très vite des voitures qui ne lui semblent jamais assez rapides. Au retour, sans rien dire, il lui arrive de jeter sur le bureau de sa femme un bouquet de violettes, attention déconcertante qui bouleverse tout à coup l'épouse et lui interdit tout reproche. « Ingrid était comme le soleil, dira Giuletta Masina (la future Mme Fellini). C'était une personne directe. Roberto était complètement différent, de tempérament, de tradition et d'éducation. Il était très difficile de concilier leurs deux manières de vivre. J'aimais beaucoup Roberto comme ami, mais je n'aurais jamais pu vivre avec lui. On ne pouvait pas lui faire confiance... C'était un homme fait pour vivre seul. »

Le malentendu déjà en œuvre dans l'intimité se poursuit sur le plan professionnel. Avec Rossellini, c'est l'improvisation qui règne, l'absence de scénario, de plan d'ensemble, d'argent même. C'est un dépenseur d'argent comme il y en a peu, même dans le monde du cinéma. Par principe, il a toujours la dernière Ferrari, même s'il doit emprunter de l'argent à son chauffeur, quitte à le lui rendre triplé ou quintuplé. Il invite cinquante personnes à dîner sans savoir s'il parviendra jamais à régler son champagne. A Rome, on lui prête généreusement 200 millions de dettes ; c'est beaucoup, mais la moitié de ce chiffre paraît vraisemblable à ses intimes. Seulement, cette folle générosité qui lui vaut tant d'amis le discrédite au cinéma.

Mais cette folie quotidienne, cette tranche de vie napolitaine, séduit encore – pour l'instant – Ingrid. D'ailleurs, quand Georges Beaume l'interroge :

« – N'avez-vous pas, quelquefois, l'impression d'avoir été déracinée devant ce paysage qui ne correspond à aucun de ceux que connurent votre enfance, votre jeunesse ?

– Pas le moins du monde. C'est que je n'ai plus en Suède que des parents éloignés, à qui j'écris d'ailleurs régulièrement. Je n'ai plus d'attaches réelles nulle part. Et je me suis éprise du peuple italien. Tout le monde ici, à longueur de journée, rit, chante, hurle, joue la comédie. C'est une nation complètement *funny*, et je l'adore pour ça. »

Pourtant, dans une interview à *Marie-Claire*, à la même époque, Ingrid laisse déjà transparaître son agacement : « J'aime me trouver seule, de temps à autre. Greta Garbo n'est pas l'unique Suédoise à apprécier la solitude. Les Italiens, eux, sont toujours en groupe. Plus ils sont nombreux, plus ils sont gais. Il m'arrive de les quitter un peu brusquement, parce que je me sens fatiguée, ou encore parce que je suis absorbée par une pensée. Ils sont tout surpris de voir mes transformations ; je deviens soudain pareille à un bloc de glace. C'est que j'aime bien réfléchir moi-même à mes problèmes et non pas les discuter avec tout le monde. Je reconnais pourtant que la manière italienne est meilleure que la mienne. Il n'y a pas de secrets, en Italie. La vie est plus simple, moins hypocrite. A Hollywood, ma maison était vide ; à Rome, elle est bondée. Roberto a des milliers d'amis. Il les utilise dans ses films pour obtenir cette grande vérité du style qu'il a inventé, le néo-réalisme. Jamais il n'utilise un script de quelqu'un d'autre. Il fabrique son histoire d'après un fait divers, puis il laisse les vrais personnages jouer leur scène devant la caméra. Avec les gens qu'il ramène à la maison, nous bavardons souvent jusqu'à l'aube… »

Son sens de l'humour, son don de se regarder sous l'angle le plus objectif, son refus aussi de gâcher un temps précieux en vaines considérations, tout cela lui permet de « positiver » tout. Et de bannir certaines contrariétés.

Sa carrière prend un tour curieux, sa fille Pia répond à un juge : « Je n'ai plus de mère », Roberto lui fait mener une vie surréaliste... mais Ingrid entend, en dépit des virulentes attaques, trouver un peu de bonheur. Après tout, Robertino est un enfant délicieux, et la dolce vita a son charme. A Rome, souvent, Ingrid passe ses matinées à flâner, à rêver, à nourrir les chats du Forum, à écouter les fontaines chanter dans la chaleur, à marcher au hasard des rues, sans but, ou le long du Tibre qui a des eaux vertes comme dans les aquarelles.

Elle se lève très tôt. Elle va s'allonger un peu sur sa terrasse. Et là, en fumant sa première cigarette, elle assiste au lever du jour sur tous ces toits roses, tandis que les cloches n'en finissent pas de tinter. Ingrid Bergman se laisse alors glisser au bord de son fauteuil, s'allonge un peu en arrière, et s'amuse à cambrer ses orteils sans vernis. A un cordonnet posé autour du cou, elle laisse pendre sur sa poitrine ses indispensables lunettes de soleil... Et si c'était aussi ça le bonheur ?

Mais il y a également le travail ! A l'automne 1951, le couple entame le tournage d'un nouveau film, sans doute le plus abouti de la collaboration Bergman/Rossellini : *Europe 51*.

Ingrid fait de son mieux pour interpréter son rôle, mais elle ne parvient pas tout à fait à comprendre comment une femme issue d'un tel milieu peut choisir ce parcours. Film très décrié, *Europe 51* lui offre l'un de ses plus beaux rôles et mérite mieux que les critiques expéditives qu'il recevra [1].

1. Il faudra attendre trois ans avant que le film ne soit projeté aux Etats-Unis où il n'obtiendra pas un accueil favorable.

Certes, l'action est centrée sur une femme, tout entière sur elle, c'est-à-dire sur Ingrid Bergman, mais le drame qui la saisit et l'enveloppe la dépasse aussi et il pose à tous, en les posant à elle, les questions de vie et de mort auxquelles le monde moderne doit répondre. L'*Allemagne, Année Zéro* de Roberto Rossellini, fut le document massue sur l'Allemagne anéantie par la guerre. *Europe 51* constitue un témoignage sur cette époque qui pourrait s'appeler : « Vieux Continent année zéro. »

L'action se déroule à Rome où le Français Georges Girard (Alexander Knox) représente d'importantes firmes industrielles. Michel, le fils de Georges et de sa femme Irène (Ingrid Bergman), est né à Londres pendant le Blitz. L'actualité est directement évoquée à travers la vie mondaine du couple qui évolue dans une société où l'affaire des pétroles iraniens, les événements d'Egypte, les décisions de l'ONU signifient gains ou pertes, changements de position sur les marchés internationaux. Tout entier, notre monde ancien est impliqué dans la tragédie ; en fait c'est de « sa tragédie » qu'il s'agit, de son devenir très précisément engagé entre des idéologies opposées.

Les « valeurs » de ce monde libre, Rossellini les présente sans indulgence, dans la mesure où sa caméra est braquée sur les cocktails élégants, les fumoirs fashionables où sans même penser à « après nous le déluge » on ne marque d'intérêt que pour l'argent et tout ce qu'il procure, pour les potins présumés mondains, pour les très absorbantes inutilités salonnardes. Ces gens dont les ancêtres, les pères aussi, levèrent des étendards ou des armées ne connaissent plus que les levées de bridge. Irène écoute parfois André, un ami du couple, lui parler de la misère et de la souffrance humaines. André croit que la lumière vient de l'Est. Les lumières du salon des Girard sont plus vives, les ombres moins inquiétantes. Michel (Sandro Franchina), le petit garçon d'Irène, l'enfant aux yeux sombres et inquiets, va mourir. Il se tuera, volontairement, parce qu'il est malheureux, parce que sa mère lui semblait moins attentive, moins affectueuse, plus distraite. La disparition de l'enfant trop tendre, exclusif, plonge Irène dans un désespoir dont elle ne sortira que pour se précipiter vers le monde de misère dont lui parlait André (Ettore Giannini), ce monde insoupçonné où elle espère, avec une ferveur exaltée, découvrir le chemin de son rachat, où elle souhaite trouver un objet nouveau à sa tendresse qui noie son cœur déchiré, son âme et son esprit. Elle ne trouvera rien.

Elle confond justice et charité : elle peut s'user les mains dans les bonnes œuvres, elle peut bien incarner sincèrement la douceur de l'Evangile, la chaude fraternité des humbles lui restera fermée et les Eglises, politiques ou religieuses, exigent la discipline et n'admettent pas l'exaltation mystique. Elle reste le scandale. Elle a choqué son enfant, puis son « monde », enfin ceux qui prétendent avoir l'exclusivité de la charité ou de la justice sociale. Malheur à celle par qui le scandale arrive. Egarée de corps et d'esprit, elle devient justiciable du psychiatre ami de la famille qui dira, selon l'usage : « Oui, oui... elle a besoin de repos, de soins attentifs. Ce sera long... » Et tous les problèmes du monde restent posés. Mais Roberto Rossellini les aura évoqués en des termes cinématographiques poignants ; rien d'abstrait n'encombre les vérités et les réalités humaines de son film. Ingrid est bouleversante dans le rôle le plus difficile de sa carrière.

Au cours du tournage, sa nouvelle grossesse passe à peu près inaperçue. Mais comme elle le racontera : « Nous avons fini le tournage au quatrième galop ; il fallait que tout soit terminé avant que ça se voie. Je suis devenue énorme. Pia avait douze ans et Roberto deux.

Ayant déjà eu deux enfants, je ne comprenais pas pourquoi, cette fois-ci, j'étais comme un éléphant. Les médecins, qui n'entendaient qu'un cœur, ont décidé de me radiographier ; ils craignaient que l'enfant ne soit mal placé. » Le médecin arrive bientôt avec un sourire fendu jusqu'aux oreilles. Ingrid comprend tout de suite qu'il n'y a pas de complications et lui demande :

– Combien ?

Il répond :

– Seulement deux.

Ingrid ne peut pas attendre d'être de retour à la maison et téléphone à Roberto de l'hôpital pour lui annoncer la nouvelle. Il avertit aussitôt tout Rome tant il est fier de ce qu'il a fait – deux à la fois ! Ingrid, elle, est surtout inquiète : comment se débrouiller pour s'occuper de deux bébés en même temps ?

Le 18 juin 1952, à Rome, Ingrid met au monde ses deux petites filles : Isabella Fiorella Elettra Giovanna et Isotta Ingrid Frieda Giuliana [1]. « Elle était une maman formidable, elle s'assurait à tout moment qu'on s'occupait de ses enfants et qu'ils ne manquaient de rien. On dit parfois que les actrices ne devraient pas avoir d'enfants, que nous sommes toujours trop occupées. Il y a un peu de vrai là-dedans, bien sûr. Mais il est tout simplement ridicule de prétendre qu'Ingrid était négligente », dira son amie Signe Hasso.

L'actrice est aux anges. Joe Steele qui la rejoint après cette double naissance laisse un témoignage éloquent de son bonheur maternel : « Lorsque j'arrivai à Santa Marinella, juste un mois après la naissance des jumelles,

1. Ingrid expliquera à un ami : « Isabella s'est appelée Fiorella parce que c'est le nom de sa marraine ; Elettra parce que c'est celui de la mère de Roberto ; Giovanna à cause de... vous allez rire, mais j'y tenais... à cause de Jeanne d'Arc. C'est la même histoire pour Ingrid. Et Roberto s'appelle Renato, Giusto, Giuseppe. »

rien dans le comportement ni la mine d'Ingrid ne témoignait des épreuves physiques et morales par lesquelles elle venait de passer. Elle me conduisit vers un coin ombragé du jardin, au bout d'une allée semée de graviers. Là, se dressait une énorme table ovale, au-dessus de marbre noir, sur lequel reposaient deux berceaux portatifs. Chacun contenait un bébé rose et potelé. Une *balia*, véritable amazone aux yeux noirs et à l'aspect terrible, veillait sur eux.

– Celle-ci est Isabella-Fiorella-Elettra-Giovanna, me dit Ingrid. Et celle-là, Isotta-Ingrid-Frieda-Giuliana.

– Comment les distinguez-vous l'une de l'autre ?

– C'est facile, fit-elle en riant. Ingrid passe son temps à dormir. Regardez-la. Mais Isabella est très éveillée et toujours pleine de curiosité. Voyez comme elle vous suit des yeux... Dieu sait ce qu'elle pense !...

– Pourquoi cette kyrielle de noms ? Ingrid ne vous a pas paru suffisant ?

– C'est une vieille coutume italienne. »

Mais à Los Angeles, le tribunal voit différemment. Un juge décrète même qu'il n'est pas dans l'intérêt de Pia d'aller passer l'été en Italie [1], à la fureur de l'actrice. Encore une occasion ratée !

Mais, avec ses trois jeunes enfants, Ingrid est heureuse. Or, rarement, le bonheur est sans nuages. Aussi Ingrid Bergman, infatigablement, construit le sien. Et, lorsqu'elle dit qu'elle est heureuse, il n'est que

1. « La loi ni ce tribunal ne prévoient rien qui puisse empêcher Miss Bergman d'exercer son droit de visite ici si elle le souhaite. Mais il y a un risque indéniable à envoyer un enfant chez un parent habitant l'étranger, surtout si cet enfant est mineur, s'il partage contre son gré, et contre la volonté du parent qui en a la garde. Les enfants ne sont pas des objets que peuvent se passer et se repasser les parents pour satisfaire leur vanité ou leurs désirs aux dépens des enfants eux-mêmes », disait le juge Lillée.

de la voir, selon tous ses proches, pour le croire. Qu'elle se penche avec tendresse sur le berceau où reposent ses deux filles ; qu'elle joue sur la terrasse avec Robertino ou nage, avec de grands éclats de rire, à la poursuite de Renzo ; ou bien qu'elle attende, l'oreille aux aguets, le bruit familier de la Ferrari spéciale de Rossellini pour se précipiter au portail lui donner le baiser du retour : elle est heureuse, c'est un fait.

Son ami, David Seymour, se souvient ainsi : « On venait de donner, en première projection publique au festival de Venise le dernier film de Rossellini : *Europe 51*. J'apportais à Ingrid, dans sa maison de campagne de Santa Marinella, les journaux du jour, où son interprétation était commentée avec enthousiasme par les uns, avec des réserves par les autres. Le Premier prix d'interprétation n'avait pu lui être décerné parce qu'elle avait joué en anglais, et elle ne parvenait que difficilement à cacher sa déception. Elle avait mis le meilleur de son talent dans le rôle d'Irène, l'héroïne du film, qui lui avait demandé un effort particulièrement épuisant. Mais elle offrait le spectacle de la plus heureuse des mamans dans cette villa que les Rossellini possédaient à Santa Marinella, à 40 kilomètres de Rome. Toute blanche, entourée de jardins fleuris, la maison faisait face à la mer. Un canot à moteur et un élégant voilier étaient amarrés au pied de la terrasse. Ingrid et son mari recevaient beaucoup, mais avec une extrême simplicité. Les deux jumelles étaient de gros bébés resplendissant de santé. Déjà, leur caractère se dessinait. Ingrid était une enfant paisible, souriant à la vie ; Isabella ne tenait pas en place. »

« Ingrid, disaient les familiers, c'est elle ; Isabella, c'est lui. » En dehors de leur mère, une nurse anglaise et une nourrice italienne venue de la campagne s'occupent des jumelles. Georges Beaume se souvient : « Quand je suis arrivé pour la première fois dans cette villa où chaque ami est toujours et à toute heure le bienvenu, Roberto m'a dit :

– Ne vous attendez pas à ce qu'on s'occupe de vous. Vous n'êtes pas invité, vous êtes chez vous. Faites uniquement ce qu'il vous plaît de faire.

– Ingrid ? demandai-je.

– Ingrid est à la cuisine. »

Quand elle ne travaille pas, quand ses enfants jouent sans elle, ou simplement par caprice, elle prend volontiers la place de la cuisinière. Elle aime les plats italiens et a appris à confectionner toutes les spécialités. Elle a bien essayé quelquefois de présenter des plats suédois, mais elle reconnaît en riant qu'ils ne sont guère appréciés. Et elle s'est empressée de les oublier [1].

A Santa Marinella, elle reçoit ses amis américains ou suédois, surveille les jeux de ses enfants avec « Roby », le chien basset spécialiste dans l'art de jongler avec la balle et de la tenir en équilibre sur le museau, comme un phoque. Elle ne se lasse pas de filmer tout son petit monde ou de les photographier. Or, Roberto Rossellini a trois manies : il a horreur de la stabilité, des lettres et des photographies. Pour l'amour d'Ingrid, il a un foyer stable et quand ils sont séparés il lui téléphone, télégraphie ou écrit chaque jour, et il se laisse photographier.

---

1. A *Marie-Claire,* elle confie alors : « Une maison, avant tout, doit être confortable. Je me suis fait construire, par un maçon italien, un barbecue, un grill de jardin, dont le plan était donné par un magazine. A Santa Marinella, je joue avec les enfants, je nage avec eux. Roberto aime la pêche sous-marine. Je ne lui fais que de la cuisine italienne. J'ai essayé, un jour, de lui préparer un plat suédois :

– Je suppose qu'en Suède ils sont obligés de manger ça, a-t-il remarqué.

Je n'ai pas insisté. Je mène la vie d'une épouse italienne. Mes devoirs de maîtresse de maison sont simplement interrompus par mes devoirs d'actrice. »

De ces photos, de toutes les photos prises pendant huit ans, Ingrid fera sept albums, un par année, qui raconte l'histoire de leur vie commune, depuis leur premier voyage sur la goélette *San Lorenzo* qui les porta à Stromboli. Sous chaque photo, une légende, écrite à la machine par Ingrid elle-même, qui raconte le travail, les jeux, les amis, la famille, les voyages, avec des réflexions sentimentales amusantes, quelquefois pleines d'humour.

David Wood, qui rend visite au couple à Rome, laisse un bref aperçu de l'atmosphère : « Visite de l'appartement. Ici, la chambre des jumelles. Je traverse sur la pointe des pieds : elles dorment. Plus loin, le living-room avec sa vaste cheminée campagnarde. Il y a des disques de jazz sur le bras des fauteuils. Une troupe de poupées napolitaines joue la comédie sur la plus haute planche de la bibliothèque. Dans une volière vitrée, chantent des tourterelles...

– C'est Roberto qui voulait ces colombes. Je les lui ai offertes pour son anniversaire. Depuis, nos colombes ont eu des petites jumelles. Alors vous pensez si nous nous comprenons !...

Roberto nous rejoint dans le salon. Il porte une cravate noir et blanc sur un costume gris. Il a des yeux noirs comme des grains de café. »

Cependant, Rossellini est si imprévisible qu'il peut se montrer violent. Le producteur Ralph Serbe assure qu'il était capable de battre Ingrid : « Je me trouvais sur la via Veneto lorsqu'il la gifla. » A plusieurs reprises, durant les sept années qu'ils passeront ensemble, il laissera exploser sa violence. « Il a des crises de rage, racontera-t-elle, et ça donne lieu à des incidents terrifiants. » Un jour, au plus fort d'une de ses colères, elle se précipite vers lui et le prend dans ses bras, essaie de le calmer avec un geste de tendresse... « Et vlan ! Il m'a repoussée contre la paroi avec une telle force que j'ai failli me retrouver en miettes. Non, on ne pouvait rien faire. C'était risquer sa vie que de s'approcher de lui. »

Ingrid a fait cependant la part des choses dans une interview à *Marie-Claire* (décembre 1956) : « Les Italiens poussent des cris : on croit qu'ils vont s'entr'égorger. Non, ils s'expliquent... Ce sont des gens pleins de cœur, très obligeants, et qui adorent leur famille. En Suède, les gens ne crient pas, tout le monde parle doucement, mais on remâche sa colère pendant vingt ans ! J'aime mieux que l'on explose et que tout soit fini ensuite. Il arrive à Roberto de se montrer très violent, mais je m'y habitue. J'ai bien changé, moi aussi, tout en conservant mon placide tempérament suédois. Je dois paraître bien étrange aux Italiens. Je déteste les cris et les scènes, mais je suis très capable de m'offrir une petite explosion de violence, ne serait-ce que pour montrer ce que je peux faire... »

En fait, Rossellini, de façon très latine, sait souvent comment regagner ses bonnes grâces et se faire pardonner : il se livre à un numéro d'imitation improvisé, il la fait rire, il lui raconte des histoires sur le passé pittoresque de sa famille, il occupe la cuisine et lui prépare un généreux plat de pâtes, puis se précipite au jardin et revient avec une brassée de fleurs.

Et puis, il est surtout un père merveilleux, ce qui fait fondre Ingrid. Comme le reconnaît Isabella Rossellini aujourd'hui : « Mon père était une vraie mère juive... Quand nous étions petits, l'un de nos jeux préférés consistait à nous jeter sur lui. Couché sur le côté, papa faisait la truie et nous, les petits cochons... [1] »

Et puis, son travail est traversé de quelques éclairs de génie comme son passage à l'opéra. Le 13 décembre 1952,

1. Sa tendresse pour Roberto, son admiration devant son éclectisme et son ravissement pour les jeux qu'il invente pour Robertino et les jumelles n'ont jamais fait aucun doute.

Rossellini ouvre la saison à l'Opéra San Carlo de Naples avec *Othello*, dont il a réglé la mise en scène. C'est son premier essai au théâtre. Le lendemain, Ingrid écrit en ces termes à Joe Steele :

« *Quelle soirée passionnante ! J'aurais aimé que vous soyez là. Roberto a fait merveille, et je me sens fière de lui. Tous ceux qui avaient déjà assisté à cet opéra disent que la mise en scène est au-dessus de toute comparaison. Roberto a attrapé le virus de la scène. Il ne parle plus que de ses projets au théâtre ou à l'opéra. J'en suis ravie, car en ce moment, j'en ai justement assez du cinéma.*

Roberto a conquis toute la troupe. « Il est si calme », disent les artistes. J'en mourrais ! Qu'il ait pu obtenir des chanteurs qu'ils se conduisent comme des gens normaux, c'est pour moi un miracle.

Roberto a l'intention de s'attaquer à un nouveau film en janvier. George Sanders y sera mon partenaire. Il arrive le 4. Mais, jusqu'à présent, nous n'avons pas de scénario ; pas même une ébauche, rien qu'un début d'idée. »

Le 5 février 1953, Rossellini commence avec George Sanders (qui a été le partenaire d'Ingrid douze ans auparavant dans *La Proie du Mort*) et Ingrid *Voyage en Italie* par des prises de vue dans les salles de marbre du Musée national de Naples. Le 10 avril, Ingrid écrit d'Amalfi que le film est presque terminé :

« *Sanders s'est un peu détendu pendant les prises de vue à Capri, mais ça n'a pas duré longtemps. Zsa Zsa elle-même (Zsa Zsa Gabor était à l'époque la femme de George Sanders) semble incapable de le rendre heureux. Pas loin d'ici, à Ravello, John Huston tournait avec Jennifer Jones, Humphrey Bogart, Peter Lorre et Robert Morley. Je suis allée dîner tous les soirs avec eux, car, nous, nous ne nous amusions pas beaucoup sur notre plateau. Il y avait le photographe Bob Capa et Chim. Tous les deux sont toqués, mais épatants...* »

Car la famille Rossellini au grand complet est à Naples. Sous le haut soleil, les enfants s'ébrouent pendant que les parents tournent. Le film raconte le séjour en Italie de deux époux anglais, Alexander et Kathleen Joyce. Pour reconnaître une villa dont ils viennent d'hériter, la femme et le mari quittent leur île et débarquent au milieu de ce pays, de ce peuple si différent du leur. Lui est un homme d'affaires froid, distant, poussant presque jusqu'au cynisme le flegme attaché à sa nationalité et à sa profession. Elle, en revanche, sous les apparences d'une raideur puritaine, cache une âme romantique, rompue à l'exercice des songes et des imaginations. Leurs rapports sont conventionnels, sans flamme aucune, ensevelis sous les routines et les traditions figées. Le premier contact avec ces villes bigarrées, cette exubérance méridionale leur inspire des sentiments contraires : pour lui, une méfiance un peu hautaine ; pour elle, une communion de pensée dans laquelle se dissout son masque apprêté. Mais le charme auquel elle répond gagne bientôt le mari. Finalement, leur voyage devient un merveilleux itinéraire sentimental. Dépouillés enfin de leur gangue de réserve, ils découvrent la profondeur de leur amour.

La trame du film est constituée par une suite de poèmes attribués à Charles Lexington, poète imaginaire. Rossellini et l'écrivain Vitaliano Brancati ont composé ces poèmes. On a voulu voir dans *Voyage en Italie* un récit autobiographique du roman de Roberto et d'Ingrid. Car cette révélation d'une nature ardente sous la magie des latitudes est bien son histoire à elle. Quand on connaît le goût que cultive Rossellini pour la polémique, on ne s'étonnera pas qu'il ait voulu porter à l'écran une sorte de justification psychologique de cet amour. Cependant, pour ne pas suivre à la lettre ce scénario vécu, il n'a donné au film que deux personnages.

En fait, toute la presse s'attend à voir à l'écran les époux Rossellini déballer leur vie intime sur la place publique, idée, faut-il le préciser, entièrement fausse. Ingrid mettra les journalistes au diapason : « Toutes les histoires d'amour sont différentes l'une de l'autre, mais, au fond, elles se ressemblent toutes, car l'amour est le même dans tous les coins du monde et sous les cieux. C'est sans doute la raison pour laquelle on peut voir une ressemblance entre l'héroïne du film et moi, surtout si on se souvient que c'est à Naples aussi que s'est produite ma rencontre spirituelle avec Roberto. Mais il ne faut pas chercher de rapports plus précis entre la fiction du film et la réalité de ma vie. A trop vouloir prouver, on ne prouve plus rien du tout. C'est une vérité que la presse devrait parfois méditer. »

George Sanders gardera de ce tournage un souvenir contrasté. Il affirmera avoir beaucoup souffert tout au long du tournage, qu'il ne parvenait pas à comprendre ce qu'il faisait, ni pourquoi. Il lui fallut un certain temps de réflexion pour se dire qu'après tout, l'expérience ne lui avait pas déplu. La presse italienne note à l'époque de George Sanders : « Quelques semaines de vie à Naples vont suffire à faire de ce monsieur à mine et à comportement d'intellectuel distingué un presque débraillé, ou tout au moins un garçon presque désinvolte. Lui qu'on voyait arriver au studio avec un scénario dont chaque virgule avait été vérifiée, travaille maintenant sans script, au gré de l'inspiration capricieuse de Rossellini. On ne sait encore si le personnage qu'il incarne a déteint sur lui, propageant son évolution comme une maladie, ou si le soleil et la verve tumultueuse de l'Italie ont agi, prouvant ainsi la vérité humaine du scénario. Quoi qu'il en soit, on le trouve maintenant en pleine fantaisie, s'adonnant aux joies de la sieste, marchant pieds nus. Ingrid, elle, tricote et pouponne. »

Dommage que le film soit un échec à sa sortie ! La même année, la collaboration du couple connaît un nouvel épisode, plus court et plus désinvolte que les précédents. Rossellini doit réaliser un segment d'un film à sketches intitulé *Nous, les Femmes*. En fait, Zavattini, scénariste n° 1 de l'Italie, rêve d'une production réaliste où des personnages vrais remplacent des personnages faux. Avec *Nous, les Femmes*, quatre parmi les plus grandes actrices romaines y tiennent un rôle, celui d'un moment de leur vie. Alida Valli tourne son sketch sous la direction de Franciolini. Ingrid Bergman le sien sous les hautes directives de son seigneur et maître Rossellini. Quelque chose de très intime. Ingrid est habillée comme tous les jours. Le décor est celui de sa maison et les événements ont cette allure feutrée qu'ils prennent lorsqu'une conscience un peu inquiète les conte sous une lumière calme. Ses protagonistes sont les plus familiers qui soient : ses enfants, une poule blanche, un bouquet de roses. Par ce détour du genre chemin des écoliers vaguement surréaliste, l'histoire rejoint l'ultra-réalisme, puisqu'elle plonge dans la vie même des grandes dames du cinéma [1].

En juin 1953, Ingrid passe plusieurs jours en Suède parmi ses parents et amis. Roberto est du voyage. Pour aller chercher la médaille de l'Académie du Cinéma suédois et faire adopter son mari par ses compatriotes, le couple traverse à 120 kilomètres à l'heure toute l'Europe en Ferrari. Après cinquante-quatre heures d'une folle équipée, il s'assoit à peine arrivé à la table du banquet au restaurant Berns où, depuis la veille au

1. Robertino lui-même fait, à trois ans, une apparition de « guest-star » dans ce film, tandis que sa mère, en bonne mamma, invective une poule.

soir, le tout-cinéma suédois l'attend en buvant et en mangeant. Ils sont encore en blousons de mécanicien. Dès l'annonce du voyage (on savait que Roberto foncerait à tombeau ouvert), un service d'ordre a été établi le long de la route de Stockholm et les motocyclistes de la police escortent le bolide. Mais c'est à pied qu'Ingrid fait visiter à Roberto les rues de son enfance, le Théâtre royal dramatique où elle a débuté et les studios de la Svensk-Filmindustri où elle a tourné son premier film.

A Joe Steele, elle écrit :

« *Le voyage nous a pris trois jours, mais ça en valait la peine. Retrouver ces gens que je n'avais pas vus depuis des années m'a réchauffé le cœur.*

Vous rappelez-vous l'album de disques de l'oratorio de Claudel et Honegger, Jeanne au Bûcher, *que vous m'avez donné, Ruth et vous ?*

Comme vous le savez, le rôle de Jeanne n'est pas chanté. Jeanne récite sur un accompagnement de chœurs et d'orchestre. Je vais avoir le rôle à l'Opéra San Carlo, et la Scala de Milan nous a déjà retenus. Qui aurait jamais pensé qu'un jour je paraîtrais sur la scène de la Scala ? Ce que je vais trembler ! »

En novembre, la presse italienne et le public l'acclament donc dans *Jeanne au Bûcher*, au San Carlo. Elle joue en italien. *Voyage en Italie* est distribué et considéré dès sa sortie comme un film de second ordre. Aux Etats-Unis, *Europe 51* connaît l'échec.

Heureusement, la satisfaction pour Ingrid de jouer à nouveau Jeanne d'Arc la console de ses déboires au cinéma. Et la tournée prévue la place face à d'autres épreuves non moins héroïques : jouer dans cinq langues – italien, suédois, français, espagnol et anglais [1].

---

1. D'autant qu'à l'occasion des représentations parisiennes à l'Opéra, Claudel quitte sa retraite de l'Isère pour assister au gala.

La critique est élogieuse tant pour Ingrid que pour Roberto. Certes, l'actrice a vécu une partie de son enfance dans le mythe de Jeanne d'Arc. Avec son beau visage serein, ses airs de madone aux mains croisées, d'imaginative et de femme d'action à la fois, elle incarne assez bien une fille de Lorraine.

Mais Rossellini innove. Du drame immobile monté par Jean Donat pour l'opéra, il ne garde que les figures chorégraphiques de Lifar et les costumes à la Van Eyck d'Yves Bonnat. Plus de triforium gothique, plus d'hémicycle de gradins où se tenaient les choristes : ceux-ci, relégués dans la pénombre des avant-scènes, libèrent le plateau que traverse un vaste praticable et deux degrés à la manière des plans simplifiés de Jean Vilar. Tout le mouvement et toute la résonance viennent de projections cinématographiques et d'effets de fumée en toiles de fond sur le cyclorama : le champ de Domrémy s'oppose ainsi à la chevauchée royale de Reims, le parvis et les tours de la cathédrale de Rouen dominent le bûcher. Pour le reste, maniant le jeu d'orgue de l'opéra avec virtuosité, Rossellini étend une palette bolonaise sur les groupes de figurants. Un Carrache, un Dominiquin ne désavoueraient point la double ascension des anges du premier tableau. L'intermède du géant picard Heurtebise et de la Mère aux tonneaux bourguignonne, la partie de cartes avec les rois, les reines et les valets pour Très Riches Heures évoqueraient plutôt les rudesses et les mignardises du XVe siècle reconstituées à travers le prisme des enluminures.

Dans la version de Rossellini, la Pucelle monte à la verticale sur une trappe coulissante de dix mètres (originellement, Frère Dominique descendait des cintres

---

Honegger, en pénétrant le dernier dans la loge d'Ingrid Bergman, pleine à craquer après le spectacle, déclare : « On se croirait à la sacristie. »

sur une balançoire). Cette double propulsion dans l'espace et dans les ténèbres (les deux silhouettes seules prises dans le pinceau des projecteurs) faillit d'ailleurs mal tourner à l'une des dernières répétitions. Ingrid Bergman prise de vertige est obligée de s'accroupir comme un coureur de 100 mètres à ses « marques » et Frère Dominique, empêtré dans son froc, n'en finit jamais de lâcher son escarpolette. Les deux artistes se retrouvent avec soulagement sur le bûcher. Par prudence, Rossellini supprime la balançoire.

Mais l'opéra nourrit mal ses artistes dans les années 50. Les cachets du couple n'ont rien de vertigineux et Roberto n'en continue pas moins de mener grand train. Aussi, l'appartement de la via Bruno Buozzi manque-t-il toujours de tapis, d'objets de première nécessité et de petites superfluités. Ingrid écrit à Joe Steele :

« *Quand aurons-nous assez d'argent pour faire rebâtir la maison de Santa Marinella ou réaliser tous nos autres projets ? Je me le demande… C'est dommage qu'un opéra ne soit pas d'un aussi bon rapport qu'un film. Mais j'espère bien un jour ne plus avoir à me soucier de ces questions d'argent. Oh, je plaisante !…* »

Lorsque les Rossellini décident de porter à l'écran *Jeanne au Bûcher*, Ingrid écrit : « *Personne ne veut y investir de l'argent parce qu'il s'agit d'un opéra. Mais nous sommes têtus, Roberto et moi, et nous ferons le film de toute façon. Il nous plaît, nous croyons en lui. C'est une bonne raison de le faire… meilleure que de suivre le goût des autres. Si on commet une erreur, tant pis ! Sûrement, il n'y a pas de meilleure règle de vie.* »

Elle est très touchée, quelques mois plus tard, par la nouvelle de la mort de Bob Capa, tué par l'explosion d'une mine sur un champ de bataille d'Indochine, où il prenait des photographies de guerre. Elle écrit :

« *Quelle terrible nouvelle ! Je me sens tellement déprimée depuis que je l'ai apprise. Bob Capa était un des êtres que j'aimais le plus au monde* [1]. »

Au mois d'avril, elle réitère son triomphe napolitain de *Jeanne au Bûcher* à la Scala de Milan ; puis, après avoir amélioré son français, elle s'en va tenir le rôle à Paris. Rejetant toujours les offres d'autres metteurs en scène, elle accepte de tourner *Angst* (*La Peur*), de Stefan Zweig, à Munich. C'est l'histoire d'une femme mariée menant un adultère discret qui cède aux menaces d'un maître chanteur pour s'apercevoir que celui-ci n'est autre que son mari. Il veut sans doute l'amener à avouer son infidélité pour que leur couple ait une chance de revivre. « Je me souviens, dira Ingrid, de cet *Angst* comme d'une expérience pénible. Les enfants étaient avec nous. Il fallait tourner deux versions à la fois : l'une en allemand, et l'autre en anglais. Et puis, j'éprouvais certaines émotions que j'avais du mal à cacher. J'en voulais toujours un peu à Roberto de ne pas mc laisser travailler avec qui que ce soit d'autre. Il y avait tous ces prodigieux metteurs en scène italiens : Zeffirelli, Fellini, Visconti, De Sica. Tous voulaient travailler avec moi comme moi j'avais envie de travailler avec eux, et ils étaient furieux que Roberto ne me laisse pas, ils le lui disaient... Mais selon Roberto, je lui appartenais. »

Mathias Wieman, l'acteur allemand qui tient le rôle

---

1. Elle n'avait pas vu Capa depuis longtemps, mais elle dissimule soigneusement sa tendresse pour lui dans un coin de son cœur. Inutile d'essayer de pleurer sur l'épaule de Roberto. Il était jaloux de tous ceux qui l'avaient précédé.

de son mari dans *Angst*, sent bien qu'elle est tourmentée. Un jour, il lui dit tout tranquillement :

– Tu te détruis. Tu vas devenir folle si tu continues comme ça. Pourquoi est-ce que tu ne quittes pas Roberto ?

Elle le regarde, profondément choquée :

– Quitter Roberto ? Comment est-ce que je pourrais faire une chose pareille ? Ce n'est pas possible, voyons !

Et pourtant, bientôt, Ingrid est convaincue qu'elle ne tournera plus jamais avec son mari, qui est en train de perdre toute confiance en soi. Son énergie créative s'est tarie [1]. Et quand la critique conclut : « Celle qui fut sans conteste la première star du monde et succéda à Greta Garbo ne s'est montrée dans ses derniers films que l'ombre d'elle-même », Ingrid a un pincement au cœur. Rossellini se trouve encore en butte à des difficultés lorsqu'il veut placer son film de l'opéra de *Jeanne*. Ceci, joint à l'échec de *Angst* – son cinquième film avec Ingrid –, aggrave encore la situation financière de Rossellini.

Cependant, en Amérique, les choses tournent peut-être à l'avantage d'Ingrid. A Pittsburg, le 9 septembre 1954, le Dr Petter Lindstrom épouse une collègue, le Dr Agnès Ronarek. Dix jours après l'événement, Ingrid écrit de Munich, où elle tourne *Angst*, à son ami Joe Steele :

« *Quelle bonne nouvelle que le mariage de Petter ! Je suis si contente pour lui ! Peut-être aura-t-il un peu moins le temps de me détester maintenant... J'ai reçu une lettre très*

1. Et pourtant, aujourd'hui, ce film passe pour le meilleur du tandem Rossellini/Bergman. Mais à l'époque, il est honni par la presse. Le critique d'*Oggi* stigmatise même « l'incapacité de ce couple à créer quoi que ce soit que le public ou les critiques puissent accepter » et conclut qu'ils devraient « soit modifier radicalement leur style de travail, soit se retirer dans un silence digne ».

gentille de Pia pour mon anniversaire. Elle me dit qu'elle m'a envoyé un cadeau.

Après ce film, nous partirons pour Londres ; ensuite ce sera l'Espagne, encore Munich, puis la Suède en février et probablement la Belgique en avril... Tout cela pour Jeanne. *Je suis terriblement occupée, mais l'argent reste rare, avec tous ses frais de voyage... Si un bon film se présente, je ferai peut-être mieux de l'accepter, ne serait-ce que pour que les enfants aient des chaussures neuves.*

Bien, c'est à voir... Je suis ravie à la perspective de tous ces voyages, mais je m'inquiète quand même un peu de ce qui se passe chez nous, à Rome et à Santa Marinella... et ces cinq domestiques qui n'ont rien à faire pendant notre absence !... Roberto, lui, se contente de hausser les épaules. »

Steele répond :

« *Puis-je conclure de votre* si un bon film se présente *qu'il y aurait un petit espoir de vous voir accepter un film sans Roberto ? Daigneriez-vous maintenant condescendre à gagner un peu de ce bel argent qui vous remettrait à flot et liquiderait tous ces ennuis financiers qui vous assiègent constamment ?... Un film suffirait, Ingrid. Vous lui consacreriez quelques semaines de votre précieux temps, après quoi vous pourriez vous remettre à vos navets* artistiques, *Roberto et vous. C'est dommage, et ça n'a pas le moindre sens de ne pas vouloir échapper à cette existence précaire, quand vous avez la fortune à portée de la main. Vous n'auriez qu'un mot à dire. Puis-je laisser entendre en haut lieu que, sans pour autant renoncer à vos exigences en matière d'art, vous envisageriez de faire un film avec un autre metteur en scène que votre mari ?* »

Elle répond immédiatement :

« *Non, non et non ! Je n'ai jamais dit que je ferais un film sans Roberto. Il a très mal pris votre lettre. Aussi, pour l'amour du ciel... Vous savez qu'il est bien trop curieux pour laisser passer une lettre sans la lire. N'oubliez plus. Ce film sans Roberto, je l'accepterais à la rigueur, mais il faudrait qu'il soit assez sensationnel pour que Roberto comprenne mon désir de le faire. Et rien de ce genre ne s'est encore présenté.* »

Cependant, peu après, Kay Brown, alors sous-directrice de l'agence MCA, prend l'avion pour l'Europe et essaie d'appâter Ingrid en lui soumettant quelques scénarios. Ils ne plaisent pas à la jeune femme, qui n'en manifeste pas moins son désir de changer de metteur en scène. On commence à deviner plus qu'une légère fissure dans l'idylle de Stromboli...

XIII

DÉSILLUSIONS

EN février 1955, Ingrid et Roberto arrivent à Stockholm pour y présenter leur *Jeanne au Bûcher*. Mais la presse se montre si hostile qu'Ingrid se fâche contre ses compatriotes et jure de ne plus jamais remettre les pieds dans son pays.

Au début pourtant, le retour au bercail semble idyllique. Par 11° au-dessous de zéro, le roi Gustave VI, Adolphe et la reine, entourés de toutes les personnalités de Stockholm, affrontent la plus forte tempête de neige de l'année pour assister à la Première de l'opéra d'Arthur Honegger et de Paul Claudel, mis en scène par Roberto Rossellini. Fleurs, ovations, bravos ne désarment pas la critique, à vrai dire acerbe, des courriéristes suédois. L'un d'eux écrit : « M. Rossellini nous a présenté un court-métrage en Cinémascope en couleurs. » Ce qui n'empêche pas les places de se négocier une petite fortune au marché noir. Pour assister aux représentations, certains ont, trois semaines auparavant, fait la queue une nuit entière sur les marches de l'Opéra.

Le papier de Stig Ahlgren dans le *Weekly Journal* la blesse particulièrement : « La critique s'est montrée acide à l'égard d'Ingrid Bergman ici comme à l'étranger. Son registre est étriqué. Le ton de sa voix est trop trivial. Elle ne sait pas ce qu'est la passion, etc. Ingrid Bergman n'est pas une actrice au sens habituel du terme... La comparer aux actrices professionnelles est à la fois minable et injuste. Elle se promène dans le monde, et se produit pour de l'argent. L'organisateur de ses spectacles est Roberto Rossellini, avec qui elle a eu trois enfants et une Rolls Royce... Mais pourquoi la critiquer ? Ingrid Bergman n'est pas une actrice, mais une femme d'affaires avisée... Elle est une marchandise, pour le moment appréciée, offerte sur un marché libre... »

Dans l'esprit d'Ingrid, les attaques de la presse l'emportent sur les manifestations bienveillantes du public. Et elle explose à l'occasion d'une fête de charité. Invitée à dire quelques mots aux assistants, elle lance sa contre-attaque : « Lorsque, le soir de la Première de *Jeanne au Bûcher*, le rideau tomba sous les acclamations du public, je dis à mon mari : "Maintenant, je puis mourir tranquille !" J'aurais, en effet, mieux fait de mourir ce soir-là, car alors je n'aurais pas eu à lire les choses incroyables que l'on a écrites en Suède sur mon compte. » Et Ingrid cite quelques-uns des articles incriminés : « ... à défaut d'un succès aux Etats-Unis, Roberto Rossellini l'exhibe dans le monde entier contre argent cash... » ; « C'est dans un bruit de billets de banque que brûle chaque soir le bûcher de Jeanne... » ; « Elle a eu de Roberto trois enfants et une Rolls Royce... »

De plus, pâle et tremblante, elle se plaint d'être persécutée par les journalistes et les photographes qui la pourchassent partout et n'hésitent pas à pénétrer par la fenêtre de sa chambre d'hôtel pour prendre des clichés de Roberto endormi ou des enfants !

Finalement, tout s'arrange. Les attaques s'atténuent, les manifestations du public sont plus chaleureuses et, à la fenêtre de son wagon, le jour de son départ, émue de joie, Ingrid s'écrie : « Au revoir, merci, je reviendrai ! » Ce qui ne l'empêche pas à son retour en Italie d'exprimer sa rancœur : « La presse de mon pays natal s'est montrée acharnée. Les Suédois eux-mêmes ont été, en revanche, très gentils. Lorsque je me suis rendue à Stockholm, pour présenter *Jeanne au Bûcher*, ils m'ont guettée dans la neige pour me lancer des fleurs. Mais les journaux n'ont pas désarmé. S'il subsiste en moi quelque amertume, c'est à eux que je la réserve. Ils ne supportent pas que l'on s'évade de leur conformisme. Avant moi, ils ont attaqué Greta Garbo, et le grand sculpteur Carl Milles. Aujourd'hui, ils s'en prennent au Dr Dag Hammarskjold, qui est devenu Secrétaire général des Nations-Unies. (...) Lorsque je me rendis en Suède avec mes enfants, on me supplia de les laisser photographier. Quand les photos parurent, on m'accusa de les utiliser pour ma publicité. Les reporters nous harcelèrent à tel point que, lors d'un gala organisé au profit des enfants frappés par la poliomyélite, je décidai de m'adresser au peuple suédois, devant trois mille personnes. Mes genoux tremblaient. On me tendit le microphone. On m'avait posé la question suivante :

– Quels sont vos sentiments alors que vous retrouvez la Suède après seize ans d'absence ?

Je répondis :

– Ils sont mélangés. Je suis Suédoise et j'ai toujours aimé mon pays. Mais la presse m'attaque et m'insulte. Tout ce que vous lisez sur moi dans vos journaux est faux.

A chaque détail que je donnais, la salle tapait des pieds. Je vis des gens pleurer. Je pleurais moi-même en quittant la scène. Je parlai encore le lendemain soir, à la radio. On remarqua que la consommation d'eau, durant l'émission, tomba pratiquement à zéro dans tout le pays, ce qui prouvait, me dit un officiel, que tout le monde m'avait écoutée. La presse suédoise rendit hommage à mon courage. Cependant, après un court armistice, les hostilités furent rouvertes par le collaborateur d'un magazine de Stockholm qui prétendait m'avoir interviewée à Londres. Il affirmait que je lui avais annoncé que j'allais divorcer d'avec Roberto Rossellini. Je ne l'avais jamais vu ! »

Pourtant, ces rumeurs ne sont pas infondées. Le désastre financier et artistique de son duo avec Rossellini est flagrant, menaçant gravement leur mariage. « Dès le début, l'union d'Ingrid et de Roberto a paru un peu bizarre, dira Fellini. Cela semblait du même ordre que les relations de Pinocchio avec la fée aux cheveux bleus. Grâce à Ingrid, Roberto aurait pu devenir un bon garçon... mais avant que cela ait pu se produire, la bonne fée est partie. Le miracle ne se produisit jamais. »

Les dettes du couple sont énormes et Rossellini court sans cesse après l'argent. « Il n'a jamais la valeur de l'argent, soupirera Ingrid. Moi je hais la prodigalité. » Peut-elle encore changer Roberto et y croit-elle un seul instant ? Un exemple est édifiant. Ainsi, pour une scène du film *Voyage en Italie* se passant à Capri, il transporte toute l'équipe dans l'île : or, c'est pour tourner dans une chambre quelconque, sans vue sur la mer, qu'il aurait pu trouver n'importe où, à Rome ou à Naples. Cette façon de faire avait donné au début *Rome, Ville ouverte* et *Paisà*. Maintenant, elle ne donne plus rien.

Pourtant, il est toujours Rossellini et sa vedette est la plus grande du monde. Il ne comprend pas qu'à son tour il fait erreur sur la personne. A la comédienne, il faut des studios, un emploi du temps, un dialogue écrit à l'avance, des gestes réglés en même temps que des éclairages. Alors elle peut ne penser qu'à son jeu et redevient la grande Bergman. Avec Rossellini, c'est impossible. De plus, il ne trouve pas les sujets qui conviendraient à Ingrid. Inconsciemment, il continue de travailler pour son ancienne vedette, Anna Magnani. Avec elle du moins, il a fait des merveilles. Avec Ingrid, il fabrique des séries de catégorie B. Des cinq films qu'ils ont tournés ensemble, aucun n'a eu de succès. A travers ces ratages, c'est Hollywood et le néo-réalisme qui découvrent leur incompatibilité d'humeur. La star formée aux lumières artificielles de l'Amérique joue les objets de musée dans les ruelles solaires de Naples.

Ingrid l'organisée, la méthodique, commence à trouver insupportable la façon de vivre de son époux. Comme le reconnaît Isabella Rossellini : « L'image la plus forte que je garde est celle de papa au lit. Il adorait y rester, il pouvait y traînasser des journées entières. Pour ne pas gaspiller son énergie. Certains appelleront cela de la paresse, moi, je voyais dans cette nonchalance physique une forme de sagesse et de raffinement intellectuel. »

A l'inverse, Ingrid est d'une énergie débordante. Elle marche au pas de course. Quand elle ne tourne pas et ne joue pas au théâtre, elle astique la maison ou réorganise tout de fond en comble. Sa fille Isabella le reconnaît : « La grande passion de maman, c'était faire le ménage. » Elle y trouve plaisir et réconfort et sera, toute sa vie, accro aux grands nettoyages de printemps. Elle a un sens pratique, adore bricoler ou jardiner, trouve toujours à s'occuper en tricotant, lisant ou traquant la poussière.

Incompatibilité de caractères et d'éducation. « A l'époque du tournage de *Vacances Romaines*, je suis allée voir Ingrid avec Audrey Hepburn, se souvient Gregory Peck. Ingrid s'était donné un mal fou pour préparer un déjeuner hollywoodien. Elle ne cessait de s'excuser de l'absence de Roberto. Cela la blessait vraiment. Enfin, il arriva, mais ne s'assit pas avec nous. Il alla s'allonger sur une chaise longue en bâillant, étirant ses membres. Les gens d'Hollywood ne l'intéressaient pas. J'ai trouvé qu'il se comportait comme un enfant gâté. »

En 1956, la presse italienne constate la faillite du couple sur le plan artistique et parle sans fard de « l'effondrement d'un mythe ». En fait, à cette date, ce n'est pas seulement le mythe, c'est le couple lui-même qui s'est brisé. Pour commencer, il faut vivre. On a des ennuis d'argent. Sollicitée par Renoir, Ingrid Bergman accepte – c'est la première fois – de tourner un film sans son époux : *Elena et les Hommes*. Rossellini se résigne et donnera comme plaidoyer : « Comme j'étais de plus en plus seul, impécunieux et couvert d'opprobre, Ingrid, qui, en bonne Suédoise, avait les pieds sur terre, a commencé à dire :

– Il faut tout de même essayer de faire quelque chose pour résoudre notre problème strictement économique : celui d'avoir un peu d'argent en banque pour vivre. »

Mais lui-même reçoit une proposition de tournage d'un documentaire en Inde. Leurs chemins se séparent. Pour Ingrid, tourner un *vrai* film avec un *vrai* scénario – elle n'a plus vu cela depuis sept ans – ressemble à un bonheur irréel. Le tournage a lieu de novembre 1955 à début mars 1956. Il lui faut quitter Rome pour Paris. Ce n'est rien encore, mais c'est déjà la moitié du chemin vers Hollywood. « Riez, dit Renoir, vous avez un si beau rire ! » Elle rit et va reprendre goût au succès.

Renoir est l'artisan de sa renaissance. « Quel être adorable que Jean Renoir, confiera-t-elle à *L'Aurore* cette année-là. Je l'ai connu en 1941, à Hollywood. Il ne vivait pas comme les autres vedettes, dans un faste surfait et artificiel avec des piscines en marbre et des courts de tennis. Chez lui, je retrouvais la France avec des meubles de province, les tableaux de son père, des vins rouges et du gigot. Nous devînmes vite de grands amis. Il est innocent et naïf, propre comme un enfant. C'est très important pour un créateur, il voit toujours le bon côté des choses. Je ne l'ai d'ailleurs jamais entendu dire du mal de quelqu'un. »

Elena et les Hommes raconte l'histoire d'une princesse polonaise séduisante, impulsive, irréfléchie, dont la manie consiste à vouloir se rendre indispensable à tout prix. Elle ne s'intéresse aux autres que dans la mesure où elle pense qu'ils ont besoin d'elle et qu'elle leur sert de talisman. Elle s'enthousiasme aussi vite qu'elle se lasse pour les êtres et les causes qu'elle croit nobles. Successivement, inspiratrice d'un compositeur et compagne d'un riche industriel, elle fait la connaissance du héros du jour, le général Rollan, que la ferveur populaire pousse à méditer un coup d'Etat. Elle se passionne aussitôt pour le rôle d'égérie qu'elle se croit appelée à jouer. Mais elle découvre bientôt qu'à force de se consacrer aux autres, elle n'a pas eu le temps de s'occuper d'elle-même. Et, ainsi que le dit Jean Renoir, « elle abandonne les hommes qui ont besoin d'elle pour s'attacher à celui dont elle a besoin ».

Ce trente et unième film de Jean Renoir est une occasion de rêve pour Ingrid de s'échapper de sa cage dorée romaine. Jean Renoir, en imaginant ce personnage, n'a cessé de penser, du moins l'affirme-t-il, à Ingrid Bergman. Il désirait depuis longtemps tourner avec elle. A Hollywood, il lui avait déjà proposé un scénario dont l'émouvante héroïne avait un bec-de-lièvre. Les producteurs yankees n'avaient pas voulu infliger à leurs spectateurs le spectacle de Bergman avec cette disgrâce et l'affaire ne s'était pas faite. « Qu'à cela ne tienne, nous aurons bien un jour l'occasion de travailler ensemble », avait répondu le metteur en scène à Ingrid. Près de quinze ans plus tard, tous deux se retrouvent effectivement devant un contrat :

– Enfin, j'ai quelque chose pour toi, dit Renoir. Que penses-tu de mon *Elena* ? Cette fois, tu n'as plus de bec-de-lièvre… tu es belle… et cela te permet d'aborder la comédie.

Entre Mel Ferrer et Jean Marais, Ingrid renoue avec le bonheur des *vrais* plateaux. L'artiste assoiffée de travail qu'elle a toujours été retrouve son élément et se montre aussi à son aise dans la version française qu'anglaise du film. Mel Ferrer, alors l'époux d'Audrey Hepburn, se souvient d'une scène révélatrice pendant le tournage : « Ingrid était assise, un châle drapé autour de ses épaules, dans une loge non chauffée et je m'inquiétais pour elle :

– Pourquoi restez-vous là, dans cette pièce glaciale, à attendre qu'on vous convoque sur le plateau, alors que le film ne sortira sans doute pas aux Etats-Unis ? Je veux dire que ce ne sera pas un grand film. Jean baisse beaucoup ces temps-ci, ce n'est plus le grand Renoir. Mais pourquoi restez-vous assise dans cette glacière ?

– Mel, je travaille parce que j'aime cela, répondit-elle. Je travaillerai encore quand je serai vieille, et je jouerai des rôles de grand-mère. »

Comme le reconnaît Isabella Rossellini : « Quand on lui demandait : “Qu'est-ce qui compte le plus pour vous dans la vie ?”, elle rougissait et, mal à l'aise, finissait toujours par avouer : “Mon métier”, incapable d'inventer un mensonge diplomatique ou de noyer le poisson, même si je sais que, par égard pour ses enfants, elle aurait préféré répondre : “Ma famille”. »

Après les quatorze semaines de tournage d'*Elena et les Hommes*, elle fait bientôt une autre infidélité à Roberto en acceptant *Anastasia* [1]. Mais elle accepte ce

---

1. Spyros Skouras, directeur de la Fox, accepte la suggestion de Kay Brown d'organiser le retour d'Ingrid dans le circuit hollywoodien pour cette adaptation.

film à condition de ne pas tourner aux Etats-Unis. « Je ne veux plus retourner aux Etats-Unis, à cause de Pia, ma fille aînée. Je souffre beaucoup de ne pas la voir. Mais si j'allais en Amérique, ce serait terrible. Elle a dix-sept ans. C'est un âge important dans la vie. Une adolescence heureuse est une merveilleuse préparation à l'existence. Or, je n'aurais pas posé le pied à New York que le scandale éclaterait. Les commères s'en donneraient à cœur joie. Elles assiégeraient Pia. Les journalistes lui poseraient des questions indiscrètes et pénibles qui risqueraient de compromettre son équilibre. Tant que je suis ici, on lui laisse la paix. Elle est la fille de mon premier mari, le Dr Petter Lindstrom. Si je retournais en Amérique, elle serait la fille d'Ingrid Bergman ! Quand elle sera libre et qu'elle aura une vie bien à elle, ce sera différent. » Et quand on la pousse dans ses retranchements, Ingrid précise : « Avec Pia, j'entretiens une correspondance assidue. Mais quand on aime, il faut se sacrifier : c'est dans son intérêt que je ne retourne pas aux Etats-Unis. »

Anastasia est tourné par Anatole Litvak à Londres, Paris et Copenhague. Ingrid passe sans transition du doublage du film de Renoir aux essais de maquillage d'*Anastasia*. L'actrice et Yul Brynner tourneront de mai à août 1956. Ingrid laisse ses enfants en Italie : « Lorsque j'ai tourné *Anastasia*, c'était l'été : ils étaient en Italie et avaient le soleil, la mer et leurs grands-parents qu'ils adorent. A Londres, je ne les aurais pas vus de la journée. Ils auraient été couchés quand je rentrais du studio. Je leur écrivais, je leur téléphonais. »

Adapté d'une pièce de théâtre, le sujet du film est aussi simple que possible : il tient tout entier dans un entrefilet que l'auteur, Marcelle Maurette, spécialiste des pièces historiques, découvrit en 1952 dans un vieux numéro de *L'Illustration*. Il était question de 10 millions de dollars dormant à la Banque d'Angleterre depuis la mort de Nicolas II, ex-tsar de Russie, leur dépositaire. Il était question aussi d'une inconnue qui, onze ans après la mort du tsar, réclamait ces 10 millions de dollars. « Je suis, affirmait-elle, la grande-duchesse Anastasia, fille de Nicolas, que tout le monde a crue morte, et qui survit par miracle. » Elle n'était peut-être qu'une aventurière. Le film exploite avec intelligence cette interrogation.

De ce tournage, Ingrid dira : « C'était un beau film, et je travaillais avec une grande actrice, Helen Hayes, et un grand metteur en scène, Anatole Litvak. Yul Brynner était au début de sa carrière. Il venait de remporter un énorme succès avec *Le Roi et Moi*, et il était plein de gentillesse, plein de compréhension, un merveilleux ami. Roberto n'est venu me voir qu'une fois pendant le tournage du film. Je pense que beaucoup de gens se rendaient compte que notre mariage craquait. »

Evidemment, Rossellini ne peut que mépriser une telle production alors qu'Ingrid l'adore. Ce qu'Isabella Rossellini résume en disant : « Mon père, avec son esprit rigoureux, moral et sans artifice, trouvait amusant ce qui élargissait sa vision du monde et s'obtenait au terme d'une recherche longue et scrupuleuse sur le plan historique. Ma mère, elle, bien qu'aimant les films de mon père, ne dénigrait pas pour autant le divertissement hollywoodien, les films avec des stars fascinantes et pleines de brio, les histoires bien enlevées avec une intrigue sentimentale, du suspense et des aventures incroyables, comme *Anastasia*, par exemple, qu'elle a tourné en 1956. Alors que les erreurs historiques de cette œuvre ont certainement exaspéré mon père, tout comme la romance, la valse et l'idée que l'amour résout tous les problèmes, thème présent dans tout le cinéma hollywoodien. Si mon père l'avait réalisé, ce film aurait été complètement différent. La question de savoir si Anastasia était la fille du tsar n'aurait jamais servi de pivot à l'histoire. S'en tenant rigoureusement aux faits, papa aurait présenté son héroïne comme un personnage emblématique, une victime de la guerre, pour montrer le drame vécu par tant de gens, le choc, l'amnésie, l'exil, la perte de l'identité. Le film se serait référé aux événements politiques et sociaux de l'époque, aux années précédant la Première Guerre mondiale, à la révolution russe, à Lénine, au déclin des monarchies européennes et... maman n'aurait pas remporté son Oscar, car il n'aurait diverti personne. »

La scène la plus spectaculaire se tourne aux studios anglais de la MGM, à Elstree. Elle reconstitue un bal extrêmement brillant, au cours duquel l'héroïne joue une partie serrée, extrêmement délicate puisque c'est de celle-ci que dépend la réussite du complot dont elle est devenue le centre. Des centaines de figurants et figurantes, vêtus de somptueux costumes, contribuent à la splendeur de cette reconstitution dont le centre d'intérêt est évidemment Ingrid. « A la voir évoluer avec tant de grâce et danser avec une légèreté aérienne, personne ne se doutait de l'effort fourni par la comédienne pendant de longues journées de répétitions sous la direction de Catherine de Villiers, grande spécialiste des danses anciennes, telles qu'on les exécutait à la Cour de Russie », dira Yul Brynner.

Pourtant, Ingrid avoue volontiers qu'elle n'a pas de dispositions pour la danse : « Bien entendu, je ne me débrouille pas trop mal lorsqu'un cavalier guide mes pas. Mais il en est tout autrement lorsqu'un rôle m'oblige à me mouvoir avec grâce et légèreté devant les caméras... » C'est cette gaucherie que Mme de Villiers s'est employée, à la grande satisfaction d'Anatole Litvak, à vaincre et à corriger. « Il ne me reste plus, s'exclame Ingrid, au sortir du supplice, qu'à solliciter un rôle dans un film "musical". »

De ce tournage heureux, Ingrid confiera à *Marie-Claire* (décembre 1956) : « Il faut avoir une âme d'enfant pour entrer dans cette profession, sinon, il vaut mieux faire autre chose. Tout le monde paraît content ; tout le monde rit de la plus petite plaisanterie. A Londres, mon partenaire Yul Brynner jouait de la guitare entre deux prises de vue. Yul est un bon photographe. Nous fixions sur la porte de sa loge, pour le taquiner, des pancartes ainsi conçues : “Photos en blanc, noir, ou sépia, sur commande. Rouleaux développés dans l'obscurité complète. Pour dames seulement.” Helen Hayes interprétait le rôle de l'impératrice douairière de Russie. C'est une merveilleuse actrice. Quand elle était sur le plateau, tout le monde venait la regarder et l'admirer. Cependant, entre les prises de vue, assise dans un coin, à l'écart, on ne la remarquait guère… »

Anastasia contribue à la résurrection professionnelle d'Ingrid autant que le succès, en France, du film de Renoir. Et bientôt, elle accepte la proposition d'Elvire Popesco de jouer la pièce *Thé et Sympathie* au Théâtre de Paris. On espère confier la mise en scène à Roberto, mais il refuse et Jean Mercure en hérite. La Première est prévue à Paris le 1er décembre 1956. Ingrid jouit toujours, en dépit de son éclipse professionnelle, du prestige d'avoir été la super-vedette de l'écran américain. Après tout, qu'est cette exilée sinon une grande amoureuse qui a consenti, au nom de l'amour, les plus grands sacrifices ? Elle se sent revivre à Paris. Oui, cette « grande pécheresse » (ainsi qu'en jetant mille imprécations, la *columnist* hollywoodienne, Louella Parsons, l'a appelée) signe un nouveau bail avec la vie. Elle tourne une page de son existence mouvementée.

Elle n'a plus aucune illusion sur l'avenir de son histoire avec Roberto. Il suffit d'un voyage de celui-ci aux Indes pour faire craquer les dernières apparences : depuis longtemps, les grandes flammes de la passion sont éteintes. Roberto, né volage, est décidément peu fait pour un amour fidèle. Elle se prépare à la Première de la pièce (qui aura une féconde carrière) en dépit du fait que Rossellini ne cesse de fulminer contre ce qu'il appelle « sa déplorable médiocrité ».

Mais la Première est repoussée : crise d'appendicite de l'actrice [1]. En ce mois de décembre 1956, Ingrid est encore convalescente. Elle se sent lasse et n'a aucune envie de répéter. Soudain, coup de téléphone : c'est son vieil ami Vittorio de Sica qui est de passage à Paris pour assister à la Première de son film *Le Toit.* Il demande s'il peut monter. Elle commence par refuser et finalement accepte. Ingrid demeure silencieuse, les jeux de mots de Vittorio la laissent impassible ; elle presse contre sa joue son petit chat siamois et se tait. Vittorio avise, sur une table, le manuscrit de *Thé et Sympathie* :

– Vous n'allez pas commencer à lire, dit Ingrid.

– Si, et qui plus est, à haute voix, j'ai un accent français inimitable. Vous connaissez la pièce par cœur, eh bien ! je parie que je vous ferai rire.

De Sica commence sa lecture. Ingrid est de plus en plus renfrognée mais, au bout d'un instant, il jette un coup d'œil vers elle, son visage s'est éclairé et un sourire se dessine sur ses lèvres. Il poursuit ses efforts et soudain Ingrid éclate de rire. Vittorio a gagné. Il referme le manuscrit et prend sur ses genoux les enfants de la vedette qui a retrouvé tout son entrain.

L'actrice reprend les répétitions interdites aux journalistes jusqu'à la Générale : amorcée dans le plus grand secret par Elvire Popesco, la directrice, et par Jean Mercure, le metteur en scène, cette pièce est un vrai événement théâtral. Ingrid Bergman fait ses débuts sur la scène parisienne dans un rôle extrêmement délicat.

1. Le 14 décembre 1956, elle est opérée de l'appendice à l'hôpital américain de Neuilly.

Car le sujet de la pièce est scabreux. *Thé et Sympathie*, de Robert Anderson (adaptation de Roger Ferdinand), raconte comment l'élève d'un collège – jeune homme d'apparence un peu féminine – est déniaisé par la femme du directeur, laquelle s'offrira à lui pour en faire un vrai homme.

Quel garçon pouvait tenir ce rôle non moins délicat ? Après cinq cents auditions, Jean Mercure déniche l'oiseau rare : vingt-deux ans, yeux bleu pervenche, cheveux blonds bouclés, marié récemment avec la jeune comédienne Françoise Rasquin, il s'appelle Jean-Loup Philippe.

La Première est un triomphe personnel pour l'actrice, même s'il marque l'échec définitif de son mariage avec Roberto : « A la fin du dernier acte, dira Ingrid, j'ai vu que Roberto était dans les coulisses. J'ai salué avec tout le monde, et l'ovation était énorme. Je me suis souvenue qu'après *Jeanne la Lorraine*, à New York, je m'étais dit que jamais plus je ne récolterais de tels applaudissements. Mais ici, c'était pareil. La salle était en délire. Debout, les spectateurs hurlaient et applaudissaient. Les "bravos" n'arrêtaient plus. Et puis je suis allée saluer seule au milieu de la scène, et en me relevant de ma révérence, j'ai tourné la tête et j'ai vu Roberto. Nos regards se sont rencontrés, nous nous sommes regardés bien en face. Et j'ai compris que, même si nous restions ensemble, mon mariage était terminé. »

L'une des actrices de la pièce, Simone Paris, le devine : « Je regardai dans sa direction. Il était rouge de rage », dit-elle. Le soir même, Roberto fonce sur la route de Paris vers Rome, d'où il partira enfin pour l'Inde. Ses derniers mots à Ingrid seront : « Ça ne tiendra pas une semaine. Tu vas tuer cette horrible pièce. » Mais la critique l'encense et le public l'adore, même lorsque l'actrice trébuche sur les dialogues en français. « Dans la pièce, expliquera Ingrid, je suis la femme du directeur, et à un certain moment, le père d'un élève m'explique combien il s'inquiète pour son fils, qui est une femmelette et ne pratique aucun sport viril. Prenant la défense du garçon, je dis : "Mais qu'est-ce que vous me racontez là ! Il est champion de tennis ; en tennis, c'est le champion de l'école." Je sors ma réplique, et la salle entière s'écroule. Un gigantesque éclat de rire. Je regarde mes deux partenaires, le père et le directeur, et je m'aperçois qu'ils ont tourné le dos au public pour cacher le rire qu'ils n'arrivent pas à contenir. Mine de rien, je m'approche du père et je demande :

– Mais qu'est-ce que j'ai fait, qu'est-ce que j'ai dit ?

– Champignon, glousse-t-il. Tu as dit : champignon.

Du coup, je me suis mise à rire, moi aussi. Je me suis tournée vers le public, j'ai levé les bras au ciel en signe d'impuissance, et j'ai crié :

– Pas le champignon, le champion de l'école !

Un homme a fait :

– Bravo, bravo !

Et la salle entière s'est levée pour applaudir. Il a fallu attendre cinq minutes encore pour que les rires se calment et que nous puissions continuer. »

Ingrid joue la pièce pendant neuf mois à guichets fermés. C'est le triomphe de la saison. Pendant toutes ces représentations, elle est très proche de l'auteur, Robert Anderson [1]. C'est un bel homme âgé de trente-neuf ans seulement, qui plaît aux femmes, et est doué d'une sensibilité exceptionnelle. Leur tendre amitié, pendant ces longs mois, prouve à l'actrice que ses années de folie italienne sont révolues. Roberto tourne

1. La femme d'Anderson, Phyllis, productrice et agent littéraire, venait de mourir après avoir combattu un cancer pendant cinq ans. Anderson était effondré, incapable d'accomplir les gestes élémentaires de la vie quotidienne, d'écrire.

son film aux Indes. Pendant ce temps, elle gagne tour à tour un deuxième Oscar et le Prix de la Critique new-yorkaise pour *Anastasia*.

Mais une autre joie lui est plus précieuse encore : durant l'été 1957, Pia arrive à Paris, consacrant ainsi une merveilleuse réconciliation. La confiance de la mère se justifiait : plus personne ne peut dire à Pia : « Tu n'as pas le droit de revoir ta mère. » C'est dans la carlingue d'un avion vide de ses passagers, immobilisé sur l'aire d'arrivée du Bourget et gardé contre les photographes et les journalistes, qu'Ingrid refait connaissance de sa fille. Elle avait laissé une enfant de douze ans, nommée Pia. Elle retrouve, tombée du ciel, une jeune fille de dix-huit ans, nommée Jenny Ann. Ingrid est arrivée la veille de Rome (où une de ses jumelles, Isabella, cinq ans, venait d'être opérée de l'appendice). Pâle, nerveuse, seule, elle attend 45 minutes l'avion qui a du retard, et, traquée par les photographes, se réfugie jusqu'à l'instant de l'atterrissage dans les bureaux de la Scandinavian Airlines. Vingt minutes vont suffire à effacer six années d'incompréhension et de séparation. Vingt minutes de tête à tête dans la cabine déserte de l'appareil (avec pour seul spectateur un photographe scandinave dissimulé dans le poste de pilotage).

Lorsque Ingrid l'a quittée en 1951, l'enfant a crié : « Jamais plus je ne reverrai ma mère. » Quand la mère et la fille réapparaissent sur la passerelle, se tenant par le bras, toutes deux sourient. Mais Ingrid a pleuré. Plus tard, on lui demande comment elle a retrouvé sa fille. Dominant son émotion, elle répond simplement : « Plus âgée de six ans. » Elles ont la même silhouette et, quand on les voit de dos, on ne peut pas dire laquelle est la mère, laquelle la fille. Jenny Ann Lindstrom est alors étudiante à l'Université du Colorado. Après la première journée passée ensemble dans un appartement de l'hôtel Raphaël, Ingrid conduit sa fille au Louvre et à Versailles. Mais la grande étape du voyage de Jenny est l'Italie. Avec sa mère, elle part pour la propriété que les Rossellini possèdent à Santa Marinella, près de Rome, pour y faire la connaissance de ses demi-frère et sœurs qui, pour mieux l'accueillir, ont déjà appris quelques mots d'anglais. Pour la première fois, Ingrid est entourée de ses quatre enfants. Son bonheur semble parfait. Cependant, il ne va pas durer.

Car depuis longtemps, elle ne cache plus à ses intimes les ombres qui menacent sa vie conjugale. Il est loin, le temps merveilleux des amours de Stromboli. Loin aussi, le temps où Rossellini se comportait en mari attentionné. Si elle en apprécie la chaleur, l'exubérance toutes latines, Mme Rossellini subit avec une lassitude croissante les rodomontades, les colères d'un mari aigri par ses insuccès. Séparée de lui par des milliers de kilomètres, elle peut réfléchir. Lentement, mûrit dans son esprit cette constatation amère : sa romanesque passion pour l'Italien chauve l'a conduite, à bien des égards, sur la mauvaise pente. Aussi, lorsqu'elle apprend le scandale causé par Roberto à Bombay [1], son aventure avec la jeune Indienne Sonali Das Gupta, elle pleure très longtemps ; mais à travers ses larmes, elle comprend que l'inconduite du metteur en scène est cette goutte d'eau qui fait déborder le vase. Elle s'accroche avec une force désespérée à ses inoubliables souvenirs de bonheur, pour tenter de conserver l'amour au fond de son cœur. Sans doute a-t-elle trop

1. Rossellini est depuis près d'une année aux Indes, quand à nouveau les journalistes commencent à traquer sa femme. Il est beaucoup question d'une jeune Indienne, Sonali Das Gupta, qui collabore au film de Rossellini et dont le mari demande le divorce, accusant l'Italien d'entretenir avec elle des relations coupables. Sonali débarque un jour à Paris, et certains journalistes prétendent que c'est pour demander à Ingrid de rendre la liberté à Rossellini.

cru au bonheur, sans doute a-t-elle trop aimé Roberto pour pouvoir l'aimer moins, l'aimer malgré tout. Elle récapitule les dates cruciales de sa vie mouvementée et durant ces vacances familiales, elle se décide.

Ses enfants la consolent de tous ses déboires et constituent le plus solide rempart de son bonheur. Peu à peu se cristallise en elle l'idée de la séparation. Longtemps, avec une prudence qui est chez elle un mélange d'honnêteté et d'amour, Ingrid fait le tour de sa vie et, surtout, de sa magnifique aventure. Magnifique au début, mais vite ensevelie sous les décombres de la grisaille, comme ces volcans qui brûlent tout sur leur passage, et redeviennent brusquement ce qu'ils étaient : un immense trou noir parsemé de laves, de pierres blanches...

Rossellini débarque à Paris en octobre 1957. Ils se retrouvent à Orly, par une morne journée de pluie. Ingrid, brusquement détachée de la foule, se précipite dans les bras de Rossellini. Ils s'embrassent. Roberto, lentement, lisse de la main les cheveux de sa femme. Et, comme deux amoureux, ils s'enfuient vers leur hôtel. Mais tout n'est qu'illusion. La décision d'Ingrid est prise. Elle sait retrouver sa force de Suédoise têtue et lucide pour le signifier à Roberto, sans céder une fois de plus à son charme, à ses protestations d'amour. A la minute décisive, elle songe à la place qu'elle a reconquise au firmament des vedettes, et elle compare avec la carrière actuelle de son mari, si terne [1].

---

1. Pour les producteurs européens, Rossellini est devenu l'homme avec lequel il ne faut plus rien risquer. Il est accablé de dettes et de procès. Il est parti pour l'Orient comme un vieil acteur réduit aux tournées de province en comptant y faire du documentaire pour le gouvernement indien, gagner de l'argent, ne plus laisser la maison dépendre des cachets d'Ingrid. Son orgueil de mari italien l'emporte encore sur l'amertume du créateur vaincu.

De cette bouleversante aventure romanesque, que reste-t-il, maintenant ?... Un homme qui a fui son pays, ses amis, un homme qu'on blâme. Et une femme qu'on plaint de s'être laissé enserrer dans les rets de l'indicible charme latin. Ingrid prononce le mot « divorce » et, calmement pour une fois, Roberto, consent.

En fait, c'était leur ultime scène d'amour. Quinze jours plus tard, ils s'envolent pour Rome. Mais ils sont préoccupés, lointains. Personne ne le sait encore, mais tout est fini ; le dernier jour d'octobre, ils ont rédigé une lettre commune : « ... Après une longue réflexion, nous avons pris la décision de nous séparer définitivement. Nous avions constaté, depuis longtemps déjà, la difficulté qu'il y avait pour nous à poursuivre notre vie en commun... »

Le 7 novembre 1957, c'est la scène finale. C'est à peine s'il y en a pour quarante minutes, tout compris, au palais de justice de Rome. Ingrid et Roberto écoutent un petit juge latin prononcer leur séparation de corps d'une voix neutre, calme, posée, comme s'il parlait d'individus quelconques en proie au démon de midi, ou de quelque sordide conflit d'intérêts. Rossellini, l'œil dans le vague, semble impassible ; Ingrid presque apaisée. Le cinéma a assez emprunté à la vie pour que la vie, ce jour-là, emprunte quelque chose au cinéma : cette dignité glacée derrière laquelle il se passe quelque chose. Mais il est temps d'en finir.

Les traits tirés, Rossellini ratisse avec nervosité ses cheveux rares. Quant à Ingrid, droite et volontaire, elle commence à cligner les yeux, comme pour en expulser une poussière rétive. Ils sortent ensemble et tout naturellement en se donnant le bras. Ils retournent ainsi à la maison, via Bruno Buozzi. Fellini les rejoint. C'est le déjeuner d'adieu. Il manque seulement les trois enfants du couple dont le sort vient d'être scellé. On les a mis à l'écart. Personne n'ayant faim, on prend le parti de sourire et de parler. Seuls les domestiques laissent voir leurs larmes [1]. Finalement, Rossellini lance un adieu général et s'éclipse d'un saut, comme s'il en avait assez d'attendre le mot « fin » sur son écran intérieur.

Ingrid ne part que le surlendemain. Un adieu à Rome. Jamais il n'y a eu tant de caméras et de micros à l'aérodrome de Ciampino. Avec huit valises et deux sacs de cuir, Ingrid Bergman se rend à Londres commencer un film et recommencer sa vie. A quarante-deux ans. Sur le tarmac, les photographes italiens, émus, s'écrient : « Revenez, Ingrid, revenez ! » Elle monte dans l'avion sans se retourner. Et alors, quand tout est dit – parce que c'est plus simple et aussi parce qu'elle n'en peut plus – elle se met à pleurer sans bruit avec un restant d'orgueil tout au fond de sa faiblesse, libérant à travers ce naufrage huit années de bonheur et de chagrin, huit années de la vie d'une femme.

1. La femme de chambre d'Ingrid pleure : « … Ma patronne dit-elle, a les yeux secs, c'est parce qu'elle a beaucoup pleuré ces dernières années… Maintenant, elle ne peut plus. C'est elle qui a pris la décision de quitter son mari… »

XIV

REMARIAGE

Le divorce a été rapide, presque chirurgical. On sauve de la débâcle ce qui peut l'être : l'avenir des enfants, les souvenirs, l'amitié. « J'espère, déclare Ingrid Bergman dans une conférence de presse qu'elle fait à Londres, que notre séparation chassera la malchance qui a poursuivi Roberto depuis notre mariage, même s'il faut pour cela que je la prenne sur moi. »

Toute la générosité naturelle de Bergman se trouve dans ces paroles. Mais pour le reste, c'est bien fini. Voilà Ingrid rendue à ses chers studios. Et Rossellini à sa solitude. Fait unique : la carrière de l'actrice, si violemment ébranlée par le scandale de l'adultère, repart en flèche. Rossellini reste seul, ce qui est, au fond, le vœu de toute son existence [1]. On lui prête des tendances

1. Dans les fragments de son autobiographie, Rossellini déclare même : « Je n'ai jamais été lié avec le milieu du cinéma italien ; jamais réellement admis ni vraiment concerné par lui. La solitude est ma base. Elle le sera jusqu'au bout. Ce n'est pas maintenant que je vais entrer dans le système. Il faut que je sois cohérent avec moi-même, comme vis-à-vis des gens envers qui je me sens des obligations. »

mystiques, un goût nouveau pour les philosophies extrême-orientales. C'est donner beaucoup d'importance à un désenchantement de créateur qu'un bon film suffirait à chasser.

De ses années avec Ingrid, il dira : « Après avoir lutté pendant huit années avec un courage immense, Ingrid s'était mise à raisonner en d'autres termes, mettant fin au rêve que nous avions nourri ensemble. Comment lui en vouloir ? Elle avait risqué pour moi toute sa carrière – et quelle carrière ! Elle avait mis sur la table, pour cette partie-là, l'enjeu le plus formidable qu'une femme ait jamais consenti à l'homme qu'elle aime. »

Trois jours après son arrivée à Londres, le 13 novembre, Ingrid commence le tournage d'*Indiscret* de Stanley Donen avec Cary Grant. C'est une comédie très boulevard dont les dialogues possèdent le charme et le raffinement des grands classiques d'Hollywood [1]. L'intrigue est simple : Anna Kalman (Ingrid Bergman), actrice de renommée internationale, retourne à Londres, après une longue tournée, pour se reposer. Elle y rencontre Philip Adams (Cary Grant), un diplomate de l'OTAN dont elle tombe amoureuse, bien qu'il lui ait annoncé être marié et dans l'impossibilité de divorcer. De fil en aiguille, Anna finit par apprendre la vérité sur cet irrésistible célibataire…

Cary Grant va lui-même proposer un des meilleurs textes du dialogue d'Ingrid : « Comment osez-vous faire l'amour avec moi et n'être pas un homme marié ? » Il est sûr de rendre chaque repartie du dialogue plus amusante encore. Le brio et la légèreté de l'acteur sont

1. A sa sortie, *Newsweek* écrira : « Les acteurs débobinent un flot de paroles dans ce dialogue exubérant de Krasna, élaboré avec une habileté de maître, une grande réussite et une subtilité qui ne diminue pas un seul instant en brio. »

tout ce qu'il faut à Ingrid sur le tournage. Le temps est froid et humide à Londres et une épidémie de grippe asiatique décime l'équipe de tournage, à commencer par le réalisateur. Avec courage, on continue de travailler. Malheureusement, d'autres doivent s'aliter. Margaret Johnson, une actrice australienne qui tient le second rôle féminin (la sœur d'Ingrid dans le film), commet l'impardonnable en rompant brusquement son contrat. Il faut tout reprendre avec Phyllis Calvert. Mais le jour même où elle signe son contrat, son mari meurt subitement, d'où de nouveaux délais imposés à la production.

Puis, un nuage de pollution s'abat sur Londres au début du mois de décembre. Le 18, c'est au tour du cameraman principal de tomber malade. Le monteur, l'assistant cameraman et la responsable des costumes sont les victimes suivantes, et peu après, une tempête de neige retarde encore le tournage.

Mais Ingrid traverse toutes ces épreuves sur un petit nuage, tant elle est soulagée, ravie presque d'échapper aux réalités de son mariage raté. « Elle était à l'aise, dans son élément, racontera Stanley Donen. Jouer est encore pour elle la meilleure thérapie. » *Indiscret*, cette romance londonienne bcbg, marque aussi le début d'une romance entre Ingrid et son compatriote Lars Schmidt. Ce dernier est d'ailleurs omniprésent sur le plateau de tournage. Cary Grant qui, en général, supporte mal les spectateurs, accepte de se montrer conciliant tant il sent la complicité entre Ingrid et Schmidt.

L'actrice paraît presque radieuse dans les robes de Balmain, Dior et Lanvin octroyées par la production. Son amitié pour Schmidt se transforme au fil des semaines en love-story. « Une raison pour laquelle je l'aimais bien, dira-t-elle, c'est qu'il nous arrivait souvent de plaisanter sur nos compatriotes. En outre, c'était très amusant de tromper la presse. Ils étaient tous en train d'écrire sur la pauvre Ingrid, séduite et abandonnée… et je me retrouvais avec Lars ! Avec lui, je commençais ma troisième vie. »

C'est la complice d'Hollywood, Kay Brown, qui a présenté les deux Suédois pendant les représentations de *Thé et Sympathie*. Lars Schmidt est un producteur théâtral de talent et séjourne lui aussi à l'hôtel Raphaël. Il est né le 11 juin 1917 à Gothenburg, d'une riche famille de tradition militaire. Cependant, toute sa vie, il ne connut d'autre passion que le théâtre. Dès 1947, il produit partout en Europe les pièces maîtresses d'Arthur Miller et Tennessee Williams. De haute stature et de belle prestance, il ressemble à Petter. Lars et Ingrid s'aperçoivent immédiatement qu'ils sont au diapason. De leurs premières rencontres, Lars Schmidt racontera : « Nous parlions de la Suède et d'un tas d'autres choses. Et puis les semaines ont passé. Comme d'habitude, je me baladais à travers le monde. Nous habitions toujours le même hôtel, mais elle était très occupée, et moi aussi. Nous ne nous sommes donc pas revus. Un matin, j'ai pourtant tenté ma chance. Je lui ai téléphoné pour lui demander si elle voulait bien déjeuner avec moi.

– Je suis désolée, mais j'ai les enfants.

Tant pis. Pour me consoler, j'ai demandé à un ami de m'accompagner, et nous sommes allés déjeuner à ce charmant petit restaurant du Bois de Boulogne. Mais là, installée à une table toute proche du lac, qui vois-je ? Miss Bergman en personne. A la fin du repas, je suis passé près d'elle, et, comme elle était en compagnie de Bob Anderson, je lui ai dit en suédois :

– Quelle bonne surprise ! Moi qui croyais que vous étiez avec vos enfants…

Elle m'a regardé et elle a rougi – jamais je n'avais vu personne rougir ainsi. Et puis elle m'a souri, elle m'a fait le plus charmant des sourires. Le soir même, je l'ai rappelée. La glace était définitivement rompue. »

Leurs rapports sont détendus et cette ambiance prend pour l'actrice une importance capitale, après le volcan Roberto. Elle admire surtout son assurance, la manière dont il comprend les acteurs et le fait qu'il ne cherche pas à exercer son autorité sur elle. Il a lui-même accompli une carrière professionnelle brillante et il soutient sans réserve Ingrid dans sa volonté de poursuivre la sienne. Elle découvre qu'il devance ses désirs et qu'ils sont capables de communiquer d'un simple regard. « La carrière de Lars ressemblait beaucoup à la mienne en cela qu'il était né et qu'il avait grandi en Suède, puis qu'il avait vécu à l'étranger, où il avait appris à s'exprimer dans différentes langues. Cela faisait bien des points communs, et nous nous entendions parfaitement. Nous n'avions pas besoin de parler. »

Le tournage d'*Indiscret* s'achève en février 1958. Dès le mois de mars, Ingrid et Lars partent en Suède. Peut-être l'actrice aurait-elle préféré attendre un peu, avant de se lancer dans un nouvel amour, mais elle déteste affronter seule certains aspects de la vie et Lars semble un roc. Même s'il est en fait compliqué, ambitieux, capable de perversion, Ingrid ne remarque en lui que ses aspects rassurants. De son côté, il n'est pas seulement attiré par la talentueuse vedette, mais par la femme chaleureuse et sincère. « J'admire son intuition, sa force de volonté et son sens de l'humour, déclare-t-il alors. Et par-dessus tout, nous parlons la même langue. » Ils commencent à évoquer ouvertement un mariage – « quand tout sera légalement possible », dit Ingrid. Mais ce ne sera pas le cas avant décembre 1958. L'actrice retourne à la stabilité. La boucle se referme.

En gage d'amour, Lars lui fait découvrir *son* île : Dannholmen. Car pour Ingrid l'errante, il a acheté ce nouveau foyer. Après La Grange-aux-Moines, dans la vallée de Chevreuse, c'est une île déserte sur la côte ouest de leur pays natal. Il n'y a à Dannholmen ni téléphone, ni électricité. Ils y passent de vraies vacances de proscrits, ne sortent de leur solitude que pour aller en bateau au port de pêche le plus proche, Fielbacka, faire leurs provisions. C'est Ingrid qui s'en charge. « A l'époque, il n'y avait ni eau ni électricité, racontera l'actrice. Pour avoir de l'eau douce, il fallait pomper. Il fallait ramasser du bois pour le feu, attraper nous-mêmes le poisson que nous prenions au filet. C'était le bout du monde. Lors de cette première visite, nous nous sommes assis sur les gros blocs de rochers situés près de la maison, et j'ai déclaré :

– J'aime ton île.

Lars a rétorqué :

– C'est parfait. En ce cas, il ne nous reste plus qu'à nous marier.

A l'entendre, tout paraissait facile ; mais en réalité, ça n'a pas été aussi simple. »

Il faut déjà à Ingrid l'obligation de devenir missionnaire. En mars 1958, elle commence à Londres puis au Pays de Galles le tournage de *L'Auberge du Sixième Bonheur*. Un film-fleuve, d'aventures et d'amour, en Cinémascope, Technicolor et décors presque toujours naturels : telle pourrait être définie très sommairement l'œuvre du réalisateur américain Mark Robson. L'action se situe entre les deux guerres, à l'époque du conflit sino-japonais. Elle retrace l'histoire authentique d'une jeune Anglaise, Gladys Aylward, qui voulut consacrer sa vie aux Chinois et parvint à ses fins malgré l'indifférence de ses supérieurs religieux. Une sorte de prologue nous montre d'abord la jeune fille, protestante animée d'une simple et grande foi, s'efforçant en vain d'être acceptée comme missionnaire. Jamais découragée, elle entreprend le voyage seule, à ses frais, grâce aux économies réalisées avec ses gages de femme de chambre. En Chine, elle rejoint une compatriote installée parmi les autochtones depuis vingt ans, dans le gros village de

Wang-Cheng. Mais cette brave femme trouve la mort dans un accident et la mission refusant de « reconnaître » Gladys, celle-ci entreprend d'assurer à elle seule la bonne marche de « L'Auberge du Sixième Bonheur », où font halte des muletiers. Survient alors le conflit sino-japonais. Le village est détruit, investi et Gladys, qui a recueilli une centaine d'enfants affamés, entreprend de conduire ceux-ci jusqu'à une ville où ils seront embarqués à bord de camions. Ce long voyage plein d'embûches à travers la montagne est l'un des « morceaux de bravoure » de cette œuvre dont la projection ne dure pas loin de trois heures.

Avec Curd Jurgens en officier chinois eurasien et Robert Donat en mandarin, la production offre un rôle en or à Ingrid. Certes, ce film est « bêtement » l'histoire d'une femme simple et hardie, dont la foi transporte les montagnes et la charité brûlante accomplit « des miracles ». Et tout cela est fait « gentiment » sans qu'il soit même interdit à l'héroïne de trouver comme par inadvertance cet amour humain auquel pourtant elle avait cru renoncer... La plupart des spectateurs de l'époque verseront d'abondantes larmes au cours du récit et, s'il paraît terriblement démodé aujourd'hui, il participe à la réhabilitation d'Ingrid Bergman à Hollywood. Elle retrouve les faveurs du public.

Nouveaux succès, nouvel amour. De quoi rendre jaloux Rossellini. Et pour la faire souffrir, pour la punir d'aimer, il choisit le domaine de l'amour maternel. Certes, depuis sa séparation, Ingrid n'est plus omniprésente, mais elle n'oublie pas pour autant ses enfants. Tous les jours, elle leur téléphone. Parfois, entre deux avions, elle se précipite en Italie pour les embrasser, les combler de cadeaux. Mais Rossellini, las de l'existence en Orient, regagne l'Europe. Il est tantôt à Rome, tantôt à Paris. Et ses dispositions envers son ex-femme ont évolué depuis leur séparation. Ainsi, Ingrid apprend qu'il manifeste le désir de reprendre leurs enfants. Elle est alors tenaillée par l'inquiétude et cherche à connaître les moyens de lutter contre une éventuelle action légale de celui qui lui inspira une fougueuse passion... « Roberto, dit alors un de ses familiers, a tenté de faire admettre l'invalidité de son mariage avec Bergman, puisque, pour la loi italienne, il n'avait pu divorcer d'avec sa première femme. Donc, avec Ingrid, il aurait eu des enfants illégitimes... dont il peut revendiquer la paternité... et la charge ! » Avec une certaine dose de naïveté, Ingrid espère que les articles de loi ne parviendront pas à briser son bonheur maternel. Elle souhaite aussi que Rossellini se souvienne assez profondément de leur union pour ne pas lui en voler les plus beaux fruits, ses trois adorables enfants...

Elle attend sur la défensive. Mais guère longtemps. Dès que Rossellini apprend qu'elle a l'intention de se remarier, il tient la promesse qu'il lui a faite : il l'accuse d'indignité et se bat pour obtenir la garde complète de leurs trois enfants. L'actrice n'entend pas lâcher.

Ingrid Bergman et Lars Schmidt (quarante-deux ans l'un et l'autre) se marient le dimanche précédant Noël 1958 à la mairie de Caxton, à Londres, puis à l'église suédoise de la capitale. « Lars voulait que tout se passe en secret, racontera Ingrid. Il estimait que chacun avait droit à une vie privée et qu'il n'y avait pas de raison que la nôtre soit étalée à la une des journaux. Tout a donc été soigneusement préparé. Göran et Marianne von Essen, les vieux amis suédois de Lars, Sydney Bernstein et sa femme devaient être nos témoins. Je suis sortie aussi discrètement que possible par la porte de service de l'hôtel Connaught, et tout le monde s'est rendu sur place par des chemins différents. La cérémonie entière s'est déroulée à mi-voix. »

A la presse qui réussit après coup à percer le secret, Ingrid, superstitieuse, affirme que son rôle dans *L'Auberge du Sixième Bonheur* lui a porté chance : son mariage d'amour, c'est le « sixième bonheur » dont la politesse chinoise fait mention dans l'échange d'amabilités qui préside aux salutations. La formule comprend, en chapelet, des vœux de santé, sagesse, fortune, situation, une mort paisible dans un très grand nombre d'années. A quoi chacun est invité à formuler un sixième vœu de son choix. Pour Ingrid, ce vœu-là s'appelle Amour, il a les cheveux blonds, une bonne fortune et un cœur tendre. Un seul nuage : les tribunaux n'ont pas fixé définitivement les modalités du divorce Rossellini-Bergman, et Ingrid ne sait pas encore si elle est autorisée à conserver ses enfants.

Dans la corbeille de mariage (le second pour lui, le troisième pour elle) : le domaine de Choisel, dans la vallée de Chevreuse, un village de 255 habitants. Comme le notera Laurence Leamer : « Au premier regard, on avait l'impression que Choisel était vraiment la maison d'Ingrid. Lars avait rempli les pièces de souvenirs de sa carrière et de sa vie. Aux murs, deux tableaux peints par le père d'Ingrid : un autoportrait, et un portrait de sa mère. On pouvait aussi voir un immense tableau représentant Ingrid en Jeanne d'Arc, et une statue en bronze la montrant en pucelle à l'époque de *Jeanne la Lorraine*. Sur un bureau, les photos dédicacées d'Arthur Honegger et de Paul Claudel, auteurs de *Jeanne au Bûcher*. Plus loin, les photos également dédicacées d'Ernest Hemingway et de Maurice Chevalier. Ces détails n'empêchaient pas la maison de refléter le goût de Lars plutôt que celui d'Ingrid. C'était vraiment lui le maître de Choisel. »

Néanmoins, avec son sens pratique, Ingrid utilise les deux rebords des fenêtres du salon pour exposer les photos de ses amis, afin de donner une atmosphère plus intime. Comme s'en souvient Isabella Rossellini : « Maman conservait sur l'un les portraits des vivants, sur l'autre ceux des défunts. A peine apprenait-elle la mort de quelqu'un qu'elle changeait sa photo de fenêtre. C'était parfait, sauf que, les années passant, les nouvelles rencontres ne furent plus en mesure de compenser la disparition des vieux amis et ces fenêtres, si méticuleusement ordonnées, offrirent un spectacle des plus déprimants. » Ingrid donnera peut-être une touche plus personnelle au petit appartement parisien du couple (un appartement de passage), avenue Velasquez dans le huitième arrondissement avec vue plongeante sur le parc Monceau.

Tout ceci serait idyllique sans les incessants affrontements avec Rossellini pour la garde des enfants. Fin janvier 1959, un juge français accorde à Ingrid leur garde temporaire. Il décrète en outre que ceux-ci iront dans une école italienne de Paris, et que M. Rossellini aura le droit de leur rendre visite les week-ends. Le réalisateur a déjà tenté de bloquer l'action du tribunal français sous prétexte que ces décisions seraient incompétentes. « Je suis Italien, a-t-il déclaré, et mes enfants le sont aussi. J'estime que seul un tribunal de mon pays est habilité à prendre quelque décision que ce soit touchant la garde de mes enfants. »

C'est la guerre ouverte. Il faut donc aller se battre devant les tribunaux italiens. La lutte se poursuit tout au long de 1960 avec violence de la part de Roberto. « Ce qui n'est pas normal, dit Ingrid, car les trois gamins seront les seuls perdants. » Mais Roberto veut batailler. Il lui écrit ainsi :

« *Nous voulons tous deux le bonheur des enfants, et tu sais qu'ils ne sont pas heureux de vivre où ils vivent avec un étranger. Essaie de ne pas faire d'erreurs ; il faut te montrer très prudente. Des erreurs, tu n'arrêtes pas d'en faire. L'an dernier, les enfants devaient faire ces longs trajets pour aller à l'école à Paris ; il faisait froid, et ils étaient tout le temps malades. Ici, quand ils sont à Rome avec moi, ils ne voient pas cet étranger [Lars], ils sont plus heureux, ils se sentent toujours plus à l'aise avec moi. Au début de notre procès, j'aurais pu m'arranger pour que tu voies les enfants aussi souvent que tu en avais envie, mais maintenant tu rends les choses très difficiles...* »

« La bataille se poursuivit pendant deux ans. Et puis j'ai vu que mes enfants, à chaque fois que le téléphone sonnait, se raidissaient et demandaient : “C'est l'avocat ?” Alors, j'ai laissé tomber. Ils sont partis en Italie, et depuis lors tout a été paisible », racontera Ingrid. Dans une interview à *Marie-Claire* (juin 1963) elle laisse percer ses bleus à l'âme : « J'ai lutté pour garder mes enfants avec moi ; Rossellini a fait la même chose. Lorsque j'ai enfin compris que dans cette lutte je leur faisais du mal, que je les faisais souffrir, j'ai arrêté. J'ai donné mes enfants à Rossellini. Aimer ses enfants, c'est quelquefois se montrer généreux. Rossellini a compris ce sacrifice et nous sommes devenus des amis... pour eux, pour que plus jamais ils ne soient blessés. »

Pendant les douze années suivantes, les allées et venues entre Paris et Rome vont devenir partie intégrante de sa vie. Ingrid passe trois ou quatre semaines à Paris avec Lars, puis descend à Rome pour une dizaine de jours. Elle fait tout ce qui est en son pouvoir pour rester aussi proche que possible de ses enfants. Les circonstances ne sont pas faciles. Comme elle l'expliquera dans une interview à J. Bauer : « Finalement, il a été convenu que les *bambini* seraient placés sous la garde d'une gouvernante dans un appartement individuel à Rome. Je venais souvent les voir et Rossellini leur rendait visite presque tous les jours, suivant son travail. Je crois que, si les enfants comprennent que les parents s'intéressent à eux, il leur importe peu que le père et la mère ne vivent pas ensemble. Mes enfants n'ont jamais été abandonnés. C'était mieux que d'avoir une mère ou un père sous le même toit continuellement en train de se chamailler. A cette époque, je n'étais pas du tout satisfaite de cet arrangement. Quelle mère l'aurait été ? Je vois maintenant que cette solution a très bien marché. Rossellini et moi sommes devenus de bons amis. Il n'y avait plus de discorde entre nous et les enfants pouvaient le sentir, ils se savaient protégés. J'ai essayé de dire à des amis à qui on n'a pas donné la garde après le divorce que tout irait pour le mieux. Mais en y repensant, le plus difficile était de me convaincre moi-même. »

Ingrid et son ex-époux sont grandement aidés par la première nurse, Elena, puis sa remplaçante, Argenide Pascolini : « Elle est demeurée quatorze ans avec nous, racontera Ingrid. Pour les enfants, elle est devenue une seconde mère. Quand quelque chose ne marchait pas avec une gouvernante – et il y en a eu plus d'une durant toutes ces années –, quand les enfants étaient inquiets ou malheureux, Argenide me téléphonait tout de suite : "Venez, il vaut mieux que vous soyez là." Et je m'envolais pour Rome. Elle était comme un roc dans la tempête, et sans elle, je ne sais pas ce que nous aurions fait. »

Mais Ingrid prend soin de superviser tout l'environnement (un appartement de sept pièces au deuxième étage d'un immeuble romain) avec son sens pratique suédois : « "L'appartement des enfants", comme on disait, avait été conçu pour répondre à des besoins d'enfants, se souvient Isabella Rossellini. Guidée par son esprit pratique, maman avait banni des lieux tout mobilier destiné aux adultes. Entraient dans cette catégorie : antiquités, cristal, argenterie, canapés et tapis. Le salon, par exemple, comportait en tout et pour tout une barre le long du mur pour les exercices de danse, un punching-ball et une table de ping-pong. Toujours par souci pratique, maman, faisant fi des critères esthétiques, n'avait pas hésité à amputer les rideaux de moitié pour les mettre hors d'atteinte des chiens qui seraient venus s'y soulager. »

Robertino, Isabella et sa sœur jumelle Isotta (dite Ingrid), transforment l'appartement romain en zoo permanent. « Quand j'étais petite, se souvient Isabella, je ne pouvais voir un animal dans la rue sans le rapporter à la maison. Un jour, en entrant dans ma chambre, j'eus l'impression de plonger dans un verre d'Alka-Seltzer : tout s'agitait dans la pièce, le lit, les rideaux, le tapis, ça pétillait de partout et vous mettait le cœur en fête... jusqu'à ce que je comprenne que cette surprenante animation était provoquée par les puces de quatre nouveaux rescapés. Mon père menaça de m'envoyer en pension si je ne cessais pas de recueillir les chiens errants. J'ai continué. Je ne suis jamais allée en pension. »

Ingrid, elle, s'efforce d'inculquer un semblant d'ordre à cette joyeuse tribu, à chaque fois qu'elle est à Rome. « J'ai appris à ne pas mêler mon travail et ma famille. Quand je travaille, cette période est strictement consacrée au film ou à la pièce. Et quand je suis avec les enfants, je ne désire pas lire un script ou donner des interviews ou faire quoi que ce soit en rapport avec mon travail. Je veux me rendre disponible pour eux, écouter ce qu'ils ont à me dire et répondre le mieux que je peux à leurs questions. Je n'évite aucune des questions qu'ils me posent même si je souhaiterais ne pas y répondre », explique-t-elle dans une interview.

Etrange existence tout de même au début des années 60 avec un étonnant semblant d'équilibre familial. Une fille (définitivement réconciliée avec sa mère) en Amérique, un garçon et deux filles à Rome : au centre, une femme, ayant complètement réorganisé sa vie, se partage entre les fragments épars de trois bonheurs qui ne pourront jamais se fondre. « Pour Ingrid, la fin des années 50 et le début des années 60 constituent de bien des façons des années difficiles, racontera Lars Schmidt. Honnête comme elle l'est, il fallait qu'elle parle de presque tout avec Roberto, et elle était fermement résolue à ce que ses enfants soient élevés aussi bien que possible. En même temps, elle s'efforçait de ne pas compromettre le bonheur que nous avions trouvé ensemble. »

Elle a bientôt quarante-cinq ans. L'âge des beaux rôles « réfléchis ». En 1959, elle tourne pour NBC, à New York, sous la direction de John Frankenheimer, *Le Tour d'écrou* de Henry James. Une histoire de fantômes. Elle y tient le rôle de la gouvernante qui tente de protéger deux enfants contre les forces surnaturelles qui s'acharnent contre eux et finissent par avoir raison du petit garçon, qui meurt dans ses bras. « C'était terrifiant, racontera Ingrid. Et ça m'a valu un "Emmy", la première récompense que m'ait décernée la télévision. »

L'été 1960 marque une délicieuse pause estivale. Comme chaque été à venir, elle part avec Lars et les enfants sur l'île de Dannholmen. Lars et Ingrid consacrent leurs journées à la pêche et écoutent les enfants décrire les merveilles de la mer qu'ils découvrent à travers les jumelles. « Là-bas, elle vivait dans un monde totalement différent de celui dans lequel elle travaillait, dit leur ami Lasse Lundberg. Nous lui donnions des leçons particulières de voile, mais elle refusait tout traitement spécial et insistait pour faire partie du groupe. »

« Evidemment, même s'ils habitaient l'Italie, les enfants étaient très souvent avec nous, se souviendra Lars Schmidt, et pendant leurs vacances d'été, ils venaient dans l'île. Nous étions heureux. Notre entente était parfaite, et sur le plan physique, et sur le plan spirituel. S'il y avait un nuage, c'était à cause des enfants – pas des enfants eux-mêmes, ils étaient merveilleux, mais des difficultés que Roberto était toujours prêt à susciter. Nous avons passé ensemble des étés fantastiques. Nos étés dans l'île, c'était sacré. Tout le monde arrêtait de travailler. Nous arrivions là-bas fin juin, et nous y passions tout le mois de juillet. »

A son retour à Paris, à l'automne 1960, Ingrid accepte une proposition d'Anatole Litvak, le réalisateur d'*Anastasia* : *Aimez-vous Brahms ?* C'est le quatrième roman de Françoise Sagan, qui imposa la nouvelle vague en littérature. Après *Bonjour Tristesse* et *Un Certain Sourire*, c'est le troisième à être porté à l'écran. On connaît le monde désenchanté où évoluent les héros de Françoise Sagan. Ceux-ci sont comme des plantes déracinées : désespérés, ils cherchent à vivre, à aimer, à s'accrocher au bonheur, mais ce dernier toujours les fuit, les repousse, ne leur offrant que des bribes, des miettes. Les personnages d'*Aimez-vous Brahms ?* sont également ainsi : une grande inquiétude les habite, ils donnent l'impression de tout avoir et pourtant, à l'heure de la vérité, ils n'ont rien, ils ne sont que des êtres désemparés que la vie ne cesse de blesser. Ils pensent toujours que demain va stabiliser leur existence, mais l'ancre qui pourrait fixer leur destin ne les préserve jamais de la tempête.

Paula Tessier (Ingrid) a presque quarante ans ; elle est divorcée mais elle aime avec tout l'emportement d'une nature ardente Roger Desmarets (Yves Montand), divorcé lui aussi et bien décidé à ne plus jamais se laisser prendre au piège. Leur liaison n'est pas nouvelle. Roger, souvent, a des aventures que Paula pardonne parce qu'elle sait qu'un lien profond les unit malgré tout. Elle est triste seulement, triste de sentir que les emportements des sens ne sont plus qu'un souvenir, que l'amitié a sans doute remplacé l'amour. Mais elle tâche, en femme intelligente et bien équilibrée, de faire la part des choses. Elle s'ennuie un peu et c'est à cet instant précis, cet instant de crise, qu'entre dans sa vie un jeune Américain, Philip (Anthony Perkins). Il a vingt-six ans, infiniment de charme. Avec l'emportement de sa nature enthousiaste, prompte à s'émerveiller, il tombe amoureux de Paula. Elle est flattée sans doute, mais comment ne sourirait-elle pas en entendant ses déclarations ? Pourtant, elle ne peut s'empêcher, oh ! bien malgré elle, de faire une comparaison entre l'empressement de Philip et l'indifférence de Roger. Elle se laisse inviter au concert, où on joue Brahms. Il l'entraîne dans des expositions. Tout à coup, Paula ne se sent plus solitaire ; elle vit et elle est tentée, d'autant plus qu'à ce moment, Roger traverse une aventure qui dure un peu plus longtemps que les autres. Roger remarque l'empressement de Philip auprès de Paula, il lui serait facile d'éliminer l'obstacle mais il n'en fait rien. Et Paula succombe : dans un amour tout frais, elle a le sentiment de renaître, de rajeunir. Elle, qui tout d'abord n'a cure des conventions, finit quand même, en essayant d'oublier Roger, de comprendre qu'elle s'apprête à commettre une bêtise. Et elle se ressaisit, quitte à blesser profondément Philip. Elle se laisse épouser par Roger, qui a tellement besoin d'elle, mais sans doute est-elle sans illusions devant ce que va lui apporter cette union dont elle avait toujours rêvé.

Le rôle est superbe pour Ingrid, car toute cette partie de la psychologie à la fois simple et compliquée d'un caractère féminin, Anatole Litvak nous la fait apparaître avec intelligence et subtilité. Il eût été extrêmement facile de céder à la tentation d'évoquer autour du thème de l'éternel triangle une atmosphère sordide, mais le réalisateur s'en garde bien. Au scalpel, il met à nu un cœur de femme qui bat sous nos yeux, qui a des soubresauts mais qui cependant retrouve sa quiétude de fleuve harmonieux.

Le livre de Sagan était une comédie psychologique désabusée – construite autour d'un mémorable concert à la salle Pleyel – avec tout un éventail d'attributs modernes : le jazz, le whisky… et toute une panoplie d'états d'âme contemporains : l'infidélité, le désœuvrement, la mélancolie – ces maux du siècle. Le film qu'en tire Anatole Litvak se veut une comédie dramatique : l'histoire d'une femme de quarante ans, au crépuscule de sa séduction, prise dans le tourbillon d'une destinée qui lui échappe. Elle souffre mille tourments. A se voir vieillir dans les miroirs, elle est prise de frayeur. Elle doit avouer son âge à un amant dont elle pourrait être la mère ; danser toute une nuit, brisée de fatigue, plutôt que de laisser l'homme de sa vie inviter des créatures faciles et plus désirables ; supporter les remarques d'une servante qui juge sévèrement son incommensurable faiblesse ; défier, tenir tête tout en se sachant vulnérable et battue. « Je ne peux tenir ce rôle, affirme Ingrid, que parce que j'ai vécu, en l'espace de vingt ans, toutes les situations, connu tous les sentiments de la vie d'une femme. » Et ce rôle – sans être trop noir – est le contraire d'un rôle rose.

Une actrice moins instinctive qu'Ingrid aurait peut-être réduit Paula à une caricature. Elle lui donne une mélancolie qu'elle ajuste en donnant de la force à son personnage. A quarante-six ans, elle est encore trop rayonnante, trop dynamique, trop équilibrée pour être convaincante dans le rôle d'une femme vieillissante. Son maquilleur, John O'Gorman, doit faire le contraire de son travail normal : « Nous avons dû ajouter des ombres sous ses yeux et des rides sur son cou pour lui donner l'âge requis ! »

Sur le tournage et pendant la post-production du film, mille rumeurs courent. Ingrid a une liaison avec Montand, murmure-t-on dans certains salons parisiens. Non, elle a tenté de séduire Anthony Perkins. Les commères s'en donnent à cœur joie. La vérité est tout autre. Lorsque Anatole Litvak présente à la presse, dans les salons lambrissés d'un grand hôtel parisien, les trois têtes d'affiche de son nouveau film, Ingrid Bergman, insolemment fraîche, rose et souriante sans l'aide d'aucun maquillage, semble heureuse et sait doser ses manifestations d'amitié à chacun. Yves Montand, qui occupe, malgré lui, et depuis son retour des Etats-Unis, le chapitre du scandale dans tous les journaux (puisqu'on dit Marilyn Monroe séduite) n'a jamais été plus à son avantage : mince, élégant, affiné. Mais il sourit jaune, quand il ne grince pas des dents. Car ses compatriotes, loin de se réjouir de son succès outre-Atlantique, ne lui posent que des questions perfides, doutant de l'importance de son rôle dans ce nouveau film, de ses connaissances de l'anglais, ou de ses bonnes relations avec Simone Signoret, sa femme. Un carnage... Quant à Perkins, l'air d'un premier communiant dans un étroit complet bleu marine, il est pâle comme un linge, crispé, le regard pointu. On l'aborde de biais, on lui pose dans un anglais fortement ébréché, des questions auxquelles il vient juste de répondre. Il y répond à nouveau et, pour marquer sa bonne volonté, dans un français dont on ne veut pas remarquer l'excellence. Vite, l'interview tourne court.

Ingrid, elle, sans fard, sans fond de teint, avec tout juste un soupçon de poudre sur les joues – vêtue d'un tailleur sport gris perle, un foulard assorti noué sur la tête – affronte caméras et photographes dont chaque image est un verdict avec une assurance radieuse : celle d'une femme de quarante-cinq ans qui n'a rien à cacher, ni les élans de son cœur ni son âge. Elle donne l'image du total équilibre en même temps qu'une leçon de sincérité absolue. A France Roche, qui l'interroge sans coup férir, elle répond avec le naturel des gens qui ont tout gagné et ne redoutent plus de perdre :

– Il semble à présent que vous vous êtes réconciliée avec le monde ennemi ? On a parlé d'une « tendre indifférence du monde ». Ne s'exerçait-elle pas un peu contre vous ?

– En réalité, c'était plutôt moi l'ennemie du monde. Je ne manifestais que de l'indifférence par rapport à ce qui m'entourait. Une femme célèbre qui a des problèmes de vie privée intéresse forcément le public, mais pour de mauvaises raisons. La même femme, si elle a résolu ses problèmes, n'excite plus la curiosité d'autrui. Et pour cause : n'ayant rien à dire, elle ne fait plus parler d'elle. C'est ce qui m'arrive aujourd'hui : je suis heureuse.

– La très jeune femme de trente-neuf ans que vous êtes, poursuit France Roche...

Ingrid l'interrompt tout net :

– Vous oubliez quelques années, explique-t-elle.

Oui, à l'évidence, Ingrid est heureuse. Lars Schmidt l'épanouit. Pendant ce tournage parisien, le soir, tandis que sonnent huit heures, il arrive aux studios de Boulogne au volant de sa Mercedes gris argent. Tout comme il y a trois ans, au moment de leur rencontre, il ne semble vouloir offrir à Ingrid que de l'amitié. Il l'embrasse affectueusement ; puis il la prend par la main et l'entraîne jusque dans sa loge. Elle est à lui. Il l'a conquise ; non pas comme un don Juan fébrile, comme un fils de famille vertueux, sûr du temps qui travaillait pour lui. A partir d'un amour sage, raisonnable, médité – aux antipodes de l'amour-passion – ils construisent un bonheur sans histoire, préservé, à l'abri.

« Notre bonheur respire », dit Ingrid à demi-mot, dans l'intimité. Elle dit encore : « A vingt ans, à trente ans, nous dilapidons tout ce qui nous est offert parcimonieusement, ou prodigué. Vers la quarantième année seulement, nous en acquérons l'économie. A vingt ans, à trente ans, on croit que tout nous est dû. A quarante, on distingue enfin ce qui nous mérite... Un homme et une femme passionnément amoureux font une merveilleuse aventure, soumise à toutes sortes d'éléments favorables ou hostiles. Un homme et une femme de quarante ans, chacun nourri d'une riche expérience, font un couple. Et dans leur cœur apparaît alors une chose nouvelle : le sentiment d'une éternelle sécurité, qui ne les quitte plus... » A la lumière de ces demiconfidences, on comprend désormais que plus rien ne fasse peur à Ingrid.

Dans une lettre à une amie, le 7 octobre 1960, elle écrit de ses deux partenaires :

« *Tous les deux sont parfaits dans leur rôle. Il y a longtemps que je n'avais pas travaillé avec deux acteurs qui me plaisent autant. Ils sont charmants, ils ont chacun beaucoup de personnalité et sont très différents ; on comprend parfaitement que, dans mon rôle de Paula, je puisse les aimer tous les deux...* »

Yves Montand lui fera comprendre au cours du tournage qu'il est disponible pour une éventuelle lovestory et Anthony Perkins fera courir de nombreuses rumeurs sur une supposée liaison. Car Anthony Perkins, pour la séduire, joue de ses charmes comme les très jeunes filles qui, bouleversées par la découverte de l'attrait que leur déhanchement exerce sur les hommes, l'exagèrent à dessein. Il est conscient de soi jusqu'au bout des ongles, tous ses gestes, toutes ses mimiques sont réflexives : il joue pour une femme mûre son rôle de jeune séducteur. Gilbert Guez qui assiste au tournage d'une scène entre Perkins et Bergman se souvient : « Ingrid et lui répétèrent la scène plusieurs fois. Il se trompa en disant son texte et, pour s'excuser, baisa affectueusement le poignet de sa partenaire. Il essaya la même scène debout, assis et, en se levant au cours d'une phrase, il demanda à Litvak la permission de payer la serveuse sans empocher de monnaie pour simplifier – car il est gaucher. Avant chaque nouvel essai, il claquait vivement des doigts, comme pour s'encourager, se stimuler, ou bien il sifflait, comme pour chercher le "la". C'était touchant, comique, naturel. Il ne ressemblait à personne. »

Peu après, avant leur première scène de baiser, Ingrid a fait venir Anthony Perkins dans sa loge. « Ce sera long, le baiser, lui dit-elle sur un ton très professionnel. Nous n'y arriverons pas du premier coup. Entraînons-nous. » Est-il possible qu'Ingrid, heureuse avec Lars Schmidt, ait dragué Perkins [1] ?

Certes, le jeune homme de vingt-huit ans est bâti en solitude, en gravité, en finesse et en nervosité. C'est l'adolescent-type, mais son adolescence est portée à un coefficient d'une puissance rare. Avec ses 1,88 m, il est en dessous de son poids. Mais il a la ligne admirable d'une statue égyptienne avec l'ample échappée de ses épaules, sa taille exiguë et ses hanches étroites. Il ronge ses ongles ; il plisse son front (délibérément, pour faire

1. Il est né à New York en 1932. Son père, Osgood Perkins, meurt en 1937. Il décide de devenir le plus grand acteur du monde. Chaque été, pendant des années, il tient tous les emplois auprès de troupes ambulantes. Quand Hollywood prépare un film d'après *The Actress*, il traverse l'Amérique, décroche le rôle, tourne auprès de Jean Simmons, puis quitte Hollywood. Il remplace John Kerr dans la pièce *Thé et Sympathie* avec éclat ! Hollywood le rappelle avec Gary Cooper, qui lui vaut un Prix d'Interprétation. Et ce sont : *Jicop le Proscrit* avec Jack Palance, *Prisonnier de la Peur* (1957) de Robert Mulligan, *Du Sang dans le Désert* avec Henry Fonda, *Barrage contre le Pacifique* (1958) avec Silvana Mangano, *Désir sous les Ormes* avec Sophia Loren, *La Marieuse* avec Shirley MacLaine. En 1959, il revient à New York pour créer au théâtre *Look Homeward, Angel* avec Jo Van Fleet – et triompher ! Hollywood l'en arrache pour *Les Vertes Demeures* avec Audrey Hepburn, *Le Dernier Rivage* (1960) avec Ava Gardner et *Psychose* avec Janet Leigh.

plus vieux) ; il se gratte souvent le dessus de l'oreille ; il joue avec ses longs doigts à composer d'étranges figures géométriques. Il a un sourire rare mais chaud et juvénile qui peut tout changer. Comme tous ceux qui ont été physiquement malades, il a également beaucoup appris sur l'hygiène morale et sait parfaitement ce qui ne lui convient pas. Il a été fils unique, privé de père, tuberculeux, pauvre et surtout... différent : d'une intégrité, d'une lucidité et d'une exigence incroyables.

En fait, Ingrid est fascinée par sa juvénilité et l'acuité de ses sentiments. D'apparence fragile, il a une force de caractère indomptable. Il dessine, avec ses doigts joints, des figures qui révèlent son esprit en alerte et sa nervosité. Il n'a pas honte de poser des questions et tient à ne parler que de ce qu'il sait. Fascination ne signifie pas amour. Or, des années plus tard, dans une interview accordée à *People*, Anthony Perkins racontera qu'Ingrid a essayé de le séduire : « Elle aurait bien aimé qu'il se passe quelque chose entre nous. Elle m'invitait tous les jours dans sa loge pour que nous répétions une scène d'amour. J'insistais pour rester près de la porte, que je laissais ouverte. » Or, Anthony Perkins, dont l'homosexualité sera révélée après sa mort, fait ici preuve d'une imagination débordante. Il racontera d'ailleurs que Françoise Sagan, récemment divorcée, avait des vues sur lui et qu'il sortait pendant son séjour parisien avec Jean Seberg. En fait, pendant le tournage, Perkins vient en compagnie d'Hitchcock dîner chez Ingrid et Lars à la Grange-aux-Moines. On imagine mal la grande actrice faire preuve d'aussi peu de délicatesse si Perkins était sa proie. L'acteur et Bergman se retrouveront sur le tournage du *Crime de l'Orient-Express* et Perkins, cette fois, ne racontera aucune autre fable... Il faut dire qu'alors Ingrid joue le rôle d'une missionnaire suédoise !

Présenté au Festival de Cannes 1961, *Aimez-vous Brahms ?* sera un succès en Europe, mais un échec aux

Etats-Unis. Montand consentant, Perkins attiré... De toute façon, Ingrid ne serait plus guère tentée par le danger d'« aventures » cinématographiques. Son cœur est fatigué de ces violents orages qui l'enflamment, l'emportent et s'en vont comme ils étaient venus, en laissant sur les lèvres un goût de cendre et dans les yeux des torrents de larmes. Lars Schmidt, avec la solide expérience d'un quadragénaire et d'un homme très accompli, lui offre un plus précieux refuge. Que ses amours, ses fuites et ses malheurs ne soient plus étalés à la première page de journaux est, pour elle, un soulagement.

XV

SÉRÉNITÉ

A tous les journalistes qu'elle rencontre entre 1961-1962, Ingrid tient le même langage : « Je vis librement, comme je respire. Cela m'est d'ailleurs tellement plus facile ici ! Impossible à Hollywood où je devais travailler tout le temps. Tandis qu'ici, je tourne un film quand j'en ai envie. Pas de travail à la chaîne ! Ma carrière n'est influencée par aucune classification : je ne suis pas une glamour-girl, je n'ai pas peur de vieillir – le cauchemar de beaucoup d'actrices –, je goûte à pleines dents aux joies et plaisirs de l'existence et j'essaie de mettre à profit l'expérience des années passées. Car je sais tellement plus qu'il y a vingt ans. De plus, j'ai le droit de me délasser, ce qui vaut son pesant d'or. »

Elle vit avec Lars Schmidt dans une grande maison entourée d'un parc très boisé et profite de Paris. « C'est merveilleux de vivre dans une ville dont les habitants exercent tant de métiers divers. Je ne regrette pas un instant Hollywood, où il n'est question que de cinéma du matin au soir. »

Quand elle ne travaille pas, elle voyage avec son mari : elle mène aussi une vie très active. Robertino, Isabella et Isotta Ingrid lui rendent visite ; elle rejoint Pia à Londres où celle-ci suit un cours d'art dramatique ; elle s'occupe aussi de sa maison, en vraie ménagère : « Car je mets la main à tout. Je me lève tôt, je récure, je baigne le chien, peins le garage, fait cent autres choses. Les courses aussi. J'aime faire mes emplettes et il faudrait voir la variété de choses que j'achète ! Tout ce qui sort comme "gadgets" nouveaux, je m'en empare au grand désespoir de mon mari. D'autant plus que chaque pays a beaucoup à offrir dans ce domaine et je rapporte de partout des objets qui encombrent tous nos bagages… » Chaque été, Ingrid, Lars et les enfants vont passer des vacances dans leur petite île à proximité de la côte de Suède. Un endroit primitif, où il n'y a pas d'électricité. Mais, en revanche, liberté complète [1].

Sur l'organisation de la vie de ses enfants, elle tient un discours idyllique (*Marie-Claire* n° 104) : « Je crois qu'aujourd'hui Robertino et les deux petites jumelles sont heureux. Heureux parce que nous, leurs parents, nous le sommes, chacun séparément. Ils ont deux familles qui s'occupent d'eux avec la même tendresse, la même compréhension. Je les vois très souvent, presque tous les mois (Rome est si près de Paris, en avion). Je regarde leurs cahiers, je vais voir leurs professeurs, je les veille lorsqu'ils sont un peu souffrants. Je suis pour eux, je pense, beaucoup plus qu'une mère, je suis et je veux rester aujourd'hui et pour toujours leur amie. Etre actrice… c'est bien. Mais devenir

1. L'auteur dramatique Pierre Barillet, invité par son producteur Lars Schmidt, se rappellera les longues journées ensoleillées où toute la famille nage et prend des bains de soleil, pêche, lit, fait de la voile et s'abandonne à une vie simple, joyeuse et détendue.

l'amie de ses enfants (elle fait claquer ses doigts), comme c'est difficile... parfois ! »

Quant à ses rapports avec sa fille Pia, ils sont excellents, d'autant qu'elle a définitivement pris son envol en épousant au Nevada, l'hiver 1960, le directeur commercial d'une firme électronique : Fuller E. Callaway. Mais ce mariage ne tiendra guère !

Pour conforter ce bonheur, Lars Schmidt devient le producteur d'un téléfilm tourné par CBS. « Nous n'avions jamais pensé que nous pourrions travailler ensemble, racontera Lars. Mais nous sommes tombés sur cette histoire, et nous avons décidé que nous aimerions en être tous les deux. »

Il s'agit de l'adaptation d'une nouvelle de Stefan Zweig (dont Danielle Darrieux tournera un remake quelques années plus tard) : *Vingt-quatre heures de la vie d'une femme*. L'histoire est celle d'une vieille dame qui, pour sauver sa petite-fille en train de ruiner sa vie pour un séducteur, entreprend de lui raconter l'aventure amoureuse qu'elle-même a vécue – son passé défile en flash-back – et de lui montrer l'amertume qui en a résulté. Mais l'histoire censée se passer à Monte-Carlo, faute d'accord avec la SBM, est tournée en studio à New York, ce qui nuit à la qualité de l'œuvre. Ingrid en profite pour ajouter à son répertoire un autre personnage fort.

Après *Vingt-quatre heures de la vie d'une femme*, Lars Schmidt signe un contrat à long terme avec CBS pour monter, en coproduction avec la BBC, différentes dramatiques dont Ingrid sera la vedette. La première d'entre elles est une adaptation de la pièce d'Ibsen, *Hedda Gabler*. La distribution est magnifique : Michael Redgrave, Ralph Richardson et Trevor Howard. Même si la cruauté du personnage d'Hedda, son caractère destructeur lui échappent un peu, Ingrid est superbe et le *Los Angeles Times* salue la performance. « Ce fut le grand soir d'Ingrid. Froide, moqueuse, arrogante, lâche, vindicative, venimeuse, charmante et exaltée, son Hedda n'est pas un personnage qu'on est près d'oublier. »

Une fois terminée l'adaptation pour la télévision, elle avoue à son époux : « C'est ridicule, alors que je commence seulement à comprendre Hedda, voilà que c'est terminé. Trois jours de tournage, et on n'en parle plus ! C'est vraiment dommage, parce que c'est une grande pièce, je crois. Il me reste des tas de choses à apprendre sur le personnage ; je ne le saisis pas encore. Je voudrais bien le jouer au théâtre. » Du tac au tac, Lars lui répond : « Pourquoi pas ? Apprends le rôle en français, et nous monterons la pièce à Paris. »

Et à l'automne 1962, au théâtre Montparnasse, chaque fin d'après-midi, elle est la première arrivée. La taille fine, le visage lisse, elle reprend le personnage qui a tenté Sarah Bernhardt, la Duse et Ludmilla Pitoëff. Elle devient chaque soir de la saison la jeune femme mal aimée imaginée par Ibsen en 1890 : Hedda, femme passionnante, raille le conseiller Tesman (Jean Servais). Elle lui reproche son formalisme et le menace d'un pistolet avec un sourire. Le rideau baissé, Ingrid échappe à ses admirateurs pour aller souper avec son mari.

Celui-ci est comblé, puisqu'en cette saison 1962-1963, il est l'artisan de trois succès simultanés : *Les Petits Renards* que jouent Simone Signoret et Suzanne Flon au théâtre Sarah-Bernhardt, *Un Dimanche à New York* au Palais-Royal, avec Jean-Claude Brialy et Marie-José Nat, et bien sûr *Hedda Gabler*, mis en scène par Raymond Rouleau avec Claude Dauphin, Jacques Dacqmine et Jean Servais.

Hedda Gabler est un personnage sans doute trop cérébral pour toucher le cœur du grand public. Et son héroïne d'*Aimez-vous Brahms ?* était trop assujettie au monde artificiel de Françoise Sagan pour s'implanter dans l'esprit. Ce ne sont pas là des créations qui marquent comme marquèrent, par exemple, *sa* Maria de *Pour qui sonne le glas*, *sa* Jeanne d'Arc, *son* Anastasia. En somme, elle reste une grande comédienne à la recherche d'un personnage à jouer avec son âme et son cœur plutôt qu'avec son talent. Les mois passent et elle n'a toujours qu'un seul projet : devenir à l'écran l'héroïne de *La Visite de la Vieille Dame*, dont les producteurs changeront le titre, puisque l'héroïne n'aura plus l'âge qu'elle avait à la scène mais, rajeunie, celui d'Ingrid, en *La Rancune*.

D'abord prévue avec William Holden, le film se tourne en 1963 avec Anthony Quinn, devenu coproducteur pour la 20th Century Fox. Adapté de la pièce de Friedrich Dürrenmatt, *Der Besuch*, le thème en est la toute-puissance de l'argent qui peut amener les gens à se renier, à piétiner toute amitié, à refouler toute dignité, à bafouer la justice au nom de la justice… Dans le film, c'est Ingrid Bergman qui représente le tout-puissant et néfaste argent. Quand, dans sa ville natale de Guellen, on apprend qu'elle va revenir y faire un séjour, c'est un fiévreux branle-bas de combat. La ville est pauvre, mal entretenue, elle a désespérément besoin d'argent. Or Karla (le personnage incarné par Ingrid Bergman) est une des femmes les plus riches du monde : n'est-elle pas la veuve d'un « Monsieur 5 % » du pétrole ? Il s'agit de l'amener à répandre un peu de manne miraculeuse sur la ville… Pour ce faire, le maire et les notables comptent beaucoup sur Miller (Anthony Quinn) qui tient le grand magasin de l'endroit. N'était-il pas l'amoureux de Karla avant qu'elle ne quitte la ville ? Aussi est-ce lui qui l'accueille à la gare. Elle visite avec lui les lieux où, autrefois, ils s'aimèrent. Puis, après ce singulier pèlerinage, elle en arrive à son vrai dessein qui justifie son retour. Elle demande au maire de faire condamner Miller à mort et de le faire tuer par ses concitoyens. C'est qu'autrefois, quand elle était enceinte de ses œuvres, il l'a abandonnée et, devant le tribunal, a suscité de faux témoins pour démontrer qu'il n'était pas le père de l'enfant. Elle devint alors prostituée à Trieste avant de connaître une existence fortunée. Bien entendu, tous les bien-pensants se récrient : ils ne sont pas des assassins, bien sûr… Mais l'argent commence sournoisement son œuvre de destruction, de corruption, de pourrissement…

Le film de Bernhard Wicki est une grosse production, tournée à Cinecitta. Ingrid doit porter de somptueux bijoux et changer douze fois de coiffure et de robe. Ces dernières sont inspirées de modèles du XVIIe siècle italien et de costumes qui furent en usage au Japon, au Mexique et en Egypte. Elles sont dessinées par le modéliste René Hubert et exécutées par Nina Ricci. Elles coûtèrent 50 000 dollars. Les bijoux, dus au joaillier italien Bulgari, furent évalués à 500 000 dollars (381 000 €). Sur le plateau, une équipe de détectives veille sur eux jour et nuit. Mais ceux qu'il faut surveiller pendant le tournage sont en fait les stars : Anthony Quinn et Ingrid. Une idylle naît : « J'aimais tellement Ingrid Bergman, dira Anthony Quinn, que j'avais l'impression de perdre mon identité. Je ne luttais pas pour la conserver. Elle était tellement dominatricc, bien trop forte pour un homme normal. Elle était même trop forte pour M. Lars Schmidt. Je ne pense pas qu'elle ait voulu dominer, mais c'est simplement qu'elle avait une personnalité considérable. Les seuls qui pouvaient s'en sortir, en travaillant avec elle, étaient ceux avec qui elle n'entretenait pas de liaison. Ils la dominaient parce qu'ils ne tenaient pas à elle. Mais dès qu'on l'aimait, elle dominait. Je dirais volontiers que tomber amoureux d'Ingrid Bergman devrait avoir été une tragédie dans ma vie, car se montrer incapable de dominer une femme, ou en tout cas d'être à égalité avec elle, est une situation impossible. »

Tandis que l'acteur n'est toujours pas séparé de sa première épouse, fille de Cecil B. De Mille et que sa compagne Iolanda attend son second fils, Anthony, d'origine mexicaine, roucoule avec sa partenaire. Mark Nichols, l'attaché de presse du film, racontera qu'ils disparaissaient avant les scènes d'amour : « Cela ressemblait à une méthode, ils se mettaient en condition pour la scène. »

Anthony Quinn tentera de se justifier dans son livre de souvenirs : « Ingrid et moi nous connaissions depuis des années, mais (comme cela arrivait trop souvent) il avait fallu l'intimité du plateau pour que nous nous rapprochions. C'est elle qui m'a appris qu'on pouvait accuser une actrice de ne pas savoir faire la cuisine sans qu'elle s'offense, qu'on pouvait aussi lui reprocher de ne pas être une affaire au lit et la voir tenter de se justifier, mais qu'il était absolument impardonnable de mettre son talent en cause. Je ne mettais toutefois pas en cause le plaisir que je prenais en sa compagnie, bien que je me sois demandé si j'avais raison de répondre à ses marques d'affection. »

Et pour compliquer le tout, l'acteur tombe aussi amoureux de Pia [1], venue embrasser sa mère sur le tournage. « Ce qui devait arriver arriva, racontera Anthony Quinn ; nous nous lançâmes dans une relation pour le moins compliquée, à laquelle se mêlait une étrange rivalité mère-fille. Pia n'en finissait pas de me poser des questions sur sa mère – Est-ce qu'elle faisait telle chose ? Oh ! Et comment réagissait-elle à telle autre ? –, mais je ne pouvais décemment pas lui répondre. »

Selon Quinn, Ingrid pardonnera à sa fille ! Avec le journaliste Robert Deardoff qu'elle reçoit sur le tournage romain, elle se montre d'une sincérité totale : « Je ne suis pas une sentimentale. J'ai appris à situer les choses

1. Elle héritera d'un petit rôle dans *Zorba le Grec*.

dans leur véritable perspective. Et aussi à ne pas vivre dans un monde de chimères. Nombreux sont les humains qui traversent l'existence la tête dans les nuages : privez-les de leurs rêves et ils sont incapables de vivre plus longtemps. Moi, je suis mon meilleur critique. Quand je vois mes films, par exemple, je sais très exactement ce que mon ombre cinématographique peut faire et aussi les limites de mon talent. Nulle flatterie ne peut corriger l'image réaliste que j'établis de moi-même. Il en va également ainsi de ma vie : je m'analyse sans pitié. Il semble y avoir dans mon cerveau une minuscule caméra qui ne cesse d'enregistrer des images. Grâce à elle, je me regarde vivre et, à la moindre faiblesse, j'aperçois le feu rouge et je réagis. Les crises de nerfs ? Très peu pour moi ! Je ne peux avoir d'estime pour ceux qui se livrent à des éclats de voix et qui oublient leur sens de l'humour. Si seulement ils pouvaient se voir tels qu'ils sont ! Je voudrais parfois être plus indulgente envers moi-même mais ce n'est pas possible : il y a toujours cette "caméra" dans ma tête. Et cette autocritique m'a souvent épargnée le ridicule... » Son beau visage devient pensif. Mais elle n'est pas encore satisfaite de son éclat de sincérité : « Ma bouée de sauvetage, c'est que lorsque je me fâche, je vois le côté comique des choses. Cela ne met pas nécessairement un terme à ma colère mais au moins me vois-je telle que je suis. Alors je me dis : "Impossible de contrôler cette bonne femme pour l'instant : elle demeure insaisissable. Mais demain je pourrai sans doute réparer les dégâts qu'elle commet aujourd'hui." Il y a des gens qui excusent certains de leurs actes en disant qu'ils avaient bu, par exemple, ou parce qu'ils ont été emportés au-delà du sens de leurs paroles ou de leurs actes. Moi, je me souviens de tout, si pas nécessairement en détail. Je connais trop bien le double qui a mes traits : je prends d'elle des photos même quand elle se conduit comme une inconnue... »

Avec *La Rancune*, Ingrid aurait pu tenir un de ses grands rôles classiques, mais ce sera au contraire un des échecs les plus retentissants de sa carrière. Au Festival de Cannes, les critiques éreintent son interprétation, et le public boude le film. *La Rancune* à peine sortie, elle enchaîne un autre film à Londres. *The Yellow Rolls Royce* (*La Rolls Royce jaune*). Un film à sketches où elle apparaît dans la troisième partie, interprétant une jolie veuve américaine qui rencontre un partisan yougoslave (Omar Sharif) au début de 1941. Elle incarne une matrone américaine vieillissante et porte avec charme des toilettes démodées de 1940, dont un invraisemblable chapeau fleuri du genre qu'affectionnent les dames d'outre-Atlantique.

Le célèbre sourire fait oublier l'extravagance vestimentaire : tous ceux qui la croisent alors notent que, si la vie l'a marquée, c'est surtout intérieurement. Physiquement, elle est encore étonnement juvénile. « Cacher mon âge ? Je trouve cela terriblement ridicule pour une femme. Inutile donc de me flatter... mais cela n'empêche que les compliments font toujours plaisir ! avoue-t-elle à un journaliste venu l'interviewer. Nous savons tous que le temps triomphe de tout, que nous ne pouvons rien contre lui. Finis pour moi les emplois de jeune femme. En revanche, il y a encore une variété de rôles que je puis jouer. Les offres ne manquent pas d'ailleurs... »

Mais les offres manquent en réalité, car Ingrid n'est plus aussi habile à gérer sa carrière au mieux de ses intérêts. Une situation difficile d'autant que l'activité théâtrale de Lars Schmidt l'amène à voyager sans cesse et qu'Ingrid, elle, passe de longs moments seule à la Grange-aux-Moines. Elle fête ainsi Noël 1964, sans son mari resté à Stockholm, sans ses enfants demeurés à Rome. L'écrivain George Clayne se souvient de l'étrange expérience journalistique en joignant la star début janvier 1965 : « La grande maison austère derrière le mur de pierre au sud-ouest de Paris était vide, désertée. Lorsque le téléphone sonna dans les grandes pièces, il n'y eut qu'Ingrid Bergman pour me répondre. Je n'étais pas sûr de reconnaître sa voix.

– Puis-je parler à Mme Bergman ?

– Je suis Miss Bergman, répondit-elle avec une grande simplicité.

– Décrochez-vous toujours le téléphone vous-même ?

– Pas toujours – je devinai comme un sourire ironique dans le téléphone – mais je le fais quand je suis seule à la maison. Je sais que j'ai dû vous étonner. Vous n'êtes pas le premier. On s'attend toujours à voir un secrétaire : j'étais dans le jardin quand j'ai entendu sonner. Il fait beau aujourd'hui. Est-ce que je vous connais ?

Je lui dis qui j'étais et elle répondit qu'elle se souvenait de moi, car le son de ma voix lui rappelait quelque chose.

– Je suppose, dit-elle, que je vous reconnaîtrai dès que nous nous verrons.

Puis, devançant ma question :

– Non, pas aujourd'hui. J'ai beaucoup de choses à faire et je dois tout mettre en ordre en deux heures. Mon mari va revenir.

– N'êtes-vous pas un peu effrayée de vous trouver seule dans cette maison solitaire ? Eh bien, vous êtes courageuse.

– Non, plaisanta-t-elle. Je suis habituée à vivre seule ainsi. Je n'y pense même pas. J'aime ça. Et je suis toujours occupée. Le temps passe si vite. »

Au comédien et metteur en scène Raymond Gérôme, étonné de la voir passer de longues semaines seules à la campagne, qui lui dit : « Vous êtes seule. Vous êtes une femme seule dans une propriété somptueuse. Pourquoi n'allez-vous pas à Paris ?, elle répond : – Il arrive un âge où l'on a envie de parler sa langue maternelle le soir. » Sans doute, n'est-elle pas prête à finir comme certaines stars vieillissantes en jouant dans des films où l'on place des filtres sur la caméra avec des éclairages adoucis. Il est aussi trop tôt pour parcourir le monde de festival en festival, de rétrospective en hommage. « Eh bien, me voici trop vieille pour jouer les jeunes premières, et pas assez pour jouer les vieilles dames ! dit-elle à un ami. Que vais-je faire ? Un film par an suffit à mon bonheur, mais ce doit être le bon. Et je ne suis pas comme tous ces jeunes acteurs qui ne rêvent que de devenir cinéastes. »

Il lui faut donc des rôles pour trouver son bonheur. « Quelle que fût la profondeur de notre bonheur, dira Lars, je savais qu'Ingrid était une artiste, une star... et que sa vie, c'était son public et son travail. » « Elle était l'épouse parfaite. Aussi parfaite qu'on pouvait le souhaiter. Elle faisait tout ce qui était en son pouvoir pour être agréable à son mari. Mais c'était aussi un oiseau migrateur, qui poursuivait inlassablement sa quête de meilleurs débouchés pour son talent. Sa passion pour l'art dramatique était sans limites, et elle était toujours prête à se lancer dans une nouvelle aventure. »

Heureusement, le théâtre et la Suède viennent à la rescousse d'Ingrid. Michael Redgrave lui propose d'inaugurer en 1965, à Guilford, à une heure de Londres, le théâtre Yvonne Arnaud, au bord de la rivière Wey. Une jolie salle moderne à l'italienne, idéale pour *Un Mois à la Campagne* de Tourgueniev. Ses six mois à Guilford, puis à Londres (reprise au Cambridge Theatre) sont parmi les plus heureux de sa vie. Elle arpente la High Street de Guilford (pour son shopping), avec la troupe, elle part déjeuner au « White Horse » à Shere, elle visite les jardins de Wisley, séjourne chez Dirk Bogarde. Ces mois dans la campagne anglaise lui semblent parfaits et le personnage de Natalia imaginé par Tourgueniev la comble. Les critiques excellentes sont aussi pour quelque chose dans ce sentiment.

Autre bonheur : celui de retrouver la Suède. Elle accepte de participer à un film suédois (dialogues suédois) pour la première fois depuis trente ans. Il s'agit d'un sketch de *Stimulantia*, adapté d'une courte nouvelle de Maupassant : un couple voit sa vie ruinée par l'obligation de remplacer un précieux collier que la femme a emprunté – et perdu. Après dix ans de misère, ils apprennent que le collier n'était qu'un faux. Lorsqu'on demande à Gustav Molander, alors âgé de soixante-dix-sept ans, d'assurer la mise en scène, il n'accepte de quitter sa retraite qu'à la condition que le rôle principal soit confié à Ingrid. Quand on demande à l'actrice les raisons de son acceptation, elle dit simplement : « J'ai accepté parce que je ne pouvais refuser. J'avais travaillé pour lui il y a longtemps. Il m'a appelée et m'a demandé si j'acceptais. J'ai dit oui. Ce ne fut pas plus difficile que cela. »

Autre challenge : elle accepte de tourner pour la TV : *La Voix Humaine* de Cocteau, où tant d'autres actrices depuis Berthe Bovy se sont illustrées. Ultime coup de fil à un amour qui s'éloigne à jamais. Quelque chose de prophétique dans la vie d'Ingrid !

XVI

SOUCIS FAMILIAUX

En mars 1966, Ingrid rejoint Rome où la santé de sa fille Isabella (âgée de quatorze ans) lui donne du souci. « A onze ans, j'ai eu une scoliose, racontera Isabella. Elle a été diagnostiquée par le médecin scolaire. Avant cela, le seul exercice que nous pratiquions en classe était la marche en rang, comme des soldats. J'étais en sous-vêtements dans la salle de gym, au milieu de la file d'écolières, quand le docteur m'a dit : "Prévenez vos parents que vous ne suivrez pas ce cours. Vous avez une scoliose." J'avais une déformation du dos. Donc, j'étais difforme. La nouvelle m'anéantit. De fait, dans les deux ans qui suivirent, mon état empira. Rester plusieurs heures par jour pendue par le cou ne rétablit pas plus la situation que la gymnastique corrective, censée développer les muscles de mon dos et redresser ma déviation. »

Un spécialiste florentin, Oscar Scaglietti, décrète bientôt qu'Isabella doit subir une opération. Du printemps 1966 à l'été 1967, Ingrid va s'occuper exclusivement de sa fille. « Treize vertèbres furent traitées, se souvient Isabella. Après l'opération, je dus passer six mois allongée, dans un corset de plâtre, pour permettre aux os de se souder. Et l'on me mit aussi un plâtre à la jambe, le temps que l'os se reconstitue. Quand je fus autorisée à me lever, je dus réapprendre à marcher. Enfin, six mois plus tard, on me retira le corset : ma tête ballottait au bout de mon cou comme celle d'un poulet mort et demeura ainsi jusqu'à ce que les muscles aient été rééduqués. »

Telle une mère-poule, Ingrid est omniprésente. Certes, la maladie de sa fille intervient à un moment relativement plat de sa carrière, mais on dirait qu'elle veut tout faire pour s'épargner la culpabilité dont elle a souffert en étant si peu présente dans le passé auprès de Pia. « Ma maladie inquiétait beaucoup ma mère, dira Isabella, et elle chamboula tous ses plans. Elle cessa de jouer et resta auprès de moi pendant deux ans, jusqu'à ce que je sois rétablie. J'étais touchée de sa décision mais, en même temps, je me sentais coupable de l'empêcher de faire ce qu'elle aimait par-dessus tout. »

Autre sacrifice : elle est absente de France et donc loin de Lars, pour qui c'est une période de solitude. Dans son autobiographie, Ingrid Bergman a très longuement évoqué cette période d'inquiétude autour de la santé d'Isabella. Cette dernière racontera ainsi que cela la flatta : « La maladie, comme la honte et le chagrin, a cela de bon que vous suscitez la compassion autour de vous. Je me souviens d'un jour où, faisant semblant d'être endormie sur le divan du salon, j'ai entendu maman prévenir mon frère et ma sœur d'être particulièrement gentils avec moi. "Elle passe par un moment très dur." Cela m'a confortée dans l'agréable sentiment de vivre quelque chose d'exceptionnel », dira Isabella.

En août 1967, soulagée, Ingrid reprend son travail de comédienne et part à Los Angeles pour jouer au

Ahmanson Theatre (une salle de 2 000 places) l'ultime pièce d'Eugene O'Neill, *More Stately Mansions*, dans une mise en scène de José Quintero. Parmi ses partenaires, le comédien Arthur Hill. « Toute l'équipe l'adorait, raconte le comédien. Ingrid se laissait guider par son instinct, pas par sa raison. A cet égard, elle a peut-être commis une erreur en prenant ce rôle, non pas parce qu'elle en était incapable, mais parce que la pièce était un véritable fouillis ! Et bien entendu, elle était un peu effrayée à l'idée de réapparaître sur scène, aux Etats-Unis, après plus de vingt ans d'absence. Ingrid comptait sur Ruth Roberts pour l'aider à travailler sa diction, et sur José pour lui faire des remarques. »

En fait, l'actrice impose vite ses avis au metteur en scène en grande professionnelle qu'elle est : « José Quintero et moi, nous nous étions entendus sur tous les changements et coupures, racontera l'actrice. Nous nous comprenions, et je l'aimais beaucoup en dépit de toutes les discussions que nous avons pu avoir au cours des répétitions. A ma première entrée en scène, je retrouve mon fils dans la forêt. José me disait : "Tu arrives en courant, tu t'arrêtes brusquement, et tu restes là, pétrifiée." Je ne voyais pas les choses comme ça. "Ce n'est pas possible. Je n'ai pas revu mon fils depuis quatre longues années et je dois le retrouver dans cette petite maison perdue dans la forêt. Je suis inquiète, j'hésite, j'ai peur. J'ai peur de le revoir, j'ai peur qu'il me trouve vieillie…

– Moi, je la vois arriver en courant.

– Bon, admettons. Je ne veux pas bloquer la répétition, mais on en reparlera plus tard… Ensuite, qu'est-ce que tu fais ?

– Ensuite, tu avances droit sur le public, tu descends et tu t'assieds sur les marches, là.

J'ai regardé le devant de la scène d'un air horrifié.

– Quoi ? Après être restée pétrifiée au milieu du plateau, je fonce sur le public et je vais m'asseoir sur ses genoux ?

C'était un de ces théâtres modernes, sans rampe, avec deux marches conduisant au parterre.

– Exactement.

– Mais les gens m'entendront respirer, ils entendront mon cœur battre la chamade. Non, je ne peux pas faire ça. Je ne peux pas, c'est simple. Passe encore d'entrer en courant – on en reparlera – mais pour aller m'asseoir dans le public, non. J'ai peur, au début, j'ai le trac, je suis terrifiée par le public. Alors, être assez près des spectateurs pour les entendre dire : “Elle est encore pas mal, pour son âge. Quel âge tu crois qu'elle a ?” Non, c'est exclu.

A partir de ce moment-là José Quintero est devenu très laconique :

– Alors, qu'est-ce que tu suggères ?

– Laisse-moi m'asseoir près de la maison ; laisse-moi reprendre mon souffle ; laisse à mon cœur le temps de se calmer. Ensuite, j'attaquerai le monologue – et quand j'aurai trouvé ma voix, je descendrai vers le public pour m'asseoir avec lui. »

En fait, toute la troupe est vite fascinée par Ingrid, par sa prestance, par sa classe. Comme le soulignera José Quintero : « Elle avait grande allure ; ces deux mots prenaient même avec elle tout leur sens ; et si l'on en cherchait d'autres pour la définir, on ne pouvait que tourner en rond et tomber sur “grande dame”, – un titre que l'on n'a pas donné depuis longtemps dans ce domaine... depuis l'autre Suédoise, Greta Garbo, peut-être... Le premier mystère, c'était donc : comment peut-on être si “grande dame” et rester si jeune en même temps ? »

L'un de ses autres partenaires, Colleen Dewhurst, se montre aussi enthousiaste pendant les répétitions :

« Mon Dieu ! Je savais qu'elle avait belle allure, mais à ce point… C'est incroyable ! Elle est mieux aujourd'hui (à cinquante-deux ans) que moi quand j'avais trente ans ! Elle boit son scotch, elle se couche tard, elle raconte des histoires drôles, et elle a toujours l'air éclatant ! Avec elle, vous recevez tout en pleine figure… Et ce n'est pas du toc. »

Lors de la Première le 3 septembre 1967, l'actrice est si émue, lors de son entrée en scène, par l'ovation que lui fait le public qu'elle a un trou que le régisseur parvient à combler. L'accueil de la critique est élogieux et le spectacle obtient un beau succès lors de sa présentation à Broadway. Seul bémol à ce moment heureux : Lars Schmidt se plaint de la solitude en France et lui demande de rentrer vite. Mais Ingrid estime qu'il n'est pas vraiment sérieux ! Comme elle le reconnaîtra plus tard : « Lorsque je repense à cette période, j'en vois clairement les dangers. Jouant tous les soirs au théâtre, je suis restée des mois sans revenir à Choisel, des mois éloignée de Lars. Et cela, ce n'est bon pour aucun couple. Je le pressentais quand j'avais dit à Lars : "Nous nous sommes promis de passer tous les étés dans l'île, pourquoi revenir là-dessus ?" Mais en même temps, j'avais préféré ne pas penser trop loin, et je m'étais laissé séduire. »

« Le mariage d'Ingrid et de Lars, assure un proche, aurait pu être qualifié de mariage d'inconvenance. Lui ne cessait de voyager – New York, Paris, Stockholm –, et ils se rencontraient parfois, entre les déplacements. Il prenait cependant soin des affaires de son épouse. Il gérait bien sa fortune. »

En fait, Ingrid et Lars Schmidt ne mènent guère la vie d'un couple normal et ils sont tous les deux prêts à l'admettre. « Lui courait le monde avec ses productions théâtrales, et moi, je jouais à Londres *Un Mois à la Campagne*, j'allais à Rome pour m'occuper d'Isabella, puis je partais aux Etats-Unis monter *More Stately Mansions*. Bien sûr, grâce au téléphone, nous étions en étroit contact ; et puis, nous nous écrivions, Lars venait me voir à Londres, à New York ou à Hollywood ; mais notre existence n'était pas vraiment celle d'un couple marié. Je crois que nous l'acceptions tous les deux, mais je ne crois pas que nous en mesurions les dangers. »

Or, Ingrid commence à sentir le poids de l'âge et non seulement elle ne peut plus donner à Lars, depuis belle lurette, l'enfant dont il a tellement envie mais, pire, elle commence à paraître un peu plus âgée que lui. Une amie italienne, la première, la met en garde :

– Ingrid, ton mariage risque d'en pâtir ; tu es sûre que tu fais bien de travailler autant ?

Ce à quoi elle répond :

– Mais voyons, il faut que je travaille. C'est ma vie.

Pourtant, quelque part dans son subconscient, elle pressent le danger. Dans toutes ses lettres – qui lui brisent le cœur – Lars lui répète : « Je suis seul » ; « Tu es toujours loin de moi, je ne peux pas rester seul à t'attendre » ; « Je t'en prie, reste avec moi ». Mais il la comprend suffisamment pour savoir qu'elle veut travailler. Et, bien sûr, lui-même voyage beaucoup : il a des troupes qui jouent en Allemagne, en Suède et au Danemark.

L'année 1969 s'annonce d'ailleurs chargée avec deux projets de film : *A Walk in the Spring Rain* [1] et *Fleur de Cactus*. Elle arrive à Los Angeles début 1969 pour faire

1. Ingrid est à New York et les représentations de *More Stately Mansions* sont sur le point de se terminer, lorsque Kay Brown lui fait lire *A Walk in the Spring Rain*, un roman de Rachel Maddux, baptisé en français *Pluie de Printemps*. C'est pour Ingrid merveilleux de découvrir enfin une histoire dans laquelle une femme de cinquante ans a un mari de cinquante-deux ans, et tombe amoureuse d'un homme peut-être encore plus âgé.

la connaissance de Goldie Hawn (vingt-trois ans) et Walter Matthau dans cette adaptation de la pièce *Fleur de Cactus* de Barillet et Grédy, rendue célèbre par Sophie Desmarets (en France) et Lauren Bacall (aux Etats-Unis). Les journalistes ne se gênent pas pour l'agresser lors de la conférence de presse. Question perfide : « Cela doit vous embêter de tourner avec une gamine !... » Rire franc de Bergman : « Oh non !... Pourquoi voulez-vous ?... Elle a beaucoup de talent, elle sait danser, chanter, elle est magnifique, Goldie !... Et puis j'aime les jeunes, je suis habituée, j'ai deux filles de dix-sept ans, Isotta Ingrid et Isabella, mes jumelles, et Pia, mon aînée, a trente et un ans. » Pour faire craquer la carapace d'autres questions perfides surgissent : « Est-il exact que vous ayez dit : "J'aimerais jouer la comédie jusqu'à l'âge de cent ans. Je voudrais que soit inscrit sur ma tombe : *Ci-gît une bonne actrice. Elle a joué la comédie jusqu'à son dernier souffle.*" » Mme Bergman a son rire clair : « Mais oui, j'ai dit ça !... J'ai toujours adoré jouer. » Question logique : « Alors, maintenant, comment pouvez-vous rester si longtemps, quatre ans, sans tourner ?... » Réponse triste : « Parce qu'il n'y a pas de scénarios pour les actrices qui ont dépassé quarante ans. » Silence. Imperceptiblement, elle redresse le menton. Elle rougit. De révolte ? De l'humiliation d'être femme ? Elle dit : « Aux Etats-Unis, ils ont le culte de la jeunesse. En France, c'est quand même mieux, regardez : Gaby Morlay, Popesco, Edwige Feuillère, elles ont pu continuer à jouer... » Et puis, superbe ! Très Jeanne d'Arc : « Mais vous savez... je ne suis pas restée quatre ans sans jouer ! J'ai joué *Un Mois à la Campagne* de Tourgueniev, dans un nouveau théâtre, à Guilford, en Angleterre, puis à Londres, pendant vingt-deux semaines. J'ai enregistré deux dramatiques pour la télévision anglaise, oh ! deux rôles admirables : *La Voix Humaine* de Cocteau et *Hedda Gabler* d'Ibsen. Et puis, il y a eu... » Elle se tait. Pas l'habitude de faire des confidences. Enfin, presque un murmure : « Une de mes jumelles, Isabella, a dû passer quinze mois dans un corset de plâtre, pour une déformation de la colonne vertébrale. Alors, bien sûr, pendant quinze mois, je n'ai rien fait d'autre que la soigner... »

Etrange star !... Qui, premièrement, a le courage de parler de son âge, et des difficultés professionnelles qui en résultent. Qui, deuxièmement, se débat comme une inconnue, pour prouver qu'en quatre ans elle a « fait des choses » ! Et quand on lui parle de parties, de galas, de tout le folklore hollywoodien, Ingrid joue la carte du franc-parler : « Les sorties ? Les galas ? Les soirées ? Fini. J'ai fait ma part. Pour chacun de mes films, j'ai participé au lancement, à la publicité. J'ai dû aller trois fois au Festival de Cannes, deux fois à celui de Venise. Maintenant, je dis : “Je n'ai pas besoin de me vendre. Je suis vendue !... Alors, dorénavant, envoyez la relève ! Les jeunes. Et laissez-moi tranquille à la maison !...” »

En tournant sa première vraie comédie, Ingrid s'amuse, jubile presque. L'ambiance est joyeuse : Ingrid, Walter Matthau et Goldie Hawn sont tous au diapason. La piquante Goldie Hawn affirmera même : « C'est la femme idéale. Elle est tout ce qu'une femme devrait être. Elle est le type de femme dont les hommes n'ont pas peur parce qu'elle est chaleureuse. J'ai cru qu'elle m'intimiderait, que j'en perdrais tous mes moyens. Mais pas du tout. Je n'ai jamais eu le sentiment de devoir rivaliser. Tout ce que j'ai senti, c'est que j'avais beaucoup de chance de travailler avec elle. Elle a quelque chose de royal. C'est bien dommage qu'elle ne soit pas reine d'un pays quelconque. »

Walter Matthau fera, lui, un autre genre de compliment : « Elle était très nerveuse le premier jour de tournage. Nous avons déjeuné ensemble. Elle avala trois

Martini avant de reprendre le travail, droite comme un I. J'ai pu me rendre compte à quel point elle tenait l'alcool... » Quant au metteur en scène, Gene Saks, qu'Ingrid croit bon d'abreuver de conseils, il la considère comme « l'étonnante combinaison d'une femme vraiment charmante et d'une casse-pieds professionnelle ».

Avec le léger *Fleur de Cactus*, Ingrid trouve là un personnage solide, adapté à sa maturité de femme tour à tour effacée et envoûtante – qui finit par conquérir l'homme qu'elle aime, malgré la compétition d'une jeunesse. Sans transition, elle passe au tournage de *Pluie de Printemps* [1] avec Anthony Quinn (du 21 avril au 13 juin 1969). C'est elle qui a insisté pour l'engagement de ce dernier. « Je savais que ce n'était pas pour moi, a confié l'acteur, mais elle voulait absolument que je le fasse, et j'ai cédé. » Mais lorsque Ingrid et Anthony Quinn se retrouvent, l'évidence s'impose immédiatement : le courant ne passe plus. « Ils étaient comme des amants morts, racontera un proche. On pouvait sentir le fossé entre eux. J'avais tablé sur la possibilité d'une reprise de leur liaison, mais c'était raté. »

Le metteur en scène, Guy Green, se montrera dithyrambique sur son actrice. Il assura qu'elle est « plus coopérative, plus modeste que toutes les actrices avec

1. « L'histoire était extrêmement simple, confiera Ingrid. Je suis l'épouse tout à fait ordinaire d'un professeur de lycée – Fritz Weaver – qui prend une année de congé, une année sabbatique, pour écrire le livre qu'il a toujours rêvé d'écrire. Nous partons alors dans le Tennessee, où nous nous installons dans un vieux cottage. Là, je fais la connaissance de l'homme à tout faire, un campagnard, un être fruste, mais très viril : Anthony Quinn. Nous tombons amoureux l'un de l'autre. Son fils l'apprend, et dans une bagarre avec son père, il se fait accidentellement tuer. Anthony Quinn et moi comprenons alors que tout est fini. Nous nous disons au revoir. De son côté, mon mari s'est rendu compte qu'il n'avait aucun talent de romancier. Nous rentrons à New York. »

lesquelles il a travaillé, toujours agréable, jamais un problème. Elle était remarquablement attentive à l'égard des autres comédiens et des techniciens, se préoccupant aussi bien des problèmes de chacun que des grincements des roues du chariot-travelling. Elle s'impliquait complètement dans le film ».

Pourtant, son autoritarisme va crescendo avec les années et elle parvient même à s'accrocher avec Anthony Quinn : « Comme je ne savais pas tenir ma langue et que j'avais le plus grand mal à me montrer diplomate, reconnaîtra Ingrid, les raisons de s'échauffer ne manquaient pas. Je me souviens en particulier d'une scène. Le soleil était au bon endroit. Tout était prêt pour le tournage. Nous répétons, et je dis à Anthony :

– Tu ne vas pas jouer ça comme ça, non ?

Il était furieux.

– Qui est-ce qui dirige le film, c'est Guy ou c'est toi ?

Il s'est approché de Guy Green, et il lui a annoncé qu'il arrêtait le film. A ce moment-là, Burt Lancaster était libre, et Anthony était persuadé qu'il serait ravi de tourner avec moi. Quant à lui, il en avait assez que je me mêle de tout. » Finalement, l'actrice fera son mea culpa : « Et je suis allée vers Anthony. Je lui ai dit :

– Je suis désolée. Je regrette, je regrette vraiment beaucoup. Mais continuons, je t'en prie. Je te promets que plus jamais je n'ouvrirai la bouche pour te dire ce que tu dois faire. »

La magie du couple Bergman/Quinn est éteinte et comme le notera la critique lorsque le film sortira : « Le film ne marche pas » ou « Drame sinistre, fastidieux et peu convaincant d'un amour entre deux âges ». « L'idylle est terminée, dira l'un des producteurs. Il n'y avait plus rien entre Ingrid et Anthony, ni à l'écran ni sur le plateau. » Dans une lettre à Lars Schmidt, Ingrid avoue d'ailleurs sur ce tournage qu'elle peut en effet être « très pénible. Anthony Quinn et Guy

Green le disent tous les deux et ils m'aident à comprendre ce qui ne marche pas. Je n'écoute jamais, et je parle de n'importe quoi au beau milieu de la conversation des autres... Tu me connais ! Mais Anthony Quinn me fait passer cette mauvaise habitude. Il me regarde sans dire un mot jusqu'à ce que je lui présente des excuses. Je suis beaucoup plus agréable, maintenant. Attends, et tu verras » !

Mais la surprise qui l'attend à son retour des Etats-Unis est de taille ! Lars lui avoue sa liaison avec une jeune Suédoise, Kristina Belfrage. Ingrid et Lars Schmidt sont mariés depuis douze ans. Leur amour s'est effiloché, effrité, n'ayant pas résisté aux allées et venues. Mais Ingrid veut-elle vraiment lutter pour sauver ce qui peut l'être ?

XVII

DU COURAGE ET DES LARMES

Si Ingrid sait qu'elle a surtout été une épouse lointaine, elle ressent pourtant une colère sourde lorsque Lars lui apprend l'existence de sa liaison avec Kristina Belfrage. « Au début, je l'ai assez mal pris, racontera Ingrid. Je comprenais pourtant que c'était mon œuvre. C'était ma faute. Je ne pouvais pas blâmer Lars, et pourtant, je ne pouvais pas non plus accepter sans rien dire. J'étais furieuse. J'ai commencé par vouloir partir. M'en aller. Et puis j'ai pensé que peut-être cette autre liaison ne durerait pas. Il y avait tant de choses entre Lars et moi. Peut-être que tout s'arrangerait, que la vie reprendrait comme avant. »

Elle décide donc d'attendre pour voir si son mari finira par rompre. Mais elle joue à l'épouse bafouée avec classe. « Même en ces circonstances, dira Lars Schmidt, Ingrid montrait sa noblesse. C'était une grande artiste et une femme très belle, douée d'une force intérieure exceptionnelle. Elle avait le courage de s'exprimer franchement dans son travail, dans sa vie familiale et dans ses rapports humains. Elle était en quête d'amour, elle en donnait et elle en recevait. Elle était heureuse, et elle riait facilement. »

Mais, pendant la deuxième moitié de 1969 et l'année 1970, alors qu'elle ne travaille pas, elle doit se contenter de la solitude et de l'amertume : elle se sent inutile et non désirée. Certes, elle reçoit des scénarios, voit ses amis, passe des vacances avec ses enfants, mais la jeune femme de son époux est toujours quelque part à l'arrière-plan. Ingrid se sent reprise dans l'ancien dilemme : est-il plus important de sauver son mariage ou de continuer sa carrière ? Vaut-il mieux faire des films, divertir les gens ou rester chez soi, être une bonne épouse mais une femme qui s'ennuie ?

« Une partie d'elle-même disait : "Oh, il faut que la vie continue !" raconte son ami Stephen Weiss, car cette histoire avec Lars et Kristina lui rappelait son propre passé. Mais malgré sa force, elle était timide, elle avait peur, et elle avait besoin de lui… même si elle avait d'abord l'utilité de sa carrière. » Quand l'écrivain Robert Anderson lui rend visite en avril 1970, il est frappé de constater à quel point le moral d'Ingrid est atteint. « Ingrid et Lars traversaient une mauvaise passe, raconte-t-il. Soit il ne rentrait pas, soit il rentrait pour repartir très tôt le matin, avant que je sois levé. Je m'asseyais, et j'écoutais Ingrid me conter ses malheurs. Elle me dit : "Cela arrive à toutes les ménagères françaises d'un certain âge." Je lui répondis : "Vous vous comparez à une ménagère française d'un certain âge ?" C'était pourtant vrai. »

Face à ce naufrage, seul le travail peut la sauver. Un soir, elle reçoit un coup de fil du producteur de théâtre londonien Hugh Beaumont. Il envisage de monter *La Conversion du Capitaine Brassbound*, une comédie mineure de George Bernard Shaw. Le rôle qu'on lui propose est tentant. Elle serait la seule femme parmi une distribution de vingt-cinq acteurs. Elle n'hésite pas une seconde, obtient un contrat avantageux et arrive à Londres pour les répétitions fin décembre 1970. En fait, Ingrid trouve la pièce « ennuyeuse », mais son rôle « délicieux ». En Lady Cecily, aristocrate anglaise, Ingrid sait qu'elle paraîtra à son avantage. Une occasion rêvée pour une actrice de cinquante-cinq ans qui ne veut plus broyer du noir à la maison en attendant que son mari finisse par filer avec une jeune femme.

La Première est prévue au Cambridge Theatre de Londres le 18 février 1971 avec deux semaines de rodage à Brighton. Griffith James, le directeur de la compagnie, se rappelle fort bien leur première rencontre : « C'était la première répétition. Tout le monde s'est réuni, et je suis allé à la porte attendre l'arrivée d'Ingrid Bergman, la grande star. Elle est arrivée à l'heure juste – elle était superbe –, elle a descendu l'escalier et elle est entrée sur scène, où une chaise l'attendait. Tout cela avait été soigneusement calculé. Les chaises étaient disposées en demi-cercle, et à chaque acteur correspondait une place bien précise en fonction de son importance. Bien entendu, celle de la vedette se trouvait au centre. Elle est donc entrée, elle a salué, puis elle a dit : “Oh ! non, j'aimerais mieux une autre chaise, celle qui est là-bas.” Et elle est allée s'installer au bout de la rangée. Typiquement Bergman. »

Le spectacle va obtenir un succès critique et public considérable, même si l'on s'étonne du choix de la comédienne. « Elle ne pouvait jouer un rôle que si elle avait une chance de s'identifier au personnage, d'y voir quelque chose d'elle-même, dit Joss Ackland, qui interprétait le capitaine Brassbound. Sur le plan technique, elle était catastrophique. Je lui répétais : “Pour l'amour de Dieu, tenez-vous tranquille.” Elle jouait une Anglaise du XIXe siècle, ce qu'elle n'aurait jamais pu être. Mais elle débordait d'enthousiasme. »

La saison londonienne se passe à merveille. Elle interrompt les représentations de la pièce quatre semaines pour rejoindre ses enfants à Dannholmen et retrouve avec joie la troupe à l'automne. Avant d'entamer la tournée américaine et canadienne pendant tout le premier semestre 1972, elle assiste à New York en décembre à une cérémonie familiale : les secondes noces de Pia qui épouse un agent immobilier nommé Joseph Daly (un an plus tard, Ingrid sera grand-mère d'un garçon prénommé Justin Christopher !). A l'occasion de ce mariage dans les salons de l'hôtel Carlyle, elle revoit son premier mari Petter Lindstrom, devenu un des grands neurochirurgiens du pays.

La tournée américaine et les représentations à Washington provoquent un épisode inattendu. Le 19 avril 1972, Charles Percy, sénateur de l'Illinois, adresse des excuses officielles à Ingrid Bergman pour l'injustice commise par le sénateur Johnson vingt-deux ans auparavant. Il prend en effet la parole pour déclarer devant l'assemblée : « Monsieur le Président, l'une des femmes les plus charmantes, les plus gracieuses et les plus talentueuses du monde a fait ici, il y a vingt-deux ans, l'objet d'une violente attaque. Aujourd'hui, c'est un hommage plus que mérité que je tiens à rendre à Ingrid Bergman, une vraie star dans tous les sens du terme. » Après avoir loué la qualité de son jeu dans *La Conversion du Capitaine Brassbound*, il ajoute : « Sans elle, notre culture serait certainement plus pauvre. Dans nos cœurs, elle conservera à jamais la place qui convient à l'une des plus grandes artistes de notre temps. Je sais qu'à travers le pays des millions d'Américains se joignent à moi pour déplorer les persécutions personnelles et professionnelles qui ont contraint Ingrid Bergman à quitter les Etats-Unis au faîte de sa carrière. Et je pense que, de même, ils se joignent à moi pour lui dire toute l'admiration, l'affection et le respect qu'ils lui portent aujourd'hui. Non seulement Miss Bergman est la bienvenue en Amérique, mais nous considérons chacune de ses visites comme un très grand honneur. »

Elle profite de son séjour new-yorkais pour tourner dans un film mineur : *Des Dossiers embrouillés de Mme Basil E. Frankweiler.* Son rôle est celui d'une vieille dame riche et excentrique qui se lie avec deux enfants perdus.

Etrangement, elle invoque à chaque fois les meilleures raisons du monde pour tourner des longs-métrages promis à l'échec. Ingrid, en perruque blonde avec des sourcils neigeux, tourne autant pour le cachet (important) que pour ne pas rester inactive. Elle passe l'été et l'automne 1972 à Dannholmen, séjourne à Choisel de temps en temps. Elle interrompt ses vacances plusieurs fois pour se rendre à Londres afin d'y discuter de pièces de théâtre. Mais rien ne se concrétise. Elle accepte de présider en mai le Festival de Cannes de 1973 où *Cris et Chuchotements* de son compatriote Ingmar Bergman est présenté.

Sa présence lui donne l'occasion d'accorder de longues interviews à la presse. Dans sa suite de l'hôtel Carlton, la présidente fait, à sa façon, le bilan de sa carrière et de sa vie. « Il y a certaines choses que l'on fait dans des moments d'anxiété ou de désespoir et que l'on regrette après, mais en fin de compte, cela n'aurait pas changé grand-chose à la vie. Même si je n'avais pas été une actrice importante, j'aurais, de toute manière, travaillé dans le show-business. Peut-être aurait-ce été comme maquilleuse, ou assistante de réalisateur, ou même comme script-girl. Il y a quelques femmes réalisatrices dans le métier, comme Mai Zetterling, mais je ne pourrais pas les imiter car je ne voudrais pas assumer toutes les responsabilités que représentent la gestion d'un budget et le tournage d'un film. » Elle sourit et dit : « J'ai déjà assez de difficultés comme cela pour apprendre mes textes... »

Et quand on l'interroge sur la longévité de sa carrière, elle ne minaude pas : « Je crois qu'une des raisons, c'est que je choisis mes rôles avec beaucoup d'attention. Je n'ai accepté que des films que je trouvais intéressants pour moi. Cela ne veut pas dire que tous mes films ont été des succès. De toute manière, je pense qu'ils ont tous une certaine valeur. Je n'ai honte d'aucun d'eux. S'ils n'ont pas plu aux critiques ou s'ils n'ont pas fait de recettes, c'est une autre histoire. »

Et l'actrice de donner à tous irrésistiblement l'impression de bien se connaître, de contrôler parfaitement la situation. N'insiste-t-elle pas sur la parfaite organisation de sa vie ? « J'ai appris à ne pas mêler mon travail et ma famille. Quand je travaille, cette période est strictement consacrée au film ou à la pièce. Et quand je suis avec les enfants, je ne désire pas lire un script ou donner des interviews ou faire quoi que ce soit en rapport avec mon travail. Je veux me rendre disponible pour eux, écouter ce qu'ils ont à me dire et répondre le mieux que je peux à leurs questions. Je n'évite aucune des questions qu'ils me posent même si je souhaiterais ne pas y répondre. »

Jerry Bauer, qui la rencontre en ce mois de mai 1973, se souvient surtout de la complicité de l'actrice avec son fils Robertino et de sa satisfaction devant la vie épanouie de ses enfants. Ingrid lui confie alors : « Pia est journaliste de télévision à New York. Elle a épousé Joe Daly, un agent immobilier américain. Ils ont eu un bébé l'automne dernier qu'ils ont appelé Justin Christopher. J'aime être grand-mère. C'est émouvant de voir ce petit enfant qui est la continuation de soi. Robertino doit être de retour à l'école à Rome. Il étudie l'architecture à l'université. Il a vingt-trois ans. Un bel âge. J'étais déjà mariée à vingt et un ans. J'ai toujours conseillé aux enfants d'attendre quelques années de plus avant de se marier. Comme ça, ils sont sûrs de ce qu'ils font. »

Jerry Bauer écrira dans ses notes de l'interview : « Robertino rentre dans la pièce. Il s'est changé pour le voyage. Elle le regarde, les yeux pleins d'admiration. "Si j'ai une chose à regretter, je souhaiterais n'avoir jamais corrigé mon fils lorsqu'il apprit l'anglais. Maintenant, il se refuse à le parler devant moi." Il rit et s'assied sur le bras de son fauteuil. » Et Ingrid de poursuivre : « Mes jumelles ont désormais vingt et un ans. J'ai eu Robertino et les jumelles, Isabella et Isotta Ingrid, avec Rossellini. Ingrid étudie la sociologie à Rome, Isabella suit des cours de dessin en Amérique. Elle pense qu'elle a plus de chances de réussir dans son métier aux Etats-Unis qu'en Italie. Elle a déjà dessiné des papiers peints et travaille pour Revlon et d'autres firmes. » Et cette mère comblée de conclure : « Mon seul porte-bonheur dans la vie, c'est d'embrasser les photos de ma mère et de mes enfants que je garde dans ma loge, avant de monter sur scène. Mes enfants et mon travail me donnent les plus belles satisfactions dans la vie. Heureusement, je travaille tout le temps. Je ne pourrais pas imaginer la vie autrement. Je ne pense pas à prendre ma retraite. Du moins pas tant que les gens souhaitent me voir. »

Pourtant, selon un proche, il faut tempérer cette affirmation : « Elle ne savait pas vraiment comment communiquer avec ses enfants. Ils avaient été élevés comme des fleurs de serre. Aucun n'avait reçu d'éducation supérieure. Dès leur plus jeune âge, ces enfants apprirent à être libres. Ils faisaient ce qu'ils voulaient, mais n'avaient aucun sens des responsabilités. » Ce que réfute aujourd'hui Isabella qui pense à tout ce que sa mère lui a légué, à commencer par le sens de l'ordre : « Dans la liste des amours de maman, faire le ménage tenait la deuxième place. Cela ne veut pas dire qu'elle préférait cette occupation à sa propre fille, je suis même certaine du contraire, mais elle s'ingéniait toujours à combiner ses deux passions. Ce qui l'amenait à faire le ménage en ma compagnie. “Ne quitte jamais une pièce les mains vides”, me répétait-elle, suggérant qu’il y a toujours un verre à rapporter à la cuisine ou un journal qui traîne dans une chambre alors qu’il devrait se trouver au salon. Principe éducatif qui a fait de moi une personne ordonnée et une parfaite femme d’intérieur. »

Et Isabella de se souvenir : « Ma mère était belle par sa grâce et sa simplicité naturelle. J’ai une image très précise de maman en train de se démaquiller : elle massait son visage avec une crème grasse pour enlever les fards qu’elle utilisait au théâtre ou au cinéma. J’étais fascinée. Je me souviens aussi de son odeur. Elle portait « L’Air du Temps » de Nina Ricci. C’était d’ailleurs mon premier parfum. »

Peut-être Ingrid gâta-t-elle trop son seul fils : « Elle donnait toujours des voitures de sport à Robertino, raconte Ann Todd. Je lui disais qu’elle ne devrait pas agir ainsi, et elle me répondait : “Mais sinon, comment m’aimeraient-ils ?” » En fait, dans Robertino, Ingrid retrouve la séduction conquérante de Rossellini et a du mal à résister au charme latin de son fils.

La jumelle d’Isabella pose davantage de soucis à ses parents. Eprise d’un jeune ouvrier (Alberto Acciarito), elle l’épouse bientôt au grand dam de ses parents. Après une brève bouderie, Ingrid-Isotta se réconcilie avec ses « sévères parents ». « J’ai voulu avoir du succès – un immense succès, comme comédienne – et un foyer et des enfants, reconnaîtra Ingrid. J’ai eu tout cela et j’en suis heureuse. Si j’ai payé un prix trop élevé, je voudrais seulement l’avoir payé seule. Mais mes enfants ont payé, eux aussi. Leur route était balisée par une succession de foyers brisés. » C’est ce qui lui vaut un sentiment de culpabilité qui ne la quittera plus jusqu’à la fin de ses jours.

Ingrid, comme d’habitude, se réfugie dans le travail : cette fois-ci, le rôle est celui créé par Ethel Barrymore dans *L'Epouse Fidèle* de Somerset Maugham (montée au Albery Theatre de Londres). « Je trouvais que la pièce avait vieilli, et je l'ai dit à John Gielgud, qui devait assurer la mise en scène, racontera Ingrid. Il m'a tout de suite rassurée. Il m'a dit de sa voix douce et tranquille : "Crois-moi, Ingrid, la seule chose qu'il y ait de démodé dans cette pièce, c'est son charme." C'était exactement ce que j'avais besoin d'entendre. Dès lors, je me suis mise au travail. » « Je l'ai trouvée merveilleusement disposée, très ouverte à mes indications », dira John Gielgud.

La pièce fait un triomphe et tient l'affiche jusqu'en mai 1974. Pourtant, avouera-t-elle, « le premier soir, j'étais si nerveuse que j'ai bégayé et que j'ai été lamentable. Au théâtre, je suis terrifiée, ce qui n'est jamais le cas devant la caméra. J'ai toujours considéré la caméra comme une amie. Et de toute façon, on peut toujours recommencer [une prise]. Ce qui est impossible sur scène ».

A cinquante-huit ans, fascinante de maturité et d'équilibre, elle devient la reine de la scène londonienne. Comme elle reçoit 12,50 % des recettes brutes, elle se montre satisfaite. Pourtant, un soir de fin novembre, un sentiment inquiétant vient troubler sa joie : dans la chambre de son appartement de Mount Street, elle se jette un soir sur son lit et parcourt distraitement le journal, à la rubrique « Courrier des Lecteurs ». Une femme raconte comment elle a été sauvée en prenant connaissance d'informations concernant le cancer du sein. « A l'époque, écrit Ingrid dans ses mémoires, on précisait que Betty Ford, la femme du Président, et Miss Rockefeller, s'étaient fait opérer. On conseillait aux femmes de se surveiller. Une grosseur, même minime, devait être prise au sérieux. » Machinalement, tandis qu'elle lit, Ingrid porte la main à sa poitrine. Soudain, ses doigts s'arrêtent sur une petite boule roulant sous la peau. « Mon Dieu ! c'est drôle ! » pense-t-elle. « Non ! Ça ne peut pas m'arriver à moi. » Immédiatement, elle téléphone à Lars Schmidt qui lui conseille de rencontrer au plus vite un médecin. Celui-ci se montre rassurant : « Il faudra que vous fassiez quelque chose, mais ce n'est pas du tout pressé. »

Là-dessus, alors que sa pièce continue toujours, Sidney Lumet la contacte pour jouer dans le film adapté du roman d'Agatha Christie, *Le Crime de l'Orient-Express*. Albert Finney doit incarner le fameux détective belge, Hercule Poirot, et une douzaine de grandes vedettes – Lauren Bacall, Vanessa Redgrave, Jacqueline Bisset, Sean Connery, Michael York, John Gielgud et d'autres noms célèbres – doivent tenir les autres rôles. Le réalisateur a précisé : « J'aimerais que vous jouiez cette sublime vieille princesse russe » et lui envoie le scénario. « Je l'ai lu, et j'y ai trouvé une missionnaire suédoise qui m'a beaucoup plu, racontera Ingrid. J'ai rappelé Sidney Lumet : "Pourquoi voulez-vous que je mette un masque pour jouer la princesse russe alors qu'il y a un excellent rôle fait pour moi ? Cette missionnaire suédoise, cette demeurée, c'est exactement ce qu'il me faut. Et je pourrai y mettre le bon accent. C'est ce rôle-là qui me plaît." "Oh ! non, ce n'est pas possible. Votre rôle est celui de la princesse. Cette belle vieille dame a une allure absolument extraordinaire…" » Mais Ingrid tient bon et hérite du rôle convoité.

Lorsque la production décide de prolonger les représentations de *L'Epouse Fidèle*, Ingrid se résigne à confier à son agent londonien (Laurence Evans) ses craintes sur sa santé. Est-ce raisonnable de repousser l'indispensable biopsie pour jouer ? C'est pourtant ce qu'elle décide. Et est-ce sage d'accepter un tournage de film en même temps ? Ingrid décide que ça l'est !

Et l'actrice d'enchaîner non-stop dans la journée le plateau du *Crime de l'Orient-Express* et le soir les représentations au théâtre. Elle est pendant huit heures une sévère missionnaire suédoise, vaguement démente et le soir s'épanouit en Constance, une femme élégante et rusée. « La femme la plus exaspérante, entêtée, capricieuse, butée, la femme la plus délicieuse et la plus ravissante qu'un homme ait jamais eu le malheur d'épouser », *dixit* son mari dans la pièce.

« Tout le monde s'est très bien entendu, racontera l'actrice. Nous étions plusieurs à avoir une pièce en train, et chaque soir, c'était la galopade pour rejoindre le théâtre. » « Elle nous a donné une interprétation très pure, racontera le réalisateur Sidney Lumet. Elle n'a pas du tout essayé de se mettre en valeur, ni de rendre son personnage plus séduisant. »

Enfin, à la fin de mai 1974, le marathon théâtral et cinématographique s'achève. Ingrid découvre que la grosseur au sein s'est développée. Elle retourne consulter le Dr Handley. Elle se sent enfin prête à la biopsie. Mais elle veut d'abord voir sa fille Pia et son petit-fils à New York. Ne serait-ce pas l'occasion de demander un second avis médical ?

A New York, quelques semaines plus tard, un spécialiste l'informe d'un ton sec. Il faut opérer tout de suite. Elle refuse. « Vous devez, lui ordonne-t-il, entrer à l'hôpital ce soir même. » Mécontente, elle prétexte l'anniversaire de son mari, une balade à bicyclette à Central Park avec sa fille et son petit-fils. Malgré l'insistance du praticien, Ingrid écarte l'idée d'une hospitalisation. Sur quoi, le médecin la met à la porte. Mais l'opération est décidée à Londres dans la quinzaine qui suit, les médecins de la London Clinic réussissent à la convaincre d'extraire un peu de tissu de la tumeur du sein gauche. La biopsie confirme qu'il faut procéder à l'ablation du sein immédiatement.

Lorsqu'elle revient à elle après l'opération, Pia, sa fille, l'entend dire : « C'est follement fatigant d'entendre crier cette femme. Demandez-lui de s'arrêter, je vous en prie ! » En fait, c'est elle qui gémit. Les mains croisées sur sa poitrine mutilée, elle ne veut plus se regarder dans un miroir. « Le médecin est arrivé, explique-t-elle. A son expression, j'ai tout de suite compris qu'on m'avait enlevé le sein en entier. Et j'ai eu pitié de lui : ça doit être un triste métier que d'annoncer à des femmes qu'on vient de les mutiler. Mais, on se remet de ça aussi. »

De retour chez elle, sur la porte d'une armoire, elle trace une marque au crayon pour savoir jusqu'où elle peut lever les bras. Elle se sent mieux, nage, reprend espoir. Elle passe ensuite deux semaines de convalescence à Choisel avec ses enfants, entourée affectueusement de Lars Schmidt, et revient à Londres pour commencer les rayons de la chimiothérapie.

La maladie, Ingrid Bergman la combat avec une farouche énergie. D'abord, elle refuse d'utiliser la chaise roulante que lui impose son médecin. Elle fait ses courses elle-même, comme si rien n'était arrivé, nage dans la piscine de sa maison, à Choisel, près de Paris. Quelques mois après son opération, elle part même en tournée aux Etats-Unis jouer *L'Epouse Fidèle*. Selon ses partenaires, elle est aussi gaie qu'avant. « Après les représentations, raconte un de ses amis comédiens, elle voulait que la fête continue. Alors, on pique-niquait dans les loges et on terminait les bouteilles qui nous restaient. C'étaient de joyeux moments. Son rire, quelle merveille ! Il prend sa source là où se concentre son inépuisable vitalité et puis il glougloute, il bouillonne, il monte et éclate soudain en un véritable torrent. Oui, cette tournée a été très chaleureuse. »

Ingrid Bergman a en effet décidé de traiter son cancer par l'ironie. Elle imagine même un gag qui prouve un certain humour noir, lorsqu'elle se tord la cheville et doit être plâtrée. « Les gens semblaient déçus de me trouver en si bonne forme, dit-elle. Alors, à la fin de la représentation, je venais saluer dans mon fauteuil roulant. Le public applaudissait. Il était ravi. »

C'est durant cette longue tournée qu'Ingrid commet deux des lapsus les plus mémorables de sa carrière. Le premier dans cette réplique : « Vous êtes un menteur, un plaisantin, un farceur », et où elle réussit à dire : « Vous êtes un menteur, un plaisantin, un facteur. » Et le second au dernier acte, au moment où son mari, qu'elle est en train de quitter, lui demande humblement : « Et pour les repas, comment est-ce que je vais m'y prendre ? » Ce à quoi, au lieu de répondre sèchement : « Laisse la cuisinière faire à sa tête et tout ira bien », elle répond, non moins sèchement : « Laisse la cuisinière faire ta tête et tout ira bien. » Comme toujours, elle s'en sort dans un grand éclat de rire.

Et lors de la cérémonie des Oscars 1974, elle est toute surprise d'obtenir l'Oscar du meilleur second rôle féminin pour *Le Crime de l'Orient-Express*. « Merci beaucoup, vraiment, dit-elle en recevant son troisième Oscar. C'est toujours très agréable de recevoir un Oscar... Dans le passé, Oscar s'est montré curieusement négligent, car l'an dernier, quand *La Nuit Américaine* a gagné (pour le meilleur film étranger), j'ai été choquée que Valentina Cortese ne soit pas citée pour sa merveilleuse performance... Aussi, je trouve un comble d'ironie qu'elle soit nominée cette année pour un film récompensé l'an dernier. Je ne comprends pas très bien ce qui s'est passé, mais je suis là, et je suis sa rivale et cela ne me plaît pas. Pardonne-moi, Valentina, ce n'était pas mon intention... »

Pendant l'automne 1975, Ingrid retrouve Rome et son atmosphère familière le temps d'un tournage : *Nina* de Vincente Minnelli avec Liza Minnelli en vedette. Ingrid a dit oui au réalisateur, pour un cachet de 250 000 dollars. Interviennent également dans ce choix le plaisir de retrouver Charles Boyer dans la distribution et de voir ses filles occuper des petits rôles ou des postes de stagiaires pendant le tournage. Ingrid aime aussi son personnage. « *Nina*, c'est l'histoire d'une comtesse réduite à la misère mais qui, dans sa jeunesse, a été aimée par des rois, des empereurs, des écrivains, des artistes. C'est un personnage vraiment fascinant. Et même si Liza Minnelli est Nina, la vraie vedette du film ce sera moi, la vieille comtesse », explique-t-elle dans une lettre à une amie.

L'actrice est en fait vieillie de douze ans. A un journaliste qu'elle reçoit dans sa loge sur le tournage, elle tient le langage de la franchise :

– *Vous vous trouvez vieillie ?*

– Moi pas, mais les autres... Spécialement les Italiens, qui accordent beaucoup d'importance à l'âge. J'ai des amis qui me considèrent comme une vieille femme, je le devine à certaines phrases, à des allusions. Les Italiens ne sont pas diplomates. J'ai soixante ans et quelques rides, mais je les considère avec beaucoup d'humour. Avec les ans, la peau s'abîme, c'est naturel et dans l'ordre des choses. Je ne comprends pas que Greta Garbo ait interrompu sa carrière artistique à trente-cinq ans pour s'enterrer vivante. Tant pis pour elle !

– *Voulez-vous me donner votre définition de la vieillesse ?*

– Vieillir signifie perdre le goût pour la vie. Moi, j'ai conservé de l'intérêt pour toutes sortes de choses : le travail sans lequel exister serait beaucoup moins passionnant, les voyages car je considère que je n'ai pas encore assez vu le monde et je voudrais connaître l'Afrique et les Africains, l'amour aussi m'intéresse. Cela vous paraît peut-être indécent dans la bouche d'une femme de soixante ans. Je me souviens qu'à trente ans, je me moquais des femmes de cinquante ans qui voulaient à tout prix rester sur la brèche et ne se résignaient à désarmer ni leur cœur ni leur corps. La fameuse paix des sens ! A présent que j'ai soixante ans, je compte bien tomber encore amoureuse...

– *Toutefois, il vient toujours un moment où une femme, quelle qu'elle soit, doit renoncer à l'amour. Il arrive un jour où l'on ne peut raisonnablement plus espérer être payé de retour !*

– On a posé la même question à une autre actrice... ou peut-être à Colette, l'écrivain, qui a répondu : « Je ne sais quoi vous dire à ce sujet car j'ai seulement soixante-dix ans. Repassez quand j'en aurai quatre-vingts. » Eh bien, je pense comme elle.

– *Donc, la vieillesse est une chose qui, pour l'instant, ne vous préoccupe pas ?*

– Ce serait trop beau. Je vais tenter de mieux me faire comprendre : je sais que je vieillis, je sais que j'ai déjà vieilli, et, je le répète, je n'en souffre pas parce que c'est un phénomène normal. Je sais aussi que dans dix ans, vingt ans au maximum, je serai morte et cela non plus ne m'effraie pas parce que c'est dans l'ordre des choses. Toutefois, la vieillesse et la mort me font souffrir quand elles frappent mes amis ou les êtres qui me sont chers. C'est une chose qui m'épouvante : voir s'en aller un à un ceux que j'aime, leur survivre.

– *Vous avez dit un jour que vous aimeriez voir figurer sur votre tombe l'épitaphe suivante : « Elle a fait son métier d'actrice jusqu'au dernier jour de sa vie. Ici repose une bonne comédienne. »*

– Peut-être cela est-il dit avec une certaine grandiloquence mais c'est vraiment ainsi que je rêve de mourir : sur la scène ou face à la caméra. Parfois, je m'imagine que la mort s'empare de moi au beau milieu d'une réplique : je porte la main au cœur et je tombe par terre. Tout est fini. C'est très romantique [1].

1. *Ciné-Revue*, 29 janvier 1976.

Ce tournage romain est l'occasion d'affectueuses retrouvailles avec Rossellini. Ils dînent ensemble, ils s'amusent, parlent de leurs enfants et rient des excès de leur vie d'autrefois. Tendresse et complicité colorent leurs soirées.

De ce tournage (l'ultime pour lui), Minnelli ne dira rien dans ses *Mémoires*, mais sa fille racontera un échange amusant, lors de la première scène dramatique où elle et Ingrid doivent pleurer. « Ingrid appela le maquilleur : elle, qui dans mon esprit était l'actrice de cinéma qui pleurait le plus magnifiquement au monde, se faisait mettre de la glycérine. Je m'approchais du divan :

– Que faites-vous ? lui demandais-je d'un air surpris, tandis que le maquilleur continuait d'appliquer la glycérine sous les yeux d'Ingrid.

– Je prépare ma scène de pleurs, répondit-elle. Et vous, Liza, que faites-vous ? me demanda Ingrid à son tour.

– Eh bien, j'essaie de pleurer, dis-je.

– De pleurer, *réellement* ?

– Oui, répondis-je avec humilité.

– Alors, mettez de la glycérine.

Je restais pensive un moment.

– Ingrid, vous ne pleurez pas *vraiment* ?

– Non, répondit Ingrid. Si je pleurais vraiment, je serais malheureuse.

– Alors, quand vous regardiez Bogart dans *Casablanca*, les larmes aux yeux…

– Glycérine ! »

XVIII

L'ADIEU

Après le mélancolique *Nina* (qui ne sera guère un succès), Ingrid décide qu'il est temps de tout mettre en ordre dans sa vie. Après avoir traversé tous les orages de la passion, elle a trouvé la paix auprès de ses enfants et de ses petits-enfants et pour eux, pour rétablir la vérité sur des amours qui, à l'époque, ont scandalisé l'Amérique pudibonde, elle veut rédiger ses *Mémoires* en toute franchise.

En fait, elle prend pour « nègre » et corédacteur Alan Burgess, le journaliste qu'elle connaît depuis *L'Auberge du Sixième Bonheur*. Ingrid s'installe tranquillement à Choisel et, aidé de l'efficace Pavo Turtiainen (un assistant finlandais de Lars), l'actrice revoit toutes ses lettres, coupures de presse et elle dépouille archives et photos. Puis, au magnétophone, elle répond aux questions d'Alan Burgess. Le passé afflue.

Au printemps 1977, « l'amie » de Lars, Kristina, se retrouve enceinte. Déprimée, l'actrice s'installe à l'hôtel Raphaël à Paris où elle croise son ex-mari, Roberto. Comme toujours quand rien ne va, Ingrid se réfugie dans le travail et accepte de reprendre, au prestigieux festival théâtral de Chichester, la pièce de N. C. Hunter au charme mélancolique, *Waters of the Moon*.

Les premiers soirs, elle ne se heurte pas seulement à ses difficultés habituelles avec le texte : « Il a fallu lui faire comprendre qu'elle ne pouvait pas gesticuler en tous sens quand quelqu'un prononçait une longue tirade, racontera sa partenaire Wendy Hiller. Elle ne pouvait pas saisir son chapeau, faire bouffer ses cheveux, et distraire l'attention du public... Il fallait qu'elle soit discrètement présente, pas importune. Je pense que c'était pour elle une contrainte extraordinairement difficile de ne pas être en permanence au travail sur son personnage. Dès qu'elle a compris cela, elle a été parfaite. Et bien entendu, nous avons tous adoré travailler avec elle, parce qu'elle aimait apprendre. »

Ingrid reprend des forces et trouve un équilibre entre son rôle et la vie de province anglaise. « Chichester est une charmante petite ville du Hampshire. Mon amie et professeur de diction, Ruth et moi, nous habitions un cottage situé à environ une demi-heure, et j'avais loué une petite voiture. Le spectacle débutait à sept heures, et je partais très tôt pour avoir du temps devant moi. Avant chaque représentation, il fallait que je me repose une heure et demie – sans téléphone, sans parler – pour paraître quarante-cinq ans, comme le voulait mon rôle. »

Mais le 4 juin, un coup de fil vient assombrir ce printemps campagnard. Fiorella Mariani (la nièce de Roberto) lui annonce que Rossellini a succombé à une crise cardiaque ; le metteur en scène avait soixante et onze ans. Ingrid doit jouer, ce soir-là. Le directeur du théâtre, qu'elle appelle immédiatement pour lui demander de venir auprès d'elle, n'est pas disponible.

– Je ne pourrai jamais entrer en scène, lui dit-elle.

– Il faudra bien, lui répond-il. Tu dois y aller. Il n'y a pas de doublure.

Elle y va en grande professionnelle et personne ne remarque rien. Après la représentation, elle passe la nuit au téléphone avec Robertino, Isabella et Ingrid, et elle pleure avec eux. Mais les émotions ne sont pas terminées. « Il y avait la mort, et il y avait la vie, reconnaîtra Ingrid. Le lendemain de la mort de Roberto, Lars m'a téléphoné de New York et m'a annoncé que Kristina Belfrage venait de lui donner un fils. C'était ce qui lui avait manqué pendant toutes ces années. J'étais très heureuse pour lui [1]. »

Les deux événements, la mort et la naissance survenant en même temps, lui paraissent un symbole de sa solitude. Ultime refuge pour Ingrid : le travail et encore le travail. Sa pièce va être jouée à Londres et connaître une longue tournée. Mais d'ici là, il lui faut rejoindre la Scandinavie pour le tournage de *Sonate d'Automne*, sous la direction d'Ingmar Bergman.

Dans le courant de l'été, elle se rend à New York, et en profite pour aller revoir son médecin (car tous les six mois elle est censée subir un contrôle). Il lui annonce qu'elle a une glande enflée qu'il faut surveiller. « Ce n'était pas grave mais, dès mon retour en Angleterre, il me conseillait de consulter mon médecin traitant », confiera-t-elle.

Depuis longtemps, Ingrid rêvait de tourner sous la direction de son homonyme, et voilà qu'il lui offre un rôle dur dans un film d'amour et de déchirements, l'un des plus beaux réalisés sur l'antagonisme mère-fille. Le scénario est fort. Charlotte (Ingrid) est une pianiste professionnelle. Elle vient revoir sa fille Eva (Liv Ullmann) et son gendre Victor, pasteur, dans le presbytère qu'ils

1. Lars Schmidt témoignera qu'Ingrid semblait réellement heureuse en apprenant cette nouvelle. Certes, Ingrid joue à sa manière un rôle. Entre les deux époux, la tendresse est demeurée et durera jusqu'au bout.

habitent. Les deux femmes ne se sont pas vues depuis sept ans. Charlotte est étonnée par la présence d'Hélène, son autre fille, une malade incurable. Eva et Charlotte interprètent un prélude de Chopin, la première médiocrement, la deuxième avec grand talent, ce qui nous permet de comprendre l'ancienne admiration que la fille portait à sa mère. Mais aujourd'hui, ce sentiment s'est transformé en une agressivité haineuse car Eva reproche à Charlotte son égoïsme et son indifférence. Bientôt les masques tombent et les visages apparaissent dans leur tragique nudité. Charlotte prend conscience de son échec et les secrets familiaux percent au grand jour : Eva a perdu un enfant de quatre ans et, si Hélène est infirme, c'est à cause du comportement de sa mère. Quant au couple Eva-Victor, il s'estime mais ne s'aime pas. Charlotte quitte finalement le presbytère laissant Eva seule avec son angoisse suicidaire.

« Quand j'ai reçu le scénario, j'ai eu un choc, dira Ingrid. Il était si épais que j'ai eu l'impression que le film durerait six heures. Le sujet de l'histoire m'a tout de suite plu – pas la moindre hésitation là-dessus – mais je trouvais seulement que c'était un peu *trop*. J'ai appelé Ingmar et je le lui ai dit. Il m'a expliqué : "J'ai écrit tout ce qui me venait à l'esprit. Mais bien sûr, nous allons couper. Pourquoi ne viendrez-vous pas dans mon île, cet été, qu'on discute de tout cela ?" »

Le début du tournage, à l'automne 1977, dans les studios d'Oslo, n'est pas facile. Dans ses *Mémoires*, le réalisateur n'est pas tendre pour la star : « On devait filmer *Sonate d'Automne*, Ingrid Bergman lisait son rôle d'une voix de stentor, avec des gestes et des mines. Tout avait déjà été répété, fixé devant un miroir. Quel choc ! Ça m'a déclenché un mal de tête et la scripte s'en est allée dans l'escalier pour pleurer d'effroi : jamais depuis les années 30, elle n'avait entendu autant de fausses intonations. La vedette avait procédé à ses propres coupures. Elle refusait de prononcer des mots inconvenants. »

Le premier jour, à la fin de la première lecture, Liv Ullmann se réfugie dans la pièce voisine pour sangloter. Elle est certaine que le film ne marchera pas. Elle sent qu'Ingmar et Ingrid ne parlent pas le même langage. « Bien sûr, au début il y a eu des tas de discussions entre eux, racontera-t-elle. Ingmar a l'habitude de travailler avec une équipe régulière, des gens comme moi, qui le comprennent à demi-mot, sans poser de questions. Ingrid, elle, s'en est tout de suite prise au scénario : “On ne peut parler tant que ça. Les dialogues sont trop longs, il faut couper. Non, il n'est pas possible que cette femme dise tout cela. En tout cas, moi je ne peux pas.” A la fin de la séance, connaissant si bien Ingmar, toute l'équipe était sous la table. »

Aux yeux d'Ingrid, l'histoire est assez ennuyeuse, il faut la ragaillardir avec quelques drôleries. « Pourquoi êtes-vous si assommant quand vous écrivez, Ingmar ? Vous qui pouvez être si drôle quand vous voulez. » Elle écoute le prélude de Chopin qui est un sommet au cours du premier acte du film. Il est d'abord joué par la fille, puis par la mère. « Mon Dieu, mais est-ce qu'on va jouer cette musique ennuyeuse *deux fois* ! Mais *c'est de la folie*, Ingmar, le public va s'endormir, vous auriez au moins pu dégoter quelque chose de *joli* et d'un peu court, ça va vraiment être trop *ennuyeux*, je vais bâiller à en mourir. »

Ingrid adresse alors au réalisateur une réflexion essentielle : « Ingmar, il faut que vous sachiez une chose : je commence toujours par parler – je réfléchis ensuite. » Pour le metteur en scène, cet aveu le touche. « J'ai trouvé cette révélation tout à fait remarquable. Elle est devenue la clef de notre relation. J'ai compris que cette spontanéité – qui entraîne parfois un certain manque de tact – était la clef même de son être.

Quand Ingrid dit quelque chose, il faut l'écouter. Au premier abord, ce qu'elle affirme peut paraître idiot, mais on se rend compte ensuite que ça ne l'est pas. Il faut l'écouter parce que, chez elle, cette réaction immédiate est extrêmement importante. »

« Il y avait un problème dès le départ, reconnaîtra Lars. La franchise naturelle d'Ingrid ne convenait pas à la manière autoritaire dont Ingmar avait l'habitude de construire ses films. En outre, elle avait une conception de la vie différente de la sienne. Elle éprouvait un immense respect pour lui, mais il n'était pas sensible à son talent et à sa créativité, et n'aimait pas qu'elle ose être elle-même, sur le plateau comme à l'extérieur. Il n'avait pas l'habitude qu'on le contredise… En un mot, il ne l'aimait pas, et il le disait, clairement et de manière fort peu civile. »

En fait, jamais un rôle n'a exigé d'Ingrid autant d'effort. D'autant que son état de santé empire. « Ingrid affrontait sa maladie avec colère et impatience, dira le réalisateur. N'empêche que son corps était brisé et son esprit rongé. Au studio, elle était extrêmement disciplinée. Une fois qu'elle avait manifesté son opposition, en général elle se soumettait ensuite, stimulée même par le fait que quelqu'un d'autre décide. Un matin, elle s'est violemment retournée vers moi et elle m'a donné une gifle (par jeu ?), elle m'a dit qu'elle allait me rompre les os si je ne lui disais pas tout de suite comment jouer cette scène. Furieux de cette attaque inattendue, je lui ai répondu que je lui avais demandé cent fois de ne rien faire du tout et qu'il n'y avait que des crétins d'amateurs pour s'imaginer qu'il faut faire quelque chose à chaque instant. Sur le ton de la plaisanterie, mais très dur, elle s'est moquée de ma réputation de directeur d'acteurs. Sur le même ton, je lui ai rétorqué que je plaignais les metteurs en scène qui avaient dû travailler avec elle au temps de sa gloire. Nous avons continué ainsi à échanger quelques répliques et puis nous avons éclaté de rire et nous sommes revenus au studio où l'on attendait avec une certaine curiosité. Ingrid se calma, ses paupières se gonflèrent comme sous le poids de larmes retenues, son masque dur tomba et la caméra enregistra le visage d'un être qui souffrait. »

Pendant ce tournage, Ingrid découvre quelque chose qu'elle n'a jamais rencontré jusque-là dans sa vie de comédienne. Entre toutes les femmes qui sont sur le tournage, toutes des femmes fortes et indépendantes, des femmes d'expérience tant sur le plan professionnel que sur celui de la vie privée, naît une vraie communauté. Ces femmes sont entre elles comme des sœurs. Il y a là Katinka Farago, directrice de production ; Inger Person, chargée des costumes ; Cilla Drott, maquilleuse ; Sylvia Ingemarsson, monteuse ; Anna Asp, chargée des décors ; Kerstin Eriksdoter, script-girl ; Ingrid et Liv Ullmann. Ingrid se laisse absorber avec reconnaissance par ce corps puissant où elle peut pendant de brefs instants trouver la paix.

Comme toujours chez Bergman, la caméra ne bouge pas beaucoup. Les scènes importantes sont filmées en gros plans et l'affrontement progresse au rythme des champs, contrechamps. Dans son autobiographie, *Ma Vie*, Ingrid Bergman raconte à quel point cela lui fut difficile d'incarner une mère aussi absente. C'était presque le miroir de ses propres obsessions. Il y avait là toute l'histoire de ses relations avec sa fille Pia. Car cette pianiste qui refusait de renoncer à son art, même si cela impliquait le sacrifice de sa vie privée, c'était bien Ingrid. « Il y a beaucoup de moi dans *Sonate d'Automne*, dira-t-elle. J'ai eu affreusement peur, le jour où Pia m'a annoncé qu'elle allait voir le film. »

Sonate d'Automne reste comme son ultime apparition au cinéma. « Mes jours sont comptés », a-t-elle confié à son réalisateur. Et sitôt la dernière scène tournée, elle regagne la capitale britannique et le Middlesex Hospital. « Je suis rentrée à Londres, raconte-t-elle. Le médecin m'a examinée : "Il va falloir enlever ça", a-t-il dit. Et on a enlevé ça. C'était la même histoire. C'était cancéreux. »

Elle demeure huit jours à l'hôpital, à Londres, puis reprend sa vie normale. Très vite, elle remonte sur scène pour jouer au théâtre (au Phœnix Theatre) *Waters of the Moon* (*Les Eaux de la Lune*). Mais au cours d'une des dernières soirées, elle a mal. Elle s'allonge sur le divan qui est dans sa loge et prévient Louise, son habilleuse : « Il faut que je retourne à l'hôpital. » Louise éclate en sanglots. C'est Ingrid Bergman qui la console. Cette fois, ce n'est plus seulement une tumeur qu'on doit enlever, mais le sein droit. Le chirurgien est formel : « Il n'y a pas une minute à perdre », dit-il. Ingrid refuse. Elle veut d'abord s'accorder quinze jours de vacances. Elle se rend à Rome, se baigne, prend le soleil, s'efforce de rire quand elle est en compagnie de ses amis. « Ce n'est qu'après, dit-elle, que je suis retournée sur le billard. »

Elle entre à la Harley Street Clinic où le Dr Slacka découvre une tumeur maligne et procède à l'ablation du second sein. « Pour accepter de subir une telle épreuve, il faut être grande, très grande... », dira Lauren Bacall. « Je crois que j'aurais préféré la mort... » Mais Ingrid Bergman n'a jamais choisi d'abandonner la partie et sa lutte poignante contre la maladie suscite l'admiration. « J'ai encore tant d'années de travail devant moi et tant de souvenirs derrière moi », confia-t-elle après sa première opération.

Bientôt, le monde entier acclame sa performance dans *Sonate d'Automne* mais ignore en fait le pénible calvaire qu'elle endure loin des bravos de la foule. En parlant de celle qu'il considérait comme sa plus merveilleuse comédienne, Alfred Hitchcock révèle involontairement le secret de sa maladie, quelques jours avant de mourir lui-même : « Pour moi, Ingrid symbolisera toujours la force de vivre au prix de toutes les souffrances », dit-il à l'époque, avec beaucoup de pudeur, sans jamais prononcer le mot de « maladie » Mais « Hitch » ne peut s'empêcher d'ajouter : « Chaque jour, elle tient sans doute le rôle le plus périlleux de sa carrière. Mais je crois surtout qu'elle est en train de gagner la bataille la plus difficile de sa vie... »

Cette fois, tout de même, elle prend ses distances avec le cinéma. Elle ne veut plus tourner. Elle passe des journées tranquilles, à jouer avec ses petits-enfants. Elle termine son autobiographie, elle assiste au mariage d'Isabella avec le réalisateur Martin Scorsese, honore quelques réceptions, reçoit plusieurs prix à l'étranger (dont le « Donatello », l'équivalent des Oscars en Italie) et savoure le succès international de *Sonate d'Automne* (même si, nommée pour l'Oscar de la meilleure interprète, elle rate de peu une quatrième statuette).

L'année 1980 est consacrée à la promotion internationale de *Ma Vie* qui devient vite un best-seller. En France, Bernard Pivot l'accueille en septembre 1980, pour « Apostrophes » et l'émission recueille l'une de ses meilleures audiences. Lors de son séjour parisien, la presse commence à titrer sur son cancer et son long combat contre la maladie. Ingrid décide alors de jouer cartes sur table. Certes, voyages, réceptions, interviews et signatures pour la promotion de son livre l'épuisent. Comme tous ceux qui affrontent le cancer et l'ont suffisamment combattu pour penser que leur victoire, même temporaire, vaut toutes les réussites du monde, elle se met à parler avec la tranquillité et la sobriété du soldat qui a vu la mort en face. Et qui n'a plus tout à fait le même regard sur la vie. « Tout le monde a honte d'évoquer ce mot qui recouvre tant de formes de la douleur, dit-elle. Quand vous savez que votre entrée dans le monde des cliniques ou des hôpitaux est dictée par cette chose qui gagne votre corps, vous perdez le visage de l'homme ou de la femme de tous les jours. Mais plus on vous informera, mieux cela vaudra. Passer à travers les épreuves des tests, opérations, chutes et rechutes, grimpées vers le mieux et retombées vers le pire, nouvelles opérations, puis cette sorte de sursis qui vous est enfin accordé, ne serait pas supportable sans la lucidité et la franchise. »

Opérée des deux seins, dans un environnement beaucoup plus anglo-saxon que latin, qui consiste à tout entendre de vos médecins traitants et tout leur demander, Ingrid Bergman recommande le rejet de l'hypocrisie. « Il faut en passer par là, dit-elle, et même si une femme vit avec l'impression de n'être plus elle-même, elle vit, en tout état de cause ! Alors, ne pas traîner, ne pas tergiverser. » Le mal qui s'est emparé d'elle, pour ne plus la lâcher, ne lui fait pas peur. Mieux : pour le défier, elle refuse de renoncer à la cigarette comme ses médecins le lui conseillent ! Et il suffit qu'on lui ordonne un repos total pour qu'elle revienne sur sa décision de mettre fin à ses activités.

Car en automne 1980, Harve Bennett, producteur de la Paramount TV, pense à elle pour un rôle inattendu. Bientôt, le metteur en scène américain, Alan Gibson, lui fait lire un scénario. Il lui offre le rôle principal. Celui de Golda Meir. Au début, Ingrid refuse. Comment une Suédoise protestante pourrait-elle jouer le personnage d'une Israélienne ? Pourtant, le personnage l'attire. Elles ont beaucoup de points communs. Toutes les deux ont été atteintes d'un cancer. Alors, Ingrid se décide. Elle accepte. Et comme toujours, elle s'engage à fond. Elle passe des heures à se maquiller, à se regarder dans la glace pour copier les expressions de Golda Meir. Comme le Premier ministre israélien, elle fume trois paquets de cigarettes par jour, avale café sur café, apprend quelques mots de yiddish, va se recueillir sur la tombe de son personnage, morte à quatre-vingts ans.

Son coiffeur, Mike Jones (du salon Vidal Sassoon, à Londres), se souvient de la transformation physique d'Ingrid : « Le studio m'avait convoqué au domicile londonien de l'actrice où celle-ci devait incarner à l'écran Golda Meir. J'ai été immédiatement séduit par son énergie, sa douceur et cette façon d'écouter les gens qui n'appartient qu'à elle. Ingrid souhaitait se rapprocher le plus possible du physique de Golda Meir, ne craignant pas de s'enlaidir et de se vieillir. Ensemble, nous passâmes en revue des centaines de photos pour arriver à trouver la coiffure et le détail qui lui ferait la tête de l'ancien Premier ministre israélien. Le film se tournait à Tel-Aviv. Quand Ingrid Bergman arriva sur le plateau, elle était la parfaite incarnation de Golda Meir, au point que les membres de l'équipe israélienne ne purent s'empêcher de pleurer... Il faisait une chaleur épouvantable et j'étais obligé de coiffer Ingrid de longues heures. Je savais qu'elle avait subi quelques mois auparavant une opération très délicate (l'ablation du sein) et qu'elle avait entrepris un travail épuisant, bien au-dessus de ses forces. Je ne cessais de m'excuser auprès d'elle. Bergman m'arrêta tout de suite : “Mike, on prendra le temps qu'il faut, ne vous occupez pas de moi. C'est mon métier !” Elle poursuivit en m'expliquant que les médecins lui avaient déconseillé une fatigue aussi forte, mais qu'elle sentait que son travail était pour elle le seul moyen de lutter contre la maladie et de vivre normalement. N'ayant aucune nostalgie ni vanité pour ses années de jeunesse où sa beauté était incroyable, Ingrid riait en me disant : “Si on a encore besoin d'une vieille sorcière pour faire un film, je suis toujours prête. Ce métier est ma raison de vivre.” »

A Tel-Aviv, elle tourne par plus de 35°. Elle travaille douze heures par jour et six jours par semaine. Elle demande, en effet, à son metteur en scène d'aller vite. Car elle a peur de tomber malade pendant le tournage. Entre les scènes, elle ménage ses forces et se repose sur une chaise longue, surveillée par une infirmière. Ses enfants, Robertino et Isabella, venus la rejoindre à Tel-Aviv, sont inquiets : leur mère leur semble fatiguée. Elle a beaucoup maigri et elle est pâle sous son maquillage. Ils la supplient d'interrompre le film pour aller consulter un spécialiste aux Etats-Unis. Elle ne cède pas et termine *Une Femme nommée Golda Meir*. « Ce film, leur explique-t-elle, est trop important pour moi. C'est mon dernier. »

A. E. Hotchner, qui la rejoint sur la fin du tournage, éprouve un choc en la retrouvant : « Je savais que sa longue bataille avec un cancer du sein avait ravagé sa beauté, mais cela me donne malgré tout un choc quand je vois ce qui reste de la femme superbe que j'avais connue à Milan. Mais elle sourit en me serrant la main et son sourire ravive ma mémoire. Pourtant sa voix est rauque, fatiguée, et son bras et sa main droite sont terriblement enflés. »

Ingrid lui confie ses états d'âme : « Le temps raccourcit, mais chaque jour de défi au cancer et de survie est une victoire pour moi, et j'en suis reconnaissante. Je l'ai accepté et tirerai le maximum de ce qui me reste à vivre. Il y a six mois, j'avais annoncé que je prenais ma retraite. Je pensais ne plus jamais pouvoir jouer. Et pourtant, voyez, je viens de terminer un film de quatre heures, exténuant, qui a été un défi du début à la fin. Mais cela a été une expérience merveilleuse en tant qu'actrice et en tant qu'être humain qui obtient de la vie plus que prévu. Hier soir, le producteur a donné un dîner pour les acteurs, le metteur en scène, les cameramen et toute l'équipe du film. Nous avons échangé nos souvenirs sur les tribulations du film, le tournage en Israël. Que de bons moments nous avons passés ! Que de gens formidables ! Après, je suis rentrée chez moi, ici, dans ce petit appartement vide. Et soudain, j'ai compris, et je me suis sentie vidée et triste. Alors, debout devant cette fenêtre, regardant les lumières de la ville, je me suis mise à pleurer. C'est bizarre, non ? Je ne pouvais pas m'arrêter de pleurer. J'ai tourné tellement de films que je devrais être habituée à ces fins brutales et pourtant, malgré tout, j'étais là, en train de pleurer toutes les larmes de mon cœur. Et puis, peut-être, qui sait ? C'était peut-être aussi la dernière fois que je me trouvais face à face avec ma vieille, ma chère amie, la caméra. »

C'est en effet la dernière fois. Bien sûr, à la presse, elle annonce la fin « définitive » de sa carrière : « Cette fois-ci, je suis bien décidée de mettre fin à ma carrière, aussi bien sur le plan cinématographique que sur le plan théâtral... Je crois que rien ni personne ne pourra me faire changer d'avis, parce que j'ai pris la décision de consacrer les années qui viennent à trois activités qui me paraissent à présent essentielles : vivre de la façon la plus détendue possible, voyager pour connaître les pays que je ne connais pas encore, et consacrer le reste de mon temps pour profiter un peu de mon petit-fils ! En somme, faire toutes ces petites choses que je me suis refusées pendant si longtemps ou que ma carrière ne m'a pas permis de faire ! »

Cependant cela n'est plus un choix, mais une décision dictée par son état de santé. « Ce cancer, dit-elle, est un combat que je mène d'une façon permanente. En dépit de mon mal, je continue. Je continuerai jusqu'au bout. Chaque jour de vie, dit-elle aussi, est un cadeau. Je suis reconnaissante. » C'est pour cette raison aussi, sans doute, qu'après le tournage de ce téléfilm, elle donne à ses admirateurs la plus belle preuve de son exceptionnel courage... De passage à Londres pour une série d'examens médicaux, c'est avec un merveilleux sourire qu'elle parle de sa maladie ! Comme d'un adversaire redoutable... mais loyal ! « Le cancer, dit-elle, est quelque chose dont on ne triomphe pas ! Mais ce n'est pas parce qu'on ne triomphe pas de la mort qu'il faut renoncer à vivre... Nous savons tous que la mort est notre sort commun, mais la plupart du temps nous oublions que la vie est un merveilleux cadeau que la nature nous fait à l'aube de chaque jour ! Tant que nous sommes en bonne santé, nous oublions cette vérité. Nous n'apprécions pas à sa juste valeur ce merveilleux cadeau... Nous devenons un peu comme ces riches incapables d'apprécier le goût du pain chaud et la pureté d'une eau de source : ils n'aiment que ce qui est cher et difficile à obtenir ! Or, depuis que je connais la nature de mon mal, j'éprouve un immense bonheur en me réveillant chaque matin et je puise dans ce bonheur la force nécessaire pour continuer à lutter ! Je suis bien entendu suffisamment lucide pour ne pas ignorer l'issue de ce combat, mais je n'ai aucune envie de le perdre sans livrer bataille jusqu'au bout ! »

Au crépuscule de sa vie, mère et grand-mère comblée, étoile qu'aucun nuage n'est plus capable de masquer, Ingrid Bergman renoue avec le courage des deux héroïnes qui ont le plus marqué sa vie et sa carrière : Jeanne d'Arc et Maria, la petite révolutionnaire espagnole ! Volontaire et modeste, humble et superbe à la fois, déroutante, mais en même temps consciente que le bonheur et la gloire ne vont jamais au-delà des limites de la vie...

Elle regagne à Londres l'appartement qu'elle habite à Cheyne Gardens, au cœur de l'élégant Chelsea. Dans le petit salon confortable, trois Oscars sont posés sur une étagère. En dehors de la minuscule cuisine, une pelle en argent, portant son nom, rappelle le jour où l'on a planté un arbre en son honneur. Ce sont les seuls objets visibles parlant de son passé. Margaret Johnstone accepte sans hésiter de s'installer dans la chambre d'amis de Cheyne Gardens, en qualité d'infirmière, cuisinière et dame de compagnie à demeure. Même très malade, Ingrid n'est pas de ces patientes qui restent chez elles à contempler les murs... tant qu'elle peut sortir. Elle invite un ou deux amis à des soupers à la bonne franquette, elle continue d'aller au cinéma et au théâtre une ou deux fois par semaine, et elle fait des promenades dans le petit parc, le long du fleuve.

Dans une ultime tentative de détruire le mal, elle se soumet à un traitement de chimiothérapie extrêmement dur. De février à mai 1982, elle passe une semaine par mois à l'hôpital Saint-Thomas (South Bank). Les effets secondaires sont terribles. Les jours qui suivent chaque étape du traitement, elle est prise de violents vomissements, incapable de toucher à la nourriture de l'hôpital. Son bras droit est complètement paralysé et elle doit écrire de la main gauche des mots de remerciement aux amis inquiets qui lui demandent de ses nouvelles.

En avril 1982, la presse du monde entier évoque son courage. C'est son absence, le 15 avril, à la Première du téléfilm *Une Femme nommée Golda Meir*, à New York, qui alerte ses amis. « Ce film lui tient à cœur, disent-ils, pour qu'elle ne vienne pas, il faut qu'elle se sente très mal. » Le *Daily Mirror* annonce déjà sa mort proche. La terrible nouvelle – bien que démentie – frappe tous ceux qui savent avec quelle bravoure elle lutte contre le cancer. Rien ne laissait prévoir, en effet, cette brusque aggravation de son état de santé annoncée par la presse.

A Hollywood, en tout cas, l'émotion est grande. Malgré le démenti rassurant, Ingrid ne vient pas chercher en Amérique son prix pour *Une Femme nommée Golda Meir*. Très ému en l'apprenant, son agent à New York ne peut cacher son désarroi : « Nous savions qu'elle était malade, mais pas à ce point, a-t-il déclaré. Il est des choses dont on préfère ne pas parler. Ingrid, en fait, n'a jamais voulu s'avouer vaincue... » Et au nom du tout Hollywood, Walter Matthau, son partenaire de *Fleur de Cactus*, tient à lui rendre hommage dès qu'il prend connaissance de son état de santé : « Le cinéma lui doit sans doute beaucoup, déclare le comédien, mais c'est dans la vie, surtout, qu'Ingrid a suscité un profond respect auprès de tous ses amis comédiens. Elle n'a jamais renoncé, même dans les moments les plus difficiles. Souvent, elle me rappelle le combat qu'un homme seul a mené avec courage pendant de pénibles années. Il s'appelait John Wayne. Aujourd'hui, je voudrais qu'Ingrid sache que nous sommes tous avec elle... »

En ce printemps londonien, Ingrid se doit alors d'apparaître devant les photographes pour faire taire les rumeurs : « J'ai entendu dire que j'étais sur mon lit de mort. Comme vous le voyez, je ne vais pas si mal. » C'est un vendredi d'avril, à Londres. Cet après-midi-là il fait chaud. A quinze heures, une Rolls Royce s'arrête devant le parc de Chelsea. Le chauffeur ouvre la portière. Une femme, serrant frileusement ses épaules dans une couverture, en pantalon de laine, descend de la voiture, fait quelques pas dans l'allée, puis s'assied sur un banc. Elle tourne son visage amaigri vers les photographes et sourit. C'est Ingrid Bergman. C'est sa première promenade depuis sa sortie de l'hôpital. Elle est restée en traitement une semaine. Ingrid dément les rumeurs : « Bon, dit-elle, je n'ai plus vingt ans et tout le monde sait bien que je suis malade. Mais mon cancer, je vis avec. Je sais que je vais en mourir, mais pas maintenant, pas encore. » Ingrid n'a pas peur des mots, même quand ils sont tabous. Toute sa vie, elle a dit la vérité. Et fait face.

C'est une femme fragile aux joues un peu creusées, mais le regard bleu pur, assise sous un arbre qui commence à fleurir dans le printemps frisquet d'un parc londonien. Il y a des rides sur son visage trop pâle, mais elle sourit, et sa main a un geste comme une invite que saisissent au vol les photographes en face d'elle. Ingrid Bergman s'amuse des journalistes et leur dit : « Je me sens bien. » Et c'est vrai qu'elle est bien. Son cœur de soixante-six ans qui s'est tant emballé, passionné, révolté, s'est apaisé enfin. Ingrid murmure alors pour elle-même : « A mon âge, on est peut-être enfin innocent. » Et elle esquisse un ultime sourire.

D'ailleurs, il lui reste la perspective joyeuse d'une fête de famille. Le 18 juin, elle prend le Concorde pour rejoindre les siens à New York pour fêter les trente ans de ses jumelles : Isabella et Isotta. Cependant, en dépit de ses efforts pour se montrer enjouée, ses enfants lisent dans son regard – le mot est d'Isabella – « beaucoup de douleur et beaucoup d'angoisse ». Elle rentre épuisée à Londres où Margaret, sa dame de compagnie, la réconforte. Mais elle est profondément déprimée, presque suicidaire. « A la fin, elle était terriblement triste, dira Isabella. Elle se sentait très déprimée. Je crois qu'elle aurait pu se tuer, c'est pourquoi Margaret ne la quittait pas. Elle ne l'a pas fait pour éviter un autre scandale... Ma mère ne voulait pas être entourée de gens qui s'apitoyaient sur son sort. C'est pourquoi j'allais la voir toutes les trois semaines, jamais plus. Si elle avait eu l'impression que je venais pour la plaindre, elle aurait été furieuse... »

Mais la solitude lui pèse. Sur sa table de chevet figurent les portraits de ses êtres chers. Elle couvre ces photos de baisers, comme en témoigneront Pia et Isabella [1].

---

1. Isabella racontera : « Quand maman est morte, mes sœurs et mon frère se sont chargés de fermer son appartement de Londres et de le mettre en vente. Enceinte d'Elettra, j'étais trop proche de l'accouchement pour quitter New York. Un jour, Pia m'a appelée au téléphone : "Tu sais, les photos que maman gardait près de son

Ingrid consacre des heures à évoquer son passé, à en parler. Non tant pour en tirer des leçons que pour le justifier. Car la connaissance de soi n'a jamais été son point fort et il semble qu'elle n'ait jamais vraiment tiré grand profit de ses erreurs d'autrefois.

Durant l'été, elle a encore l'énergie de faire une ultime visite à Stockholm, revoir les décors de son enfance et de séjourner sur l'île de Dannholmen où elle n'a presque plus la force de quitter son lit. Le 27 août, elle est de retour à Londres avec son ex-mari, Lars. « A ce moment, confiera ce dernier, elle avait le sentiment d'avoir fait son temps et elle souhaitait mourir. »

Mais on doit fêter, le dimanche 29 août, son soixante-septième anniversaire. Son état empire le samedi, lorsque le cancer atteint sa colonne vertébrale. En sortant de son bain, elle crie de douleur. Son médecin, le Dr MacLellan, vient aussitôt lui faire des piqûres de diamorphine. Ingrid sait qu'elle va mourir. Selon Isabella Rossellini, « maman entretenait secrètement des relations avec ses défunts. Ses liens avec l'au-delà devaient être bien puissants car, le jour de son décès, sa mère lui est apparue. Maman était couchée dans son lit, chez elle. Elle était en train de mourir, mais elle avait toute sa conscience. Le matin, ouvrant les yeux, elle vit sa mère assise devant la coiffeuse. "Maman est venue me chercher !" nous annonça-t-elle. Dès lors, nous avons su que notre mère serait morte avant la tombée de la nuit ».

---

lit ?" Je les connaissais, bien sûr. Il y avait là ses quatre rejetons, Fiorella, la fille de Zia Marcella, que maman chérissait comme un cinquième enfant, ma grand-mère Friedel, morte quand maman n'avait que deux ans, mon grand-père Justus, mort quand elle en avait douze, ma grand-tante Ellen, emportée l'année suivante, et Lars, le troisième mari de ma mère, qui figurait encore dans sa collection, bien qu'ils aient divorcé. Pia a continué : "Eh bien, les photos de grand-père, de grand-mère et de tante Ellen sont couvertes de traces de baisers." »

Le dimanche matin, Ingrid se lève tôt. Elle insiste pour se faire maquiller un peu et se coiffer. Elle retrouve quelques forces pour téléphoner à ses enfants et boit symboliquement une coupe de champagne avec Lars, sa dame de compagnie Margaret, et quelques amis vers 18 h 30. A vingt heures, elle regagne sa chambre et sombre dans le sommeil. Dans la nuit, elle cesse de respirer. Elle a quitté doucement la scène, jouant son dernier vrai rôle avec pudeur et dignité. « La fin d'un spectacle est quelque chose de dramatique, de nostalgique, de presque déchirant, disait Ingrid. Mais le jour arrive où c'est terminé. Il faut s'en aller. » Et comme le remarque Isabella Rossellini : « Ma mère est morte le jour de ses soixante-sept ans. Tout le monde a trouvé la coïncidence bizarre et on a voulu y voir un prodige. Moi, j'y reconnais l'ultime expression de son sens typiquement suédois de l'ordre et de l'organisation. »

Le dernier adieu de la star est simple. Discrète jusqu'au bout, l'actrice n'a pas voulu que ses obsèques attirent la foule de ses admirateurs. C'est donc dans la plus stricte intimité que se déroulent ses funérailles. Seule la présence de l'ambassadeur de Suède à la Cour Saint-James donne une note officielle. Après avoir été exposé vingt-quatre heures dans le « Harrods Funeral Parlour » afin que ses amis puissent lui rendre un ultime hommage, le corps de la star est transporté le mercredi matin à l'église suédoise de Londres où la messe des morts est célébrée dans une bouleversante simplicité. Puis, dans la petite chapelle du West London Crematorium, la famille se recueille une dernière fois autour du cercueil recouvert d'un simple drap. Mais c'est seulement après l'incinération qu'est ressenti dans toute son étendue l'immense vide laissé par Ingrid derrière elle. Autour de Lars Schmidt, ses quatre enfants se serrent pour donner libre cours à leur chagrin.

Le mois suivant, 1 200 personnes se réunissent à l'église Saint-Martin's in the Fields pour un hommage au cours duquel la cantatrice suédoise Birgit Nilsson interpréta plusieurs cantiques. L'été suivant, Lars invita parents et amis sur son île de Dannholmen. Il monta avec Isabella et Isotta à bord d'un petit bateau et répandit les cendres d'Ingrid dans la mer, conformément au souhait de l'actrice, en jetant des fleurs blanches. A quelques kilomètres de la côte ouest de la Suède, près d'une île solitaire au milieu d'un ciel et d'une mer immenses, les poussières d'étoile d'Ingrid disparurent doucement.

ANNEXES

THÈME ASTRAL

Née le 29 août 1915 à Stockholm au moment où le Soleil passait dans le 1er décan du signe de la Vierge, Ingrid Bergman est donc une artiste intellectuelle par excellence. Nous sommes en présence d'une nature excessivement prudente, attentive, soigneuse, discrète et ordonnée. C'est le type parfait de la femme qui ne s'aventure pas à la légère, aussi ne supporte-t-elle pas facilement les critiques portant sur sa vie privée.

Ce signe de la Vierge lui donne une attitude particulière, assez mystérieuse ; elle incarne bien toute attitude mystique où s'expriment la grandeur d'âme et les épreuves qui en découlent. Aussi le rôle de Jeanne d'Arc lui convenait-il parfaitement. Le trigone de la Lune au Soleil situé dans le Capricorne lui donne un caractère réfléchi, parfois mélancolique, renfermé et favorisant une vie intérieure intense. Cette configuration révèle aussi une nature très méticuleuse, analysant les plus petits faits de l'existence et souffrant souvent des plus petites choses.

C'est donc une nature très réfléchie, qui ne s'engage pas à la légère dans une aventure et qui observe un mode d'existence très modeste et une certaine réserve ; elle est souvent incomprise par son entourage, est victime de douloureux cas de conscience et hésite toujours avant de se décider car il lui faut un certain temps pour analyser les choses et pour se prononcer. Elle sait observer une stricte discipline et, quand sa décision est prise, il ne semble pas qu'il soit possible de la faire revenir sur sa détermination.

L'analyse astrale d'Ingrid Bergman ne présente pas de dissonances fatidiques. Vénus dans la Balance est la planète la plus importante de ce thème, aussi ses sentiments commandent tous ses actes ; cette nature raisonne aussi ses sentiments, donc elle est maîtresse d'elle-même (conjonction étroite de Vénus et Mercure). Dans ses sentiments, cette nature ne se livre pas facilement et c'est après bien des hésitations qu'elle s'extériorise. Pour cela, il est absolument nécessaire que la confiance soit assurée et c'est dans la légalité, donc en principe dans le mariage, que cette nature peut seulement rencontrer le bonheur (Jupiter au trigone de la conjonction Vénus-Mercure).

La quadrature de la Lune sur Vénus marque une dissonance ; elle joue sur le caractère et tend à affliger les sentiments par le jeu d'une imagination assez affligée par des influences extérieures. Mais cette influence est combattue par l'influence prépondérante et équilibrée que Jupiter apporte dans ce thème.

FILMOGRAPHIE

MUNKBROGREVEN (*LE COMTE DU PONT-AU-MOINE*) – 1934 – Noir et blanc.
Réalisateur : Edvin Adolphson et Sigurd Vallen.
Scénario : Gösta Stevens.
Avec : Sigurd Vallen, Valdemar Dahlquist, Edvin Adolphson.

BRANNINGAR (*LAMES DE L'OCEAN*) – 1935 – Noir et blanc.
Réalisateur : Ivar Johansson.
Scénario : Ivar Johansson.
Avec : Sten Lindgren, Carl Strom, Torre Svenberg.

SWEDENHIELMS (*LES SWEDENHIELMS*) – 1935 – Noir et blanc.
Réalisateur : Gustav Molander.
Scénario : Stina Bergman.
Avec : Gösta Ekman, Karin Swanstrom, Bjorn Berglund.

VALBORGSMASSOAFTON (*LA NUIT DE WALPURGIS*) – 1935 – Noir et blanc.
Réalisateur : Gustav Edgren.
Scénario : Oscar Rydquist et Gustav Edgren.
Avec : Lars Hanson, Karin Carlson, Viktor Sjostrom.

PA SOLSIDAN (*DU COTE DU SOLEIL*) – 1936 – Noir et blanc.
Réalisateur : Gustav Molander.
Scénario : Oscar Hemberg et Gösta Stevens.
Avec : Lars Hanson, Edvin Adolphson, Marianne Lofgren.

INTERMEZZO (version suédoise) – 1936 – Noir et blanc.
Réalisateur : Gustav Molander.
Scénario : Gösta Stevens et Gustav Molander
Avec : Gösta Ekman, Inga Tidblad, Hans Ekman.

DOLLAR – 1938 – Noir et blanc.
Réalisateur : Gustav Molander.
Scénario : Stina Bergman et Gustav Molander.
Avec : Georg Rydeberg, Kotti Chave.

EN KVINNAS ANSIKTE (*LE VISAGE D'UNE FEMME*) – 1938 – Noir et blanc.
Réalisateur : Gustav Molander.
Scénario : Gösta Stevens.
Avec : Anders Henrikson, Georg Rydeberg.

DIE VIER GESELLEN (*LES QUATRE CAMARADES*) – 1938 – Noir et blanc.
Réalisateur : Carl Froelich.
Scénario : Jochen Huth.
Avec : Sabine Peters, Carsta Lock, Ursula Herking.

EN ENDA MATT (*UNE SEULE NUIT*) – 1939 – Noir et blanc.
Réalisateur : Gustav Molander.
Scénario : Gösta Stevens.
Avec : Edvin Adolphson, Aino Taube, Olof Sandborg.

INTERMEZZO (version américaine) (*LA RANÇON DU BONHEUR*) – 1939 – Noir et blanc.
Réalisateur : Gregory Ratoff.
Scénario : George O'Neil.
D'après Gösta Stevens et Gustav Molander.
Avec : Leslie Howard, Edna Best, John Halliday, Ann Todd, Cecil Kellaway.

JUNINATTEN (*UNE NUIT DE JUIN*) – 1940 – Noir et blanc.
Réalisateur : Per Lindberg.
Scénario : Ragnar Hylten-Cavallius.
Avec : Gunnar Sjoberg, Olof Widgren.

ADAM HAD FOUR SONS (*LA FAMILLE STODDARD*) – 1941 – Noir et blanc.
Réalisateur : Gregory Ratoff.
Scénario : William Hurlbutt et Michael Blankfort.

D'après *Legacy* de Charles Bonner.
Avec : Warner Baxter, Susan Hayward, Fay Wray, Robert Shaw.

RAGE IN HEAVEN (*LA PROIE DU MORT*) – 1941 – Noir et blanc.
Réalisateur : W. S. Van Dyke.
Scénario : Christopher Isherwood et Robert Thoeren.
D'après l'œuvre de James Hilton.
Avec : Robert Montgomery, George Sanders, Lucile Watson, Oscar Homolka.

DR JEKYLL ET MR. HYDE – 1941 – Noir et blanc.
Réalisateur : Victor Fleming.
Scénario : John Lee Mahin.
D'après l'œuvre de Robert Louis Stevenson.
Avec : Spencer Tracy, Lana Turner, Donald Crisp, Ian Hunter, Barton Mac Lane.

CASABLANCA – 1943 – Noir et blanc.
Réalisateur : Michael Curtiz.
Scénario : Julius et Philip Epstein et Howard Koch.
D'après la pièce de Murray Burnett et Joan Alison.
Avec : Humphrey Bogart, Paul Henreid, Claude Rains, Condra Veidt, Peter Lorre, Sydney Greenstreet.

FOR WHOM THE BELL TOLLS (*POUR QUI SONNE LE GLAS*) – 1943 – en couleurs.
Réalisateur : Sam Wood.
Scénario : Dudley Nichols.
D'après le roman d'Ernest Hemingway.
Avec : Gary Cooper, Akim Tamiroff, Arturo de Cordova, Vladimir Sokoloff, Katina Paxinou.

SWEDES IN AMERICA – 1943.
Réalisateur : Irving Lerner.
Court-métrage de vingt minutes qu'Ingrid Bergman a tourné pour la colonie suédoise émigrée aux Etats-Unis.
Avec : Charles Swenson et sa famille.

GASLIGHT (*HANTISE*) – 1944 – Noir et blanc.
Réalisateur : George Cukor.
Scénario : John Van Drutenn, Walter Reisch, John Balderston.
D'après la pièce de Patrick Hamilton.
Avec : Charles Boyer, Joseph Cotten, Angela Landsbury, Dame May Whitty.

THE BELLS OF SAINT MARY'S (*LES CLOCHES DE SAINTE-MARIE*) – 1945 – Noir et blanc.
Réalisateur : Leo McCarey.
Scénario : Dudley Nichols.
D'après une histoire de Leo McCarey.
Avec : Bing Crosby, Joan Carroll, Henry Travers.

SPELLBOUND (*LA MAISON DU DR EDWARDES*) – 1945 – Noir et blanc.
Réalisateur : Alfred Hitchcock.
Scénario : Ben Hecht.
D'après le roman de Francis Beedin, Ilary Sounders et John Palmer.
Avec : Gregory Peck, Rhonda Fleming, Jean Acker, Leo G. Carroll.

SARATOGA TRUNK (*L'INTRIGANTE DE SARATOGA*) – 1945 – Noir et blanc.
Réalisateur : Sam Wood.
Scénario : Casey Robinson.
D'après le roman d'Edna Ferrer.
Avec : Gary Cooper, Flora Robson.

NOTORIOUS (*LES ENCHAINES*) – 1946 – Noir et blanc.
Réalisateur : Alfred Hitchcock.
Scénario : Ben Hecht.
D'après un sujet d'Alfred Hitchcock.
Avec : Cary Grant, Claude Rains, Louis Calhern, Leopoldine Konstantin.

ARCH OF TRIUMPH (*ARC DE TRIOMPHE*) – 1948 – Noir et blanc.
Réalisateur : Lewis Milestone.

Scénario : Harry Joe Brown et Lewis Milestone.
D'après le roman d'Erich Maria Remarque.
Avec : Charles Boyer, Charles Laughton, Louis Calhern.

JOAN OF LORRAINE (*JEANNE D'ARC*) – 1948 – En couleurs.
Réalisateur : Victor Fleming.
Scénario : Maxwell Anderson et Andrew Solt.
Avec : José Ferrer, George Coulouris, Ward Bond.

UNDER CAPRICORN (*LES AMANTS DU CAPRICORNE*) – 1949 – En couleurs.
Réalisateur : Alfred Hitchcock.
Scénario : James Bridie.
D'après le roman d'Helen Simpson.
Avec : Joseph Cotten, Michael Wilding, Margaret Leighton.

STROMBOLI, TERRA DI DIO (*STROMBOLI*) – 1950 – Noir et blanc.
Réalisateur : Roberto Rossellini.
Scénario : Roberto Rossellini, Art Cohn, Renzo Cesana, S. Amidei et G. P. Callegari.
Avec : Mario Vitale, Renzo Cesana.

EUROPA 51 (*EUROPE 51*) – 1951 – Noir et blanc.
Réalisateur : Roberto Rossellini.
Scénario : Sandro de Leo, Mario Pannunzio, Ivo Perilli, Brunello Rondi et Roberto Rossellini.
Avec : Giulietta Masina, Alexander Knox.

SIAMO DONNE (*NOUS LES FEMMES*) – 1953 – Noir et blanc.
Réalisateur : Roberto Rossellini.
Scénario : Cesare Zavattini et Luigi Chiarini.
Un film en cinq sketches dans lequel Ingrid Bergman est la vedette de la troisième partie seulement.

VIAGGIO IN ITALIA (*VOYAGE EN ITALIE*) – 1954 – Noir et blanc.
Réalisateur : Roberto Rossellini.
Scénario : Vitaliano Brancati et Roberto Rossellini.
Avec : George Sanders, Maria Mauban.

GIOVANNA D'ARCO AL ROGO (*JEANNE AU BUCHER*) – 1954 – Noir et blanc.
Réalisateur : Roberto Rossellini.
Scénario : Roberto Rossellini.
D'après l'œuvre de Paul Claudel et Arthur Honegger.

LA PAURA (*LA PEUR*) – 1955 – Noir et blanc.
Réalisateur : Roberto Rossellini.
Scénario : Franz Trauberg et Sergio Amidei.
D'après l'œuvre de Stefan Zweig.
Avec : Mathias Wieman.

ELENA ET LES HOMMES – 1956 – En couleurs.
Réalisateur : Jean Renoir.
Scénario : Jean Renoir et Jean Serge.
Avec : Jean Marais, Mel Ferrer, Jean Richard, Magali Noël, Juliette Gréco, Elina Labourdette, Dora Doll, Jacques Jouanneau, Gaston Modot.

ANASTASIA – 1956 – En couleurs.
Réalisateur : Anatole Litvak.
Scénario : Arthur Laurens et Guy Bolton.
D'après le roman de Marcelle Maurette.
Avec : Yul Brynner, Helen Hayes, Ivan Desny.

INDISCREET (*INDISCRET*) – 1958 – En couleurs.
Réalisateur : Stanley Donen.
Scénario : Norman Krasna.
Avec : Cary Grant, Phyllis Calvert, Cecil Parker.

THE INN OF THE SIXTH HAPPINESS (*L'AUBERGE DU SIXIEME BONHEUR*) – 1958. En couleurs.
Réalisateur : Mark Robson.
Scénario : Isobel Lennart.
D'après le roman d'Alan Burgess.
Avec : Curd Jurgens, Robert Donat.

GOOD BYE AGAIN (*AIMEZ-VOUS BRAHMS ?*) – 1961 – Noir et blanc.
Réalisateur : Anatole Litvak.
Scénario : Samuel Taylor.

D'après le roman de Françoise Sagan.
Avec : Yves Montand, Anthony Perkins, Jessie Royce Landis, Pierre Dux, Michèle Mercier, Raymond Gerôme.

DER BESUCH (*LA RANCUNE*) – 1964 – Noir et blanc.
Réalisateur : Bernhard Wicki.
Scénario : Ben Barzman.
D'après la pièce de Dürrenmatt *La Visite de la vieille dame.*
Avec : Anthony Quinn, Paolo Stoppa, Claude Dauphin, Jacques Dufilho, Romolo Valli, Valentina Cortese, Irina Demick.

THE YELLOW ROLLS ROYCE (*LA ROLLS ROYCE JAUNE*) – 1965 – En couleurs.
Réalisateur : Anthony Asquith.
Scénario : Terence Rattigan.
Avec : Omar Sharif.

STIMULANTIA – 1967 – En couleurs.
Réalisateur : Gustav Molander.
Scénario : Gustav Molander.
D'après une nouvelle de Guy de Maupassant.
Film à sketches qui permet à Ingrid Bergman de retrouver le réalisateur de ses débuts grâce à un personnage historique.

CACTUS FLOWER (*FLEUR DE CACTUS*) – 1969 – En couleurs.
Réalisateur : Gene Saks.
Scénario : I. A. L. Diamond.
D'après la pièce de Barillet et Grédy.
Avec : Walter Matthau, Goldie Hawn, Jack Weston.

A WALK IN THE SPRING RAIN (*PLUIE DE PRINTEMPS*) – 1970 – En couleurs.
Réalisateur : Guy Green.
Scénario : Stirling Silliphant.
D'après le roman de Rachel Maddux.
Avec : Anthony Quinn, Fritz Weaver, Tom Fielding, Katherine Crawford.

FROM THE MIXED-UP FILES OF MRS BASIL FRANKWEILER – 1972 – En couleurs.
Réalisateur : Fielder Cook.

Scénario : Blanche Hanalis.
D'après le roman de E. L. Konisburg.
Avec : Sally Parker, Richard Mulligan, Johnny Doran.

MURDER ON THE ORIENT EXPRESS (*LE CRIME DE L'ORIENT-EXPRESS*) – 1974 – En couleurs.
Réalisateur : Sidney Lumet.
Scénario : Paul Dehn.
D'après le roman d'Agatha Christie.
Avec : Albert Finney, Lauren Bacall, Jacqueline Bisset, Vanessa Redgrave, Wendy Hill, Rachel Roberts, Jean-Pierre Cassel, Sean Connery, Martin Balsam, Anthony Perkins, John Gielgud, Richard Widmark et Michael York.

A MATTER OF TIME (*NINA*) – 1976 – En couleurs.
Réalisateur : Vincente Minnelli.
Scénario : John Gay.
D'après le roman de Maurice Druon.
Avec : Liza Minnelli, Charles Boyer, Gabriele Ferzetti, Tina Aumont.

AUTUMN SONATA (*SONATE D'AUTOMNE*) – 1978 – En couleurs.
Réalisateur : Ingmar Bergman.
Scénario : Ingmar Bergman.
Avec : Liv Ullmann, Lena Nyman, Halvar Bjork, Erland Josephson.

THÉÂTRE

LILIOM, de Franz Molnár – 1940.
Mise en scène : Benno Schneider.
Avec : Burgess Meredith, Margaret Wycherly et Elia Kazan.
Création au Théâtre de la 44e Rue – New York.

ANNA CHRISTIE, d'Eugene O'Neill – 1941.
Mise en scène : John Houseman.
Avec : J. Edward Bromberg et Jessie Bowley.
Création au Théâtre Lobero – Santa Barbara.

JEANNE D'ARC, de Maxwell Anderson – 1946.
Mise en scène : Margo Jones.
Avec : Sam Wanamaker et Kenneth Tobly.
Création au Alvin Theatre – New York.

JEANNE AU BUCHER, d'Arthur Honegger et Paul Claudel – 1954.
Mise en scène : Roberto Rossellini.
Avec : Valentine Dyall et Harry Hapgood.
Création à l'Opéra San Carlo – Naples.

THE ET SYMPATHIE, de Robert Anderson – 1956.
Adaptation : Roger Ferdinand.
Mise en scène : Jean Mercure.
Avec : Yves Vincent, Bernard Lajarrige, Jean-Loup Philippe.
Création au Théâtre de Paris – Paris.

HEDDA GABLER, de Henrik Ibsen – 1962.
Mise en scène : Raymond Rouleau
Avec : Claude Dauphin et Jacques Dacqmine.
Création au Théâtre Montparnasse – Paris.

LA VÉRITABLE INGRID BERGMAN

UN MOIS À LA CAMPAGNE, d'Yvan Tourgueniev – 1965.
Mise en scène : Michael Redgrave.
Avec : Michael Redgrave et Geoffroy Chater.
Création au Théâtre Yvonne Arnaud de Guilford (Surrey) – Angleterre.

MORE STATELY MANSIONS, d'Eugene O'Neill – 1967.
Mise en scène : José Quintero.
Avec : Colleen Dewhurst, Fred Stewart et Arthur Hill.
Création au Broadhurst Theatre – New York

LA CONVERSION DU CAPITAINE BRASSBOUND, de George Bernard Shaw – 1972.
Mise en scène : Stephen Porter.
Avec : Joss Ackland, Kenneth Williams.
Création au Cambridge Theatre – Londres.

THE CONSTANT WIFE, de Somerset Maugham – 1975.
Mise en scène : John Gielgud.
Avec : Jack Gwillim et Brenda Forbes.
Création au Théâtre Albery – Londres.

WATERS OF THE MOON, de N. C. Hunter – 1979.
Mise en scène : Patrick Garland.
Avec : Wendy Hiller, Doris Hare, Derek Godfrey.
Création au Théâtre Haymarket – Londres.

TÉLÉVISION

THE TURN OF THE SCREW – 1959.
Réalisateur : John Frankenheimer.
Avec : Hayward Morse et Alexandra Wager.

24 HEURES DE LA VIE D'UNE FEMME – 1961.
Réalisateur : Silvio Marizzano.
Avec : Rip Torn et Helena de Crespo.

HEDDA GABLER – 1963.
Réalisateur : Alex Segal.
Avec : Michael Redgrave, Ralph Richardson, Trevor Howard

LA VOIX HUMAINE – 1967.
Réalisateur : Ted Kotcheff.

UNE FEMME NOMMEE GOLDA MEIR 1981.
Réalisateur : Alan Gibson.
Avec : Ned Beatty, Franklin Cover, Judy Davis.

BIBLIOGRAPHIE

BERGMAN Ingmar, *Images : My Life in Film*, Arcade Publishing, 1994.

BERGMAN Ingrid et BURGESS Alan, *Ingrid Bergman : Ma Vie*, Fayard, 1980.

BROWN, F. Curtis, *Ingrid Bergman*, Pyramid, 1973.

BRUNETTE Peter, *Roberto Rossellini*, New York, Oxford University Press, 1987.

HAVER Ronald, *David O'Selznick's Hollywood*, Knopf, 1980.

LEAMER Laurence, *Ingrid Bergman : Le Mythe et la Vie*, Perrin, 1986.

MÖHRMANN Renate, *Ingrid Bergman und Roberto Rossellini*, Rowoht, 1999.

ROSSELLINI Isabella, *Quelque chose de moi*, Nil, 1999.

SPOTO Donald, *Ingrid Bergman*, Presses de la Cité, 1997.

STEELE Joseph Henry, *Ingrid Bergman, An Intimate Portrait*, David Mc Kay, 1959.

TAYLOR John Russel, *Ingrid Bergman*, St Martin Press, 1983.

Site Internet Ingrid Bergman :
www.cmgww.com/stars/bergman

REMERCIEMENTS

En France, je suis redevable à Sonja Martinson-Uppman au Centre Culturel Suédois, à Eric Boizet et Sylvie Boizet, à Jean-Michel Parker et enfin à Sophie Van Der Mey, Nathalie Moussier et Clarisse Rioux Choubracq, attachées de presse d'Isabella Rossellini.

A Stockholm, je remercie Margareta Nordström (à la Svensk-Filmindustri), Göran Blomberg (aux archives municipales) et Eva Hagman (à l'Ecole du Théâtre royal de Stockholm).

A Londres, je remercie Patricia Desmond, Joan Griffith, Jacqueline Masur, ainsi que le British Film Institute et le British Theatre Museum.

Aux Etats-Unis, j'exprime ma reconnaissance à Isabella Rossellini, Brian Paul, Ronald Richardson, ainsi qu'à Mary Corliss au Moma de New York, à la bibliothèque de l'American Film Institute et à la Margaret Herrick Library de Los Angeles. J'exprime ma gratitude à Jeanine Basinger, conservatrice en chef et Candace Bothwell, conservatrice adjointe des « Wesleyan Cinema Archive », fonds Ingrid Bergman à l'université Wesleyan (qui abritent les archives privées de l'actrice).

Sans les archives et souvenirs du regretté Joseph Steele, ancien attaché de presse de l'actrice, ce livre n'aurait peut-être pas été écrit.

TABLE

Impression réalisée sur CAMERON par

BUSSIÈRE CAMEDAN IMPRIMERIES

GROUPE CPI

à Saint-Amand-Montrond (Cher)
pour le compte des Éditions Pygmalion
en mai 2002

N° d'édition : 766. N° d'impression : 022259/4.
Dépôt légal : mai 2002.

Imprimé en France